가야의 마구와 동아시아

인제대학교 가야문화연구소
김해시

주류성

가야의 마구와 동아시아

엮은이 | 인제대학교 가야문화연구소
펴낸이 | 최병식
펴낸날 | 2016년 10월 20일
펴낸곳 | 주류성출판사
서울특별시 서초구 강남대로 435 (서초동 1305-5)
TEL | 02-3481-1024 (대표전화) • FAX | 02-3482-0656
www.juluesung.co.kr | juluesung@daum.net

값 22,000원

잘못된 책은 교환해 드립니다.

ISBN 978-89-6246-288-3   93910

가야의 마구와 동아시아

개 회 사

　수로왕의 탄생과 가락국의 건국을 기념하는 가야문화축제가 한창인 이 때 가야의 역사와 문화를 새롭게 조명하는 제22회 가야사국제학술회의의 개최를 기쁘게 생각합니다. 학술회의에 참석해 주신 국내외 연구자 여러 분, 김해시장님과 김해시민 여러분, 그리고 앞으로 가야문화융성의 계승 자가 되실 경남과 부산의 역사학과 고고학 전공의 학생 여러분 모두에게도 감사의 말씀을 올립니다.

　고장의 역사에 대한 애정으로 25년, 4반세기 동안이나 가야사의 연구와 전파를 위해 가야사학술회의를 개최하고 있는 우리 김해시의 노력은 남다 르다고 생각합니다. 학술회의를 주관하고 있는 인제대학교 가야문화연구 소는 이러한 전통과 의미를 충분히 자각하여 보다 나은 내용의 학술회의와 새로운 연구결과의 전파를 위해 최선을 다하고 있습니다.

　금번 국제학술회의의 주제는 '가야의 마구와 동아시아'입니다. 마구란 말을 타고 제어하기 위한 도구일 뿐 아니라, 금은의 장식으로 권위를 나타 내기도 했던 위신재이기도 했습니다. 특히 철의 왕국이었던 가야는 마구의 제작과 활용에서 선진성을 유감없이 발휘하였고, 가야의 마구에 보이는 제 작기술의 수입과 전파는 동아시아 문화교류의 양상을 잘 보여주는 물적 증 거이기도 합니다. 오늘과 내일의 양 일 간의 학술회의에서는 고대 동아시 아의 역사에서 가야의 마구가 차지하는 위상과 의미가 심도 있게 논의됨은 물론, 새로운 역사적 의미의 발견과 전파가 이루어질 수 있을 것으로 생각합니다.

끝으로 발표와 토론 참가를 수락해 주신 학자 여러분들과 학술대회를 준비하는데 많은 도움을 주셨던 김해시학술위원회, 김해시청과 인제대학교 산학협력단, 그리고 국립김해박물관 관계자 여러분께 심심한 감사의 말씀을 올립니다.

아무쪼록 오늘 내일의 가야사국제학술대회가 계획대로 잘 진행되고 풍성한 결실을 맺을 수 있도록 끝까지 자리해 주시고 성원해 주시기를 기대합니다.

오늘 자리하신 모든 분들의 건승하심과 가정의 평안하심을 기원합니다.

2016. 4. 22.

인제대학교 가야문화연구소

소장 이 영 식

환 영 사

제22회 가야사국제학술회의를 위해 우리 김해시를 찾아주신 중국과 일본, 그리고 전국의 학자 여러분과 학생 여러분을 환영합니다. 언제나 존경하고 사랑하는 김해시민 여러분과 함께 가야문화축제의 중심이 되는 가야사국제학술회의의 개최를 축하하고 싶습니다.

우리 시가 25년 동안 지속적으로 개최하고 있는 가야사학술회의의 첫 번째 목적은 물론 진정한 가야사의 올바른 복원입니다. 그러나 가야왕국의 고도라는 우리 시의 차별적인 이미지와 브랜드 창출, 그리고 문화관광의 발전에도 필요한 자양분과 새로운 아이템을 제공해주는 싱크탱크로서도 중요하다고 생각합니다. 지난 사반세기 동안 가야사의 비밀을 밝혀가며, 우리 시의 발전과 시민들의 '문화복지' 향상에 열정을 다 해 주시는 학자여러분들께 감사의 말씀을 드립니다.

금년 가야사국제학술회의 주제는 '가야의 마구와 고대 동아시아'라 합니다. 마구는 고삐, 말안장, 발걸이처럼 말을 탈 때 필요한 도구로 우리 대성동고분군 같은 가야고분에서 많이 출토된다고 합니다. 마구를 통해 나라를 지키며 동아시아와 교류하던 가야왕국의 모습이 잘 밝혀지기를 기대합니다.

또한 오늘의 주제는 우리 김해시의 현재와 미래에도 잘 어울리는 것으로 생각합니다. 우리 김해시는 가야의 말 대신에 전국의 자동차가 사통팔달하는 교통요지로 비약적인 발전을 거듭하고 있으며, 많은 다문화가족이 함께하는 국제도시로 발전하고 있습니다. 더구나 오늘의 학술회의는 지금 김해시가 추진하고 있는 '가야고분군의 세계유산등재'에도 좋은 영향을 줄 것으로 생각합니다. 부디 이번 국제학술회의의 성과가 우리 시가 당면과제로 설정하고 있는 가야문화의 복원과 국제화, 그리고 문화관광의 발전에도 좋은 방향의 제시가 되어 줄 것을 기대합니다.

금번 학술회의의 발표와 토론을 맡아 주신 한국·중국·일본의 학자 여러분과 언제나 학술회의의 개최를 위해 많은 노력을 기울여주시는 신경철 교수님을 비롯한 김해시학술위원회에도 심심한 감사의 말씀을 올립니다. 아울러 가야사국제학술회의를 후원해주시는 인제대학교 산학협력단과 임학종 관장님을 비롯한 국립김해박물관 여러분께도 감사의 말씀을 올리면서, 매년 학술회의를 주관하시는 인제대학교 이영식 교수님을 비롯한 가야문화연구소 여러분의 노고에도 깊은 감사와 위로의 말씀을 올립니다.

부디 이번 학술회의가 계획한대로 순조롭게 진행되고, 좋은 연구발표와 깊이 있는 토론이 가야사 연구의 진전으로 이어지기 바라며, 학술회의의 성과가 우리 김해시의 차세대 교육과 문화관광의 발전을 위한 자산축적으로 이어지기를 기대합니다.

오늘 이 자리에 참석해주신 김해시민 여러분과 경향각지에서 왕림해 주신 여러분의 가정에 언제나 사랑과 행복이 충만하시기를 기원합니다. 감사합니다.

2016. 4. 22.

김해시장 허 성 곤

목 차

심엽형행엽으로 본 가야의 후걸이

Ⅰ. 머리말

가야지역에서 마구가 처음 출토되는 것은 삼한시대이나, 1인 기승용 마구가 본격적으로 출토되기 시작하는 것은 삼국시대부터이다. 이들 마구류는 일반적인 승마 시 사용했던 기승용, 갑주·마갑류와 공반하여 전쟁에 사용했던 전투용, 장식성을 더해 화려함을 극대화 시킨 의장용으로 나누어 볼 수 있다.

마구 도입 초기에는 기승용의 마구가 일반적으로 사용되나, 점차 기승문화의 확산에 따른 마구의 발전에 따라 의장용 마장에 주로 사용되는 행

엽·운주의 사용 예가 많아진다. 이러한 기승 문화의 변화·발전에 맞춰 행엽·운주의 부장 예가 증가한다.

행엽·운주는 개별적으로 사용되기 보다는 서로 연계되어 후걸이에 사용되는 것이기에 행엽·운주에 대한 연구는 당시의 후걸이 구조 복원에 도움이 될 것이다. 특히 전시기에 걸쳐 가야지역에서 출토되는 심엽형행엽 및 그와 공반되는 운주에 대한 연구는 가야지역의 후걸이 구조를 파악 하는데 도움을 줄 것이라고 생각한다.

II. 연구사 및 연구방향

1. 연구사

마구 연구는 1970년대부터 시작되어 지금까지도 활발하게 진행되고 있다. 이는 주로 재갈·안장·등자·행엽·운주와 같은 개별 마구에 대한 연구로, 개별 마구의 형식 분류 및 외형 비교와 이를 통한 상대 편년 등에 대해서는 상당한 양의 연구가 축적되어 있다.

그러나 마구의 조합상에 대해서는 선행 연구가 미비하다. 마구 일괄을 대상으로 한 마장에 대해서는 장윤정,[1] 류창환[2]의 연구가 있다. 각각 적석목곽묘 출토 마구의 세트양상과 가야출토 마구의 조합양상을 재질로 나누어 시간성 및 지역성을 살폈다.

행엽과 운주의 조합양상을 토대로 마장을 복원한 국내 연구 성과는 김두

---

1) 張允禎, 1995, 『新羅 馬具裝飾에 관한 硏究』, 동아대학교 석사학위 논문
2) 柳昌煥, 2007, 『加耶馬具의 硏究』, 동의대학교 박사학위 논문

철,[3] 상승희[4]의 연구가 있다.

　김두철은 신라·가야의 행엽·운주의 특징을 추출하고 당시의 마장 파악을 위해 마형토기에 표현된 마장을 검토하였다. 그리고 이를 바탕으로 가야는 실용적인 후걸이 구조를 가지고, 신라는 장식적인 후걸이 구조를 가짐을 밝혀냈다.

　강승희는 신라·가야 출토 후걸이 부속구(행엽·운주)에 대한 개별적인 검토를 행한 뒤, 조합관계를 검토하여 후걸이 구조 복원에 대한 시안을 제시하였다. 그리고 나아가 후걸이 부속구의 재질, 공반 마구와의 조합관계 등을 검토하여 후걸이 형식 및 부장 마구에서 보여지는 지역성과 계층성을 도출하였다.

　행엽·운주의 조합양상을 통해 마장을 복원한 연구성과라 할지라도 신라와 가야의 비교·분석 및 지역성, 계층성에 대한 연구이기에, 가야 고유의 마장, 즉 후걸이 구조에 대해 심층적으로 논의한 연구는 거의 없었다. 따라서 본 글에서는 가야에서 출토되는 심엽형행엽과 그와 공반되는 운주에 대해 검토 한 후, 그 둘의 조합관계를 통해 가야의 후걸이 구조 모식도 제시를 시도해보고자 한다.

2. 연구방향

　후걸이는 혁대·행엽·운주로 구성되는데, 주로 혁대는 부식되어 잔존하지 않고 행엽·운주만이 남아 있다. 따라서 행엽·운주의 조합양상을 확인하는 것이 후걸이 구조 복원에 선결 과제라고 할 수 있겠다.

---

3) 金斗喆, 1992, 「신라와 가야의 馬具–馬裝을 중심으로–」, 『韓國古代史論叢』 3
4) 姜昇姬, 2011, 『加耶·新羅의 후걸이(尻繫) 硏究』, 부산대학교 석사학위 논문

후걸이 구조 복원에서 참고할 수 있는 자료[5]에 의하면 한 후걸이에는 한 가지 외형의 행엽이 수하된다. 또 영남지방에서 조사된 고분의 경우에도 대부분 한 유구 내에서는 한가지 외형의 행엽만이 출토된다. 한 가지 이상의 외형이 출토되는 유구는 안장이나 재갈 등 다른 공반 마구의 출토상황으로 보아, 여러 조합의 마구가 부장되었다고 생각된다. 따라서, '한 후걸이에는 한 가지 외형의 행엽이 수하된다'는 전제하에 행엽과 운주의 조합상을 검토하고자 한다.[6]

본 글의 공간적인 범위는 가야지역으로 한정하고자 하며, 시간적인 범위는 3세기 말~5세기 후반으로 한정하고자 한다. 3세기 말 이후부터 가야지역의 기마문화가 개시되며, 4세기 후반에는 지배자 집단을 중심으로 중장기마전술이 보급됨과 동시에 심엽형행엽의 수용 및 재지화가 이루어진다. 이후 400년 고구려 남정으로 인해 소위의 전기가야가 쇠퇴하며 후기가야가 대두된다고 볼 수 있다. 후기의 제 가야가 각자의 패권을 나타내면서, 신라지역과 독자적인 교류를 맺는 등 5세기 말~6세기 초가 되면 신라지역의 영향력이 높아진다. 신라지역의 영향력이 높아지면서, 신라지역의 화려한 마장문화가 유입됨에 따라, 가야지역 출토 마구에서도 장식성이 증가하게 된다. 따라서 가야 고유의 후걸이 구조를 파악 하기에 적절한 시기는 3세기 말~5세기 후반 정도라고 판단된다.

III. 가야지역 출토 심엽형행엽의 분류와 분석

행엽은 말에 垂下하는 장식마구인 만큼 제작지마다의 문화적 특성에 따

---

5) 중국의 도용, 일본 고분시대의 하니와, 한반도 출토 마형토기들의 표현이 이에 해당한다.
6) 姜昇姬, 2011, 주2의 전게문, 6p

라 다양한 형태로 제작된다. 그래서 특징 지역에서의 행엽이 타 지역의 행엽과 동일한 형태를 지니고 이다면, 양 지역 간에는 마구문화에 있어서 어떤 공통성을 상정할 수 있다. 나아가 해당 행엽 및 공반마구를 세부적으로 검토함으로써 지역간의 문화적 관계의 일단을 유추해 볼 수 있다.[7] 따라서 심엽형행엽의 분석을 통해 가야지역 마구문화의 공통성을 상정할 수 있을 것이다. 심엽형행엽은 가야지역에서 가장 먼저 출토 및 재지화 되었으며, 다양한 종류의 행엽이 출토되는 삼국시대에 보편적이면서도 전시기에 걸쳐 출토되는 형식이기 때문이다.

심엽형행엽은 크게 文樣板의 모양과 材質로 속성을 나누어 분류·분석해 볼 수 있다.[8]

1. 분류

가야지역에서 심엽형행엽이 출토되는 유구는 총 22기이며, 이 중 심엽형행엽 이외의 행엽이 함께 공반되는 유구가 5기가 있다. 전술하였듯이 한 세트의 마장에는 한가지 종류의 행엽이 사용되기에, 행엽이 각기 다른 두 종류가 부장되었다는 것은 최소 2가지 종류의 마장이 부장되었을 것이라고 생각할 수 있다. 따라서 심엽형행엽과 같이 사용되었을 운주의 종류를 특정하기에는 어려움이 있기에, 심엽형행엽만 출토된 17기의 유구 출토품을 대상으로 논의를 진행하고자 한다.

1) 文樣板의 모양
문양판은 행엽을 분류함에 있어서 가장 중요한 속성이라고 볼 수 있는

---

7) 李尙律, 1993, 「三國時代 杏葉 小考 -嶺南地方 出土品을 中心으로-」, 『嶺南考古學』 13
8) 姜昇姬, 2011, 주2의 전게문

데, 일반적으로 지판 위에 덧댄 판으로 주연판과 결합되어 있으며, 주연에서 문양대가 돌출됨에 따른 문양의 차이로 분석이 가능하다. 문양판의 모양은 문양판이 없는 것(Ⅰ), 문양판은 있으나 문양이 돌출되지 않는 것(Ⅱ), 삼엽문(Ⅲ), 십자문(Ⅳ), 인동타원문(Ⅴ), 전면투조문(Ⅵ)으로 나누어 볼 수 있는데, 이 중 Ⅰ형식은 문양대가 없는 Ⅰa형과 문양대가 있는 Ⅰb형으로 나뉜다. Ⅲ형인 삼엽문, Ⅳ형인 심엽문은 전형과 변형으로 세분된다[9](도 1).

가야지역에서는 십자문 변형을 제외하면 모든 형식이 전시기에 걸쳐 출토된다. 십자문 변형은 영남지방 전체에서도 대구 불로동 93호 부곽에서만 출토되는 특이한 형식으로, 전형의 십자문 심엽형행엽에 비해 장식성을 좀 더 가미했던 형식으로 판단된다(표 1, 도 2-3).

문양판 없는 것 (Ⅰ)		문양판 있는 것		
문양대 無 (a)	문양대 有 (b)	무문 (Ⅱ)	삼엽문 (Ⅲ)	
			전형	변형
대성동 3호분	옥전 23호분	대성동 8호분	교동 5호분	지산동 45호분 1호 석식

문양판 있는 것			
십자문(Ⅳ)		인동타원문(Ⅴ)	전면투조문(Ⅵ)
전형	변형		
	-		
도항리 6-1호분	-	옥전 M4호분	송현동 7호분

도 1. 심엽형행엽 문양판 분류(姜昇姬 2011 개변)

9) 姜昇姬, 2011, 주2의 전게문

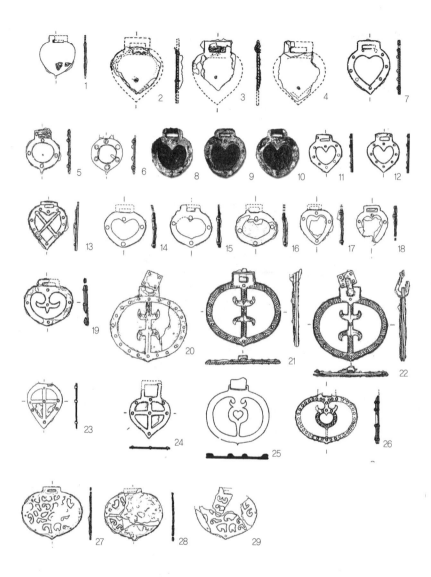

도 2. 가야지역 출토 심엽형행엽(축척 : 1/4)

1. 대성동 3호분 2~4. 옥전 23호분 5~6. 대성동 1호분 7. 대성동 8호분 8~10. 대성동 85호분
11~12. 복천동 10·11호분 13. 복천동 35·36호분 14~18. 동리 5호분 19. 교동 5호분
20~22. 지산동 45호분 1호 석실 23. 도항리 6-1호분 24. 말산리 14-2호분 25. 함양 상백리
26. 옥전 M4호분 27~29. 송현동 6호분

하지만 이 중 삼엽문·십자문·인동타원문·전면투조문 심엽형행엽은 모두 6세기 이후로 편년되는 유구들에서만 출토된다. 따라서 본 글의 대상은 문양판이 없는 형식과 무문의 심엽형행엽이 출토된 유구 8기가 된다. 하지만, 가야지역에서 출토된 심엽형행엽의 장식성의 변화·발달과정을 살펴보기 위하여, 개별 행엽에 대한 분석은 17기 전체를 대상으로 시행하고자 한다.

표 1. 문양판 모양에 따른 출토 유구 분류

속성			유구
문양판 無 (Ⅰ)	문양대 無(a)		김해 대성동3호분
	문양대 有(b)		합천 옥전23호분
문양판 有	무문 (Ⅱ)		김해 대성동1호분, 8호분, 85호분 부산 복천동10·11호분, 복천동35·36호분 창녕 동리 5호묘
	삼엽문 (Ⅲ)	전형 (a)	창녕 교동 5호분
		변형 (b)	고령 지산동 45호분 1호 석실
	십자문 (Ⅳ)	전형 (a)	함안 도항리6-1호분, 말산리14-2호분
		변형 (b)	-
	인동타원문(Ⅴ)		함양 상백리 합천 옥전 M4호분, 옥전 M6호분
	전면투조문(Ⅵ)		창녕 송현동6호분, 송현동7호분

2) 재질

재질은 크게 하나의 재질로 제작된 것과 한 매의 지판 위에 다른 재질의 금속판을 얹은 것으로 나누어 볼 수 있다. 하나의 재질로 제작된 것은 철제(A)와 금동제(B)로 나눌 수 있다. 한매의 지판 위에 다른 재질의 금속판을 얹은 것은 지판이 철제인 것과 금속판인 것으로 나뉘며, 지판이 철제인 것은 철지은피제(C), 철지금동피제(D)로 세분된다. 지판이 철제가 아닌 금속판은 은지철피제(E)가 있나. 이 중 금동제(B), 은지철피제(E)는 가야지역에서 출토되지 않는다. 이를 정리하여 보면 표 2와 같다.[10]

표 2. 행엽의 재질 분류 (姜昇姬 2011 개변)

하나의 재질로 제작		A	철제
		B	금동제
한 매의 지판 위에 다른 재질의 금속판 얹음	지판이 철제	C	철지은피제
		D	철지금동피제
	지판이 철제 외의 금속판	E	은지철피제

대상유구의 심엽형행엽에서 가장 많이 출토되는 재질은 철지금동피제(7기)이며, 그 다음이 철제(6기), 철지은피제(6기)의 순이다. 함양 상백리 유적 출토품은 재질을 알 수 없어서 분류에서 제외하며, 대성동 1호분, 동리 5호분, 송현동 6호분과 같은 경우 한 유구에서 두 가지 재질의 행엽이 공반된다. 이는 이 두 유구에서 심엽형행엽 이외의 행엽이 출토되지 않더라도, 2종류 이상의 마장이 부장되었거나, 혹은 사용 위치가 서로 달랐음을 의미한다고 보여진다.[11]

대상유구 중 3~5세기로 비정되는 유구 출토품의 재질을 보면, 철지금동피제 2기, 철지은피제 2기를 제외한 6기의 유구에서 철제 심엽형행엽이 출토된다. 철지금동피제 1기와 철지은피제 1기는 철제 심엽형행엽과 공반된다. 이로 보아, 가야지역에서 가장 보편적으로 사용된 재질은 철제였음을 알 수 있다.

---

10) 姜昇姬, 2011, 주2의 전게문
11) 창녕 동리 5호분 출토 심엽형행엽의 경우, 철제 심엽형행엽 3매와, 철지은피제 심엽형행엽 2매가 공반되었으나, 철제 심엽형행엽은 후륜 아래에서 출토되었으며, 철지은피제 심엽형행엽은 후륜과 진교 사이에서 출노되었나. 또한 새실의 사이 뿐만 아니라 외형의 차이도 현저하다. 이로보아 철제 심엽형행엽 3매는 후걸이에 사용되었을 것으로 추정되며, 철지은피제 심엽형행엽 2매는 굴레 쪽에 사용되었을 것으로 추정된다.

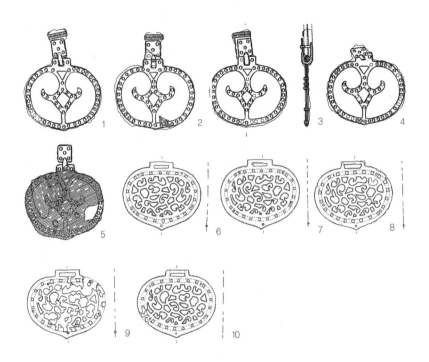

도 3. 가야지역 출토 심엽형행엽 (축척 : 1/4)

1~5. 옥전 M6호분 6~10. 송현동 7호분

2. 분석

전 장에서 행한 분류를 토대로 문양판 모양을 기준으로 하여, 재질에 따른 분석을 시행해보겠다(표 3).

표 3. 심엽형행엽 분석표

유구명	속성	매수	재질	유구명	속성	매수	재질
대성동1호분	II	2	A(1)/D(1)	옥전M6호분	V	5	D
대성동3호분	I a	1	A	교동5호분	IIIa	1	C

대성동8호분	II	1	A	동리5호분	II	5	A(3)/C(2)
대성동85호분	II	4	C	송현동6호분	VI	4	D(3)/C(1)
복천동10·11호분	II	2	A	송현동7호분	VI	5	D
복천동35·36호분	II	1	A	지산동45호분 1호석실	IIIb	3	D
옥전23호분	Ib	3	D	도항리6-1호분	IVa	1	C
옥전M4호분	V	1	C	말산리14-2호분	IVa	1	D

(1) I 형식 (문양판 無)

문양판이 없는 I 형식은 2기의 유구에서 출토되는데, 대성동 3호분, 옥전 23호분 출토품이 이에 속한다. 대성동 3호분은 한매의 철판으로만 제작된 것으로 별도의 문양대가 없다. 옥전 23호분 출토품은 철지금동피제 금속판 1매로 제작된 것으로, 별도의 문양판은 없으나 지판의 가장자리를 둘러싼 파상열점문이 시문되어 있다. 이렇게 파상열점문이 시문된 예는 가야지역에서는 유일한데,[12] '금동'이라는 재질의 우위에서 보여지는 것이라고할 수 있겠다.

(2) II 형식

문양판에서 문양대가 돌출되지 않는 II 형식은 7기의 유구에서 출토된다. 재질은 철제가 가장 많으며 그 다음이 철지은피제, 철지금동피제의순으로 출토된다.

지판과 문양판 결합 시 사용된 못 수를 분석하여 보자면, 못의 개수가 20개가 넘어가면 주연대에 장식적인 느낌을 가미하였다고 상정해 볼 수

---

12) 영남지역 전역으로 확대하여 본다면, 심엽형행엽에 파상열점문이 시문된 예는 황남대총 남분 부곽 출토품이 있다.

있다.[13] 8가지 종류[14]의 심엽형 행엽 중, 못의 개수가 20개가 넘어가는 예는 없다. 모두 10개 내외의 못을 이용하여 지판과 문양판을 결합하였는데, 이로보아 가야지역에서 출토되는 Ⅱ형식의 심엽형행엽은 재질과 관계없이 장식성이 약한 실용적인 행엽이었다고 생각해 볼 수 있다.

(3) Ⅲ형식

삼엽문의 문양판을 가지는 심엽형행엽은 전형과 변형으로 나누어 볼 수 있다. 각각 1기의 유구에서 출토되는데, 전형 삼엽문(Ⅲa형식)은 철지은피제, 변형 삼엽문(Ⅲb형식)은 철지금동피제 심엽형행엽으로 Ⅱ형식의 심엽형행엽에 비해 장식성이 좀 더 가미되었다. Ⅲa형식인 교동 5호분 출토품은 못을 5개를 사용하여 지판과 문양판을 고정하였으며, Ⅲb형식인 지산동 45호분 1호 석실 출토품은 24개의 못을 사용하였다. 재질 및 못의 수로보아, 전형에 비해 변형의 삼엽문 심엽형행엽의 장식성이 더 강함을 알 수 있다.

(4) Ⅳ형식

십자문의 문양판을 가지는 심엽형행엽으로, 영남지방 전역에서는 전형과 변형의 십자문 심엽형행엽이 출토되나, 가야지역에서는 전형의 십자문 심엽형행엽만 출토되며, 출토 지역도 함안지역으로 한정된다. 도항리 6-1호분과 말산리 14-2호분에서 출토되는데, 전자는 철지은피제이며 후자는 철지금동피제이다. 못의 개수는 7개로 동일한데, 기본적인 5개의 위치는

---

13) 姜昇姬, 2011, 주2의 전게문, 17p
　　박보현은 10개 내외의 못 또는 20개 이상의 못을 사용한 것으로 구분하며, 이상율은 10개 내외의 못으로 고정한 것과 25개 이상의 못을 사용한 것으로 구분한다.
14) 대성동 1호분에서 철지금동피제의 심엽형행엽과 철제의 심엽형행엽, 두 종류의 심엽형행엽이 출토되었다.

동일하나 2개의 위치는 서로 다르게 박혀있다.[15] 이로 보아 지판과 문양판을 결합하는 방법으로 가장 효율적인 5개의 못[16] 이외의 2개의 못은 장식성을 높이고자 한 것이며, 그 위치는 통일되지 않았음을 알 수 있다.

(5) V형식

인동타원문의 문양판을 가진 심엽형행엽으로, 옥전 M4호분, 옥전 M6호분에서의 출토예가 확인된다. 옥전 M4호분 출토품은 철지은피제이며, 옥전 M6호분 출토품은 철지금동피제이다. 지판과 문양판을 결합한 못의 수는 51개, 56개로 극도로 많은 못을 사용하였다. 이는 기본적인 기능을 뛰어넘는 장식적인 의미를 가진다고 볼 수 있다. 이렇듯 V형식의 심엽형행엽은 재질·장식면에서 뛰어난 행엽으로, 상위 계층이 사용하였던 마장이였다고 생각된다.

(6) VI형식

전면투조문양판을 가진 심엽형행엽으로, 송현동 6호분, 송현동 7호분에서의 출토예가 확인된다. 이 형식은 전면에 문양을 투조한 판이 추가되는 형식이기에, 심엽형행엽 중 가장 장식성이 뛰어나다. 또한 재질도 철지금동피제만을 사용하고 있기에, 상위 계층이 사용하였던 마장이라고 생각할 수 있다.

이상에서 살펴본 바와 같이, 심엽형행엽은 문양판의 특징에 따라 I∼VI형식으로 나누어 볼 수 있다. 전술하였듯이 이 중 출토 유구의 시기로 미루

---

15) 두곡리 6−1호분 출토품이 경우, 5개의 못으로 지판과 문양판을 결합하고 2개의 못은 결합의 기능은 배제하고 장식적인 기능만을 수행하고 있다.
16) 姜昇姬, 2011, 주2의 전게문, 19p

어 봤을 때, 가야에서 성행한 형식은 Ⅰ·Ⅱ형식의 심엽형행엽이였음을 알 수 있다.[17] 5세기 말에 들어서면서 가야지역이 신라지역 마장문화의 영향을 받으면서, 신라의 특징적인 장식마장이 가야지역으로 유입되기 시작하였으며, 문양판 및 재질에서 장식성을 가미한 마구가 출토되기 시작하였다고 보여진다. 또한 후기가야 재지의 수장층들이 권위를 표현하기 위해 실용적인 마구 이외의 의장용 마구를 부장하기 시작하였을 것이다. 특히 Ⅴ·Ⅵ형식과 같은 경우는 신라 장식마구의 특징이 잘 보여지는 형식이라고 볼 수 있겠다. 물론 소위 신라지역의 중심부라 할 수 있는 경주, 대구 등지에서 출토되는 마구류에 비하면 장식성이 떨어지지만, 기존의 가야지역에서 출토되던 마구류에 비해서는 문양판의 모양, 못의 수, 재질 등 여러 방면에서 장식성이 강하게 보여진다.

따라서, Ⅳ장에서는 가야지역 고유의 마구라고 생각되는 Ⅰ·Ⅱ형식 심엽형행엽과 공반되는 후걸이 부속구에 대해 살펴보고자 한다.

Ⅳ. 심엽형행엽과 공반되는 운주

운주는 혁대가 교차되는 곳을 묶는 금구로, 여러 줄의 혁대를 서로 묶어서 연결하는 것이 주된 기능이며, 운주 자체에 장식성을 부가하기도 한다.

이러한 운주는 외형으로 분류하였을 때 환형운주, 판형운주, 반구형운주, 무각소반구형운주, 입주부운주로 대별하여 볼 수 있는데, 가야지역의 심엽형행엽과 공반되는 운주는 환형운주 밖에 없다(표 4, 도 4).

---

17) 후걸이 부속구 출토 유구의 시간성 파악은 본 글의 주요한 목적이 아니기에, 기존의 연구 성과 및 보고서의 고찰을 참고하여 연대를 추정하였다.

표 4. 심엽형행엽과 공반되는 운주 (명암: 각이 공반 출토된 유구)

출토 유구	심엽형행엽		공반 운주			
	속성	재질	속성	재질	개수	지름
김해 대성동 1호분	II	A(1), D(1)	환형운주	D	1	5.6cm
김해 대성동 3호분	I a	A	-			
김해 대성동 8호분	II	A	-			
김해 대성동 85호분	II	C	-			
부산 복천동 10·11호분	II	A	환형운주	A	1	5.2cm
부산 복천동 35·36호분	II	A	환형운주	A	2	4cm
옥전 23호분	I b	D	환형운주	A	2	3.6cm 4.8cm
창녕 동리 5호분	II	A(3), C(2)	환형운주	A	1	5.2cm

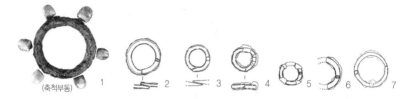

도 4. 심엽형행엽과 공반되는 환형운주 (축척 : 1/4)
1. 대성동 1호분 2. 복천동 10·11호분 3~4. 복천동 35·36호분 5~6. 옥전 23호분 7. 동리 5호분

기존의 연구 성과[18]에 따르면, 운주는 행엽에 비해 한 기의 유구에서 출토되는 유물의 외형이 통일되지 않으며, 이는 여러 세트의 마장이 부장되었거나, 한 세트 내에서의 부착 위치의 차이를 반영한다고 보고 있다. 또한 환형운주는 타 형식과 가장 많이 공반되는데, 이는 환형운주가 가장 기본적인 외형을 가지기 때문이라고 본다. 환형운주를 단독으로 1~2개 정도 사용하게 되면 구조가 안정적이지 못하다고도 말한다.

---

18) 姜昇姬, 2011, 주2의 전게문, 41~42p

그럼에도 불구하고, 가야지역 출토 심엽형행엽과 공반되는 운주를 살펴보면, 운주가 공반되지 않거나, 환형운주만이 공반됨을 확인할 수 있다. 공반되는 환형운주는 대성동 1호분을 제외하면 모두 철제이다.

환형운주는 철봉 하나를 구부려 만든 간단한 구조가 대부분이다. 삼한시대의 마장에서부터 사용되었는데, 주로 굴레용이나 간단한 단조식·복조식의 후걸이에 사용하였다. 혁대의 연결이라는 실용적인 기능이 강조되는 형식이기에, 철제의 수가 압도적으로 많은 것은 당연한 결과라고 볼 수 있겠다.

환형운주가 출토되는 유구 중 3기에서는 1개씩 출토되는데, 이는 환형운주가 말 엉덩이 중앙에서 구심점의 역할을 했을 것이라고 추정해 볼 수 있다. 지름도 모두 4.8cm 이상이다.[19] 옥전 23호분 같은 경우는 지름이 4.8cm인 환형운주 1개와 3.6cm인 환형운주 1개가 출토되었는데, 지름의 차이로 보아 한 개는 후걸이에 사용되어 구심점의 역할을 하였을 것으로 판단되며 나머지 하나는 굴레 혹은 가슴걸이에 사용되었을 것으로 추정된다. 복천동 35·36호분은 지름이 4cm인 환형운주가 2개 출토되는데, 크기가 다소 소형인 점으로 보아 아마도 후걸이가 아닌 굴레나 가슴걸이에 사용되었을 것이라고 생각된다.

---

19) 가야지역에서 출토된 환형운주를 분석하여 보면, 환형운주가 1개 출토된 유구는 모두 4.8cm 이상의 지름을 가지고 있다. 이로보아 이 정도의 지름을 가져야 후걸이의 중앙에서 구심점의 역할을 할 수 있었을 것이라고 판단된다.

V. 후걸이 부속구의 조합으로 본 가야지역의 후걸이 구조

앞서 분석해본 7기의 유구[20]를 토대로, 가야지역의 후걸이 구조를 제시하여 보고자 한다.

우선, 환형운주는 혁대가 환을 관통하는 구조가 아니라, 환에서 혁대가 한바퀴 돌아 나가는 타입의 구조이기에 진행 방향의 전환이 다른 형식의 운주에 비해 자유롭다. 이를 염두에 두고 후걸이 구조를 살펴보겠다.[21]

가야지역의 후걸이 구조는 모두 환형 운주를 말 엉덩이 중앙에 놓는 단조식으로, 행엽의 매수 변화에 따라 나누어 볼 수 있다[22](도 5).

단조식 A (행엽 1매)	단조식 B (행엽 2매)	단조식 C (행엽 3매)
대성동 1호분, 대성동 3호분, 대성동 8호분	복천동 10·11호분	대성동 85호분, 옥전 23호분, 동리 5호분

도 5. 가야지역 후걸이 구조 모식도

단조식 중에서 가장 먼저 가야의 후걸이에 채용되는 것은 단조식 A형식이라고 생각되며, 다음으로 행엽 2매 → 3매의 순으로 행엽의 매수가 시기

---

20) 복천동 35·36호분은 출토된 환형운주가 후걸이용이 아니였을 가능성이 있기에, 후걸이 구조 복원에서는 제외한다.

21) 후걸이 구조의 모식도는 黃鎬姫, 2011, 수2의 전게문을 인용한다.

22) 운주가 공반되지 않는 예도 확인되는데, 이는 금속제의 운주를 사용하지 않았거나, 혁대와 행엽만을 이용하여 간단하게 후걸이를 구성하였을 것이라고 생각된다.

가 지남에 따라 증가한다고 보여진다.

또한 가야의 후걸이는 재질의 통일이 이루어지지 않으며, 개별 부속구에서 사용된 재질도 대부분 철제임에 따라, 행엽과 운주 두 가지 부속구를 다 사용하는 후걸이 중에서는 가장 실용성이 강하다.

따라서 단조식의 이 후걸이들은 군사적 긴장관계가 지속되던 가야지역에서 실용적이며 간단한 마장을 위하여 가야지역에서 고안·유행된 형식이었다고 생각된다.

VI. 맺음말

이제까지 가야지역에서 다른 행엽과 공반되지 않고 심엽형행엽만 단독으로 출토된 유구를 대상으로 심엽형행엽의 분류·분석을 행하였다. 또한 심엽형행엽 출토 유구 중 가야 고유의 마구 문화를 보여준다고 판단되는 6세기 이전의 유구 출토품을 대상으로 행엽과 운주의 조합상을 분석한 결과, 심엽형행엽과 공반되는 운주는 환형운주밖에 없음을 확인할 수 있었다. 마지막으로 심엽형행엽과 환형운주의 조합을 토대로 가야지역 후걸이 구조 복원안을 제시하였다. 가야지역에서는 말 등 중앙에 환형운주 1개를 구심점으로 하여 심엽형행엽을 1매~3매 수하한 단조식의 후걸이가 주로 사용되었음을 알 수 있었다. 이로 보아 이 시기의 가야지역에서는 장식성이 거의 없는 실용적인 후걸이를 고안하여 마장에 채용하였음을 알 수 있으며, 이는 당시 가야지역의 군사적 긴장관계의 지속에서 기인하였다고 볼 수 있다.

가야지역에서 단조식의 후걸이를 채용하였음은 기 연구성과에서 밝혀진 바 있는 부분이며, 한정된 시기에 심엽형행엽 출토 유구만을 대상으로 하다보니 결과에 이느정도의 비약이 있을 수도 있다고 생각된다. 하지만 가야지역에서 출토된 유물의 조합상을 토대로 마구 도입기부터 지속적으로 사용한 후걸이 구조의 모식도를 제시했음에 의미를 두고 싶다.

참고문헌

姜昇姫, 2011, 『加耶·新羅의 후걸이(尻繫) 研究』, 부산대학교 석사학위 논문.

金斗喆, 1992, 「신라와 가야의 馬具–馬裝을 중심으로–」, 『韓國古代史論叢』 3.

_____, 1997, 「前期加耶의 馬具」, 『가야와 고대일본』, 제3회 가야사 국제학술회의.

_____, 2010, 「前期加耶와 新羅」, 『釜山大學校 考古學科 創設20周年 記念論文集』.

柳昌煥, 2006, 「가야의 마구에 나타난 전환기적 특징–전기가야 마구에서 후기가야 마구로–」, 『가야와 그 전환기의 고분문화』, 국립창원문화재연구소.

_____, 2007, 『加耶馬具의 研究』, 동의대학교 박사학위 논문.

李尙律, 1993, 「三國時代 杏葉 小考 –嶺南地方 出土品을 中心으로–」, 『嶺南考古學』 13.

張允禎, 1995, 『新羅 馬具裝飾에 관한 研究』, 동아대학교 석사학위 논문.

대성동고분박물관, 2013, 『동아시아 교역의 가교 대성동고분군』, 대성동고분 박물관 10주년 기념 특별전시 도록.

가야문화권 지역발전 시장·군수협의회, 2014, 『가야문화권 실체 규명을 위한학술연구』.

복천박물관, 2014, 『가야지역의 마구』.

「심엽형행엽으로 본 가야의 후걸이」에 대한 토론문

김 두 철 (부산대학교)

심엽형행엽을 공반한 마장만을 대상으로 검토하는 것은 가야 마장의 전체상을 이해하는데 매우 미흡한 시각이다. 차포를 떼고 장기를 두는 것과 같다고 생각된다.

예를 들어 가야 각지에서 고총고분 성립기에 이루어진 편원어미형행엽과 무각소반구형운주의 조합으로 된 신라(경주) 마장의 채용과정과 양상, 그 이후의 검능형행엽의 제작과정 등은 가야의 마장을 이해하는데 핵심적 요소라 생각되기 때문이다. 또 발표자가 심엽형행엽 중 신라의 영향을 받았다고 파악한 6세기대의 행엽들도 실상은 가야 독자의 개변이 작용하고 있기 때문에 간과할 수 없는 의의를 가진다. 가야와 신라 간의 결혼 동맹의 영향으로 6세기 2/4분기를 중심으로 이루어진 심엽형행엽의 대형화가 그것이다. 가야만의 독자성이 여기에 있다고 생각한다.

이러한 여러 점들에 대해서 발표자는 어떠한 견해를 가지고 있는지 듣고 싶다.

「심엽형행엽으로 본 가야의 후걸이」에 대한 토론문

이 상 율 (부경대학교)

특정지역에서 행엽의 출현은 기승용마구의 장구가 완비된 것임을 의미하고, 이를 통해 고대의 마장체계와 지역 간의 문화교류상을 규명해낼 수 있다. 특히 심엽형행엽은 편원어미형행엽과 더불어 삼국시대 분묘에서 가장 많이 출토되는 형식이다. 편원어미형이 경주를 비롯한 親신라영역에 집중되는 반면 심엽형은 신라, 가야를 넘어 중국 동북지방과 고구려, 왜에 이르기까지 광범위하게 애용된 것이고, 형태적으로 상판(발표자의 '문양판')을 중심으로 각종 문양과 속성을 다양하게 지니고 있어서 다른 행엽에 비해 시기에 따른 변화상이나 지역적 특징을 잘 파악할 수 있는 형식이기도 하다.

본 발표문은 금관가야를 중심으로 심엽형행엽과 이에 공반하는 운주를 분석하여 마장의 핵심인 후걸이구조의 일단을 복원한 점에서 의미가 있다. 그러나 지역적, 자료적 협소 탓에 시·공간적으로 제한된 철제 소문(발표자의 '무문') 중심의 후걸이 복원에 한정된 감이 있다.

1. 가야 초기의 행엽은 대부분 낙동강하류역에서 횡폭에 비해 종폭이 긴 철제의 소문심엽형행엽(발표자의 Ⅰ·Ⅱ형)으로 출현한다. 이 모티브는 일찍부터 북방에서 유행한 것으로 행엽 실물로 보자면 4세기후반대에 선비계 마장에서 등장하고 있다. 고구려 행엽도 초기 실물자료는 없으나 모두 심엽형인 만큼 일찍부터 이를 채용하였을 가능성이 있다. 발표자는 가야에서 심엽형행엽이 등장하게 된 배경으로 어느 쪽에 무게를 두고 있으며 이

와는 다른 견해가 있다면 설명해주기 바란다. 또한 심엽형행엽이 '가야시역에서 가장 먼저 출토 및 재지화되었다'고 하는데, 이때 철제로의 전환 외에 형태나 제작법적으로 토착화시킨 요소에 대해 부언바란다.

2. 대성동1호분, 동리5호분, 송현동6호분 등의 예를 통해 한 유구에서 재질이 다른 행엽이 동반될 경우 2종류 이상의 마장이 부장되었거나 혹은 사용 위치가 다른 것으로 보고 있다. 그러나 이들 유구에서 출토된 마구는 모두 1세트뿐이며 행엽도 대성동은 연접, 동리는 전·후교 사이에 산발해 있어 재질에 따른 위치 차가 명확치 않다. 따라서 한 후걸이에 한 가지 형태의 행엽이 수하된다는 전제는 가능할지 모르나 재질 차에 따라 매납된 마구의 세트 수량이나 혹은 사용 위치를 달리 파악하는 것은 발표자가 제시한 유구에서는 인정하기 어렵다.

3. 문양판의 분류(도면1)와 재질의 분석에 몇 가지 의문이 있다.

1) Ⅰb형식과 Ⅵ형식의 차이가 모호하다. 모두 철판(지판) 위에 덧댄판(상판, 문양판)으로 금동판을 얹은 것인데, 전자는 금동판 주위에 문양대를 찍어 장식한 반면 후자는 전면을 투조한 차이가 있다. 이처럼 같은 제작법임에도 상판의 장식 차이에 따라 투조하면 문양판으로, 문양대로 장식하면 문양판이 없는 형식으로 인식하는 것은 문제가 있다. 문양은 상판에 구현된 장식일 뿐이다(이 점에서 토론자는 '문양판' 대신 '상판'이라는 용어가 좋다는 생각이다).
행엽의 분류 시 중요한 것은 문양에 앞서 제작법에 따른 판의 개념을 어떻게 인식하느냐 하는 것이다. 금속판은 철판과 더불어 행엽 제작의 기초 소재인 한편으로 상부에 덧대어 장식하는 기능도 겸하기 때문에 사용되는 성격에 따라 판의 개념이 유동적이다. 특히 상판의 경우 철제로 된 별도의 상판 없이 금속판만 얹고 제작하였다면 이를 상판으로 분류하는 것이 합리적이지 않을까.

2) 삼엽문과 십자문행엽의 주±문양 주위로 가시가 딸린 형태가 있다. 토론자는 과거 이들을 자엽문으로 구별, 하나의 형形으로 인지하였으나 현재는 구분치 않고 ±문양에 귀속시킨다. 발표자가 제시한 삼엽문과 십자문의 변형은 특정 유적에 한정하여 연속성이 없을 정도로 소수에 불과한 예들이다. 이를 변형으로 구분하면 중국에는 전형보다 변형이 더욱 많아지게 된다. 삼엽문의 변형으로 제시한 지산동45호 행엽은 연구자에 따라 이형, 자엽형, 인동타원문의 변형 등 다양한 시각이 존재한다. 그래서 굳이 변형을 설정하자면 삼엽문 주위에 가시가 딸린 자엽계 삼엽문이 좋다는 생각이며 이는 발표자가 설정한 십자문의 변형과도 부합된다. 지산동45호 행엽에서 중요한 것은 삼엽문의 변형보다는 제작의 주체와 배경을 추구하는 데 있다.

3) 가야 초기의 행엽은 수장층을 중심으로 출토된다. 재질과 형태도 대부분 철제의 소문이다. 초기에는 행엽의 소유 자체가 신분을 대변해 주는 것이다. 따라서 재질 차를 계층 차와 연계해서 상위 계층의 마장을 설정하는 것은 적어도 신라에서 격자식이 유행한 시기에 가능할지는 몰라도 초기 마장에 적용하기는 어렵다.

4. 중국 동북지방의 선비계 마장은 소위 '격자식'을 기본으로 한다. 이들과 직접 경계를 접하며 일찍부터 선진문물을 받아들인 고구려의 마장도 격자식이 유행하였음은 벽화에서도 확인되고 있다. 다소 시기는 내려오나 신

라 역시 고구려의 영향에서 벗어나면서 격자식을 채용하였다. 그러나 가야에서는 이러한 마장이 거의 채용되지 않고 있음은 주목할 만하다. 그 배경으로 토론자는 가야지역이 군사적 긴장관계가 지속된 데 따라 실용성이 강한 철제의 간단한 단조식을 고안, 유행한 것으로 보고 있다. 단조식의 고안지를 가야로 보는 점이 인상적이나 이의 지속을 군사적 긴장으로만 해석한다면 자칫 단순해 보이지 않을까. 검릉형행엽 등 가야의 독자적인 식마문화가 꽃핀 시기에도 단순한 철환이 사용되는 등 신분 차에 관계없이 제한된 장식의 실용마장을 여전히 고집하는 점에서 안장을 필두로 좌목선교구, 좌금구 등 각종 부속구의 구조, 환형운주의 채용, 식마에 대한 선호도, 신분 차를 넘어선 문화수준, 당시의 정세 등을 종합적으로 고려해 볼 필요가 있다.

5. 가야지역의 후걸이 구조는 모두 환형운주를 말 엉덩이 중앙에 놓은 단조식으로 보고 있다. 단조식과 격자식 외에 복조식이 있는데, 일반적으로 발 엉덩이로 돌아가는 끈의 수에 따라 단조식은 한 줄, 복조식은 두 줄 이상으로 구분한다. 문제는 중앙의 환형운주의 각 수만으로는 단조식과 복조식의 구분이 쉽지 않다는 점이다. 또한 후교에 딸린 교구나 운주 수도 중요한데, 이들도 단조식과 연동되는지 묻고 싶다.

日本・古墳時代の馬具生産とその背景

初村由理＊

Ⅰ. はじめに

　馬が生息していなかった日本列島に、馬と、乗馬の風習が本格的にもたらされたのは、4世紀末から5世紀のことである。大陸と陸続きではない日本列島に、韓半島から海を越えて、馬を運ぶには船で移動するしかなく、一緒に渡った人々には大変な危険や困難が伴ったと考えられる。日本列島の人々にとっては、初めて出会う馬は驚くべき存在であっただろうし、その扱いに慣れるまで、また自分たちにとってふさわしい利用方法を見出すまでに多くの時間もかかったであろう。

＊日本・公益財団法人元興寺文化財研究所

そのような中で日本列島の人々がどのように馬や馬具に出会い、馬やこれに装着した馬具を利用するようになり、そうした文化や体制が根付くようになったのか、という点に注目して、古墳時代の馬具生産の変遷を見渡してみようと思う。

Ⅱ. 馬との出会い・馬具との出会い

馬の導入

　日本列島に馬をもたらしたのは、韓半島の情勢と連動して、列島に渡ってきた人々であった。5世紀代は、南下する高句麗によって、新羅・百済・加耶諸国が圧迫を受ける中で、新羅も勢力を持ちはじめ、百済は475年に漢城が陥落して熊津に遷都するなど、大きく変動した情勢の時期であり、政治的な要請や戦乱を逃れた移民などいろいろな背景で、人々と馬が日本列島にやってきたのだと考えられる。

　5世紀前・中葉には日本列島の広い地域から馬骨や馬具が出土しており、馬を飼育した地域が、各地にあったと考えられる。牧の存在が推定される、大阪・長野・北部九州・群馬の地域で出土する馬具について、種類や出土古墳を検討すると(表1)、鉄製の轡や木製の鐙など実用的な馬具とともに、金銅装の馬具も含まれ、副葬する古墳を見ると、中小の古墳から、地域の有力な前方後円墳もある。こうしたことから考えると、馬具を手に入れた主体、入手方法には様々なものがあり、実際に馬を育てる馬飼集団だけでなく、馬飼いの渡来人を受け入れた首長、馬飼の長のような勢力のような多様なありかたが考えられる。つまり日本列島の人々は極めて多元的なルートで、初めての馬や馬具を受け入れていく様相を想

像することができる（田中2010）。

誉田丸山古墳の鞍金具

　一方、大阪の古市古墳群にある誉田丸山古墳で出土した鞍金具は、精巧
な龍文の透彫が施されており、その形態も中国遼寧省の三燕地域の馬具
に類似することが知られている。これは各地から、馬骨などとともに出
土し、その後の古墳時代馬具の主流になるような鉄地金銅装のものとは、
系統が違うものである（千賀2003）。

　このことから当初の馬具には、馬を伴う馬具とは若干異なる、高度な金
工品としての馬具という性格もあったのではないだろうか。つまり三燕
地域の鮮卑の文化が、馬や金工品の文化として、高句麗や新羅、加耶など
を通して、日本列島にもたらされたのであろう。一方で、馬を育てる文化
と馬具の文化は、韓半島において熟成された文化として、韓半島の人々
の手で、日本列島にもたらされたと考えることができるのである。

5世紀の日本列島における金属器生産の技術革新

　馬具を受け入れる体制としては、5世紀代の甲冑や武器の大量埋納に
代表されるような、武具や武器生産をはじめとした鉄器生産の拡大があ
り、新しく導入された馬具に用いられた技術や意匠を積極的に取り入れ
る必要性や機運もあったのだと考える。例えば短甲に関していえば、鉄
板を革で留める革綴式から鋲で留める鋲留式に変化する（図3）が、その
技術は馬具の鞍金具の製作にも用いられた、熱間鍛造の技術があって初
めて可能となるものであった（図4）。また誉田丸山古墳の鞍金具にも見
られるような、きらびやかな鍍金技術や彫金技術は、その後の日本列島
の金工品生産になくてはならないものとなった。なぜなら中央政権が黄

金の製品を志向し、これを積極的に生産、地方の首長に配布して、序列化を図ろうとしたためである。

このような5世紀の日本列島は、古市・百舌鳥古墳群が作られた「倭の五王」の時代にあたるが、韓半島や中国の情勢が目まぐるしく変化する時期でもあり、中央政権がこれに対応して対外交渉を行うとともに、渡来人も多くわたってくる時期となった。そして須恵器生産も含めて、いろいろな技術が発展し、全国へ拡散したのである。このような時代背景のなかで、馬の飼育と馬具生産の技術は日本列島に浸透していったのである。

Ⅲ. 韓半島の影響と日本列島馬具生産のはじまり

外形線の重ね合わせから見た、馬具の変遷

馬具は、轡や鞍や鐙、そのほか装飾など、複雑な部品からなるうえ、それぞれの部品の構造も複雑で、網羅的に分析することが難しい研究対象である（図5）。そのため馬具という1点1点の遺物を中心にした個別テーマになりやすく、馬具を取り巻く社会背景に対しての言及が難しい研究現状がある。

筆者は、轡の鏡板や装飾である杏葉などの部品について、実測図面の外形線の重ね合わせによる、法量と形態の比較検討を行ってきた。この方法は、外形線を重ね合わせるという単純ながら、かえって内部の文様などに関係なく比較することができるという長所があり、これまで研究を細分化させてきた型式にとらわれずに全体を見渡すことが可能になる。

鉄の材料から馬具のかたちを切り出すという、製作過程、製作技術に直接かかわることではあるが、それだけでなく、法量や形態が一致することの意味、政治的な契機、社会的な背景も考えていくことができる手法である。実際に、日本列島の古墳時代の馬具全体の変遷を見ると図6のようになる。

その結果を簡単に述べると、6世紀代を通して、鏡板や杏葉の法量・形態が一致するものが多いことが分かり、規格性の存在が想定された(田中2004、2005、2012a、2012b)。ただし当たり前のことであるが、法量や形態が一致するだけでは、「偶然似ていた」可能性もあり、複雑かつ多様な属性をもとにした編年研究との整合を見るとともに、馬具の生産管理や技術交流など、何らかの背景を持つことに対しての裏付けが必要となる。

ｆ字形鏡板付轡と剣菱形杏葉の外形線の比較

日本列島における、5世紀の代表的な飾り馬具は、ｆ字形鏡板付轡と剣菱形杏葉であり、5世紀後葉から6世紀後葉の1世紀近くにもわたって、装飾的な馬具の重要な位置を占め続けた型式である。その初期の例の長野県新井原12号墳4号土坑の例が、韓国釜山福泉洞23号墳のｆ字形鏡板付轡と、材質の違いはあるがよく類似しており、韓半島との強いつながりを示す馬具として注目されてきた。

ｆ字形鏡板付轡は曲線からなる特殊な形態であるにもかかわらず、法量や形態が重なり合いよく類似する一群があることが分かり、そのようなグループが6世紀前葉になって現れること、その変化は研究史におけるほかの属性の変化とも一致することを確認できた(図7)。またｆ字形鏡板付轡と組み合わされて用いられることの多い剣菱形杏葉についても、やや様相は異なるものの、6世紀前葉に入って外形線が部分的に重

なってくるなど変化がみられることが分かった。6世紀前葉は、日本列島では政治的な画期があったことが指摘されており、中央政権の手工業生産の再編成が行われたと考えられることから、この法量や形態の一致をf字形鏡板付轡や剣菱形杏葉への規格性の導入と考え、これらの政治変動と関連付けて解釈することができた（田中2004、2005）。

　ただし、型式変化が本当に製作上の変化と言えるのか、政治変動と関わりのある、意味のあるものなのかについては、まだ検証する必要がある。f字形鏡板付轡と剣菱形杏葉はともに後述のように韓半島からもたらされ、日本列島内において独自の用いられ方をしたものである。こうした重ね合わせによる法量・形態の比較検討を韓半島の事例についても試みて、日韓での違いや、その馬具に対する考え方の系譜や、日本列島での在地化の過程を見てみたい。

韓半島における、扁円魚尾形杏葉と剣菱形杏葉

　韓半島では5世紀中葉から新羅が急激に成長し、その周辺の政治情勢も急変して、洛東江を挟むように新羅と加耶が対峙するようになる。そのような時代状況は馬具などの物質文化にもそのまま反映し、特に新羅で扁円魚尾形杏葉、加耶や百済で剣菱形杏葉を、それぞれ独自に創出し、採用したことが、新羅と加耶の地域性の表れとしてしばしば論究されてきた（金斗喆1993ほか）。

　そのため、扁円魚尾形杏葉が加耶の諸地域で出土する場合には、新羅とのかかわりが指摘される（金斗喆1993、柳昌煥2000）。一方で剣菱形杏葉は韓半島においてよりも、日本列島で盛んに用いられ、しかも韓半島で出土例の少ないf字形鏡板付轡と組み合わされて、代表的な馬具のセットを形成している。日本の研究者にとって、f字形鏡板付轡と剣菱形杏葉

の成立と日本列島への導入の背景についての関心が極めて高く、研究も盛んに行われている（千賀1994、鈴木・齊藤1996など）。このように扁円魚尾形杏葉と剣菱形杏葉は、韓半島の諸地域、そして日本列島との相互関係を如実に表す遺物なのである。

扁円魚尾形杏葉の創出と拡散

　まず扁円魚尾形杏葉について、法量・形態比較を行ったところ（図8）、法量や形態が一致ないし類似する一群が多く見られることが分かった。検討結果からは以下の2つの特徴が指摘できた。一つは小型のタイプ①に多くのものが集中するなど、タイプごとに数量の差が認められること、もう一つは、例えばやや大型のタイプ④は数が少ないにもかかわらず、龍文透彫と玉虫の羽を用いる技法が使用されるものを含み、多様かつ高度な技法を用いる、というように、タイプごとに用いられる技法のバリエーションが異なることである。そしてこれらの出土地域を見ると、①タイプと②タイプといった小型で多数出土するものが、ほとんど昌寧や陝川、星州、咸安など慶州以外の5世紀中葉の古墳から出土する一方、大型で高度な技術や材質で作られ、出土例も少ない③、④、⑤タイプが5世紀中葉の皇南大塚南墳をはじめとして、5世紀後葉の北墳、6世紀前葉の飾履塚、銀鈴塚、天馬塚など、どれも慶州の王陵級の古墳から出土するのである。すなわち出土古墳の規模にも大きな格差があり、法量の大小と出土古墳が対応するようであり、馬具の副葬に政治的制限がなされた可能性があるのである。

　こうした扁円魚尾形杏葉の創出期のものとしては皇南洞110号墳や皇吾里14号墳が考えられている（姜裕信1999ほか）が、この時点ではまだ簡素な作りであって心葉形杏葉と並ぶ杏葉の一種でしかなく、新羅を代表

する杏葉とはなっていない。これが5世紀中葉の皇南大塚南墳の段階になって、法量の大小と出土古墳の格差がみられるようになる。つまり皇南大塚南墳以降に、馬具・冠・帯金具に至るまで新羅らしい形式が生まれ、それらの保有に階層性がみられること（李鐘宣2000、早乙女2000）と歩調を同じくしており、この時期に政権の強化を図るための金工製品生産の変革が行われ、その過程で多様な技法や法量を持つ扁円魚尾形杏葉が創出されたと考えられよう。

　扁円魚尾形杏葉の創出から間もなくして、小型の扁円魚尾形杏葉①タイプは陝川や昌寧、星州、咸安といった広い地域に現れる。昌寧・慶山・大邱など洛東江東岸の慶州に近い地域から出土する例は、技法などと、法量・形態の著しい一致から考えると、新羅の政権における生産、および配布を想定してもいいのではないだろうか。しかし、大加耶地域を中心とした洛東江西岸地域からの出土については、大加耶地域への新羅文物の流入のひとつとみる（金斗喆1993、柳昌煥2000）ことは間違いないものの、製品自体が配布されたものとみるか、在地の製作とみるかという点については難しい。ただ玉田35号墳A例のような縁金具を持つもの、玉田M2号墳例のように突出部の形状が特殊であり、表面に半球状の装飾を持つものなど、慶州では見られない型式があることから、在地で模倣した製品が多く含まれるのではないだろうか。

剣菱形杏葉の発生

　剣菱形杏葉は、韓半島の出土例が少ないため、まず剣菱形杏葉は扁円魚尾形杏葉から分化したと仮定して、形態と法量の近いものを抽出してみた（図9）。

　初期例については、道項里54号墳例や玉田M3号墳例があるが（李尚律

1999、金斗喆2000 b)、これらは扁円魚尾形③タイプに近い法量を持つ。ここで興味深い点は、洛東江西岸にまで多く流通していた扁円魚尾形杏葉は小型の①タイプであったのに対し、これらとはまったく異なり皇南大塚南墳で見られるような大型のものを選んだことである。当時の加耶の人々が新羅の王級の馬具を見知っていたかはわからないが、新羅の王級の杏葉に匹敵する法量を採用することで、剣菱形杏葉の格式も高まったかもしれない。

　製作技法についてみると、道項里54号墳例は縁金具がなく銀板を張った、より新羅の扁円魚尾形杏葉に近い技法を持つ一方、玉田M3号墳の例は縁金具と鋲を持ち、立聞孔は方形を呈するなど、加耶産の馬具の特徴を備える。またその他の例についても、天安龍院里1号墳は扁円部の法量や全長などが扁円魚尾形①'タイプに類似するが、遺物を観察すると、忠清道地域の馬具に特徴的な、厚さの薄い縁金具と径の小さな鋲を用いている。各地の編年の併行関係が不安定な現状であるため、これらの先後関係を決定することは難しいが、このように、剣菱形杏葉という形態以外は共通点が見られず、バラエティーに富んだ剣菱形杏葉の地域性を指摘できるため、一系列的に編年するより、多系列のものと想定することが適当であろう。それには模倣することのできる生産工房、生産のセンターがいくつもあったことを前提とする。剣菱形杏葉の創出に関しては、鈴木一有らが大加耶と百済の連盟関係の中で生み出されたと指摘している(鈴木・齊藤1996)ように、剣菱形杏葉は一つの強力な政権による考案と配布ではなく、いくつかの地域の勢力が同盟関係を確認するためのものとして、同じ形態を選んだのではないだろうか。

形態と法量が類似することの意味

　このように韓半島の例と比較すると、形態や法量の一致が、単純に一元的な規格生産を示すとは限らないことが分かる。すなわち、日本列島での馬具生産の検討の場合、基本的に中央で一元生産していたことを前提とするため、法量や形態のばらつきも一致も、中央の生産工房に対する政権の管理の変化と捉えることができ、そこに画期と意義を見出すことができた。

　しかし、韓半島の例では、新羅、百済、および加耶の中でもいくつかの地域に生産工房があったことが推定され、そのため地域を越えて形態や法量が類似した場合には、1か所の勢力からの配布や生産体制の変化だけでなく、各地域間の交流関係に伴う製品の流通や、もたらされた製品の模倣生産といった可能性も考慮しなければならない。

　ただし、新羅における扁円魚尾形杏葉の生産とその拡散を見ると、確かに法量や形態の一致するものが多数認められ、法量や形態といった規格に政治的な意味を持たせていることも窺えるので、日本列島で見られた規格性に似たものが存在したと考えてもいいだろう。しかし新羅では技法まで格差をつけているなど、日本と比べてより厳格な階層性がある。

　一方、模倣生産によって、類似した法量・形態の製品が生まれる場合もあるが、技法も一致させるような完全な模倣が起こることはなく、その地域における技法の伝統に大きく制限を受けるのである。

6世紀前葉 日本列島独自の馬具生産へ

　さて、日本列島での馬具生産に話題を戻そう。初期のf字形鏡板付轡や剣菱形杏葉は多様な形のものがあり、韓半島での馬具の法量・形態・技法がばらつく状況にもよく類似するので、馬の導入などとも伴って、いろ

いろなルートで取り入れられたことが分かる。

　やがて5世紀末になると、また法量・形態が一致することはないものの、埼玉県稲荷山古墳や、東京都亀塚古墳、福岡県番塚古墳など、f字形鏡板付轡が少し大型化し、形が比較的そろってくる一群が現れる(図7)。これらのf字形鏡板付轡を副葬した古墳は、各地域の新興勢力というべき豪族の古墳であり、小札甲と同型鏡群というタイプの鏡を共伴するなど、最新の副葬品のセットを持っている特徴がある。このことからこれらの副葬品は、そうした勢力を取り込むために生産されたもので、それを可能とするほど日本列島でのf字形鏡板付轡の中心とした馬具生産が軌道に乗ったと考えられるのである。

　そしてとうとう6世紀前葉になって、前述のように法量と形態が一致する、規格性のある馬具が製作されるようになる。この時期は、全国的に首長系譜が変動して、新しい政権が生まれた時期であり、横穴式石室の導入をはじめとした葬制の変革が行われる一方、須恵器、鉄器生産、金工品全般にわたる手工業生産の再編成に伴って、新しい威信財が生まれた時期である。これは新しい政権が支持勢力を自らの政治的枠組みの中につなぎとめるために、製作・配布したのだと考えられる。馬具については、楕円形鏡板付轡・杏葉が新たに導入されると、これらが上位におかれ、f字形鏡板付轡や剣菱形杏葉は若干ランクが下がるなど序列化が図られており、規格性の導入も、配布される首長間の序列を明確にして、細やかな支配をするための意図があったのではないだろうか。

Ⅳ. 海を行き来する馬具と交流の諸相

　韓半島の諸地域には顕著な地域性がみられるのだが、日本列島においても、韓半島の諸地域ほどでないものの、地域差がみられる。この日本列島内における地域差は、特に初期のものは韓半島諸地域との交流の過程で入手した馬具の違いである可能性がある。法量や形態の類似性や技術面での共通など、簡単な模倣では起こらない属性に注目して、倭の各地域と韓半島諸地域の交流の諸相を探ってみたい。

素環状鏡板付轡と巻き技法

　素環状鏡板付轡は、韓国では円環轡と呼ばれるが、新羅と加耶の馬具の地域分化が起こってしばらくして、6世紀代に馬具の多様化の一つとして現われるとされる（金斗喆2000ａ）。韓半島の素環状鏡板付轡の特徴として、銜外環の製作において、環を作りそのまま余った鉄棒を銜本体に巻きつける巻き技法を多用することが挙げられ（李尚律2005）、銜長の短い素環状鏡板付轡に、巻き技法を用いるものも多い（図10）。巻き技法は百済の武寧王陵の腕飾りなどにも見られており、百済に特徴的な技術だと考えられているが、素環状鏡板付轡の分布は、百済にも数例あるが、むしろ晋州や昌原などの韓半島南海岸に密な分布を示している。また轡の引手や銜の長さについて地域別や型式別の検討を行ったところ（図11）（田中2007）、韓半島は基本的に銜の長さが11cm前後と長くなる（日本は9cm前後）のに対し、素環状鏡板付轡の場合9cm以下となるものもあり短いという特徴がある。

　一方、日本における巻き技法は、初期の素環状鏡板付轡とされる熊本県江田船山古墳例に見られるほか、瓢形素環状鏡板付轡での採用が指摘

され(花谷1986)、瓢形素環状鏡板付轡の分布が濃密な東海、また九州地域において、素環状鏡板付轡を中心に見られる技法である。轡の引手や銜の長さについては、東海に長い引手を持つ鑣轡と複環式轡、九州・群馬・埼玉・東海に短い引手の内湾楕円形鏡板付轡など、一般的な轡と比較して特異な長さの引手が、韓半島とのつながりのある馬具に伴う場合が多く、こうした馬具の出土地域が、上述の巻き技法を持つ馬具の分布とも重なる点は興味深い。

内湾楕円形鏡板付轡における加耶地域内での地域性

　韓半島において、新羅地域と加耶地域の地域性は明確に分かれるものの、加耶地域内の地域性についてはなかなか指摘できるものは少ない。そのなかで唯一指摘できそうなものとして、内湾楕円形鏡板付轡の鏡板の法量・形態がある(図12)。

　内湾楕円形鏡板付轡は、新羅と加耶の地域分化の中で、加耶の轡として成立したものである。内湾楕円形鏡板付轡の大部分が玉田古墳群など大加耶地域からの出土であるが、全体的な特徴としては、大部分のもので縦幅の長さが6cmに集中しており、横幅の長さが11～13cmと、縦横比(縦／横):0.5の横長の形態である。またこれらは内湾の度合いが少ない。その一方で韓半島南海岸の金官加耶や阿羅加耶・小加耶地域にある金海礼安里・咸安道項里・固城松鶴洞古墳例は、縦幅は規範と同様に6cm程度であるが、横幅が10～11cmと狭く、内湾の程度もやや大きい。このように大加耶地域で見られる内湾楕円形鏡板付轡とは異なる法量・形態を採用していることが分かり、大加耶地域との地域差を想定させるのである。

　では日本列島出土例の5世紀代の抉り部分の端部が緩やかなカーブを描くもの(図6)と、韓半島の内湾楕円形鏡板付轡を比較してみるとどう

なるか。日本列島出土例には、大加耶地域で一般的にみられるような横長の内湾楕円形鏡板付轡はなく、横幅の狭いものが多いことが分かった。すなわち礼安里・道項里・松鶴洞古墳の諸例に類似するのである。日本列島の内湾楕円形鏡板付轡に関しては、中央政権を介さない地域間交流が指摘されているが(鈴木2002)、そうした系譜を考えるうえで参考になるかもしれない。

剣菱形杏葉と日本列島の関わり

最後に韓半島の剣菱形杏葉の法量・形態について、日本列島の剣菱形杏葉(図6)との比較も試みることにしよう。まず、日本出土の初期の剣菱形杏葉を見ると、ややばらつくが、これは、韓半島の剣菱形杏葉の特徴は、一点一点が異なる多様性を持っていることとも一致する。ただしどれも技法などは共通性が高いため、一地域での生産、もしくはそれに影響を受けた日本列島内での生産と考えることができそうである。これらの剣菱形杏葉が、扁円魚尾形②タイプという法量に近い点に注目すれば、玉田M3号墳例と同様のものが大加耶を中心とした洛東江西岸地域で生産され、それらが日本列島に導入されたと考えることができ、大加耶とのかかわりを指摘する意見(千賀1994、鈴木・齊藤1996)とも合致する。

一方、注目すべき例は昌原茶戸里遺跡B1祭祀遺跡出土例と咸安末山里451−1番地遺跡出土例であり、両者の形態・法量が著しく一致するのであるが、これらは日本出土のⅡB式の法量・形態に酷似する(図13下)。しかも、全体の法量・形態、縁金具の鋲数、地板・縁金具の上に金銅板を一枚被せる技法など、日本列島出土例に著しく類似するものである。先述のように、韓半島の剣菱形杏葉の特徴は、一点一点が異なる多様性を持っていることなのだが、その中でも極めて特異な様相を見せるのが、ま

さに、茶戸里、末山里、松鶴洞の3例なのである。日本列島の剣菱形杏葉ⅡB式は、日本の政治変動の過程で生まれる型式(田中2005)であり、日本列島産である可能性がきわめて高く、剣菱形杏葉ⅡB式に酷似する杏葉の出土地が、大加耶や百済地域にはなく、昌原・固城・咸安などの半島南海岸地域に限られることから、6世紀前葉の日本と半島南海岸地域の交流の中で、日本列島からもたらされた可能性を考えてもよいのではないだろうか。

　これまで検討してきたように内湾楕円形鏡板付轡や、巻き技法を持つ素環状鏡板付轡など、いくつかの馬具の共通性から考えて、これらの地域と倭の交流は密であったと推定され、6世紀代の日本列島の製品が逆に輸出された可能性も十分考えられるだろう。

地域間交渉－古代史の観点から－

　こうした地域間交流の実態は、ほかの遺物や遺構、また歴史的事実からも多く指摘されるところである。馬具の検討から分かってきたことの傍証として、古代史の観点からも見てみたい。

　百済と倭は、七支刀の贈与にみられるように4世紀以来、通行関係を持ち続けるが、韓半島の西部にある百済との交渉が可能となるためには、それ以前から中継地点にある金官加耶や阿羅加耶といった加耶南部地域との友好関係があったことが考えられる。5世紀後葉から6世紀にかけて、高句麗の南下、新羅の成長、百済の漢城陥落と南への勢力拡大、大加耶地域の台頭と連盟の形成といった目まぐるしく変化する情勢の中で、それらの地域間では、同盟・敵対関係も刻々と変化していったという(田中1992)。そのなかで、日本列島の倭政権は、百済・阿羅加耶・大加耶などの地域と交渉し、時に支援を要請されたり、兵を出したりなど、関わっ

ていくものの、実際は影響力を持てなかったことも多かったようである。ともかくそうした過程で、馬具などの遺物が動き、入手したりしたと考えられる。

　馬具から窺える韓半島各地域の関連遺物については、百済地域に関しては、6世紀前葉に、百済に特徴的な長い引手が東海地方や、奈良・兵庫にみられることを指摘することができる。6世紀前葉は武寧王と継体大王の関係に代表されるように、百済と倭の政権が密接なかかわりを持っており、東海などの地方勢力や、奈良などの中央政権に近い勢力がともに所有していることから考えると、継体大王にかかわりのある中央、地方を取り混ぜた勢力によって交流が行われたと考えることができよう。

　一方、阿羅加耶地域や小加耶地域との関連遺物には、内湾楕円形鏡板付轡(5世紀後葉)や素環状鏡板付轡(6世紀前葉)、そして規格性の高い剣菱形杏葉(ⅡB式)がある。これらの遺物については、すべて高霊・陝川など大加耶連盟の地域とは異なって、加耶南部地域の地域性を感じさせる遺物であることはとても興味深い。またこれらの日本列島での出土地域に注目すると、前者の内湾楕円形鏡板付轡(5世紀後葉)や素環状鏡板付轡(6世紀前葉)は、当時の馬具の主流をなすものではなく、九州や東海との個別的な交流が行われたと考えられる一方、6世紀前葉の大型の剣菱形杏葉(ⅡB式)は中央政権とのかかわりが考えられるものである。

　こうした馬具の流れの背景になったことを考えると、百済が大加耶連盟に属していた南海岸の地域に進出してきたり(513年から529年の己汶・多沙の進出)、新羅が北側から迫ってくるにつれて(532年金官加耶の滅亡)、倭は、これらの地域を取り込みたい百済と、何とか生き残ろうとする阿羅加耶地域の双方から、協力や支援を求められる機会が増えた(たとえば、541、544年のいわゆる「任那復興会議」は、倭系の人物を通して、新

羅と「内応」しようとする安羅を引き留めようとして、開催した会議であったという (田中1992))。そうした関係性のなかで馬具のやり取りや馬具製作の考え方の共有があったのではないだろうか。このように当たり前ながら、韓半島にはいろいろな地域のいろいろな立場の勢力がいたわけであり、それらの相手となった日本列島の勢力も、中央政権から地方首長、韓半島に在住する倭系の人物なども含んでかなり多様だったと考えても、不思議ではないだろう。

多元的な様相が持つ意味

　中央と地方の関係は従来の研究のように、中央における威信財の一元的生産と、地方への配布のありかたを研究するものが多く、筆者の規格性の検討もその研究の系列に属する。地方における馬具の補修や生産などについては多くの指摘もあり (栗林2004ほか) 可能性も十分考えられるが、金銅製馬具の生産に関しては、広範囲の地域に同様の規格の馬具が存在することから、5世紀代から6世紀代を通して中央政権の生産を考えてもよいだろう。しかしそれが、中央政権の絶対的な支配の根拠となるものではなく、むしろ不安定だったからこその中央での生産という部分もあったと考えている。特に5世紀代の地方首長は独自の力を持っており、中央政権はその力を利用して、それらの協力関係の中で、韓半島の諸地域と対峙していったのではないだろうか。中央政権が九州をはじめとした地方首長の協力を得なければならないという葛藤があり、そのために、地方首長による独自交渉も許すことになったのではなかろうか。それが馬具製作への規格性導入前夜の状況であり、多元的な様相を呈しているといえる。

　6世紀前葉に入って、威信財の製作に規格性が導入されるようになる

と、より厳格な生産管理と威信財配布の細分が可能になり、飾り馬とし
ての役割が確立する。こうした規格性の導入をはじめとした中央政権の
手工業生産の管理や副葬品の管理が軌道に乗り、日本各地へのきめ細や
かな支配が可能になることによって、しだいに名実ともに一元的な支配
が可能になっていったのではないだろうか。

V. 規格性の変わり目と生産体制の変化

かたちが全くそろわない棘葉形鏡板付轡・杏葉

　このような中央政権による馬具の規格生産は、6世紀中葉以降に生産
が開始される鐘形鏡板付轡・杏葉や花形鏡板付轡・杏葉においても、多少
のばらつきはあるものの、外形線が重なっており、規格生産が行われた
と考えられる。しかし一方で、6世紀中葉から現れる棘葉形鏡板付轡・杏
葉は、それまでの鏡板・杏葉とは全く異なる様相を見せるようになるので
ある(図15)。

　棘葉形鏡板付轡・杏葉はそもそも多様なものを含んでおり(図14)、法量
や形態、文様をもとにすれば、大きく3群、3期に分けられ、直線的なデ
ザインの、慶州や昌寧など新羅地域から出土するものを中心とした6世
紀中葉ごろのもの(1期)、次に奈良県の藤ノ木古墳をはじめとした日本
の古墳から出土している、6世紀後葉以降の精美な唐草文を施し、外形
線も滑らかな一群(2群)、最後に6世紀末から7世紀前葉にあたる、国産
品と考えられる一群(3群)がある。これらについて、外形線の比較を行う
と、どれもばらつきが激しく、ここまで見てきた、楕円・心葉形や鐘形・
花形鏡板・杏葉で見られた法量や形態の類似からは、程遠い状況が見られ

る。

　ただし、1、2群は、それぞれ形態や法量の傾向は同じくしており、棘葉形の先端の位置などが局所的に合う例も見られるのだが、国産品と考えられる3群では、法量に関しても形態に関しても、1点1点がそれぞれ個性のあるものとなっており、デザインも稚拙で型紙を失ったかのような状況なのである。

　これまで1世紀近い間、常に、f字形・剣菱形、楕円形・心葉形をはじめとして、規格に規制されるなかで製作されてきたことを考えれば、6世紀末7世紀初めになって、棘葉形杏葉において自由で特異な形態のものを作り始めることは異常な事態であり、生産体制のなんらかの変化を反映している可能性がある。

製作技法と規格性

　一方視点を変えて、鏡板付轡や杏葉以外の馬具について、外形線を比較するとどうなるだろうか。まず、鉢状雲珠においては、断面形における鉢部の立ち上がりの角度や高さが、6世紀後葉以降に類似するようになる。そして棒鋼の加工によって製作する素環状鏡板付轡に関しては、岡安光彦が指摘したように、7世紀以降、共通の規格に従った製品が大量生産され、各地の古墳に副葬されるようになることが分かっている（岡安1984、1985）。製作技法は、規格性の表われかたと密接にかかわってくる。ここで製作技法の異なる雲珠や素環状鏡板付轡に規格性が導入されるようになる時期を整理すると、6世紀後葉から7世紀という、規格性が崩れた棘葉形鏡板付轡・杏葉の国内生産の時期と一致するのである。

　しかしここで注意しておきたいことは、6世紀後葉以降という時期についてである。6世紀後葉は、多くの研究者が指摘するように、装飾付大

刀と武器の増加(新納1983)や馬具の階層化(尼子1993)、群集墳の増加な
どに見られるような社会が複雑化していく時期であり、鉄器全般の細や
かな組み合わせが必要になり、鉄器の需要が高まったことを考えること
もできよう。一方で、7世紀初頭の推古朝以降、飛鳥京に宮殿や寺院の建
設、官人の集住が進められる(都出1998)など、これまでとは規模のケタの
違う建設ラッシュが始まる。こうした社会の変化とともに、社会を支え
る技術体系の改革も行われたことも考えることができるのである。その
ように考えると、鉢状雲珠や素環状鏡板付轡に現れてくる規格性は、ま
た別の意味・意図を持っているのではないかと想定できるだろう。

「秩序形成型規格性」と「工程管理型規格性」

それでは、鉢状雲珠や素環状鏡板付轡の有する規格性はどのようなも
のだろうか。6世紀前葉にf字形鏡板付轡や剣菱形杏葉に対して始まった
規格性は、形態や法量に対する規格であり、形態や法量まで生産管理を
して製作されたものを配布することで、中央政権が配布先の首長に対し
て支配力を強めることが目的であった。これに対して、鉢状雲珠や素環
状鏡板付轡における規格性は、同規格のものを作ることのできる工具の
登場など、技術力の向上を必要条件とするものと考えられ、製作上の必
要に迫られたものと見なすことができるのである。

そこで筆者は、この異なる二つの規格性に対して、「秩序形成型規格性」
と「工程管理型規格性」という名称を提唱したいと考える。ここでf字形
鏡板付轡や剣菱形杏葉に代表される規格性が「秩序形成型規格性」、鉢状
雲珠や素環状鏡板付轡に代表される規格性が「工程管理型規格性」と設定
したいと考える。

前者は、その器物の法量や形態に象徴的な意味を持たせることによっ

て、その規格に従うことで威信財としての価値を高めるものである。その法量や形態は、秩序を形成するためのものであり、必ずしも実用的な意味があるわけではなく、規格の範囲内でバリエーションが生まれることもある。

　これに対して後者は、効率よく同品質のものを大量に生産する必要から、生産の工程が管理されるようになり、そのための規格が生み出されることである。古代にはもちろん、現代と比較できるような規格は不可能であろう。しかし、『延喜式』の数々の規定の中には手工業製品の製作のための材料や日数に対する細かい数値が記載されており、工程管理が行われ、そのための「規格」が存在したことを考えることができる。そして考古遺物としては、飛鳥池遺跡から出土した「様」は「規格」の代表的なものであり、また7世紀の須恵器や土師器、布には規格の統一されたものがあらわれてくる(菱田2007)。こうしたことは、単に生産性が向上したというだけでなく、国家によって規格を統一する必要が生まれてきたと考えられないだろうか。前述のような馬具生産に見られる変化も、6世紀末ないし7世紀以降に現われてくる傾向であることから、まだ「様」のような規格性に到達してはいないとしても、「工程管理型規格性」の萌芽と見ることもできないだろうか。

VI. おわりに

　このような馬具の変遷から考えると、日本列島における馬の役割は、馬具の生産が始まった5世紀後葉の段階から、きらびやかな飾り馬具としての役割が強かったことが分かる。国産化が軌道に乗った5世紀末の f 字形

鏡板付轡・剣菱形杏葉が、中央政権による新興勢力の取り込みのために用いられたことや、6世紀前葉の規格性の導入によって、日本列島の各地に法量・形態が一致する馬具が広範囲に、長期間にわたって拡散され続けることを見ても、権威の象徴として、飾り馬具に込められた意味の強さを知ることができる。ここに、飾り馬具としての意味は持っていても、各地域の技術によって、たえず実用的、実戦的なものに作り替えられてきた韓半島の馬具との差異を認めることができるだろう。

　一方、その後の古代・律令期の日本列島に用いられる馬の役割に目を向けると、権威の象徴としての飾り馬具の役割は一気に失われていき、「貢馬」「駅馬と伝馬・軍団」「土木工事・開発のための駄馬」などの律令制に組みこまれたような役割を果たすようになる。この変化は唐突なようであるが、徐々に社会が成熟していく中で、中央政権が威信財の配布に頼らなくても地方を統制でき、交通路や土木開発の進展によってより地方の統合を進めることになったのだろう。このような社会の成熟度の進展によって、馬具生産における「秩序形成型規格性」から「工程管理型規格性」の転換は行われたのであり、「飾り馬」に固執することなく、社会の変化に対応して、技術や役割を変えていったと考えられるのである。

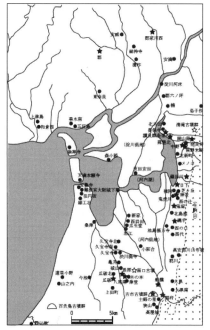

図1 河内의 馬匹生産 関係地図 （田中清2001，2005改変）
　●: 主要 韓式系土器 出土遺跡
　星印이 古墳時代馬骨・馬歯出土地（★と 韓式系土器도 出土）

表1　5世紀前葉～中葉의 馬具와 出土古墳
（TK73～TK208）

		操板轡 (TK73～216)	T字・剣菱(TK208～)	鏡書 등・鏡(TK73～)
北部 九州	月岡▲95m	塚堂▲91m、 勝浦12▲70m 塚元1(鉄製)●22m	老司3▲75m、 小田茶臼塚▲54m 池の上6●8m 端王寺● 稲童21●22m 向田Ⅲ-2 久原Ⅰ-1(輪鐙)●17m
河内	菅田丸山● 50m 鞍塚●	長神山●40m 唐櫃山▲53m	蒲生北・小倉庫E1●12m
伊那		新井原12帆立25m 宮垣外(鉄製) 外径20m 塚原(鉄製)	新井原2●(輪鐙) 外径40m、 高岡4●外径24m、 物見塚●外径36m 茶柄山(三環鈴)
上野	長瀞西 (●22m와 ●10m의 사이 土坑에서)	谷ツ■22m	西大山1●13m

●: 円墳、▲: 前方後円墳、■: 方墳　規模(m)

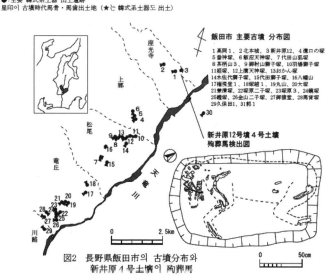

飯田市 主要古墳 分布図
1 高岡1、2 北本城、3 新井原12、4 濃口の塚
5 番神塚、6 飯沼天神塚、7 代田山狐塚
8 茶柄山3、9 御村山獅子塚、10 羽場獅子塚
11姫塚、12上溝天神塚、13おかん塚
14木佐代獅子塚、15代田獅子塚、16八幡山
17権現堂1、18塚越1、19丸山、20大塚
21姥清塚、22塚原二子塚、23塚原3、24織塚
25鎧塚、26金山二子塚、27御猿堂、28馬背塚
29久保田1、31郡1

新井原12号墳4号土壙
殉葬馬検出図

図2　長野県飯田市의 古墳分布와
新井原4号土壙의 殉葬馬

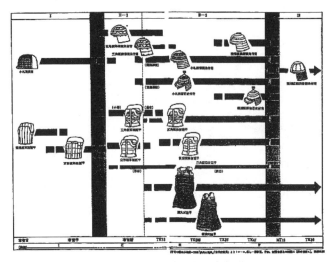

図3　日本列島 古墳時代의 甲冑変遷図

田中晋作 1991「武具」『古墳時代の研究』

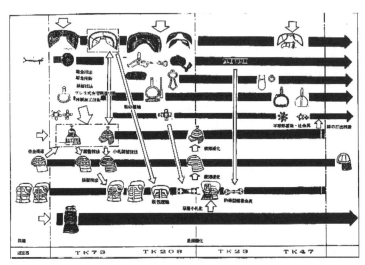

図4　馬具와 甲冑의 技術交流関係図

塚本敏夫 1993「馬具ー近畿ー」

『古墳時代における朝鮮系文物の伝播』

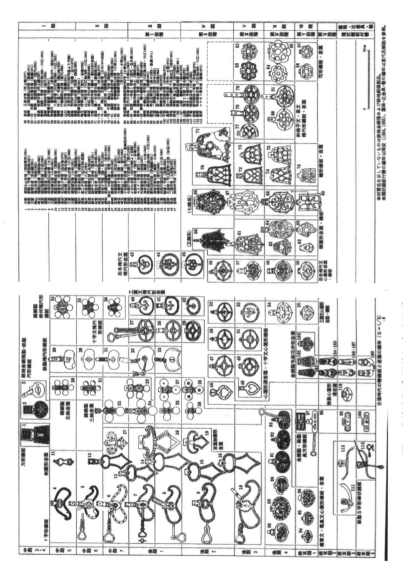

図5 古墳時代의 轡鑣板斗 杏葉의 編年 (S=1/15)

内山敏行 1996『黄金に魅せられた倭人たち』島根県立八雲立つ風土記の丘資料館

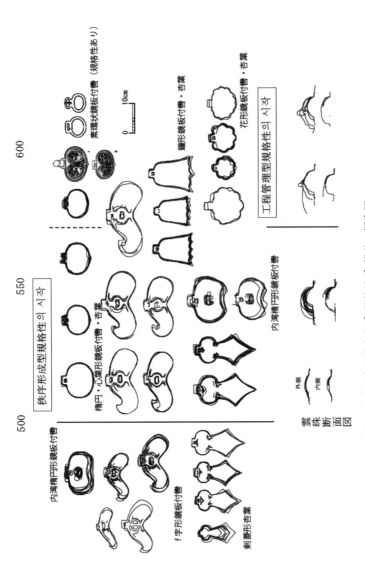

図6 日本列島馬具生産의 規格性의 推移 槪念図
年代는 型式・type의盛行時期 など おおよそを示している

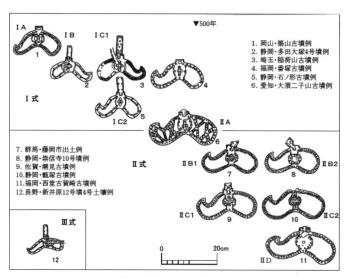

図7 f字形鏡板付轡의 型式編年 (S＝1/10)

1. 岡山・築山古墳例
2. 静岡・多田大塚4号墳例
3. 埼玉・稲荷山古墳例
4. 福岡・番塚古墳例
5. 静岡・石ノ形古墳例
6. 愛知・大須二子山古墳例

7. 群馬・藤岡市出土例
8. 静岡・崇信寺10号墳例
9. 佐賀・潮見古墳例
10. 静岡・瓶塚古墳例
11. 福岡・西堂古賀崎古墳例
12. 長野・新井原12号墳4号土壙例

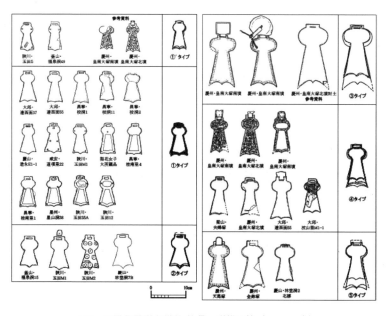

図8 扁円魚尾形杏葉의 法量・形態比較 (S＝1/8)

1. 天安·龍院里1(右)와
扁円魚尾形
①′type(左)
(破線이 劍菱形)

2. 陜川·玉田M3B(右)와
扁円魚尾形
②′type(左)
(破線이 劍菱形)

3. 扶安·竹幕洞(右)와
扁円魚尾形④type(左)
(破線이 劍菱形)

慶州·
皇南大塚南墳

破線이
③type

扁円魚尾形

陜川·
玉田M3A

咸安·
道項里54

慶州·
飾履塚

4. 劍菱形杏葉을 扁円魚尾形③type와 比較

0   10cm

図9 劍菱形杏葉과 扁円魚尾形杏葉의 法量·形態比較（S＝1／6）

韓国咸安末山里 451－1   佐賀宮西ST2001

図10 韓国·日本出土의
감는 技法을 사용하는 원환비
（S＝1／8）

0   10cm

朝鮮半島内湾楕円形
大加耶地域

陜川玉田 20、72、76、
80、70、M3、
礪渓境가A1、A2
高霊池山洞 44 主槨、35AB

日本列島内湾楕円形
Ⅰ式

愛知·疸ヶ峰1、大阪·長持山、
京都·鞍塚、静岡·石ノ形、
福井·十番の森、
千葉·鏑崎天神台3
埼玉·大稲荷2、愛知·向山1、
宮崎·馬頭5、奈良·新沢312

朝鮮半島内湾楕円形
慶尚南道西部

咸安·道項里 14-1、
金海礼安里 39
固城·松鶴洞ⅠA－1、
内山里 21-6、28-1

図12 日本列島·朝鮮半島出土
内湾楕円形鏡板付轡의 法量·形態比較（S＝1／5）

0   5cm

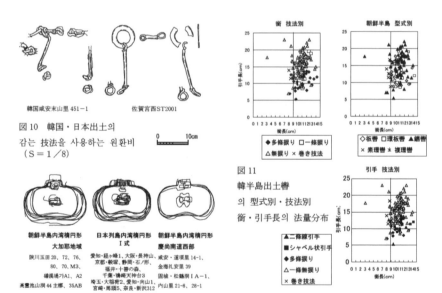

衛 技法別

朝鮮半島 型式別

◆多條振り □一條振り
△無振り ×巻き技法

◇板轡 □環板轡 ■鑣轡
× 素環轡 ＊複環轡

図11
韓半島出土轡
의 型式別·技法別
衛·引手長의 法量分布

引手 技法別

▲二條線引手
■シャベル状引手
◆多條振り
△一條無振り
×巻き技法

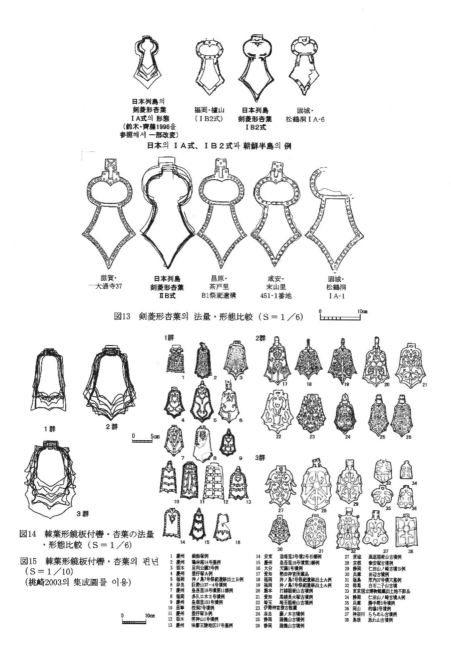

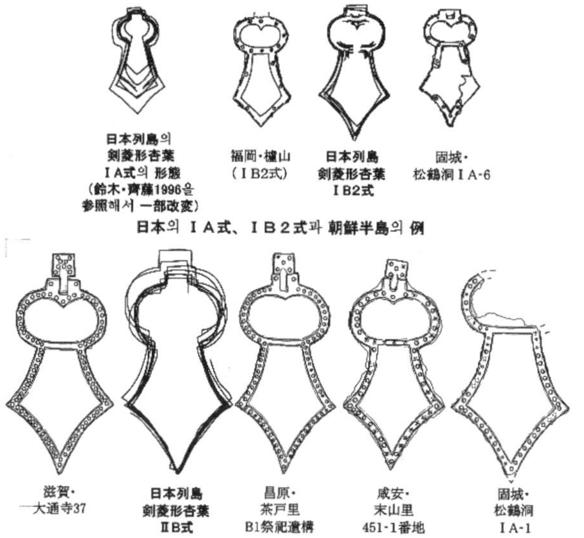
日本列島의
剣菱形杏葉
ⅠA式의 形態
(鈴木·齊藤1996을
參照해서 一部改変)
福岡·櫨山
(ⅠB2式)
日本列島
剣菱形杏葉
ⅠB2式
固城·
松鶴洞ⅠA-6
日本의 ⅠA式、ⅠB2式과 朝鮮半島의 例
滋賀·
大通寺37
日本列島
剣菱形杏葉
ⅡB式
昌原·
茶戸里
B1祭祀遺構
咸安·
末山里
451-1番地
固城·
松鶴洞
ⅠA-1
0
10cm

図13　剣菱形杏葉의 法量・形態比較（S＝1／6）

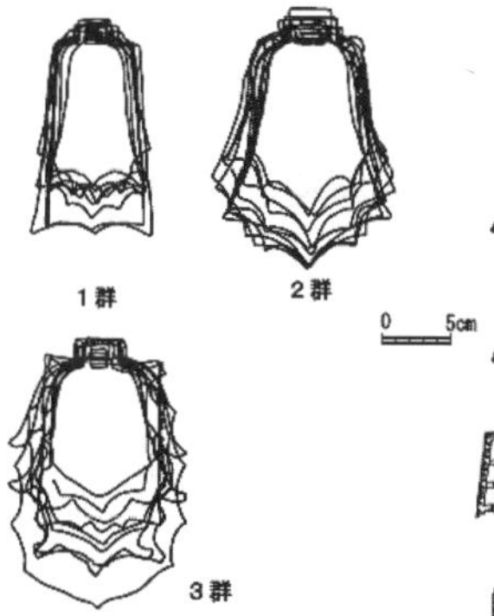
1群
2群
0
5cm
3群

図14　棘葉形鏡板付轡・杏葉の法量・形態比較（S＝1／6）

図15　棘葉形鏡板付轡・杏葉의 편년（S＝1／10）
(桃崎2003의 集成圖를 이용)

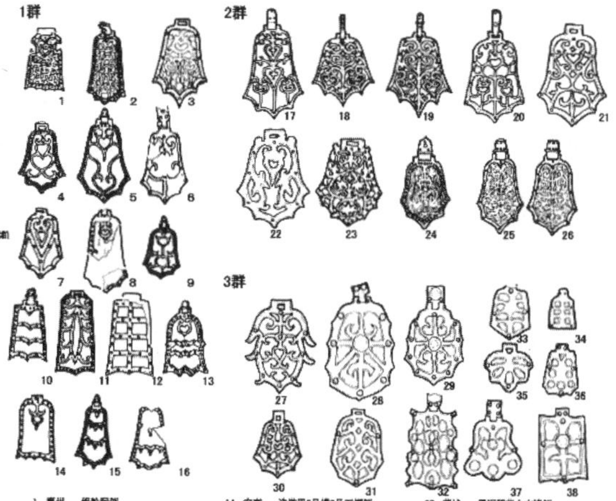
1群
2群
3群
1
2
3
4
5
6
7
8
9
10
11
12
13
14
15
16
17
18
19
20
21
22
23
24
25
26
27
28
29
30
31
32
33
34
35
36
37
38
0
10cm

1	慶州	飾履塚例
2	慶州	鷄林路14号墓例
3	栃木	足利公園3号例
4	慶州	壺杅塚A例
5	福岡	沖ノ島7号祭祀遺跡出土B例
6	奈良	巨勢山37－4号墳例
7	慶州	皇吾里16号墳第11槨例
8	福岡	多久ロ木２号墳例
9	慶州	皇南里151号墳例
10	昌寧	校洞7号墳例
11	慶州	壺杅塚B例
12	栃木	明神山1号墳例
13	慶州	味鄒王陵地区57号墓例
14	安東	造塔里3号墳2号石槨例
15	慶州	皇吾里16号墳第1槨例
16	大分	天満1号墳例
17	愛知	熱田神宮所蔵品
18	福岡	沖ノ島7号祭祀遺跡出土A例
19	福岡	沖ノ島7号祭祀遺跡出土A例
20	熊本	打越稲荷山古墳例
21	愛知	馬越長火塚古墳例
22	埼玉	埼玉稲荷山古墳例
23	伊勢神宮徴古館蔵	
24	奈良	藤ノ木古墳例
25	静岡	賤機山古墳例
26	静岡	賤機山古墳例
27	茨城	風返稲荷山古墳例
28	京都	奉安塚古墳例
29	静岡	仁田山ノ崎古墳B例
30	兵庫	田辺古墳例
31	福島	渋内37号横穴墓例
32	群馬	白石二子山古墳
33	東京国立博物館蔵出土地不詳品	
34	静岡	仁田山ノ崎古墳A例
35	兵庫	勝手野3号墳例
36	岡山	的場2号墳例
37	神奈川	らちめん古墳例
38	島根	旋れ山古墳例

引用・参考献

東潮, 2006, 「任那加羅と慕韓」『加耶、洛東江에서 栄山江으로』第12回加耶史国際学術会議 金海市.

尼子奈美枝, 1993, 「後期古墳の階層性」『関西大学考古学研究室開設四十周年記念考古学論叢』関西大学·奈良明新社.

諫早直人, 2012, 「3. 九州出土の馬具と朝鮮半島」『沖ノ島祭祀と九州諸勢力の対外交渉』第15回九州前方後円墳研究会.

井上直樹, 2006, 「「任那復興会議」と百済と大伽耶」『5～6世紀東아시아의 国際情勢와 大伽耶』高霊郡.

岡安光彦, 1984, 「いわゆる「素環の轡」について」『日本古代文化研究』創刊号PHALANX—古墳文化研究会.

岡安光彦, 1985, 「環状鏡板付轡の規格と多変量解析」『日本古代文化研究』第2号PHALANX—古墳文化研究会.

姜裕信, 1999, 『韓国古代의 馬具와 社会』学研文化社考古学叢書21 学研文化社.

金斗喆, 1993, 「加耶の馬具」『伽耶と古代の東アジア』新人物往来社.

金斗喆, 2000 a, 『韓国古代馬具의 研究』(東義大大学院博士学位論文).

金斗喆, 2000 b, 「馬具를 通해 본 加耶와 百済」『第6回 加耶史学術会議 加耶와 百済』金海市.

栗林誠治, 2004, 「馬具の生産と地域展開」『鉄器文化の多角的探究』鉄器文化研究集会第10回記念大会.

早乙女雅博, 2000, 『朝鮮半島の考古学』同成社.

鈴木一有·齊藤香織, 1996, 「剣菱形杏葉出現の意義」『三河考古』9 三河考古刊行会.

田中清美, 2001, 「井戸から出土する馬歯·骨と祭祀」『大阪市文化財協会 研究

紀要 第4号』.

田中清美, 2005,「河内湖周辺の韓式系土器と渡来人」『大和王権と渡来人』サン
　　　ライズ出版.

田中俊明, 1992,『大加耶連盟の興亡と「任那」』吉川弘文館.

田中由理, 2004,「f字形鏡板付轡の規格性とその背景」『考古学研究』51−2 考
　　　古学研究会.

田中由理, 2005,「剣菱形杏葉と6世紀前葉の馬具生産」『待兼山考古学論集』大
　　　阪大学考古学研究室.

田中由理, 2007,「日本・韓国出土轡の法量比較検討」『待兼山論叢41 史学篇』大
　　　阪大学文学会.

田中由理, 2010,「馬匹生産地とその性格」『待兼山考古学論集Ⅱ』大阪大学考古
　　　学研究室.

田中由理, 2012a,「馬具製作における技法の差異と規格性」『菟原Ⅱ−森岡秀人
　　　さん還暦記念論集−』『菟原』刊行会.

田中由理, 2012b,「馬具製作における規格性の変質−楕円・心葉形・鐘形・花形・
　　　棘葉形鏡板付轡と杏葉を対象に−」『元興寺文化財研究所 研究報告
　　　2011』(財)元興寺文化財研究所.

千賀久, 1994,「日本出土初期馬具の系譜2」『橿原考古学研究所論集』第十二
　　　吉川弘文館.

千賀久, 2003,「日本列島の初期の騎馬文化」『加耶와 広開土大王』第9回加耶
　　　史国際学術会議、金海市.

都出比呂志, 1998,『古代国家の胎動』NHK人間大学 日本放送出版協会.

花谷浩, 1986,「素環状鏡板付轡の編年とその性格」『山陰考古学の諸問題』山本
　　　清先生喜寿記念刊行会.

花谷浩, 1991,「馬具−日本出土鉄製鏡板付轡に関する覚え書き−」『川上古墳・

丸井古墳発掘調査報告書』長尾町教育委員会.

菱田哲郎, 2007, 『古代日本 国家形成の考古学』諸文明の起源⑭ 京都大学学術
　　　出版会.

宮代栄一, 1998, 「古墳文化における地域性」, 『駿台史学』第102号 駿台史学会.

桃崎祐輔, 2003, 「斑鳩藤ノ木古墳出土馬具の再検討」, 『古代の風』特別号NO.2
　　　市民の古代研究会·関東.

李鍾宣, 2000, 『古新羅王陵研究』学研文化社考古学叢書28 学研文化社.

李尚律, 1993, 「三国時代杏葉小考」, 『嶺南考古学』13.

李尚律, 1999, 「新羅·伽耶文化圏からみた百済の馬具」, 『百済文化』27 公州大学
　　　校出版部.

李尚律, 2001, 「天安斗井洞、龍院里古墳群의 馬具」, 『韓国考古学報』第45輯 韓
　　　国考古学会.

李尚律, 2005, 「三国時代円環轡考」, 『古文化』第65集 韓国大学博物館協会.

李尚律, 2010, 「扁円魚尾形杏葉의 発生」, 『釜山大学校考古学科 創設20周年 記
　　　念論文集』.

柳昌煥, 2000, 「大加耶圏馬具의 変化와 画期」, 『鶴山 金廷鶴博士 頌寿紀念論
　　　叢 韓国古代史와 考古学』同刊行委員会.

일본日本 고분시대古墳時代의
마구생산馬具生産과 배경

初村由理*
번역 : 이 창 희**

Ⅰ. 머리말

말이 생식하지 않았던 일본열도에 말과 승마의 풍습이 본격적으로 들어온 것은 4세기말에서 5세기이다. 대륙과 육지로 이어지지 않은 일본열도에 바다를 건너 말이 들어오려면 배로 이동해야만 하는데, 함께 건너는 사람들에게는 큰 위험과 곤란한 상황이 있었다고 생각된다. 일본열도의 사람들이 처음으로 만나게 된 말은 놀라운 존재였을 것이며, 말을 쉬이 다루기까지, 또한 자신들에게 어울리는 이용방법을 고안하기까지 많은 시간이 걸렸을 것이다.

---

* 日本 · 公益財団法人元興寺文化財研究所
** 동국대학교

이러던 중 일본열도의 사람들이 어떻게 말이나 마구와 만나서 이용하게 되고, 그러한 문화나 체제가 스며들게 되는지를 주목하여 고분시대 마구생산의 변천을 살펴보도록 한다.

II. 말과의 만남·마구와의 만남

말의 도입

일본열도에 말이 전해진 것은 한반도의 정세와 연동해서 열도에 건너 온 사람들에 의해서였다. 5세기대는 남하하는 고구려에 의해 신라·백제·가야제국이 압박을 받던 상황인데, 신라도 세력을 키우기 시작했고, 백제는 475년에 한성이 함락하여 웅진으로 천도하는 등 크게 변동하는 정세의 시기이며, 정치적인 요청이나 전란에 의한 유이민 등 여러 배경에 의해 사람들과 말이 일본열도로 건너 온 것으로 생각된다.

5세기 전·중엽에는 일본열도의 넓은 지역에서 말뼈나 마구가 출토되고, 말을 사육한 지역이 각지에 있었다고 생각된다. 마목馬牧의 존재가 추정되는 오사카·나가노·북부큐슈·군마지역에서 출토된 마구에 대해서 종류나 출토 고분을 검토하면(表1), 철제의 재갈이나 목제의 등자 등 실용적인 마구와 함께 금동장식의 마구도 보이는데, 부장된 고분을 보면 중소형의 고분뿐만 아니라 지역의 유력한 전방후원분도 있다. 이러한 점으로 볼 때 마구를 입수한 주체, 입수방법은 다양해서 실제로 말을 기르는 마사집단뿐만 아니라 말을 기르는 도래인을 받아들인 수장, 마사장과 같은 세력 등에 대해서도 생각해 볼 수 있다. 즉, 일본열도의 사람들은 처음에는 매우 다원적인 루트로 말이나 마구를 받아들인 것으로 상상할 수 있다(田中 2010).

콘다마루야마고분의 안장 금구

한편, 오사카의 후루이치고분군에 있는 코다마루야마고분에서 출토된 안장 금구는 정교한 용문이 투조되어 있고, 그 형태도 중국 요령성 삼연지역의 마구와 유사한 것으로 알려져 있다. 이것은 각지에서 말뼈 등과 함께 출토되며, 고분시대 마구의 주류가 되는 철지금동장鐵地金銅裝과는 계통이 다른 것이다(千賀 2003).

이러한 점으로 보아 당초의 마구는 말을 동반하는 마구와는 약간 다른 고도의 금공품으로서의 성격도 있었던 것은 아닐까? 즉 삼연지역의 선비문화가 말이나 금공품의 문화로서 고구려나 신라, 가야 등을 통해서 일본 열도로 전해졌을 것이다. 한편 말을 기르는 문화와 마구의 문화는 한반도에서 성숙된 문화로써, 한반도 사람들의 손으로 일본열도로 전해졌다고 생각할 수 있다.

5세기 일본열도의 금속기 생산의 기술혁신

마구의 수용에는 5세기대의 갑주나 무기의 대량 매납으로 대표되는 무구나 무기 생산을 비롯한 철기생산의 확대, 새롭게 도입된 마구에 이용된 기술이나 의장을 적극적으로 채용하는 필요성과 기운도 있었던 것으로 생각한다. 예를 들면, 판갑은 철판을 가죽으로 연결하는 혁철식에서 리벳기법을 이용한 병유식으로 변화하는데(図3), 그 기술은 마구의 안장금구 제작에도 이용된 열간주조熱間鑄造 기술이 있어 처음으로 가능하게 된 것이었다(図4). 또한 콘다마루야마고분의 안장금구에도 나타나듯이 화려한 도금기술이나 조금기술은 그 후 일본열도의 금공품 생산에 없어서는 안 될 기술이 된다. 왜냐하면 중앙정권이 황금 제품을 지향하게 되어 이것을 적극적으로 생산하고, 지방의 수상에 배포하여 서열화시키려고 했기 때문이다.

이러한 5세기의 일본열도는 후루이치·모즈고분군이 만들어진 '왜의 5왕' 시대에 해당되는데, 한반도나 중국의 정세가 어지러운 시기이기도 하며, 중앙정권이 이에 대응해서 대외교섭을 행함과 동시에 많은 도래인이 건너 온 시기이다. 그리고 스에키 생산을 비롯하여 여러 기술이 발전하고, 전국으로 확산된다. 이러한 시대배경 속에서 말의 사육과 마구 생산기술은 일본열도에 침투해 간 것이다.

III. 한반도의 영향과 일본열도 마구생산의 시작

외형선을 겹쳐서 본 마구의 변천

재갈, 안장, 등자, 그 외 장식 등 복잡한 부품으로 이루어진 마장은 각각의 부품 구조도 복잡해서 망라적으로 분석하는 것이 어려운 연구 대상이다 (図5). 그 때문에 마구라고 하는 1점 1점의 유물을 중심으로 한 개별 테마로 되기 쉬워 마구를 둘러싼 사회배경에 대해서 언급하는 것이 어려운 실정이다.

필자는 재갈의 경판이나 행엽 등의 부품에 대해서 실측도면의 외형선을 겹쳐 규격과 형태를 비교·검토해 왔다. 이 방법은 외형선을 겹친다는 점에서는 단순하지만, 내부의 문양 등에 상관없이 비교할 수 있는 장점이 있어, 지금까지의 연구에 의해 세분화된 형식에 얽매이지 않고 전체를 살펴볼 수 있다. 철이라는 재료로부터 마구의 형태로 잘라 내는 제작과정, 제작기술과 직접적으로 관련되기는 하지만 규격이나 형태가 일치하는 의미, 정치적인 계기, 사회적인 배경도 생각해 볼 수 있는 수법이다. 실제로 일본열도의 고분시대 마구 전체의 변천을 보면 図6과 같다.

그 결과를 간단하게 말하자면, 6세기대에는 경판이나 행엽의 규격과 형태가 일치하는 것이 많다는 것을 알 수 있어 규격성의 존재가 상정된다(田中 2004, 2005, 2012a, 2012b). 다만 당연한 것이긴 하지만 규격이나 형태가 일치하는 것만으로는 우연적으로 비슷해졌을 가능성도 있어 복잡 다양한 속성을 토대로 한 편년연구와의 정합성을 따져 보아야 하며, 마구의 생산과 관리, 기술 교류 등 어떤 배경이 있는지에 대해서도 뒷받침되어야 한다.

f자형경판비와 검릉형행엽의 외형선 비교

일본열도에서 5세기의 대표적인 장식마구는 f자형경판비와 검릉형행엽인데, 5세기후엽에서 6세기후엽에 걸쳐 약 한 세기 동안 장식적인 마구의 중요한 위치를 차지했다. 그 초기의 사례인 나가노현 아라이하라 12호분 4호토갱 출토품은 부산 복천동 23호분 출토 f자형경판비와 재질 차이는 있지만 매우 비슷해 한반도와의 강한 관련성을 나타내는 마구로서 주목되어 왔다.

f자형경판비는 곡선으로 이루어진 특수한 형태임에도 불구하고 규격이나 형태가 매우 비슷하게 겹쳐지는 일군이 존재하는 것을 알 수 있는데, 그러한 그룹이 6세기전엽이 되어 나타나는 점, 그 변화는 연구사에서 다른 속성의 변화와도 일치하는 것이 확인된다(図7). 또한 f자형경판비와 세트로 출토되는 경우가 많은 검릉형행엽도 그 양상이 약간 다르긴 하지만, 6세기전엽이 되면서 외형선이 부분적으로 겹쳐지는 등 변화가 나타나는 것을 알 수 있다. 6세기전엽은 일본열도에서는 정치적인 획기가 있었던 점이 지적되는데, 중앙정권의 수공업 생산이 재편성되었다고 생각되기 때문에 규격이나 형태의 일치가 f자형경판비나 검릉형행엽의 규격성 도입으로 생각하여, 이러한 변화를 정치변동과 관련시켜 해석할 수 있었다(田中 2004, 2005).

단지, 형식변화를 실제 제작상의 변화로 말할 수 있는지, 정치변동과 관련이 있는 의미가 있는 것인지에 대해서는 아직 검증할 필요가 있다. f자형 경판비와 검릉형행엽은 모두 후술하는 것처럼 한반도에서 전해져 일본열도 내에서 독자적으로 이용된 것이다. 이러한 겹치는 방법에 의한 규격·형태의 비교검토를 한반도의 사례에 대해서도 시도하여 한일의 차이나 그 마구에 대한 계보, 일본열도에서의 현지화 과정을 알아보고자 한다.

한반도의 편원어미형행엽과 검릉형행엽

한반도에서는 5세기중엽부터 신라가 급격히 성장하여 그 주변의 정치정세도 급변하게 되어 낙동강을 사이에 두고 신라와 가야가 대치하게 된다. 그러한 시대상황은 마구 등의 물질문화에도 그대로 반영되어 신라에서는 편원어미형행엽을, 가야나 백제에서는 검릉형행엽을 각각 독자적으로 창출하여 채용하게 되는데, 신라와 가야의 지역성을 나타내는 것으로 누차 언급되어 왔다(김두철 1993 외).

그렇기 때문에 편원어미형행엽이 가야의 제 지역에서 출토되는 경우에는 신라와의 관계가 지적된다(김두철 1993, 류창환 2000). 한편, 검릉형행엽은 한반도에서보다도 일본열도에서 활발히 사용되며, 한반도에서는 출토례가 적은 f자형경판비와 함께 대표적인 마구세트를 형성한다. 일본 연구자에게는 f자형경판비와 검릉형행엽의 성립과 일본열도로의 도입 배경에 대한 관심이 매우 높아 연구도 활발하다(千賀 1994, 鈴木·齊藤 1996). 이렇듯 편원어미형행엽과 검릉형행엽은 한반도의 제 지역, 그리고 일본열도와의 상호관계를 여실히 드러내는 유물이다.

편원어미형행엽의 창출과 확산

우선 편원어미형행엽에 대해서 규격·형태 비교를 행한 결과(図8), 규격이나 형태가 일치하거나 유사한 일군이 확인된다. 검토 결과로부터 이하의 두 가지 특징을 지적할 수 있다. 하나는 소형 타입①에 많은 자료가 집중하는 등 타입마다 규격의 차이가 인정되는 점, 또 하나는 예를 들어 약간 대형의 타입인 ④는 양은 적지만 용문투조와 비단벌레의 날개를 이용하는 기법이 사용되는 점을 비롯하여 다양한 고도의 기술을 이용하는 것을 보아 타입마다 이용되는 기법의 바리에이션이 다른 점이다. 그리고 이들의 출토지역을 보면 소형인 타입①과 타입②가 다수 출토하는 곳은 거의가 창녕이나 합천, 성주, 함안 등 경주 이외의 5세기중엽 고분에서 출토되는 반면, 대형으로 고도의 기술과 재질로 만들어지면서 출토례가 적은 타입③·④·⑤는 5세기중엽의 황남대총 남분을 비롯해 5세기후엽의 북분, 6세기전엽의 식리총, 은령총, 천마총 등 모두 경주의 왕릉급 고분에서 출토된다. 즉, 출토 고분의 규모에도 큰 격차가 있어, 규격의 크기와 출토 고분이 대응하기 때문에 마구의 부장에 정치적 제한이 가해졌을 가능성이 있다.

이러한 편원어미형행엽 창출기의 사례로는 황남동 110호분이나 황오리 14호분을 들 수 있는데(강유신 1999 외), 이 시점에서는 아직 간소한 제작이어서 심엽형행엽 단일계통의 행엽만 있어 신라를 대표하는 행엽은 없다. 이것이 5세기중엽의 황남대총 남분단계가 되면서 규격의 크기와 출토 고분의 격차가 나타나게 된다. 즉 황남대총 남분 이후 마구·관·대금구에 이르기까지 신라다운 형식이 생겨나고, 그것들의 보유에 계층성이 보이는 점(이종선 2000, 무乙女 2000)과 보조를 맞추고 있어 이 시기에 정권 강화를 꾀하기 위해 금공제품 생산에 변혁이 일게 되고 그 과정에서 다양한 기법이나 규격을 가진 편원어미형행엽이 창출되었다고 생각된다.

편원어미형행엽이 창출되고 머지 않아 소형의 편원어미형행엽 타입①이 합천이나 창녕, 성주, 함안의 넓은 지역에 나타난다. 창녕·경산·대구 등 낙동강 동안의 경주에 가까운 지역에서 출토된 예는 기법이나 규격·형태가 매우 일치하는 점을 고려하면, 신라의 정권에서 생산 및 배포된 것을 상정해도 좋지 않을까? 하지만, 대가야지역을 중심으로 한 낙동강 서안지역에서 출토되는 것에 대해서는 대가야지역으로 유입된 신라문물 중 하나로 보아(김두철 1993, 류창환 2000)이 틀림없지만, 제품 자체가 배포된 것인지, 재지에서 제작된 것인지에 대해서는 판단하기 어렵다. 다만 옥전 35호분 A예와 같은 내연금구를 가지는 것, 옥전 M2호분의 예처럼 돌출부의 형상이 특이하여 표면에 반구상의 장식을 가지는 등 경주에서는 보이지 않는 형식이 존재하는 것으로 보아 재지에서 모방한 제품이 다수 포함되어 있는 것이 아닐까?

검릉형행엽의 발생

검릉형행엽은 한반도의 출토례가 적기 때문에 우선은 검릉형행엽이 편원어미형행엽에서 분화한 것으로 가정하고 형태와 규격이 비슷한 것을 추출해 보았다(図9).

초기의 사례로는 도항리 54호분이나 옥전 M3호분 출토품이 있는데(이상률 1999, 김두철 2000b), 규격이 편원어미형 타입③에 가깝다. 여기에서 흥미로운 점은 낙동강 서안까지 주로 유통되었던 편원어미형행엽은 소형의 타입①이었던 것에 반해 이것들과는 완전히 달리 황남대총 남분에서 보이는 대형을 선택한 점이다. 당시의 가야 사람들이 신라의 왕급 마구를 알고 있었는지는 모르겠으나 신라의 왕급 행엽에 필적하는 규격을 채용하는 점에서 검릉형행엽의 격식도 상승했을 가능성도 있다.

제작기법을 보면 도항리 54호분 출토품은 연금구가 없이 은판을 펴서 만든 신라의 편원어미형행엽에 보다 가까운 기법이 확인되는 반면, 옥전 M3호분 출토품은 연금구와 병鋲이 있고, 입간공立閒孔은 방형을 띠는 등 가야산 마구의 특징이 확인된다.

그 외에도 천안 용원리 1호분은 편원부의 규격이나 진징 등이 편원어미형 타입①'와 유사한데, 유물을 관찰해 보면 두께가 얇은 연금구와 직경이 작은 병鋲과 같이 충청도지역 마구의 특징이 확인된다. 각지의 편년의 병행관계가 불안정하기 때문에 이들의 선후관계를 결정하는 것은 어렵지만, 검릉형행엽의 형태 이외에는 공통점이 보이지 않고 다양하기 때문에 검릉형행엽의 지역성을 지적할 수 있다. 따라서 단일계열적 편년보다는 다계열적 편년을 지향해야 할 것이다. 여기에서 전제가 되는 것이 모방할 수 있는 생산공방, 복수의 생산센터의 존재이다. 검릉형행엽의 창출에 대해서는 스즈키 카즈나오 등에 의해 대가야와 백제의 연맹관계에 그 배경이 있다고 지적되었듯이(鈴木·齊藤 1996), 검릉형행엽은 하나의 강력한 정권에 의해 고안되고 배포된 것이 아니라 복수의 지역 세력이 연맹관계를 확인하기 위한 것으로 같은 형태를 선택한 것이 아닐까?

형태와 규격이 유사한 의미

이렇게 한반도의 사례와 비교하면 형태나 규격의 일치가 단순히 일원적인 규격 생산을 나타내는 것만은 아니다. 즉 일본열도에서의 마구 생산에 대해서 검토하는 경우에는 기본적으로 중앙에서 일원적으로 생산되었다는 것을 전제로 하기 때문에 규격이나 형태의 다양성과 일치는 중앙의 생산공방에 대한 정권의 관리 변화로 이해할 수 있어 거기에서 획기와 의의를 도출해 내었다.

그러나 한반도의 사례에서는 신라, 백제, 가야 안에서도 복수의 지역에 생산공방이 있었던 것으로 추정되기 때문에 지역을 초월하여 형태나 규격이 유사할 경우에는 하나의 세력으로부터 배포되거나 생산체계가 변화한 것이 아니라 각 지역간의 교류관계를 통한 제품의 유통이나 반입품의 모방 생산에 대한 가능성도 고려해야 한다.

다만 신라에서 편원어미형행엽의 생산과 그 확산을 보면 분명 규격이나 형태가 일치하는 것이 다수 확인되기 때문에 규격이나 형태라는 규격에 정치적인 의미가 있는 것으로도 볼 수 있어 일본열도에서 나타나는 규격성과 유사한 점이 존재했다고 생각된다. 하지만 신라에서는 기법까지도 격차가 나타나기 때문에 일본과 비교해서 보다 엄격한 계층성이 있다.

한편, 모방생산에 의해 유사한 규격과 형태의 제품이 나타나는 경우도 있는데, 이것은 기법도 일치시키는 완전한 모방이 아니기 때문에 그 지역의 전통기법에 의해 크게 제한을 받은 것이다.

6세기전엽 일본열도의 독자적 마구생산

그러면 일본열도에서의 마구생산으로 화제를 돌리도록 한다. 초기의 f자형경판비나 검릉형행엽은 다양한 형태가 있고, 한반도에서 마구의 규격·형태·기법이 다양한 점과도 유사하기 때문에 말의 도입과 함께 여러 루트로 전해진 것을 알 수 있다.

5세기말이 되면 규격과 형태가 일치하지는 않지만 사이타마현 이나리야마고분이나 도쿄 카메즈카고분, 후쿠오카현 반즈카고분 등에서 f자형경판비가 약간 대형화되고, 형태가 비교적 정형성을 띠는 일군이 나타난다(図 7). 이러한 f자형경판비가 부장된 고분은 각 지역의 신흥세력으로 볼 수 있는 호족의 고분이며, 소찰갑과 동형경군同型鏡群이라고 하는 타입의 거울이 공반되는 등 최신 부장품 세트를 이루는 특징이 있다. 이러한 점에서 상기 부장품들은 그러한 세력을 규합하기 위해 생산된 것으로써 그것을 가능케할 정도로 일본열도에서의 f자형경판비를 중심으로 한 마구생산이 궤도에 오른 것으로 생각할 수 있다.

6세기전엽이 되면 전술했듯이 규격과 형태가 일치하는 규격성이 있는 마구가 제작된다. 이 시기는 전국적으로 수장 계보가 변동하여 새로운 정권이 생겨난 시기이며, 횡혈식석실의 도입을 비롯한 묘제의 변혁이 일어나는 한편 스에키, 철기생산, 금공품 전반에 걸친 수공업 생산의 재편성에 수반하여 새로운 위신재가 나타나는 시기이다. 이것은 새로운 정권이 지지세력을 자신들의 정치적 틀 속으로 편입시키기 위해 제작·배포한 것으로 생각된다. 마구에 대해서는 타원형경판비와 행엽이 새롭게 도입되는데, 이것들이 상위물품으로 되고 f자형경판비나 검릉형행엽은 랭크가 약간 떨어지는 등 서열화된다. 규격성의 도입 역시 배포된 수장 간의 서열을 명확하게 하여 보다 심화된 지배를 위한 의도였던 것은 아닐까?

IV. 바다를 왕래한 마구와 교류양상

한반도의 제 지역에는 현저한 지역성이 보이는데, 일본열도에서도 한반도의 정도는 아니지만 지역차가 보인다. 일본열도 내에서의 지역차는 특히 초기의 것은 한반도 제 지역과의 교류 과정에서 입수한 마구의 차이일 가능성이 있다. 규격이나 형태의 유사성과 기술면에서 공통적인 점이 있는 등 간단한 모방으로는 나타나지 않는 속성에 주목해서 왜의 각 지역과 한반도 제 지역의 교류상을 살펴본다.

소환상경판비와 감는 기법

소환상경판비는 한국에서는 원환비로 부르는데, 신라와 가야의 마구가 지역적으로 분화되고 머지않아 6세기대에 마구의 다양성의 하나로써 나타난다(김두철 2000a). 한반도의 소환상경판비의 특징은 함 외환의 제작에 있어 환을 만들고 남은 철봉을 함 본체에 삼아 붙이는 기법이 많이 사용되는데(이상률 2005), 함의 길이가 짧은 소환상경판비에 이러한 기법이 이용되는 경우도 많다(図10). 감는 기법은 백제 무령왕릉의 팔찌 등에도 보이는데, 백제의 특징적인 기술이었다고 생각된다. 소환상경판비의 분포는 백제에도 수례가 있지만, 오히려 진주나 창원 등의 한반도 남해안에 밀집한다. 또한 비의 인수나 함의 길이에 대해서 지역별, 형식별로 검토한 결과(図11)(田中 2007), 한반도는 기본적으로 함의 길이가 11㎝ 전후로 길지만(일본은 9㎝ 전후), 소환상경판비의 경우는 9㎝ 이하로 짧은 것도 있는 것이 특징이다.

한편, 일본에서 감는 기법은 초기의 소환상경판비가 출토된 구마모토현에다후나야마고분에서 확인되고, 표형소환상경판비에서도 채용되는 점이 지적되는데(花谷 1986), 표형소환상경판비의 분포가 집중되는 토카이, 큐슈지역에서 소환상경판비를 중심으로 보이는 기법이다. 비의 인수나 함의 길이에 대해 살펴 보면, 토카이에서는 긴 인수를 가지는 표비와 복합식비가 유행하고, 큐슈·군마·사이타마·토카이에서는 짧은 인수의 내만타원형경판비가 유행한다. 일반적인 비와 비교해서 특이한 길이의 인수가 한반도와의 관련성이 있는 마구와 공반되는 경우가 많기 때문에 이러한 마구의 출토지역이 전술한 감는 기법을 가진 마구의 분포와도 겹치는 점은 흥미롭다.

가야지역 내에서 내만타원형경판비의 지역성

한반도에서 신라지역과 가야지역의 지역성은 명확히 구분되지만 가야지역 내에서의 지역성에 대해서는 지적하기가 쉽지 않다. 그 중에서 유일하게 지적할 수 있는 것이 내만타원형경판비 경판의 규격과 형태이다(図12).

내만타원형경판비는 신라와 가야로 지역분화되면서 가야의 비로서 성립한 것이다. 내만타원형경판비의 대부분이 옥전고분군 등의 대가야지역에서 출토되었는데, 전체적인 특징은 대부분이 종폭의 길이가 6cm에 집중하고, 횡폭의 길이는 11~13cm, 종횡비(종/횡): 0.5의 형태이다. 또한 내만의 정도는 약하다.' 반면 한반도 남해안의 금관가야나 아라가야, 소가야지역에 있는 김해 예안리, 함안 도항리, 고성 송학동고분의 사례는 종폭은 6cm 정도이지만, 횡폭은 10~11cm로 좁고 내만 정도도 약간 강하다. 이렇게 대가야지역에서 보이는 내만타원형경판비와 다른 규격과 형태를 채용한 점을 알 수 있어 대가야지역과의 지역차를 상정할 수 있다.

그러면 내만타원형경판비의 도려낸 부분이 부드러운 커브상을 띠는 것(図6) 중 5세기대의 일본열도와 한반도의 사례를 비교해 본다. 일본열도 출토품은 대가야지역에서 일반적으로 보이는 횡장의 내만타원형경판비가 아니라 횡폭이 좁은 것이 많은 것을 알 수 있다. 즉 예안리, 도항리, 송학동고분의 사례와 유사하다. 일본열도의 내만타원형경판비에 관해서는 중앙정권을 매개로 하지 않는 지역간 교류가 지적된 바 있는데(鈴木 2002), 그러한 계보를 생각하는 데에 참고가 될 지도 모르겠다.

검릉형행엽과 일본열도와의 관계

마지막으로 한반도의 검릉형행엽의 규격과 형태에 대해 일본열도의 검릉형행엽(図6)과 비교해 본다. 우선 일본 출토 초기의 검릉형행엽을 보면 다양한 형태를 띠는데, 이것은 한반도 검릉형행엽의 특징이 다양성을 띠는 점과 일치한다. 다만 기법은 공통성이 높기 때문에 한 지역에서 생산, 혹은 그것에 영향을 받은 일본열도 내에서의 생산으로 생각할 수 있다. 검릉형행엽이 편원어미형 타입②의 규격에 가까운 점에 주목하면, 옥전M3호분 출토품과 같은 것이 대가야를 중심으로 한 낙동강 서안지역에서 생산되어 일본열도에까지 전해진 것으로 생각할 수 있는데, 대가야와의 관계를 지적한 의견(千賀 1994, 鈴木 · 齊藤 1996)과 일치한다.

한편, 주목해야 할 사례로 창원 다호리 B1 제사유구 출토품과 함안 말산리 451-1번지유적 출토품이 있다. 양자의 형태와 규격이 거의 일치하고 있는데, 이것들은 일본 출토 ⅡB식의 규격·형태와 매우 닮아 있다(図13下). 게다가 전체적인 규격과 형태, 연금구 병의 개수, 지판·연금구 위에 금동판을 한 매 덧댄 기법 등 일본열도 출토품과 매우 유사하다. 전술하였듯이 한반도의 검릉형행엽 특징은 각각 다양성을 갖고 있지만, 그 중에서도 매우 특이한 양상이 나타나는 것이 다호리, 말산리, 송학동의 3례이다. 일본열도의 검릉형행엽 ⅡB식은 일본의 정치변동 과정에서 생겨난 형식(田中 2005)이고, 일본열도산일 가능성이 매우 높으며, 검릉형행엽 ⅡB식과 매우 유사한 행엽의 출토지가 대가야와 백제지역이 아닌 창원, 고성, 함안 등의 한반도 남해안지역에 한정되는 점으로 보아 6세기전엽의 한반도 남해안지역과 일본의 교류관계 속에서 일본열도로부터 전해졌을 가능성을 생각해도 좋지 않을까?

지금까지 검토해 본 것처럼 내만타원형경판비나 감는 기법을 가진 소환상경판비 등의 공통성으로 보아 상기 지역과 왜와의 교류가 밀접했음이 추정 가능하며, 6세기대의 일본열도 제품이 역으로 수출되었을 가능성도 충분히 생각해 볼 수 있다.

지역간 교섭-고대사의 관점에서-

이러한 지역간 교류의 실태는 그 밖의 유물이나 유구, 역사적 사실로부터도 여러 가지를 지적할 수 있다. 마구의 검토로부터 알게 된 것을 방증하기 위해 고대사의 관점에서도 살펴본다.

백제와 왜는 칠지도의 증여에서 나타나듯이 4세기 이후 통행관계가 계속되었는데, 한반도 서부에 있는 백제와의 교섭이 가능하기 위해서는 중간지점에 있는 금관가야나 아라가야와 같은 가야 남부지역과의 우호관계가 필요했다고 생각된다. 5세기 후엽부터 6세기에 걸쳐 고구려의 남하, 신라의 성징, 백제의 한성함락 및 남쪽으로의 세력 확대, 대가야지역의 내두 및 연맹의 형성과 같이 어지럽게 변화하는 정세 속에서 지역 간에 동맹과 적대관계가 시시각각 변했을 것이다(田中 1992). 그 속에서 일본열도의 왜정권은 백제·아라가야·대가야 등의 지역과 교섭하면서 때로는 지원 요청을 받거나 병사를 내어 주는 등 관계하고 있었지만, 실제로는 영향력이 그리 크지 않았던 것 같다. 어쨌든 이러한 과정에서 마구 등의 유물이 입수된 것으로 생각된다.

마구에서 보이는 한반도 각 지역의 관련 유물은 다음과 같다. 6세기 전엽 백제지역의 특징적인 긴 인수가 토카이지방이나 나라·효고에서 확인되는 것을 지적할 수 있다. 6세기 전엽에는 무령왕과 계체대왕과의 관계로 대표되듯이, 백제와 왜정권이 밀접한 관계를 갖고 있었고, 토카이 등의 지방세력이나 나라 등의 중앙정권과 가까운 세력이 함께 소유하고 있었던 점을 고려하면, 계체대왕과 관련 있는 중앙과 지방이 섞인 세력에 의해 교류가 행해졌다고 생각할 수 있다.

한편, 아라가야지역이나 소가야지역과의 관련유물로는 내만타원형경판비(5세기 후엽)나 소환상경판비(6세기 전엽), 그리고 규격성 높은 검릉형행엽(ⅡB식)이 있다. 이 유물들은 모두 고령·합천 등 대가야 연맹의 지역과는 달리 가야 남부지역의 지역성을 띠는 유물이라는 점에서 매우 흥미롭다. 또한 일본열도 출토지역에 주목해 보면, 전자의 내만타원형경판비(5세기 후엽)나 소환상경판비(6세기 전엽)는 당시 마구의 주류가 아니어서 큐슈나 토카이와의 개별적인 교류에 의한 것으로 생각되는 반면, 6세기 전엽의 대형 검릉형행엽(ⅡB식)은 중앙정권과의 관계를 갖는 것으로 생각된다.

이러한 마구 흐름의 배경에 대해 생각해 보면, 백제가 대가야 연맹에 속해 있던 남해안 지역으로 진출한 것이나(513~529년의 기문·다사 진출),

신라가 북쪽에서 압박해 오던 상황(532년 금관가야 멸망)과 관련하여, 왜는 이 지역으로 진출하고자 하던 백제와 어떻게든지 살아남고자 했던 아라가야지역의 양자로부터 협력이나 지원의 요청을 받을 기회가 늘어났다(예를 들면, 541년·544년, 소위 「임나부흥회의」는 왜계의 인물을 통해 신라와 내통하려고 했던 안라를 말리기 위해 개최한 회의였다고 한다(田中 1992)). 그러한 관계 속에서 마구나 마구제작이 공유되고 있었던 것은 아닐까. 이렇듯 한반도에는 여러 지역에서 여러 입장을 가진 세력이 있었고, 이들의 상대였던 일본열도의 세력도 중앙정권과 지방의 수장, 한반도에 주재하고 있던 왜계 인물 등 다양했을 것이다.

다원적인 양상이 가지는 의미

중앙과 지방의 관계는 종래의 연구처럼 중앙에서 위신재를 일원적으로 생산하고 배포한다는 것을 골자로 하는 연구가 많은데, 필자의 규격성 검토도 그러한 연구의 계열에 속한다. 지방에서의 마구 생산이나 보수 등에 대해서는 다수의 연구 성과가 있는데(栗林 2004 외), 금동제마구의 생산에 관해서는 광범위한 지역에 동일한 규격의 마구가 존재한다는 점에서 5세기대부터 6세기대에 걸쳐 중앙정권의 생산으로 생각해도 좋을 것이다. 그러나 그것이 중앙정권의 절대적인 지배 근거가 되는 것이 아니라 오히려 당시 정세가 불안정했기 때문에 중앙에서 생산했을 가능성도 있다. 특히 5세기대의 지방수장은 독자적인 힘을 갖고 있었기 때문에 중앙정권과 그들의 힘을 이용해서 서로간의 협력관계 속에서 한반도 제 지역과 대치하고 있었던 것은 아닐까? 중앙정권이 큐슈를 비롯한 지방수장의 협력이 뒷받침되지 않으면 안 되는 갈등이 있었기 때문에 지방수장에 의한 독자적 교섭도 허용된 것이 아닐까? 그것이 마구 제작에 있어 규격성이 도입되기 전야의 상황이며, 다원적인 양상을 띠는 이유라고 할 수 있다.

6세기전엽에 들어가면 위신제 제작에 규격성이 도입되어 보다 엄격한 생산관리와 위신재 배포가 행해지고, 장식말로서의 역할이 확립된다. 그러한 규격성 도입을 비롯한 중앙정권의 수공업 생산 관리나 부장품 관리가 궤도에 올라 일본 각지의 지배를 심화시켜 감으로써 점차 명실名實과 함께 일원적인 지배가 가능하게 된 것이 아닐까?

V. 규격성의 변화와 생산체계의 변화

형태를 전혀 갖추지 않은 극엽형경판비와 행엽

이러한 중앙정권에 의한 마구의 규격생산은 6세기중엽 이후에 생산이 개시된 종형경판비·행엽이나 화형경판비·행엽에서도 나타나는데 다소 다양성을 갖긴 하지만 외형선을 겹쳐 보면 규격생산이 행해졌다고 생각된다. 한편으로는 6세기중엽부터 나타나는 극엽형경판비·행엽은 그때까지의 경판·행엽과는 완전히 다른 양상을 띤다(図15).

극엽형경판비·행엽은 원래부터 다양했는데(図14), 규격이나 형태, 문양을 기준으로 크게 3군, 3기로 구분된다. 직선적인 디자인인 경주나 창녕 등의 신라지역 출토품을 중심으로 한 6세기중엽경의 것(1군), 나라현 후지노키고분을 비롯한 일본의 고분에서 출토된 6세기후엽 이후의 정교하고 아름다운 당초문을 시문하고 외형선도 부드러운 일군(2군), 마지막으로 6세기말에서 7세기전엽에 해당하는 국산품으로 생각되는 일군(3군)이 있다. 이에 대해 외형선 비교를 행한 결과 모두 다양성이 높아 지금까지 봐 온 타원·심엽형이나 종형·화형경판·행엽에서 보이는 규격이나 형태의 유사도와는 거리가 멀다.

단지 1, 2군은 각각 형태나 규격의 경향을 같이 하고 있어 극엽형의 선단

위치 등이 국소적으로 일치하는 사례도 보이는데, 국산품으로 생각되는 3군에는 1점 1점 각각의 개성이 강하고 디자인도 조잡하여 모형이 없어진 것 같은 상황이다.

이 때까지 한 세기에 가까운 시간 동안 항상 f자형·검릉형, 타원형·심엽형을 비롯해 규격에 규제가 가해지면서 제작되었다고 한다면, 6세기말~7세기초가 되어 극엽형행엽처럼 자유롭게 특이한 형태로 제작되기 시작되는 점은 이상한 사태로 볼 수 있어 생산체제에 어떤 변화가 일어난 것을 반영하는 것으로 볼 수 있다.

제작기법과 규격성

시점을 바꾸어서, 경판비나 행엽 이외의 마구에 대해서 외형선을 비교해 보면 어떻게 될까? 우선 발상운주는 단면상으로 보아 발부가 솟아 있는 모양에 있어 그 각도가 6세기후엽 이후에 유사하게 된다. 또한 봉강棒鋼의 가공에 의해 제작되는 소환상경판비에 관해서는 오카야스 미즈히코가 지적했듯이 7세기 이후, 공통적인 규격에 따른 제품이 대량으로 생산되어 각지의 고분에 부장된다(岡安 1984, 1985). 제작기법은 규격성이 드러나는 점과 밀접하게 관련 있다. 제작기법이 다른 운주나 소환상경판비에 규격성이 도입되는 시기를 정리해 보면, 6세기후엽에서 7세기가 되는데, 규격성이 무너지는 극엽형경판비·행엽의 국내생산 시기와 일치한다.

그러나 여기에서 주의해야할 점은 6세기후엽 이후 시기이다. 6세기후엽은 많은 연구자들이 지적했듯이 장식대도와 무기가 증가하고(新納 1983), 마구의 계층화(尼子 1993)와 군집분의 증가 현상 등이 나타나는 사회로 복잡화해 가는 시기이기 때문에 철기도 전반적으로 세분화된 조합관계를 필요로 하며, 철기의 수요가 높아진 것으로도 생각할 수 있다. 한편으로는 7세기초두 스이코推古朝 이후 아스카쿄에 궁전이나 사원의 건설, 관인의 집주가 진행되는(都出 1998) 등 그 전까지와는 규모가 다른 건설 러쉬가 시작된다. 이러한 사회 변화와 함께 사회를 받치고 있던 기술체계의 개혁도 행해졌던 것으로 생각할 수 있다. 그렇게 생각하면 발상운주나 소환상경판비에 나타나는 규격성은 또 다른 의미·의도를 가지는 것으로 상정할 수 있다.

「질서형성형 규격성」과 「공정관리형 규격성」

발상운주나 소환상경판비에 나타나는 규격성은 어떠한 것일까? 6세기전엽에 f자형경판비나 검릉형행엽에서 시작되었던 규격성은 형태나 규격에 대한 규격인데, 형태나 규격까지 생산 관리해서 제작된 것을 배포함으로써 중앙정권이 배포지의 수장에 대해서 지배력을 강화시키는 것이 목적이었다. 이에 반해 발상운주나 소환상경판비에 보이는 규격성은 동일 규격품을 제작할 수 있는 공구의 등장 등 기술력 향상을 필요조건으로 하는 것으로 생각되며, 제작상의 필요에 의해 나타난 현상으로 볼 수 있다.

필자는 서로 다른 두 가지의 규격성에 대해 「질서형성형 규격성」과 「공정관리형 규격성」이라는 명칭을 사용하고자 한다. f자형경판비나 검릉형행엽으로 대표되는 규격성이 「질서형성형 규격성」, 발상운주나 소환상경판비로 대표되는 규격성이 「공정관리형 규격성」이다.

전자는 기물의 규격이나 형태에 상징적인 의미를 가지게 하여 그 규격을 따름으로써 위신재로서의 가치를 높이는 것이다. 그 규격이나 형태는 질서를 형성하기 위한 것으로, 실용적인 의미가 없더라도 규격의 범위 내에서 바리에이션이 생겨나는 경우가 있다.

이에 반해 후자는 높은 효율로 같은 품질의 기물을 대량으로 생산하기 위해 생산공정이 관리되면서 규격이 생겨나게 된 것이다. 고대의 규격을 현대와 그대로 비교하는 것은 무리이다. 하지만 『엔기시키延喜式』(헤이안시대 중기에 편찬된 격식—율령의 시행세칙-)의 여러 규정 중에는 수공업 제품의 제작을 위한 재료나 일수에 대한 상세한 수치가 기재되어 있어 공정관리를 위한 「규격」이 존재했음을 알 수 있다. 그리고 고고유물로는 아스카이케유적에서 출토된 「양樣」이 「규격」을 대표하는 것으로 볼 수 있으며, 7세기의 스에키나 하지키, 포布에는 규격이 통일된 것이 있다(菱田 2007). 이러한 점은 단순히 생산성이 향상했을 뿐 아니라 국가에 의한 규격 통일의 필요성에 의해 생겨난 것으로 생각할 수 있다. 전술했듯이 마구생산에 보이는 변화도 6세기말 내지 7세기 이후에 나타나는 점에서 아직 「양식」과 같은 규격성에는 도달해지 못했지만 「공정관리형 규격성」의 맹아로 볼 수 있지 않을까?

VI. 맺음말

이러한 마구의 변천으로부터 생각할 때 일본열도에서 말의 역할은 마구생산이 시작된 5세기후엽부터 화려한 장식마구로서의 역할이 강했던 점을 알 수 있다. 국산화가 궤도에 올랐던 5세기말의 f자형경판비·검릉형행엽이 중앙정권에 의한 신흥세력을 규합하기 위해 이용되었던 점, 6세기전엽의 규격성 도입에 의해 일본열도 각지에 규격·형태가 일치하는 마구가 광범위하게 장기간에 걸쳐 확산되어 가는 것을 보더라도 권위의 상징으로써 장식마구에 내포된 의미가 크다는 것을 알 수 있다. 이러한 점으로 보아 일본열도의 경우는 장식마구로서의 의미는 갖더라도 각 지역의 기술에 의해 끊임없이 실용적, 실전적으로 변화해 간 한반도의 마구와는 차이가 있다.

한편, 그 후의 고대·율령기 일본열도에서 말의 역할에 대해 눈을 돌리면, 권위의 상징으로써의 장식마구 역할은 갑자기 사라지며, 「공마貢馬」「역마驛馬와 전마傳馬·군단」「토목공사·개발을 위한 타마駄馬」 등의 율령세에 편입된 역할을 하게 된다. 이 변화는 갑작스러운 것이긴 하지만 서서히 사회가 성숙해지는 와중에 중앙정권이 위신재 배포에 의지하지 않더라도 지방을 통제할 수 있게 되었고, 교통로나 토목개발의 진전으로 인해 지방의 통합은 가속화되었을 것이다. 이러한 사회의 성숙도가 전전됨에 따라 마구생산은 「질서형성형 규격성」에서 「공정관리형 규격성」으로 전환되어 「장식말」을 고집하지 않고 사회의 변화에 대응하여 기술이나 역할이 변화해 간 것으로 생각된다.

「일본日本 고분시대의古墳時代 마구생산馬具生産과 그 배경」에 대한 토론문

김 두 철 (부산대학교)

발표자는 다호리, 말산리, 송학동에서 출토된 대형화한 검능형행엽이 일본열도의 검능형행엽IIB식에 혹사하고 그것이 일본의 정치변동의 과정에서 생긴 형식이라 보아, '6세기 전엽의 일본과 반도남해안지역의 교류 중에서 일본열도에서 가져왔을 가능성', 즉 일본열도에서의 역수입을 주장하고 있다. 왜의 중앙정권과 아라가야 간의 교류의 사적 배경으로 541년, 544년의 '任羅復興會議'를 들고 있다.

이에 대해 토론자는 고령, 합천 등 가야 북부지역에서 이루어진 심엽형행엽의 대형화와 함안, 고성 등 가야 남부지역에서 이루어진 검능형행엽의 대형화를 5세기 2/4분기를 중심으로 거의 동시기에 일어난 현상으로 파악하고 있으며, 그 배경으로 가야와 신라 간의 결혼동맹(522~529년)을 상정하고 있다. 고성 송학동과 함안 말산리의 출토사례는 이를 여실히 보여준다. 아울러 검능형행엽의 분포 중심지도 이곳으로 생각하고 있다. 이에 대한 발표자의 의견이 있다면 개진해주길 바란다. 아울러 고령과 합천을 대가야권으로 일괄하던 것은 토론자가 종래 마구 논문이나 가야전 도록에서 주장하던 것이나 최근 이를 철회하였음을 참조해주길 바란다.

「일본日本 고분시대의古墳時代 마구생산馬具生産과 그 배경」에 대한 토론문

김낙중 (전북대학교)

말의 사육과 마구의 생산은 불가분의 관계에 있을 것이다. 그런데 고대 일본의 경우 오사카 蔀屋北 유적 등 말 사육 관련 유적에서는 취사용 토기나 U자형 부뚜막 장식품 등으로 볼 때 한반도 서남부지역과의 관련성을 상정할 수도 있다. 그렇지만 이후 일본열도에서 유행한 f자형경판부비나 검릉형행엽의 조합 등은 백제(영산강유역)보다는 가야나 신라와의 관련성이 높다. 그렇다면 고대 일본에서 마구 생산은 말 사육에 관계된 도래인의 계보와는 별개로 발전해 나간 것은 아닌지 궁금하다.

발표자는 6세기 전엽에 유행한 f字形鏡板付轡와 劍菱形杏葉에서 보이는 높은 규격성을 '秩序形成型規格性'이라고 불렀다. 이것은 기물의 크기法量, 형태에 상징적인 의미가 있는 위신재로서 그 규격은 질서를 형성하기 위한 것이지 실용적인 의미가 반드시 있는 것은 아니라고 설명하였다. 그런데 위신재로서의 금공품은 재질 등으로 주는 자와 받는 자, 받는 자들 사이에 차등을 두어 서열화를 표현할 필요가 있었을 것이다. 그렇다면 크기와 형태가 일치하는 이 시기의 규격성 높은 마구에서 差等은 무엇으로 표현되었는지 궁금하다.

「일본日本 고분시대의古墳時代 마구생산馬具生産과 그 배경」에 대한 토론문

이 상 율 (부경대학교)

발표자는 일본 고분시대의 마구생산과 배경에 대해 제작기법과 규격성을 바탕으로 '질서형성형 규격성'과 '공정관리형 규격성'으로 사회적 변화에 대응하는 마구의 기술이나 역할을 설명하고 있다. 이는 지금까지 마구의 계보 추적과 자체의 변화상을 중심으로 마구를 검토하던 시야를 넓힌 점에서 중요한 시도라 할 수 있다.

1. 기록상 일본에서 말의 전래는 응신대応神代에 백제로부터 비롯된 것으로 나타나고 있으나 이와 연관된 마구나 말의 존재가 인정되지 않아 신빙성은 떨어진다. 일본에 마구가 입수되는 것은 고분시대중기 이후부터이다. 발표자는 이때 말과 마구의 입수가 매우 다원적인 루트로 받아들인 것으로 보고 있다. 최근 일본각지에 입수된 초기마구의 계보를 기왕의 낙동강이동(신라·가야) 중심에서 점차 중서부지방(백제)까지 넓혀보려는 시각이 존재한다. 이와 관련하여 발표자는 한반도내 다원적 루트의 범위를 어디까지 생각하고 있는지 듣고 싶다.

2. 말의 도래와 사육, 목의 설치와 마구의 제작 등 기마문화의 성립은 그 배후에 강력한 수용주체의 존재가 필요하고, 이는 왜왕권의 성립과도 직결된다. 그러한 배경 없이 일본 내 각지의 지방수장에 의한 독자적인 교섭에 의한 산물로 마구의 도입을 설명하자면, 생산과 관계없는 위신재적 역할

밖에 이해하기 어렵다. 과연 5세기대에 일본의 독자적인 마구생산은 가능하였을까.

  발표자는 일본의 마구생산은 5세기 후엽부터이며 화려한 장식마구로서의 역할이 강했다고 한다. 아마도 초기에 박제된 f자형판비와 검릉형행엽을 염두에 둔 것 같다. 그러나 발표자도 지적하였듯이 일본의 독자적인 마구생산은 중앙집권의 수공업생산이 재편성되면서 f자형판비와 검릉형행엽을 중심으로 마구의 법량과 형태가 규격성을 띠게 되는 6세기 전엽부터 보는 것이 타당하지 않을까.

백제지역 마구의 전개

권도희*

Ⅰ. 머리말

마구는 신라·가야지역을 중심으로 고총·고분들의 발굴조사가 이루어지면서 주목받기 시작하였으며 이동수단에 사용된 도구라는 의미를 넘어 민족이동과 고대국가성립을 위한 영토확장 근거의 하나로 해석되어 왔다. 초기의 연구는 국가별 마구의 특성 및 계보를 중심으로 관계를 살펴보았으나 자료가 축적되면서 국가내 소지역별 마구의 제작기법과 마장복원, 이를 통해 유통시스템을 추적하는 다양한 방향으로 진행되고 있다.

백제지역 마구에 대해서는 도성주변의 유적 부재와 장법의 차이로 그 출토사례가 많지 않아 연구가 더딜 수밖에 없었으며 1980·90년대 신봉동고

---

* 한강문화재연구원

분군이 조사되기 시작하면서 삼국에 비해 비교적 늦게 연구되기 시작하였다. 그러나 백제의 마구가 곧 신봉동형 마구로 인식되던 과거와 달리 한강유역과 아산만일대에서 이른 시기 여러 형태의 마구들이 확인되면서 지금까지 알려진 것보다 좀 더 다양한 양상이 나타나고 있다. 특히 분묘유적 외에도 주거지와 수혈 등 생활유적에서 확인된 자료들로 인해 생산-소비-폐기 등 당시 마구의 유통시스템에 좀 더 접근할 수 있을 것으로 생각된다.

이 글에서는 한강유역과 아산만일대에서 확인되는 마구들을 중심으로 백제지역 마구의 특성과 유통에 대해 살펴보고자 한다.

II. 백제지역 말과 마구 관련자료

1. '馬'와 '馬具'의 존재

백제지역에서 마구에 대한 본격적인 연구는 청주 신봉동고분군이 조사·정리되는 과정에서 시작되었으며, 그 전까지만 해도 『三國志』魏志東夷傳 韓 "其葬有槨無棺 不知乘牛馬 牛馬盡於送死"의 기록과 백제중앙지역의 마구 부재로 인해 마한 및 백제마구에 대한 연구가 더딜 수밖에 없었다. 그러나 그 후 대규모 택지개발로 인해 백제유적의 조사예가 증가되었으며 마구 뿐만 아니라 말과 관련된 자료들이 확인되어 어느 정도 보완되고 있다.

한반도내 말의 존재에 대해서는 앞의 기록외에도 『三國志』魏志東夷傳 高句麗와 濊에 대한 기록을 통해 말 크기에 대한 단서를 찾을 수 있다. 고구려에는 말의 크기가 작아 산에 오르기 편하다는 기록[1]과 예에는 果下馬를

---

1) ⋯其馬皆小 便登山⋯

그림 1. 화성 송산리 유적 말발자국

漢의 桓帝 때 헌상하였다는 기록[2]을 통해 당시 한반도에 자생했던 말의 크기
는 작은편에 속했다는 것을 알 수 있다.

중형마의 존재를 뒷받침해줄 고고자료는 화성 송산리유적[3]에서 확인
된 말발자국흔이 있다. 송산리유적은 논유적이 조사된 유적으로 이중 8지
점에서 백제기의 사람, 말, 소 발자국이 조사되었다. 말발자국이 다수 확
인된 일본 시라이白井유적에서 행한 보폭을 통한 마종연구를 기반으로 송
산리 유적의 계측 가능한 103개의 말발자국을 분석한 결과 말의 체고가
125~140cm 정도의 키소말보다 약간 큰 정도인 중형말에 속함을 알 수 있
었다. 이들 말발자국은 화물운반 또는 목장의 존재와 관련이 있는 것으로
보고 있다.[4]

---

2) …又出果下馬 漢桓時獻之…果下馬三尺 乘之可于果樹下行 故謂之果下…

3) 權五榮·李亨源·韓志仙·崔煐珉·中誠惠·末自貞, 2009, 『華城 松山洞 農耕遺蹟』, 인신
   대학교박물관총서 제33책.

4) 권오영, 2012, 「백제의 말 사육에 대한 새로운 자료」, 『21세기의 한국고고학 V』.

이외에도 다른 마종이 존재했을 가능성이 있다. 백제지역에서 확인되는 轡는 대부분 인수가 부착된 기승용이며 기병으로 활동할 정도의 말이라면 체고가 좀 더 커야하기 때문이다. 백제마구의 유입배경을 다른 지역에 대한 우위를 나타내기 위한 의도로 행한 선진지역의 수입물품 중 하나의 품목[5]으로 본다면 이때 마구뿐만 아니라 기승용 마구에 적합한 새로운 마종의 수입을 생각해 볼 수 있다.

말의 존재를 알 수 있는 것은 발자국 외에도 부분적으로 남아있는 말유체를 통해서이다. 말을 통째로 순장한 예는 영산강유역에서 일부 확인되지만 이들 지역을 제외하면 주로 말하악골이나 말이빨이 확인된다. 왕성의 제사유적으로 보는 풍납토성 9호 수혈에서 층을 달리하며 9개체 이상의 말머리가, 화천 원천리 유적의 22호 주거지와 가평 대성리 49호 수혈에서도 말이빨과 말머리가 확인되었다. 이들 유구의 성격에 대해서는 말머리뼈의 분석결과 모두 의례와 관련된 것으로 보고 있다.[6]

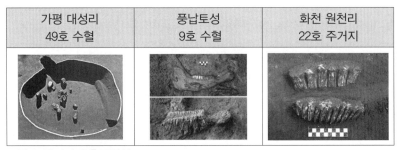

가평 대성리 49호 수혈	풍납토성 9호 수혈	화천 원천리 22호 주거지

그림 2. 말머리뼈 출토양상

이들 말이 모두 사육종인지 야생종인지는 알 수 없지만 적어도 나이가 4~5세 말들의 뼈가 차지하는 비중이 많은 것을 봐서는 그 연령대의 말만

---

5) 成正鏞, 2003b, 「百濟 漢城期 騎乘馬具の樣相と起源」, 『古代武器研究』 4.
6) 이준정, 2013, 「한반도 선사·고대 동물사육의 역사와 그 의미」, 『농업의 고고학』.

을 구분하여 사냥하였다고 보기보다는 사육되어 일정한 연령이 되면 의례행위를 통해 도축되었다고 보는 것이 자연스럽다. 이중 가평 대성리 49호 수혈은 방사성탄소연대측정을 통해 BC210~50년의 연대치를 가지고 있어 초기철기시대부터 한강지역에도 말이 존재했으며 사육되었을 가능성도 생각해 볼 수 있다. 그러나 가평 대성리 유적 말머리뼈가 사육종이라도 해도 그 시기 마구의 출토사례는 미약하기 때문에 국가주도의 사육은 아닐 가능성이 높다.

2. 말 관련 고고자료

말과 관련된 고고자료는 앞에서 언급한 말유체, 말발자국, 문헌기록를 제외한 확실한 자료는 마구의 존재이다.

대부분의 지역처럼 백제지역에서도 마구는 주로 분묘유적에서 출토되고 있다. 분구묘, 토광묘, 주구토광묘, 목곽묘, 석곽묘, 석실묘 등 거의 모든 묘제에서 확인되고 있으며, 매장위치는 대부분 묘광의 바닥에서 떠 있거나 흩어진채 노출된 양상으로 별도의 부장공간보다는 장례과정에서 부장되었던 예가 많다.

백제지역에서는 마구가 분묘유적 외에도 주거지나 수혈 등의 생활유적에서도 종종 출토되고 있어 이들의 양상을 통해 마구의 보관방법과 위치 등을 알 수 있다. 주거지에서 마구가 확인된 예는 다음과 같다. 화성 소근산성 3호 주거지에서 철판피윤등이, 담양 대치리 4호 주거지에서 병부는 철제, 윤부는 목제로 제작된 호등이, 화천 원천리유적 22호, 33호, 77호, 82호, 115호 등의 주거지에서 비, 등자, 환형운주 등이 출토되었다.

이중에서 33호 수거지의 규모는 유적내에서 대형에 속하며 화재 주거지로 유물의 사용위치를 그대로 확인할 수 있다. 부뚜막을 중심으로 곡물의 보관위치나 토기 기종이 나뉘어져 있어 2세대 이상이 거주했을 것이며 농공구류의 철기 등이 확인되는 공간도 달리하고 있어 당시 주거지의 공간구획을 알 수 있는 귀중한 자료이다. 마구류는 표비, 등자와 함께 이들을 결구한 교구도 확인되었으며 주거지내 위치는 부뚜막을 중심으로 왼편인 서쪽모서리 주변에서 금제이식과 같이 출토되었다. 마구의 보관을 금제이식과 같이 한만큼 실생활에서도 귀중품에 속했으며 승마시에만 말에 장착하여 사용하고 그 외에는 주거지내에 보관했던 것을 알 수 있다. 33호처럼 양호한 주거지형태를 취하지는 않지만 115호 주거지에서도 부뚜막을 기준으로 왼편에서 금제이식과 마구류가 같은 공간에서 확인되고 있다.

화천 원천리유적의 경우는 주거지 외에도 28호 수혈에서 원판비가 출토되었으며 이처럼 주거지외에 마구가 출토된 예는 풍납토성 9호 수혈과 부여 가탑리 산이고갯길 6호 수혈, 몽촌토성 3호 저장혈, 대전 월평동 목곽고에서 각각 등자와 마족쇄 그리고 목제안장 등이 있다.

III. 기승용 마구의 유입전 양상

기승용 마구의 직접적인 유입은 안장으로 설명할 수 있으나 말을 제어하는 최소한의 도구인 轡에서는 인수의 채용으로도 설명되고 있다. 백제지역에 전형적인 기승용 비가 등장하기에 앞서 그 전신인 마한의 마구는 어떤 양상을 가지고 있었는지 김포 운양동 유적에서 출토된 이형비를 통해 단편적으로나마 알아보고자 한다.

김포 운양동 유적은 한강하류역에 위치한 분묘유적으로 묘제는 분구묘의 형태를 취하고 있다. 이중 1-11지점 12호 분구묘의 매장주체부에서 출토된 이형비가 주목된다. 이형비는 묘광의 북쪽모서리에서 소형철부, 철착

등과 같이 직경 1㎝의 철봉을 꼬아서 만든 것과 직경 0.2㎝의 철봉을 꼬아서 만든 것, 漆을 칠한 유기물흔[7] 등이 뭉쳐진 채 노출되었다. 공반유물로는 금제이식, 관옥 및 마노, 수정제 구슬, 철겸, 무경식·유공식 철촉, 이단병식·직기형·연미형 등의 철모, 이조돌대철부, 철겸 등이 확인되었다. 이형비는 꼬은 철봉마디 8개(A)가 일렬로 연결되어 있으며 별도의 철봉마디 2개(B)가 이들을 내환으로 걸고 있는 형태이다. 8개의 마디중 가운데 위치하는 6마디의 내외환은 크기가 동일하며, 양단 좌우에 위치한 마디 2개는 철봉 2가닥을 꼬아서 제작하였으며 외환의 직경이 커 이들을 관통하고 있는 별도의 철봉마디 2개(B)는 탈락될 수 없는 구조이다. 이외에도 굵기가 얇은 철사를 꼬아서 만든 철봉이 다수 있다. 이와 유사한 형태의 이형비는 동해 송정동유적 6호 주거지에서도 확인되었다.[8] 6호 주거지는 5호 주거지를 파괴하고 조성되었으며 중도식무문토기와 함께 낙랑계 평저단경호가 출토되어 낙랑문화의 영향이 미쳤던 유구로 보고 있다.

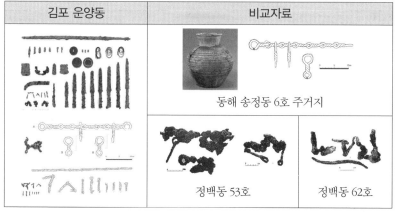

김포 운양동	비교자료	
	동해 송정동 6호 주거지	
	정백동 53호	정백동 62호

그림 3. 김포 운양동 1-11지점 이형비와 비교자료

---

7) 漆 분석을 통해 AD 1~2세기 중엽이라는 연대측정치가 있다.
8) 전체 마디수가 7개로 다를 뿐 전체적인 형태와 구조는 동일하다.

지역은 다르지만 유사한 형태의 이형비가 확인되고 이들 유구에서 동일하게 낙랑문화 요소가 보여 낙랑지역에 대한 자료를 검토해 볼 필요성이 있다. 실제로 낙랑유물이 소개된 보고서를 통해 이와 유사한 형태의 유물이 정백동 53호, 정백동 62호, 정오동 5호에서도 나타나고 있다. 이를 통해 서북한 지역과 중부지역까지 이형비가 일정한 분포권을 가지고 있었을 것으로 판단된다.[9]

이외에도 마한지역에서 확인되고 있는 양단환봉상철기를 駄馬 또는 輓馬의 굴레로 사용된 棒面繋의 일종으로 마구와 관련시켜 보는 견해[10]도 있으나 중간결구부분의 고정 문제와 형태는 동일하나 크기에서 너무 크거나 너무 작은 문제가 있는 형태 등 마구로 판단하기 위해서는 좀 더 검토가 필요하다고 생각된다.

지금까지 마한지역에서 비로 추정하는 두가지 형태는 진변한 지역의 비와는 다른 형태로 출토사례와 사용시기가 짧아 계보 및 변천과정 등을 살펴보기는 여러 문제가 있으나 마한지역에서 사용된 말과 관련된 도구라는 점에서 의미가 있다.

---

9) 權度希, 2013, 「雲陽洞 12號 墳丘墓 出土 異形 轡에 대하여」, 『金浦 雲陽洞 遺蹟Ⅰ』, 漢江文化財研究院.
10) 이주헌, 2015, 「兩端環棒狀鐵器斷想」, 『友情의 考古學』.

Ⅳ. 백제지역 마구의 특성

1. 轡

1) 함과 인수의 조합양상

비에 보이는 함과 인수의 제작방식은 철봉을 꼬아서 제작하는 방식과 철봉을 구부려 만드는 방식이 있다. 함과 인수의 형태나 제작방식이 동일한 것도 있지만 인수의 형태가 좀 더 다양하여 비의 변화양상을 좀 더 세부적으로 관찰할 수 있는 요소는 인수의 철봉구조와 인수외환의 형태이다. 이들 제작방식 중에서 철봉을 'S'자형으로 구부려 2조선으로 제작한 함과 2조선 철봉으로 제작된 인수형태가 이른 시기에 관찰되며 2조선 인수의 외환은 삽자루형으로 철봉을 어떻게 마무리하느냐에 따라 세분된다.

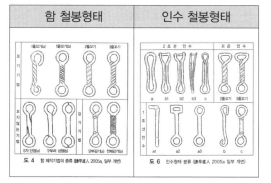

그림 4. 함과 인수의 철봉형태(성정용 외 2009)　그림 5. 삽자루형인수외환 세부형태

백제지역에서 이른 형식의 비는 철봉을 'S'자형으로 구부려 2조선으로 만든 함과 2조선의 인수가 조합되고 인수외환은 꽂아서 마무리하는 형태(삽자루a)이다. 이러한 형태는 충주 금릉동 78-1호, 청주 봉명동 C31호, 여

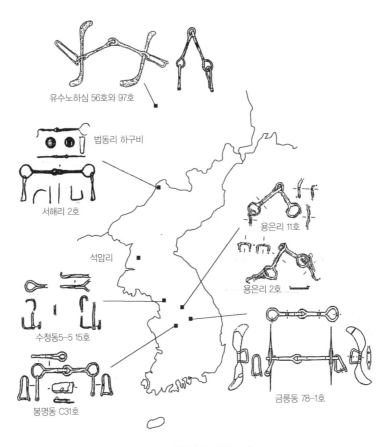

유수노하심 56호와 97호

법동리 하구비

서해리 2호

용은리 11호

석암리

용은리 2호

수청동5-5 15호

봉명동 C31호

금릉동 78-1호

그림 6. 2조선 함과 2조선 인수 조합(삽자루형a, b)

주 용은리 11호 주구토광묘와 2호 토광묘에서 확인된다. 이외에도 인수 없이 동일한 형태의 함만 출토된 예는 아산 명암리 3지점 마한 1호 주구토광묘, 천안 신풍리 3지구 KM035호, 여주 용은리 8호와 16호 주구토광묘, 청원 송대리 나50호 등이 있다. 이들은 모두 표비로 충주 금릉동 78-1호 출토 비를 제외하면 봉상 또는 판상의 입문용금구만 남아 있다.

이와 동일한 조합은 유수노하심 56호·97호, 자강도 법동리 하구비 적석총, 서해리 2무덤 1호 외에도 골모드 44호, 도르릭 나루스 2호 등 흉노의

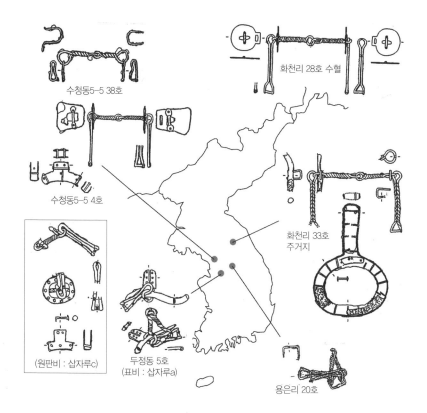

수청동5-5 38호

화천리 28호 수혈

수청동5-5 4호

화천리 33호
주거지

(원판비 : 삽자루c)

두정동 5호
(표비 : 삽자루a)

용은리 20호

그림 7. 3선의 꼬은 함과 2조선 인수 조합(삽자루형a, b)

분묘유적[11]에서도 넓게 분포한다. 시기는 몽골 도르릭 나르스 유적의 C14
연대[12]와 서해리 1호 운주의 형태를 통해 기원전 1세기부터 기원후 4세기
전반[13]까지 사용된 것으로 보인다.

함과 인수의 형태 및 구조는 앞의 것과 동일하지만 인수외환을 꽂지 않

---

11) 張恩晶, 2012, 「匈奴 馬具의 擴散과 古代 東아시아의 騎馬文化 受容」, 『匈奴와 그 東
　　쪽의 이웃들』, 國立中央博物館·釜慶大學校 人文社會科學研究所.

12) 國立中央博物館 蒙古 國立博物館 蒙古科學アカデミ　考古學研究所, 2011, 『蒙古
　　도르릭나르스 匈奴遺蹟 I』.

13) 諫早直人, 2007, 「製作技術로 본 夫餘의 鑣 와 韓半島 南部의 初期 鑣」, 『嶺南考古學』43.

고 서로 맞접어 마무리하는 방식(삽자루b)이 오산 수청동5-5지점 15호 목관묘에서 관찰된다. 이렇게 철봉을 서로 맞접어 마무리하는 방식은 함 형태는 다르지만 수청동 5-5지점 38호 주구부목관묘 출토 비에서도 관찰된다. 그러나 이러한 인수외환의 제작방식은 아직까지는 수청동유적에서만 보이며 타지역에서는 보이지 않고 교구에서 종종 확인된다.

함은 철봉 3개를 꼬아서 제작한 형태로 다르지만 인수는 여전히 2조선으로 인수외환이 삽자루a의 형태를 가지고 있는 비는 오산 수청동 5-5지점 4

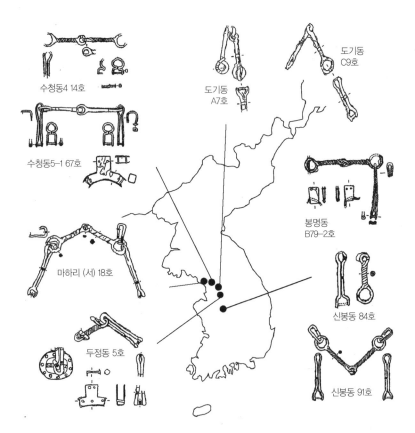

그림 8. 함과 2조선 인수 조합(삽자루형c)

호(제형판비), 천안 두정동 1–5호(표비), 여주 용은리 20호 주구토광묘, 화천 원천리 33호 주거지와 28호 수혈 등에서 확인되고 있다.[14] 이러한 구성은 철봉 3개를 꼬아서 구성한 함과 인수가 조합된 비에서 변형된 형태로 생각된다. 함과 인수 모두 3개의 철봉을 꼬아서 제작할 경우 철봉들이 연결된 상태에서 다른 철봉을 꼬는 제작방법은 제작의 편의성이 높지 않았을 것이다. 앞서 말한 2조선의 함과 인수의 제작 방식은 접는 방식으로 제작의 편의성이 보다 용이한 형태로 소비수요에 맞추기 위해 점차 견고한 함과 제작방식이 용이한 인수가 결합되는 양상이 나타난 것으로 판단된다.

3개의 철봉을 꼬아서 제작하는 함의 특성은 유지한 채 인수는 2조선의 철봉 간격이 좁아지고 인수외환도 별도의 철봉을 끼워 마무리하는 형태(삽자루c)가 등장한다. 두정동 1–5호(원판비), 화성 마하리 18호, 안성 도기동 C9호, 청주 봉명동 B36호·B79–2호, 청주 신봉동 84호가 해당되며, 수청동 67호와 도기동 A7호, 신봉동 91호의 경우도 삽자루c의 형태이지만 함은 꼬지 않은 1조선이거나 1조선을 비틀어서 제작한 형태들이다. 인수의 철봉 간격이 점차 좁아지는 이유는 인수에 묶이는 고삐끈이 움직일 수 있는 범위를 인수외환으로 한정하기 위한 것으로 생각된다. 2조선 인수의 철봉간격이 점차 붙고 별도의 철봉을 키워 마무리하는 형태로 인수외환이 변해갈 때 함의 철봉구조도 제작하기 용이한 1조선의 철봉으로 변화해 가는 것이 보여진다.

이후 철봉 1조선으로 제작한 함과 인수가 유환으로 결합되며 인수의 길이는 점차 길고 인수외환이 꺾인 비가 주를 이룬다.[15] 이외에도 시기가 내

---

14) 영남지방에서는 경주 황성동 572번지 20호 목곽묘, 부산 복천동 38호·69호·71호에서 동일한 구조의 비가 확인되고 있다.

15) 柳昌煥, 2004,「百濟馬具에 대한 基礎的 研究」,『百濟研究』33.
굽은 외환의 1조선 인수를 가진 유환부 표비, 이단철판보강 등자, 철제 환형운주가 공반되고 정형화되는 시기는 5세기 중엽으로 이들 세트관계를 신봉동형 마구로 명명하였다.

려오면 함외환에 교차된 방향으로 고리를 단접시키는 이중외환이 등장한다. 청주 신봉동 83호, 공주 수촌리 4호, 전 송산리, 연기 송담리 25호, 익산 입점리 1호에서 확인되며 송담리 25호를 제외하면 함유가 모두 경판의 형태이다. 유환의 출현이 대량생산과 경판의 손상을 줄이기 위해 도입되지만 유환 역시 움직일 수 있는 구조라서 경판에 닿아 손상을 줬을 가능성이 높다. 경판손상의 가능성을 가진 유환의 한계를 개선하기 위한 하나의 방편으로 이중외환이 개발된 것으로 생각된다. 이중외환과 동일하게 환의 방향을 90도 교차시켜 단접하는 방식은 신봉동90 1호, 수촌리 3·4호 출토 운주에서도 확인되고 있어 이 시기에 유행한 일종의 기술방식으로 보인다.

2) 함유의 선호도

백제지역에서 확인된 비는 대부분이 표비에 속한다. 표비 중 鑣의 형태를 알 수 있는 것은 천안 두정동 5호, 충주 금릉동 78-1호, 화천 원천리 33호 주거지 출토품으로, 두정동과 금릉동의 것은 철제, 원천리의 것은 녹각제이다. 금속제의 표를 제외하고는 대부분 부식되어 그 형태를 알 수 없으며 표에 결구되어 면계를 연결하는 판상과 봉상의 입문용금구만 확인된다. 하지만 이들 입문용금구에 남아 있는 철판의 형태를 통해 표는 원천리와 같이 녹각제로 봉상을 이루고 있었을 것으로 생각된다.[16].

원판비는 화천 원천리 28호 수혈, 오산 수청동5-2 21호 주구부목곽묘, 천안 두정동 1-5호에서 확인된다.[17] 두정동 유적 5호에서는 별도의 철봉

---

16) 표의 형태가 남아 있지 않지만 원주 법천리 1호, 오산 수청동 4지점 5호, 도기동 C석곽, 수촌리 2호, 청주 봉명동 C43호 출토 비에서 입문용금구에 부착된 철판의 단면형태가 원형 또는 말각방형으로 말려 있어 표의 단면형태에 대한 유추가 가능하다.

17) 이밖에도 화성 요리 H지점 1호 목곽묘에서 금동관과 함께 원판비와 등자의 부장이 확인되고 있다.

을 끼워 넣은 형태의 인수외환을 가진 원판비와 한쪽으로 꺾어 꽂는 형태의 인수외환을 가진 표비가 공반출토되고 있어, 원판이라는 새로운 경판의 형태와 같이 인수외환의 제작기법이 유입된 것으로 생각된다. 수청동 21호의 경우 함과 인수는 정형성을 갖고 있지만 좌우의 경판이 서로 다른 형태를 띠고 있어 추후에 수리된 것임을 알 수 있다. 주연부가 덧대어진 경판의 함유공이 인수외환뿐만 아니라 함외환과 인수내환이 결구된 부분까지도 관통할 수 있을 정도로 넓어, 인수와 함외환까지 끼운 후 함유금구를 함외환에 넣어 경판에 고정시키는 방법으로 왼쪽 경판이 교체된 것으로 판단된다.

제형판비는 송대리 13호 토광묘, 수청동5-5 4호 주구부목관묘에서 확인된다. 수청동 4호 출토 비는 함과 인수의 형태와 구조는 정형성을 띠고 있지만 경판의 형태는 그렇지 않아 경판부분만 추후에 수리된 것으로 판단되고 있으며 왼쪽의 경판은 입문이 뚫려 있지 않아 수리 후 실제로 사용되었을지는 의문이 드는 제품이다. 일반적으로 제형경판은 두께가 얇은 철정을 그대로 이용하여 제작한 것으로 보고 있다. 4호 출토 좌우 경판의 윗면을 서로 붙여 철정의 형태로 만든 후 동일유적에서 출토된 철정의 형태와 비교하면 표비가 출토된 5-2지점 20호 주구부이중목곽묘에서 출토된 철정의 폭과 길이가 가장 유사하다. 따라서 이들 유구는 동일시기로 판단된다.

환판비는 공주 신관동 4호 토광묘, 신봉동 수습품, 용원리 108호, 연기 장재리 2호에서 확인되고 있다. 공주 신광동 4호만 'X'자형[18]이며 모두 'ㅗ'자상의 환판이다. 'ㅗ'자상의 환판이 한반도에서 고안된 형태[19]이므로 현재까지는 공주 신관동 4호 환판비가 가장 이르다.

한국문화유산연구원, 2014, 「화성 향남2지구 도서간선도로(F·H지점) 문화유적 발굴조사」, 제5차 학술자문회의 자료.

18) 傳사창리 출토품도 있으나 일부편만 남아 있다.

19) 李蘭暎·金斗喆, 1999, 『韓國의 馬具』, 한국마사회 마사박물관.

타원형경판비는 천안 용원리 108호, 도림리 5호 석곽, 연기 송원리 KM96호 석실, 공주 수촌리 1호 토광묘, 수촌리 3호 토광묘, 수촌리 4호 토광묘, 청원 주성리 다2호 석곽, 완주 상운리 라1−27호, 라1−29호, 익산 입점리 1호에서 출토예가 있어 표비 다음으로 많이 확인되고 있다.[20] 장식성이 많이 반영될 수 있는 형태이지만 주연만 덧대었을 뿐이며 재질면에서도 장식성이 강하지 않으며 입접리 1호분을 제외하면 모두 철로만 구성되어 있다. 이외에 'f'자형경판비와 심엽형경판비는 각각 전 송산리, 해남 월송리 조산고분과 나주 복암리 3호 96석실분에서만 확인되어 자체적인 변화과정을 살펴보기에는 어려움이 있다.

2. 鐙子

등자는 안장과 같이 안정구로 분류되며 중장기병 도입에 반드시 필요한 요소이다.

백제지역에서 목심철판피등자의 부장은 아직까지 철봉을 'S'자형으로 구부려 2조선으로 만든 함과 2조선의 인수가 조합되고 인수외환은 꽂아서 마무리하는 형태(삽자루a)의 비와는 공반되지 않는다. 3개의 철봉을 꼬아서 제작한 함과 인수의 조합에서는 드물게 보이지만 병두부와 병부에서 윤부로 이어지는 취약한 부분만 철판으로 보강한 형태이며 그나마 1쌍이 아닌 1점씩만 확인되고 있다. 그러나 일본의 시토미야키타蔀屋北유적[21]의 경우처럼 목제등자의 존재 가능성도 있기 때문에 등자의 도입은 더 일찍부터였을 가능성이 있다.

---

20) 청주 신봉동82 A7호, 신봉동92 83호·92호·93호, 공주 취리산에서 경판으로 보이는 일부 편이 확인된다.

21) 大阪府教育委員會, 2004, 『蔀屋北遺跡發掘調査槪要Ⅰ』

목심의 측면 두께는 일정하며 등자의 내외측면과 병두부에서 윤부로 연결되는 전후면의 일부만을 철판으로 보강한 형태는 화천 원천리 33호 주거지와 천안 용원리 9호에서 확인된다. 원천리 33호 등자는 병부와 윤부의 연결부를 짧은 호상의 철판으로 보강하고 1점만 출토되었지만, 용원리 9호 등자는 병부부터 윤부 상단까지 폭이 좁은 철판으로 장식하였으며 1쌍이 확인되고 있다. 전자가 좀 더 이른 것으로 판단되며 2건 모두 아직까지는 답수부에 방두정이 도입되지 않고 있다.

목심의 측면은 일정한 두께를 유지하며 철판으로 보강하지만 전후면의 경우 병부와 윤부상단까지 1매의 철판으로 보강한 형태가 나타난다. 원주 법천리 1호와 공주 수촌리 1호, 천안 용원리 12호, 청원 주성리 1호 석실에서 확인되며 이때부터 답수부의 기능을 강화하는 방두정이 확인된다. 전후면 전체를 철판으로 보강한 형태는 신봉동93 97-1호, 신봉동93 80호, 수촌리 4호, 도림리 1호 석실에서 확인되며 신봉동의 2점은 작은 원두정으로 면을 장식한 것이다. 이처럼 전후면 전체를 1매의 철판으로 보강하는 것은 철판을 자를 때 어려움도 있으며 철판의 소비가 심하기 때문에 많이 제작되지 않았을 것으로 생각된다. 제작과정의 비용을 감당할 수 있는 상위계층에서 사용했던 형태일 가능성이 높다.

이외에 전후면은 병두부와 윤부연결부를 철판으로 보강하거나 윤부 상단까지 철판으로 보강하는 것은 동일하나 답수부로 내려갈수록 그 폭이 넓어지는 형태로 목심이 변화한다. 이렇게 답수부로 내려갈수록 폭이 넓어지는 형태는 답수부의 못으로 방두정이 아닌 원두정이 도입된다. 원두정은 2열이거나 2열과 1열이 엇갈려 사용되고 있으며 외측면은 삼각상으로 제단된 형태가 많이 보인다. 이후에는 부분적으로 철제화되며 점차 철제윤등도 등장한다.

윤등외에 호등의 형태도 존재한다. 백제지역에서 호등은 공주 수촌리 3

호분, 함평 신덕고분, 담양 대치리 4호 주거지에서 확인예가 있다.[22] 수촌리 3호와 함평 신덕고분은 병부가 목심이지만 대치리의 것은 병부가 철체로 다르다. 그러나 호구의 철판에 남아있는 목질의 양상을 보면 모두 수직방향이어서 호부는 통나무를 파서 만든 점이 공통된다.

호등의 변화에 대해서는 병부가 목심인 것에서 철제인 것으로 변화하는 것에는 의견을 같이하나 구흉금구가 호부를 감싸는 정도, 호부의 목제구조와 가죽사용유무 등 다른 기준으로 변화양상을 살펴보고 있다. 그에 따라 호등의 계보를 백제지역에서 구하느냐[23] 대가야지역에서 구하느냐[24]로 다르게 보고 있다.

3. 연대 설정

백제마구를 살펴본 결과 총 4단계로 분류하였다.

Ⅰ기는 2단계로 세분된다. Ⅰ-1기는 철봉을 'S'자형으로 구부려 2조선으로 만든 함에 2조선의 인수가 조합되고 인수외환은 꽂아서 마무리하는 형태의 비가 주를 이룬다. 이러한 형태는 앞에서 언급한대로 기원전 1세기부터 기원후 4세기전반까지 나타나지만 가장 이른 형태의 비가 출토된 금릉동 78-1호는 공반출토된 원저단경호의 형식에 따라 3세기 중반으로 편년되고 있다[25]. Ⅰ-2기는 함은 철봉3가닥을 꼬아 만든 함에 삽자루c형을 가진 2조선 인수가 조합된 비가 등장한다. 두정동 5호 원판비가 이에 해당되

---

22) 청주 봉명동 C9호의 경우도 목질의 양상과 철판의 보강형태를 봐서는 호등일 가능성이 있다.

23) 權度希, 2006, 「百濟 鑣子의 製作方法과 展開 樣相」, 『先史와 古代』 24.
    金洛中, 2010, 「榮山江流域 古墳 出土 馬具 研究」, 『韓國上古史學報』 69.

24) 이상률, 2007, 「삼국시대 호등의 출현과 전개」, 『韓國考古學報』 65.

25) 成正鏞·權度希·諫早直人, 2009, 「淸州 鳳鳴洞遺蹟 出土 馬具의 製作技術 檢討」, 『湖南考古學』 20.

며 조양원태자묘 출토 원판비를 근거해 4세기 중엽에 해당된다. 이들 비와 함께 병두부와 병부에서 윤부로 이어지는 부분의 전후면을 철판으로 보강한 등자가 공반되기 시작하며 이 단계는 주로 단등으로 출토되고 있다. 안장은 철판을 일부 덧붙인 것이 오산 수청동 5-2 20호에서 확인된다.

Ⅱ기는 철봉 3가닥을 꼬은 함과 삽자루a 인수가 조합된 형태도 확인되지만 주로 꺾인 외환을 가진 1조선의 인수로 교체된다. 용원리 9호 비의 경우 여전히 꼬은 형태를 취하지만 2가닥의 철봉을 꼬아 인수를 제작하였으며 전보다 상당히 길어진 형태이다. 이와 같이 등자는 1쌍으로 확인되며, 내외측면은 전면을 전후면은 병두부와 윤부상단까지를 얇은 철판으로 장식한 형태이다. 9호의 연대는 공반출토된 계수호의 연대를 따르면 4세기말에서 5세기 초에 해당된다. 이후 법천리 1호분의 비에서는 꺾인 외환을 가진 1조선의 인수와 유환이 채용되며 등자에 있어서는 병부의 폭이 좁아지고 전후면은 윤부상단까지 전면을 철판으로 보강한 형태의 등자가 나타난다.

Ⅲ기는 함도 인수와 같이 1조선으로 제작된 비가 주를 이루며 호형의 인수호가 채용된다. 전단계보다 타원형경판비의 비율이 증가하며 함 외환은 환을 직교하여 단접한 이중외환이 경판비를 중심으로 채용된다. 등자는 철판으로 부분보강한 등자가 여전히 주를 이루지만 답수부의 폭이 넓어지고 원두정을 사용한 형태가 주를 이루며 호등과 철제 등자도 등장한다. 운주류는 여전히 환형의 철제고리가 주를 이루며 검릉형행엽이 최초로 확인된다. 수촌리 1호와 4호에서 출토된 중국자기와 신봉동90 1호 출토 스에끼의 연대를 근거로 5세기 2/4분기에서 5세기 3/4분기에 해당한다.

Ⅳ기는 해당하는 마구류는 출토예가 많지 않다. 하지만 지금까지 확인된 자료를 보면 비와 등자의 제작에 금·은소재가 사용되며 행엽과 운주 등에서도 장식성이 크게 부각되는 특징이 있다. 비는 2조선의 3연식 함과 2조선의 꺾인 인수외환을 가진 인수가 조합된 원환비가 등장하며 경판에 있어

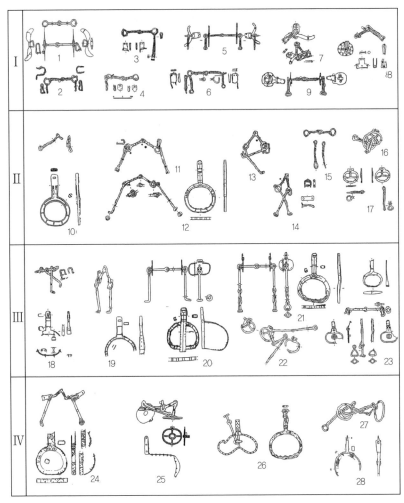

그림 9. 단계별 마구출토 현황(S:1/20)

(1:충주 금릉동 78-1호, 2:오산 수청동5-5 38호, 3:청주 봉명동 B79-2호, 4:오산 청학동 8호, 5:청주 봉명동 A31호, 6:오산 수청동5-2 20호, 7·8:천안 두정동 5호, 9:오산 수청동5-2 20호, 10:천안 용원리 9호, 11:화성 마하리 18호(서), 12:원주 법천리 1호, 13: 청주 신봉동 72호, 14:청주 신봉동 54호, 15:청주 산남동 7호, 16:공주 신관동 4호, 17: 청주 신봉동 채집품, 18:청주 신봉동 60호, 19:연기 송담리 25호, 20:공주 수촌리 3호, 21:공주 수촌리 1호, 22:연기 장재리 2호, 23:청주 신봉동 83호, 24:함평 신덕고분, 25:나주 복암리 3호 96석실, 26: 해남 조산고분, 27:논산 표정리 14호, 28:담양 대치리 4호 주거지)

서도 타원형 외에도 'f'사형이나 심엽형의 경판이 나타나며 소새도 전보나 다양해진다. 등자는 철제 윤등과 호등이 주를 이룬다. 웅진기에 해당하며 그 하안은 병부가 철제인 호등이 출토된 담양 대치리 주거지의 출토 병을 근거로 6세기 전반까지로 볼 수 있다.

Ⅱ기에 해당하는 유구부터 중국자기가 부장되며 이는 편년에 주요한 근거가 된다. 마구외에도 대부분의 백제유물은 도성 천도에 따라 크게 나뉘며 공반출토된 금공예품이나 수입품을 근거로 편년한다. 특히 중국에서 기년명자료와 같이 출토된 자기가 대표적인 편년기준이 되지만 이들이 한반도에 유입된 후 바로 부장되었는지 아니면 일정시기 전세되었다가 부장되었는지를 대해서는 이견이 있다.

표 1. 마구와 공반출토된 중국자기의 연대 및 유구연대

유적 및 유구명	박순발 2005	성정용 2003a, 2010 (유구연대)	土田 純子 2014	김일규 2015 (유구연대)
오산 수청동 4지점 25호 목관			5C2/4	5C1/4 (5C4/4)
천안 용원리 9호 석곽		4C말 (4C말~5C초)	4C4/4 ~5C1/4	400년경 (5C2/4)
천안 용원리 C 석실	5C중엽	5C중후반 (5C3/4)	5C3/4	연화문발:474년전후, 완:5C2/4 (5C4/4)
공주 수촌리 Ⅱ 1호 목곽	4C중엽	4C후반 (5C초)	4C4/4 ~5C1/4	5C초엽 (5C4/4)
공주 수촌리 Ⅱ 4호 석실	계수호: 4C4/4, 전문토기:4C중엽, 반구호:4C4/4, 완:5C중엽	4C말~5C초 (5C1/4~5C2/4)	5C2/4	계수호: 4C4/4, 전문토기:5C전반, 반구호:5C1/4, 완:5C1/4 (5C4/4~6C1/4)
익산 입점리 1호 석실	5C2/4	5C중엽경 (5C3/4)	5C3/4 ~4/4	5C2/4 (6C1/4)

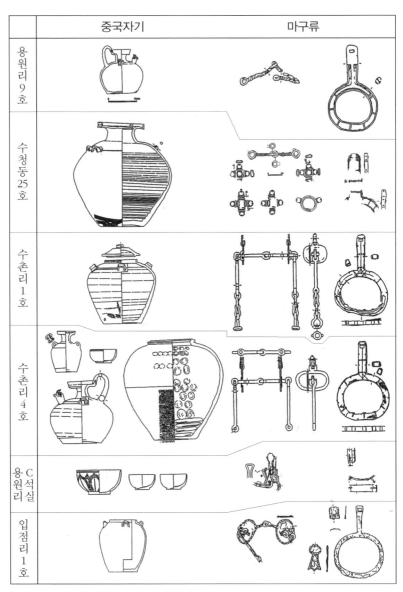

	중국자기	마구류
용원리 9호		
수청동 25호		
수촌리 1호		
수촌리 4호		
용원리 C석실		
입점리 1호		

그림 10. 마구류와 공반된 중국자기(S:1/20)

마구와 공반출토된 중국자기의 연대를 보면 표1과 같으며 중국자기의 전세를 인정하냐 안하냐에 따라 그 유구연대를 다르게 보고 있다. 이에 대해서는 백제 중앙에서 중국자기의 출토예가 많아 그 많은 유물을 모두 전세품으로 보기에는 무리가 있기 때문에, 중앙에서는 일상적으로 사용하는 사치품이지만 지방고분에서 부장되는 중국자기는 신분 상징적인 위세품으로 그 성격을 다르게 볼 수 있어 전세론에 대해서는 신중한 접근이 필요

표 2. 마구 출토 유구의 연대측정값

유적명	유구	분석 방법	연대	비고
김포 운양동	1-11지점 12호묘	AMS	50AD(95.0%)140AD	칠 분석
			2BC(90.7%)78AD	철부 옆
			43BC(95.4%)55AD	철부 아래
화천 원천리	33호 주거지	고고지자기	AD375·35년 또는 AD130·30년	
		AMS	324AD(86.3%)415AD	
	22호 주거지	AMS	341AD(95.4%)431AD	내부퇴적층 마구출토
	78호 주거지	고고지자기	AD465·20년 또는 AD70·15년	마구가 출토된 77호 주거지 후행유구
		AMS	321AD(75.9%)405AD	
	72호 주거지	고고지자기	AD460·15년 또는 AD80·10년	퇴적층에서 마구가 출토된 82호 주거지 후행유구
		AMS	326AD(88.0%)417AD	
	28호 수혈	AMS	252AD(95.4%)388AD	
여주 용은리	8호 주구토광묘	AMS	250AD(95.4%)382AD	
부여 가탑리	6호 수혈	AMS	340AD(95.4%)550AD	

하다[26]고 생각된다.

공반유물의 지역간 교차편년 외에도 자연과학적 분석 결과를 활용할 수 있다. 백제지역의 마구는 생활유적에서도 확인되고 있어 해당 주거지와 수혈에서 확인되는 노지와 목탄을 시료를 활용한 연대측정치가 존재한다. 다만 측정결과의 연대 폭이 넓어 25년 또는 30년을 분기로 설정하는 실정과는 거리가 있지만 일부 부품만 출토되어 유적 내 자료비교가 부족할 때 선후관계를 파악하는데 참고할만한 자료라고 생각된다.

V. 마구의 생산과 유통

마구의 최초 유입은 마구가 말에 장착되어 사용되는 점을 감안한다면 말과 같이 유입되었을 것이며 유입지에서 사용되던 형태 그대로를 반영하였을 것이다. 이것을 모방하여 중앙에서 제작하고 지방으로 직접 분배하거나 표준모델을 본보기로 지방에서 제작하여 사용하였을 가능성이 있다. 그러나 직접적인 마구생산지가 조사되지 않는 이상 소비지에서 나타나는 자료들을 바탕으로 단편적이나마 백제지역내 마구의 유통형태를 살펴볼 수 밖에 없다.

마구의 부장 및 소비는 앞서 살펴본 분묘나 주거지 등을 통해 지역내 일정수준 이상의 계층에서 확인되고 있다. 다만 금동제의 관모, 식리, 이식 등의 유물외에도, 대도, 성시구 등에 금·은의 소재가 사용되는 것에 비해 백제지역 마구는 주로 철소재로 제작되어 부장되고 있다. 철기생산과 관련된 기술적 검토는 조직과 형태분석을 통한 연구결과가 다수 있지만 마구에

---

26) 成正鏞, 2010, 「백제 관련 연대결정자료와 연대관」, 『湖西考古學』22.

대해서는 철의 두께가 얇아 분식의 한계가 있다. 따라서 형태적인 속성을 바탕으로 지역간의 교류관계를 추적하여 중앙에서 지방으로 또는 중심지역에서 주변지역으로의 유통관계를 유추할 수 있다.

형태적 변화 중 수리·보수와 같은 2차적인 형태변화와 인접한 주변 유적과의 관계 등을 통해 백제마구의 유통체계의 일면을 살펴보고자 한다.

물품이 보수되는 경우는 더 이상 원래 기능을 사용할 수 없어 용도변경을 위한 것이거나 유리용기를 금사로 감아 수리한 예처럼 희귀성 높은 중요물품의 형태를 계속 유지하기 위한 경우에 나타나고 있다. 마구에서도 드물게 보수흔이 관찰되지만 분묘군내에서의 그 비율은 높지 않아 제작기술상 하나의 현상으로만 보고 있다. 하지만 한지역내에서 이러한 보수흔의 비율이 높게 나타난다면 이는 단순히 물품의 변형이 아닌 철을 다루는 기술을 보유한 집단의 유추도 가능하다고 생각된다. 마구에서 補修와 관련된 연구는 일본의 사례를 참고할 수 있다. 修繕은 손상된 부분을 고치는 것으로 원래 형태를 지표로 하며 기본적으로 제작 중에, 修理는 부품을 교환하거나 부품의 움직임을 조절하는 것으로 제작 후에 주로 행해지는 형태이며 이들을 총칭하여 補修라는 용어를 사용하고 있다.[27]

오산 수청동 유적에서 마구는 13기의 분묘에서 출토되었으며 최초의 형태에서 변형되어 수리흔적이 관찰되는 마구는 5-2지점 21호 주구부목관묘 출토 원판비(왼쪽), 5-5지점 4호 주구부목관묘 제형경판비(양쪽), 5-2지점 18호 주구부이중목관묘 출토 입문용금구(오른쪽), 4지점 5호 목관묘 출토 등자(답수부) 등 4기에서 확인되고 있어 높은 비율을 차지한다.[28] 특히 5-2지점 18호의 입문용금구는 2차례 이상의 수리흔이 관찰되고 있다.

27) 栗林誠治, 2004, 「馬具の生産と地域展開」, 『鐵器文化の多角的探究』.
28) 權度希, 2012, 「烏山 水淸洞 墳墓群 馬具에 대하여」, 『烏山 水淸洞 百濟 墳墓群 Ⅳ』, 京畿文化財團.

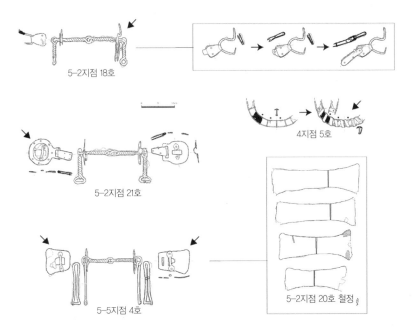

그림 11. 오산 수청동 유적에서 보이는 수리흔적

이외에도 사용흔이 관찰되는 마구가 2기에서 확인되고 있어 수청동 지역
의 마구는 사용빈도가 높았으며 이로 인한 마구의 손상비율이 높아 지역내
에서 일정수준의 수리는 가능한 기술력을 보유하고 있었음을 알 수 있다.[29]
또한 마구의 수리흔이 관찰되는 유구에서 철소재로 보는 철정의 부장예도
관찰되어 이들 고분군의 주체가 철의 생산까지는 아니더라도 철기를 가공
하는 기술을 보유하여 지역내에서 마구를 제작했을 가능성이 높다.

오산 수청동 유적뿐만 아니라 여주 용은리 유적의 경우도 지역내에서 마
구를 제작했을 가능성이 있다. 여주 용은리 유적에서 마구는 7기에서만 확
인되고 있으나 조사지역내 총유구 수에 비하면 마구의 출토비율이 높은 편

---

29) 인근유적인 오산 청학동 8호 비의 인수내환에서도 수리흔이 관찰된다.

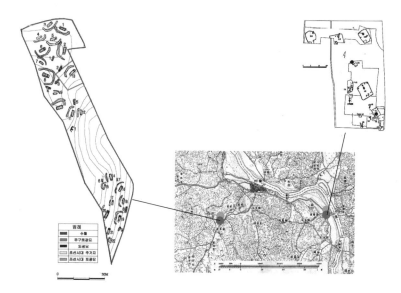

그림 12. 여주 용은리와 연양리유적 위치

으로 마구의 확보가 절실했던 상황이었거나 타지역보다 용이한 입수경로를 확보하고 있었을 가능성이 높다. 이들 마구에서는 수리흔은 관찰되지 않으므로 마구의 사용례가 높았다고 보기보다는 유리한 입수경로를 갖고 있었다고 판단되며 인근에 위치한 여주 연양리유적을 용은리분묘군에 매장된 마구의 유력한 생산지로 볼 수 있다. 연양리 유적은 용은리분묘군과 6km정도 떨어져 있는 취락유적으로 2호 주거지와 8-1호 주거지에서 단야시설이 조사되어 어느 정도 수준의 철기 제작은 이곳에서 했으며 다른 철기들과 같이 마구의 제작도 가능했을 것으로 생각된다.

이외에도 완주 상운리 유적의 경우 마구가 부장된 유구에 망치, 모루, 집게와 같은 단야구의 부장양상이 두드러져 공반유물을 통해 철기제작과 관련된 집단의 분묘군으로 생각되며, 화천 원천리 주거유적의 경우도 망치, 반제품과 교구의 마무리방식 등에서 자체제작되었을 가능성이 있다.

금·은과 같은 특수소재를 사용한 마구의 경우 특정공방에 주문제작하여 입수하였을 가능성이 높으나, 앞에서 살펴본 유적처럼 부장된 마구의 형태적 특성과 인근주변지역의 유적성격을 통해 철소재로만 이루어진 마구의 경우는 특정공방 및 지역에 한정하기 보다는 일정한 소지역 범위내에서 생산이 가능했던 것으로 판단된다.

VI. 맺음말

백제마구는 굽은 외환의 1조선 인수를 가진 유환부 표비와 이단철판보강 등자가 세트관계를 이루며 철제의 환형운주가 공반되는 신봉동형 마구로 대표되어 왔다. 그러나 장신구로 환형의 철제운주가 주를 이루는 양상은 동일하나 이단철판보강 등자의 세분이 가능한 점, 이들과 세트관계를 이루는 비의 형태가 다양해진 점 외에도 이른 형태의 마구 자료가 증가했다는 점에서 재검토의 필요가 있다.

1조선의 굽은 원형을 가진 인수가 출현하기 전부터 철봉을 'S'자형으로 구부려 2조선으로 만든 함에 2조선의 인수가 조합되고 인수외환은 꽂아서 마무리하는 형태가 중부지역에도 넓게 분포하고 있다. 이들과 동일한 조합을 가진 비가 흉노지역에서도 확인되고 있어 두지역간의 연관성이 있었을 것으로 예상되지만 공반유물 등에 있어서는 직접적인 관련성이 미미하다. 다만 고구려와 낙랑 유적에서도 이와 같은 비가 확인되고 있어 유목민족 마구의 영향이 동아시아 전역에 걸쳐 나타나고 있으며 백제지역에서도 이들과 같은 문화를 일정시기 공유했음을 알 수 있다. 이 후 다양한 형태의 함유가 도입되고 타원형경판이 채용되는 과정에서 이중외환이 개발되며 운주에서도 동일한 기법이 나타나 새로운 마구에 대한 개발을 시도했음을 알 수 있다. 목재를 사용하는 등자, 안장 등에 있어서는 여전히 철판의 보강을 최소화란 실용마구 중심이여서 그 변화를 살펴보기에는 한계를 가지고 있지만 이런 점들이 백제마구의 특징이라 생각된다.

이밖에 분묘유적 외에도 주거지에서 출토된 마구의 출토맥락을 통해 실생활에서 마구가 어떤 비중을 가지고 어떻게 보관되었는지를 알 수 있다. 분묘와 생활유적에서 출토된 자료들을 보면 현재까지는 중앙에서 주도적으로 마구를 유통시킨 직접적인 자료는 없으나 수리흔적이 집중된 유적과 인근유적의 유구 성격을 통해 지역내에서 생산·유통의 단편만을 찾을 수 있었다. 앞으로 생산-유통-폐기의 전단계를 설명할 수 있는 자료들이 증가하여 백제 마문화에 좀 더 접근할 수 있기를 기대해 본다.

참고문헌

諫早直人,「製作技術로 본 夫餘의 鑣 와 韓半島 南部의 初期 鑣」,『嶺南考古學』
　　　4, 2007.

金洛中,「榮山江流域 古墳 出土 馬具 研究」,『韓國上古史學報』6, 2010.

金一圭,「백제 고고학 편년 연구」, 부산대학교대학원 박사학위논문, 2015.

國立中央博物館,『蒙古 匈奴 무덤 資料集成』, 2008.

國立中央博物館·蒙古 國立博物館·蒙古科學アカデミー 考古學研究所,『蒙古
　　　도르릭나르스 匈奴遺蹟Ⅰ』,2011.

權度希,「百濟 鐙子의 製作方法과 展開 樣相」,『先史와 古代』24, 2006.

權度希,「烏山 水淸洞 墳墓群 馬具에 대하여」,『烏山 水淸洞 百濟 墳墓群 Ⅳ』,
　　　京畿文化財團, 2012.

權度希,「雲陽洞 12號 墳丘墓 出土 異形 鑣에 대하여」,『金浦 雲陽洞 遺蹟Ⅰ』,
　　　漢江文化財研究院, 2013.

權五榮·李亨源·韓志仙·崔煐珉·申誠惠·宋閏貞, 2009,『華城 松山洞 農耕遺
　　　蹟』, 한신대학교박물관총서 제33책.

권오영,「백제의 말 사육에 대한 새로운 자료」,『21세기의 한국고고학Ⅴ』, 2012.

柳昌煥,「百濟馬具에 대한 基礎的 研究」,『百濟研究』33, 2004.

박순발,「公州 水村里 古墳群 出土 中國瓷器와 交叉年代 門題」,『4～5세기 금강
　　　유역의 백제문화와 공주 수촌리 유적』, 2005.

成正鏞,「百濟와 中國의 貿易陶磁」,『百濟研究』38, 2003a.

成正鏞,「百濟 漢城期 騎乘馬具의 樣相と起源」,『古代武器研究』4, 2003b

成正鏞,「백제 관련 연대결정자료와 연대관」,『湖西考古學』22, 2010.

成正鏞·權度希·諫早直人, 2009,「淸州 鳳鳴洞遺蹟 出土 馬具의 製作技術 檢
　　　討」,『湖南考古學』20.

栗林誠治, 2004, 「馬具の生産と地域展開」 『鐵器文化の多角的探究』.

李蘭暎・金斗喆, 1999, 『韓國의 馬具』 한국마사회 마사박물관.

이상률, 2007, 「삼국시대 호등의 출현과 전개」 『韓國考古學報』 65.

이주헌, 2015, 「兩端環棒狀鐵器斷想」 『友情의 考古學』.

이준정, 2013, 「한반도 선사・고대 동물사육의 역사와 그 의미」 『농업의 고고학』.

張恩晶, 2012, 「匈奴 馬具의 擴散과 古代 東아시아의 騎馬文化 受容」 『匈奴와 그 東쪽의 이웃들』 國立中央博物館・釜慶大學校 人文社會科學硏究所.

土田純子, 2014, 『百濟土器 東아시아 交叉編年 硏究』.

「백제지역 마구의 전개」에 대한 토론문

김 두 철 (부산대학교)

　마구의 연대를 설정하는데 중국의 자기와 자연과학적 방법(AMS나 고고
지자기)으로 얻어진 연대를 참조하는데, 마구를 통해서는 어느 정도까지
편년을 할 수 있는지, 그 효용과 방법에 대해서 묻고 싶다. (편년표를 중심
으로 간단히 설명해주면 좋겠다.)

　이와 관련하여, 한 예를 들면 영남지역에서 '한 가닥 인수로 그 끝이 굽
은 예'는 수백점이 출토되고 있음에도 토론자의 편년으로 5세기 전반으로
소급하는 자료는 한 점도 본 적이 없다. 그럼에도 백제지역 자료는 많은 자
료가 소급해서 편년되고 있다. 마구가 광역에 걸친 교차편년에 유용한 자
료라고 생각하는데, 이에 대해선 어떻게 생각하는지 듣고 싶다. 편년관 자
체야 각자의 기준에 따라 차이가 있다 하더라도 상대적 관계는 일치해야
한다. 영남지역의 연구 성과를 어떻게 받아들이는지, 그 괴리에 대해서 발
표자의 의견이 있다면 해주길 바란다.

「백제지역 마구의 전개」에 대한 토론문

류 창 환(극동문화재연구원)

1. 이른바 '2조선 삽자루a형 인수의 계보와 전개에 대하여

가야와 백제, 신라지역에서 발견되는 초기마구의 계보와 관련하여 주목되는 자료 중 하나는 유수노하심 중층 56·97호묘 출토 표비이다. 이 표비에 대해 토론자는 2공식 표, 꼬지 않은 2연식 함, 2조선 삽자루a형 인수를 특징으로 하고 기원전후 부여지역에서 성행한 것이라는 점(諫早 2009: 98)을 중시하여 부여계 표비로 설정(류창환 2012)하였다.

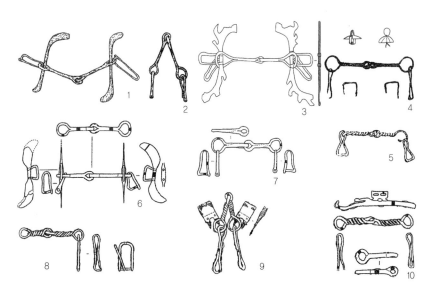

도 1. 부여계 표비와 한반도 남부 초기마구(류창환 2012)
1·2.유수노하심 56·97, 3.만보정 242–1, 4.서해리 2–1, 5.우산하 3241, 6.금릉동 78–1, 7.봉명동 C–31, 8.황성동 575–20, 9.복천동 69, 10.복천동 38

그런데 흥미로운 점은 토론자가 설정한 부여계 표비와 유사한 재갈이 흉노의 분묘에서도 확인된다는 것이다. 몽골 도르릭나르스 흉노무덤 중 2호와 5호 무덤 출토 표비가 그러한 사례로(국립중앙박물관몽골국립박물관, 2011, 몽골 도르릭나르스 흉노무덤), ①2공식 표, ②꼬지 않은 2연식 함, ③2조선 삽자루a형 인수 등으로 구성된 것에서 위에서 언급한 유수노하심 중층 56·97호묘 출토 표비와 특징을 같이 한다. 무덤의 연대는 절대연대 측정 결과 서기 1세기 무렵으로 추정되고 있다.

그런데 문제는 이러한 흉노의 마구가 한반도의 초기마구와 직접적인 관련이 있는가? 하는 문제이다. 토론자는 이에 대해 부정적으로 생각한다. 왜냐하면 가야의 초기마구와 유수노하심 중층 출토 마구의 속성이 같다고 해서 곧바로 연결시키기 어렵기 때문이다. 이와 관련하여 토론자는 자강도 법동리 하구비 적석총, 집안 만보정 242-1호묘, 자성군 서해리 2-1호묘에서 출토된 부여계 표비에 주목하고 있다. 즉, 부여계 표비는 유수 노하심 이래 선비와 고구려지역에서 유행하고, 이후 어떤 계기로 한반도로 파급된 것으로 보고 있다. 발표자도 언급하고 있는 꼬지 않은 2연식 함과 2조선 삽자루a형 인수로 구성된 충주 금릉동 78-1호묘와 청주 봉명동 C-31호묘 출토 표비가 그 대표적인 사례라고 할 수 있다. 또한 경주지역 최고의 기승용 마구로 평가되는 황성동 575번지 20호분 출토 표비와 김해 양동리 78호분 출토 표비 역시 2조선 삽자루a형 인수와 조합된 것에서 같은 사례라 해도 좋다.

이상에서와 같이 토론자가 설정한 부여계 표비는 북방초원지대의 흉노무덤에서도 확인되지만 한반도의 가야와 백제, 신라의 경우 유수노하심 중층 이래 북방의 선비와 고구려지역을 통해 이입된 것이라고 할 수 있다. 다만 그 계기와 경로에 대해서는 여전히 과제라고 생각한다. 이에 대한 발표자의 생각은 어떤지 궁금하다.

2. '마구의 생산과 유통'에 대하여

발표자는 백제마구의 생산과 유통에 대하여 오산 수청동유적, 여주 용은 리유적, 완주 상운리유적, 화천 원천리 주거유적에서 출토된 마구에 보수 흔이 관찰된다는 점, 철소재인 철정이 부장된 점, 마구가 부장된 유구에 망 치·모루·집게와 같은 단야구가 공반된 점 등을 들어 해당 지역내에서 직 접 마구를 제작했을 가능성이 높은 것으로 보고 있다. 이 같은 발표자의 견 해에 대해 토론자도 전적으로 공감한다.

토론자는 과거 백제마구와 관련 4세기의 수청동고분군과 봉명동고분군, 5세기의 신봉동고분군에 마구가 집중적으로 부장되어 있는 것에 주목하 고, 이 고분들에 부장된 마구가 무장적 성격을 가진 것으로 이해하고 백제 지역에 기병집단이 존재했음을 추정한 바 있다. 특히 신봉동 고분군에 주 목하였는데, 그 이유는 신봉동고분군이 백제고분군으로는 드물게 무려 30 여 기에 이르는 고분에서 마구가 출토되어 삼국시대의 단일고분군 중 가야 의 합천 옥전고분군과 더불어 마구의 집중도가 가장 높은 고분군이기 때 문이다. 더구나 신봉동고분군이라는 특정 고분군에 마구가 집중 부장되어 있기도 하지만 철제의 유환부표비와 목심등자, 환형운주로 구성된 이른바 '신봉동형 마구'라는 특징적인 마구가 존재한 것에서도 신봉동고분군 축조 집단이 기병집단으로서의 성격이 강했다고 평가할 수 있다.

그런데 신봉동고분군으로 상징되는 백제 기병집단의 성립과 운영, 그리 고 이를 뒷받침하는 말과 마구의 생산, 그리고 보급이 백제의 중앙 또는 왕 권의 지배·통제하에 이루어졌는가 하는 문제이다. 이는 사실 고고학적으 로 풀기 어려운 문제이다. 이 문제와 관련하여 공주 수촌리 1호분의 마구 를 1조선의 인수와 유환이 확인되는 것에서 백제 중앙을 주체로 보는 견해 (성정용 2009)도 있으나 사실 백제 중앙의 마구는 여전히 그 실상이 불분명 한데다 혹 공주 수촌리의 마구를 백제 중앙의 마구로 인정하더라도 신봉동의 마구들과 형식학적으로 직접 연결되는지는 검토가 필요하다. 이러한 점과 신봉동고분군 축조집단이 백제의 지방세력이라는 연구성과를 참고하면 신봉동고분군의 마구는 백제 중앙에서 제작·공급한 것으로 보기는 어려우며 역내의 공방에서 자체적으로 제작했을 가능성이 높다고 생각한다.

이와 달리 백제의 중앙 또는 왕권의 통제하에 생산·유통된 마구도 있다고 생각한다. 전북 익산 입점리고분과 전남 함평 신덕고분 출토 장식마구 등이 그러한 사례이다. 이에 대해서는 향후 자세가 검토가 필요하나 대개 웅진기로 편년되는 장식마구의 분포는 백제의 중앙 또는 왕권과 직간접적인 관계가 있다고 생각한다.

이상과 같이 본다면 백제마구의 특징이라 한 철판의 보강을 최소화한 실용마구는 해당지역에서, 장식마구는 백제 중앙에서 제작·유통한 것이라 할 수 있다. 이러한 문제에 대한 발표자의 생각은 어떤지 궁금하다.

「백제지역 마구의 전개」에 대한 토론문

김 낙 중(전북대학교)

1. 소지역에서의 마구생산 가능성

발표자는 금·은과 같은 특수 소재를 사용한 마구의 경우 특정 공방에 주문 제작하여 입수하였을 가능성이 높으나, 오산 수청동 유적과 여주 용은리 유적 등에 부장된 마구의 형태적 특성과 주변의 취락 유적을 통해 볼 때 철소재로만 이루어진 마구의 경우는 특정 공방 및 지역에 한정하기 보다는 일정한 소지역 범위 내에서 생산이 가능했던 것으로 판단하였다.

그런데 오산 수청동 유적에서는 마구가 수리된 흔적만이 확인되었다. 아직 생산과 관련된 직접적인 증거는 없다. 그런데 수리하여 쓴다는 것은 그만큼 마구를 귀하게 여겼음을 시사한다. 수리를 위한 단조 기술은 당시로서는 취락 수준에서 가능한 정도였을 것이다. 따라서 이러한 흔적만을 가지고 소지역마다 마구의 생산이 가능하였을 것으로 추론하는 것은 어렵지 않나 생각된다. 이 문제는 한성기 백제 당시에 마구 생산에 중앙의 왕권이 어떤 역할을 하였는지와도 결부된 문제라고 여겨진다. 토론자는 백제지역 출토 마구가 형태에서 일정한 정형성을 가지고 있으며 입수가 어려운 철소재로 제작되어 위세품으로 여겨졌다면 중앙에서 생산하여 배포하였을 가능성이 더 높다고 생각한다. 이에 대한 의견을 듣고 싶다.

2. 영산강유역 마구류에 대해

백제 한성기에는 실용성이 강한 철제 마구류가 유행하였다. 그런데 신라, 가야와는 다르게 웅진기 이후에는 금과 은 등으로 장식한 마구류가 중앙이나 영산강유역을 제외한 지방에서도 그다지 유행하지 않았다. 영산강유역에서만 고총을 중심으로 장식마구가 부장되었을 뿐이다. 그런데 영산강유역에서 출토된 마구류에는 백제계라고 할 만한 것도 있지만 나주 복암리 3호분·정촌 고분, 해남 조산 고분 출토 마구류 등 대가야계 혹은 왜계로 볼 수 있는 것들이 많다. 이러한 현상으로 유추할 수 있는 것은 백제 왕권이 신라, 가야 및 왜처럼 장식마구류를 웅진기에는 더 이상 위세품으로 활용하지 않았다는 점, 영산강유역에서 출토된 마구류는 실제 기승용으로 활용되어 군사적인 의미를 가지는 것이라기보다는 가야, 왜 등과의 정치적 관계 설정과 교류 과정에서 입수하여 현지에서 외부 위신으로 활용된 위세품의 일종으로 볼 수 있다는 점 등이다. 이번 발표문에서는 주로 중서부지역의 마구류에 대해 언급하였지만 이에 대한 평소의 견해가 있으면 말씀해 주기 바란다.

加耶の戦争

田中俊明＊

Ⅰ. はじめに

　加耶における戦争を概述したい。加耶諸国相互間の戦争については、、史料の残り方の関係でほとんど知り得ない。残された史料の限りでは、加耶諸国以外の勢力との戦いのいくつかを知りうるのみである。ここでは、そのいくつかについてみていく。

　その場合、加耶諸国のなかでの連合関係と、外の勢力との同盟関係が重要な前提である。わたしなりの理解でいえば、4世紀に、倭国と金官国の関係が生じ、後半になって卓淳・安羅に拡大した。金官・卓淳・安羅を、わたしは加耶南部諸国と呼んでいる。倭と加耶南部諸国との同盟関係の成

＊滋賀県立大学

立であり、360年代のことと考えられる。いっぽう百済も、高句麗と対立に備えて南方の勢力との友好関係が必要であると考え、海路、栄山江流域の馬韓残存勢力と関係を結び、さらに進んで、加耶南部諸国とも友好な関係を結んだ。そして、加耶南部諸国が仲介するかたちで、倭との関係も成立した。すなわち、百済・加耶南部・倭の同盟関係であり、369年のことである。この同盟関係は、曲折はあるが、530年頃までつづく。

なお、そうしたことを考えるための史料のひとつである『日本書紀』には、神功紀49年条に、いわゆる加羅七国平定記事がみられるが、わたしは造作としか考えられず、現実の戦争としてはとりあげない。

同盟関係のもうひとつは、大加耶(高霊)を中心とするもので、わたしが大加耶連盟と呼ぶ同盟体である。470年代に成立し、当初、百済と対抗し、新羅と連携した。6世紀に入ると、百済が侵攻し、新羅との関係もいったん深まるが、新羅もまた侵略勢力となり、最終的には562年に新羅によって大加耶が滅ぼされ、連盟も消滅する(1)。

わたしは、前期加耶連盟や後期加耶連盟というような、加耶全体をひとつとみる考えには反対であるが、このように、いくつかの国々が連合体を形成したことはあり、戦争もそうした関係に規定された側面が強かったと考えている。

ところで、『三国遺事』勿稽子条や『三国史記』勿稽子伝にみえる、いわゆる浦上8国も、連合体をなしていたとみることが可能である。『三国遺事』によれば、保羅・古自・史勿などの8国が、共同して辺境(『三国史記』では加耶または阿羅)に侵入してきたが、新羅は太子(王孫)を派遣して防がせたため、8国は降伏した。その際に活躍した勿稽子は、王子に嫌われて論功行賞をうけなかった、という内容である。この8国は南海岸に面した8国のようで、すべての名が記されているわけではないが、新羅(または加

耶・阿羅)と対抗するために連合していた、とみることができる。その事件は、3世紀初めにあたる奈解王の時のこととしており、『魏志』に記す時代に該当する。ただし、『魏志』にみえる諸小国の中で、それらに比定することができるものは、古資彌凍国(古自国にあたる)のみであり、その年代の通りに認めてよいかどうかには、疑問も残るが、『魏志』にも、韓族の諸国が楽浪・帯方に対して連合して立ち上がる事件を伝えており、ありえないことではない。

　詳細は省くが、これらの記事によれば、浦上8国を一種の同盟諸国とみる可能性はあるといえよう。ただ、それが実際に3世紀初にこのように、新羅と対抗した、という理解ができるかどうかには、問題が多い。一種の同盟であることはいいとして、年代的には、あとのことと考える必要があろう。

　そこで、現実におこったと考えられる戦争について、みていくことにしたい。

II. 高句麗の「任那加羅」侵攻

『広開土王碑』(414年建立)によれば、高句麗は、永楽10年(400)に「任那加羅」に侵攻している。碑文の当該箇所は、次の通りである。

　　十年庚子教遣歩騎五萬往救新羅從男居城至新羅城倭滿其中官軍方至
　　倭賊退□侵背急追至任那加羅從抜城城即歸服安羅人戍兵□新羅城□城
　　倭潰城大□□盡史□□安羅人戍兵滿□□□□其□□□□□□□言………
　　□□安羅人戍兵昔新羅寐錦未有身來論事□國罡上廣開土境好太王□□

□□寐錦□□□勾□□□□朝貢

　（十年庚子（400）、[広開土王は]教を発して歩騎五萬を派遣し、新羅を救援させた。男居城から新羅城に至るまで、倭がその中に満ちていた。官軍が至ろうとすると、倭賊が退□した。[官軍は]その背後から急追し、任那加羅の従抜城に至った。城がすぐに帰服した。安羅人の戍兵が新羅城□城を□した。倭は敗れ去り、城も大いに□□盡更□□、安羅人の戍兵滿□□□□其□□□□□□□言………□□安羅人の戍兵。昔、新羅の寐錦はいまだみずからやって来て論事したことがなかった。□國罡上廣開土境好太王□□□□寐錦□□□勾□□□□朝貢するようになった。）

　高句麗の広開土王が「教」を発し、歩騎5万を派遣して、新羅を救援させたのは、その前年に、新羅からの要請があったからである。新羅は、それまで倭とも通じていたが、倭兵が国土に満ちあふれる状態になり、それを嫌った新羅が、平壌（碑文では「平穣」）まで南下してきた広開土王のもとに使者を送り、救援を求めたのであった。

　高句麗軍は「男居城」から「新羅城」に至った。「男居城」は、新羅の南彌秩夫城を指すのではないかと考えられる。また、新羅『蔚珍鳳坪里碑』（524年）にみえる「男彌只村」も同じではないかと考えられる。南彌秩夫城は、浦項市興海面に位置する。

　『三国史記』新羅本紀の炤知麻立干3年（481）3月条に「高句麗が靺鞨といっしょに新羅の北辺に入って狐鳴等の七城を取った。さらに軍を彌秩夫に進めた」とみえているように、彌秩夫は高句麗が新羅に進出しようとする場合のルート上にあった。高句麗軍は、平壌まで南下し、そこから東南方向に向かって東海岸に出て、海岸線に沿って、「新羅城」に向かったので

あろう。

「新羅城」は、新羅の王都ということであるが、この時点の新羅は、3世紀段階の辰韓の斯盧国から、それほど拡大しているわけではなく、現在の慶州盆地一帯程度であったと考えてよい。従って、むしろ新羅国土そのものといってもおかしくない。

そうした高句麗軍の新羅への進出をみて、倭兵は「任那加羅」へ退却し、その背後から追いかけた高句麗軍もまた「任那加羅」へ向かったということである。

その「任那加羅」は、金官国（金海）を指す。「従伐城」がどこを指しているのかは、よくわからないが、「任那加羅」の「従伐城」であり、現在の金海一帯にあったことはまちがいない。その城が帰服した、というが、碑文ではほかに用例がない。文脈からは、攻撃をうけて降伏したということであろう。問題はその実相である。

そのときに「安羅人の戍兵」が関わっている。「安羅人の戍兵」とは、加耶の一国であった安羅国の戍兵すなわち守備兵ということで、先にふれた加耶南部諸国と倭・百済との関係によるものである。

こうして新羅の救援要請をうけた高句麗軍は、新羅から倭勢力を駆逐することに成功し、「任那加羅」にまで侵攻し、当初の目的を達成した。その結果、それまで高句麗に出向いて論事したことのなかった新羅の寐錦（王）は、高句麗に対して朝貢するようになったのであった。

こうした広開土王の「任那加羅」侵攻について、改めて整理すれば、任那加羅＝金官・卓淳・安羅といった加耶南部諸国の連合にとっては、大きな影響を与えたものであった。その第1は、高句麗の南進に対して、それ以前より成立していた、倭・百済との関係もあって、これら諸国は対決姿勢をとらざるを得ず、従って、倭軍が新羅から追い出されて後退してきた

とき、任那加羅をめざしたのもその一環であり、高句麗軍が、倭軍を追っ
て、任那加羅に侵攻し、その従抜城を落としたのも、偶然ではなかったと
いうことである。たまたま倭軍が逃げた先に任那加羅があり、それを高
句麗軍が追いかけたために、無関係の任那加羅も被害を被った、という
ことではないのである。安羅人の戍兵が、参戦してきたのも、また当然の
ことであった。そして第2に、高句麗の侵攻によって、任那加羅国の支配
体制に深刻な打撃があった。それまで任那加羅国を構成していたいくつ
かの邑落のなかで、特に有力であったのが任那邑落であり、その首長が、
任那加羅国の首長であったのであるが、それが没落したのである。しか
し任那加羅国が消滅したということではなく、それを構成する別の邑落
の首長が、代わって任那加羅国の首長となったということである。それ
は金官邑落をはじめとする別邑落の首長であった。そして国名としても、
金官国が一般化していったものと考えることができる(2)。

III. 倭の大加耶進出

　倭と加耶南部諸国との同盟関係を前提にして、倭が内陸の大加耶に進
出したことがあったと考えられる。加耶南部諸国と共同の進出か、求め
に応じてのことか、いずれの場合でも、加耶南部諸国を基点にしての進
出であったと考えている。
　そのことを記すのは、『日本書紀』神功皇后摂政62年是歳条である(【】は
分註)。そこには、

　　新羅不朝。即年、遣襲津彦撃新羅。【百済記云、壬午年、新羅不奉貴国。

々々遣沙至比跪令討之。新羅人莊飾美女二人、迎誘於津。沙至比跪受其
美女、反伐加羅国、々々々王己本旱岐、及児百久至・阿首至・国沙利・伊
羅麻酒・爾汶至等将其人民、来奔百済。百済厚遇之。加羅国王妹既殿至、
向大倭啓云、天皇遣沙至比跪、以討新羅。而納新羅美女、捨而不討。反滅
我国。兄弟人民、皆為流沈。不任憂思。故以来啓。天皇大怒、即遣木羅斤
資、領兵衆来集加羅、復其社稷……】

　新羅が朝貢してこなかった。その年、襲津彦を遣わして新羅を撃たせ
た『百済記』にはつぎのようにある。「壬午の年に、新羅が、貴国を尊奉
しなかった。貴国は、沙至比跪を遣わして、それを討たせた。新羅人は、
美女ふたりを飾りつけて津にむかえさそわせた。沙至比跪は、その美女
を受けて、かえって加羅国を伐った。加羅国王の己本旱岐、および児の
百久至・阿首至・国沙利・伊羅麻酒・爾汶至らは、その人民をひきいて百
済に来奔した。百済は、厚くもてなした。加羅国王の妹既殿至は、大倭
にむかい、啓していった。「天皇は、沙至比跪を遣わして新羅を討たせま
した。しかし新羅の美女を納め、新羅を討たずに、かえってわが国を滅
ぼしました。兄弟・人民はみな流離してしまいました。憂思にたえませ
ん。そこでやってきて申し上げるのです」と。天皇は、おおいに怒り、す
ぐに木羅斤資を遣わし、兵衆をひきいて加羅に来集し、その社稷をもと
に復させた」と】。

　とある。『日本書紀』の紀年によれば、262年のことになるが、一般には
干支2運（60年2回。120年）くりさげて修正して382年のことととらえる。し
かし、ここに木羅斤資が登場しており、木羅斤資に関する記事は、干支3
運上げて修止しなければならない、という考えかたがある。わたしもそ
れに賛成である。詳しくいえば、『日本書紀』には、木羅斤資は、3回登場す

るが、その最初は、神功紀49年条で、

　　　春三月、以荒田別・鹿我別為将軍。則與久氏等、共勒兵而度之、至卓淳
　　国、将襲新羅。時或曰、兵衆少之、不可破新羅。更復、奉上沙白・蓋盧、請
　　増軍士。即命木羅斤資・沙々奴跪【是二人、不知其姓人也。但木羅斤資者、
　　百済将也。】領精兵、與沙白・蓋盧共遣之。俱集于卓淳、撃新羅而破之。因
　　以、平定比自㶱・南加羅・㖨国・安羅・多羅・卓淳・加羅、七国。仍移兵、西
　　廻至古奚津、屠南蛮忱弥多礼、以賜百済。

　　　春三月、荒田別・鹿我別を将軍として、百済からの使者である久氏ら
　　とともに兵をととのえて渡り、卓淳国にいたり、新羅を襲おうとした。
　　そのときにあるものがいった。「兵衆が少なければ、新羅を破ることは
　　できません。さらにまた沙白蓋盧を奉じて軍士を増すことを要請いた
　　します」と。そこで木羅斤資・沙沙奴跪【このふたりはその姓がわからな
　　い。ただし木羅斤資のみは百済の将である】に命じ、精兵をひきいて、沙
　　白蓋盧とともに派遣した。ともに卓淳に集い、新羅を撃って破った。そ
　　のけっか、比自㶱・南加羅・㖨国・安羅・多羅・卓淳・加羅の七国を平定し
　　た。そこで兵を西に移して、古奚津にいたり、南蛮の忱弥多礼を攻取し
　　て百済に賜与した。

とあり、上記の記事をはさんで、応神紀25年条にも、次のようにある。

　　　百済直支王薨。即子久爾辛立為王。王年幼。木満致執国政。與王母相
　　婬、多行無礼。天皇聞而召之【百済記云、木満致者、是木羅斤資討新羅
　　時、娶其国婦而所生也。以其父功専於任那。来入我国、往還貴国。承制天
　　朝執我国政。権重当世。然天朝聞其暴召之】。

百済直支王薨ず。即ち子の久爾辛、立ちて王と為る。王年幼なく、木満致、国政を執る。王母と相婬し、多く無礼を行なう。天皇聞きて之を召す。【百済記に云わく、木満致なるものは、是れ木羅斤資、新羅を討ちし時、其の国の婦を娶りて生みし所なり。其の父の功を以て任那に専たり。来たりて我が国に入り、貴国を往還す。天朝に承制し、我が国政を執り、権重世に当たる。然らば天朝、其の暴を聞き之を召す、と。】

百済直支王が薨じた。そこで子の久爾辛が即位して王になった。王は幼なくて、木満致が国政を執った。王の母と姦淫し、無礼なことを多く行なった。天皇がそれを聞いて召し出した。【『百済記』にはつぎのようにある。「木満致は、木羅斤資が新羅を討ったときに、その国の婦女を娶って生んだものである。その父の功績によって、任那を専らにした。わが国にやって来て、貴国に往還した。制を天朝からうけて、わが国の政治を執り、権勢は世にならびなかった。しかし天皇は、その横暴さを聞いて召された」と。】

ここに、木羅斤資の子木満致が登場するが、木満致は、これによれば、父が新羅を撃ったときに、新羅女性をめとって生まれた子である。木羅斤資が新羅を撃ったのは、記録の限りでは、上の神功紀49年条しかなく、もしその頃にうまれたとすれば、神功49年が一般的に干支2運修正して369年となるから、369年頃の生まれ、ということになる。

ところが、その木満致と同一人物と見られる人物が、『三国史記』百済本紀・蓋鹵王21年(475)条にみえている。百済王都漢城が、高句麗に攻撃されて陥落し、王が殺されようとしていた時に、王子「文周乃與木劦(刕)満致祖彌桀取【木劦(刕)祖彌皆複姓隋書以木劦(刕)爲二姓木知孰是】南行焉(文周はそこで木劦(刕)満致・祖彌桀取【木劦(刕)・祖彌はみな複姓であ

る。隋書は、木刕(刕)を二姓としているす。どちらが正しいかわからない】とともに南行した。)」とみえる。この「木」は、「木蝶(モクライ)」が正しく、それは木羅＝木氏である。つまり、木飯(木蝶)満致は、木満致と同姓同名である。

　もしこれが同一人物とすれば、木満致は、475年ころに百歳をこえる年になっていたことになる。それは極めて不自然である。そこで、神功紀49年条を、さらに60年繰り下げると、429年のこととなり、そのころに木満致が生まれたということになれば、475年には40代壮年となる。そればかりではないが、木羅斤資関係の記事は、このように、さらに60年くりさげたほうが合理的である。

　このように考えられるとすれば、さきの神功紀62年条は、382年ではなく、442年のことと考えるべきことになる。その時何があったかといえば、新羅を撃ったはずの沙至比跪が加羅(大加耶)を滅ぼそうとし、加羅王たちは百済に逃亡した。加羅王の妹が倭にやってきて窮状を訴えたところ、天皇が木羅斤資を派遣して、国を復興した、というのである。しかし木羅斤資は百済の将軍であり、加羅王たちが百済に逃亡したにも拘わらず、妹が倭に救援を求めたというのもおかしい。これは、百済王が救援要請をうけて木羅斤資を派遣し、国を復興したという事実を、倭の立場で書き換えたものであろう。すなわち、倭国は、442年に加羅進出をめざし、失敗した、ということになる。

　これについて、沙至比跪の記事は造作であり認められない、とする意見がある(3)。造作とみるのは、「なぜ、倭人の沙至比跪が加羅を討ったのかを説明することは至難の業である」とし、そのために「もともと沙至比跪が加羅を討ったなどということはなかったのであり、天皇が木羅斤資を派遣して救った、というのも架空のことであろう」とするのである。この

点は、すでに山尾幸久が、ヤマト王権の独自の作戦で、それを百済が救ったとみていたものである(4)。それに対して「新羅を討ちに行った沙至比跪がなぜ加羅を討ったのか、442年当時、倭が内陸部の加羅を討つどのような理由が存在し、それがどうして可能であったかが問題である。それは当時の歴史的現実に即して説明することは不可能なことと思われる」と批判するのであるが、わたしは、それが不可能であるとは思わない。

　加羅すなわち大加耶が成長してくるのは、5世紀になってからであり、それまで大加耶と呼ばれた金官国が衰えてくるのとまさに入れ替わりになる。金官国の衰退は、高句麗広開土王の遠征とも関わるものであるが、しかし消滅したというわけではない。その金官国に代わって、伴跛国が有力になって、大加耶と呼ばれるようになるのである。この大加耶は、加耶が最終的に消滅した562年までつづく。倭が内陸部に侵攻することができたのは、かねてより加耶南部勢力との関係があり、そこを基盤とすることができたからであり、あるいは加耶南部勢力の要請をうけ、共同作戦として、侵攻が実現したということかもしれない。新たに興りつつある加羅に対して、旧来からの勢力である加耶南部諸国が、それを抑えようとすることは、不可解なことではない。十分に、歴史的現実に即して説明することが可能である。

　なおわたしは、451年に倭王済が都督加羅諸軍事号を受けていることが、その４４２年の現実の大加耶進出失敗と関わるものであると考えた。「倭王がここに至って、「加羅」を含めて要求したのは、現実には失敗した加羅進出を、まず宋に認めてもらって、それを背景にして、さらなる進出をめざした」ためであると述べたことがある。宋が要求もないのに、一方的に好意的に都督加羅諸軍事号を追加して授けた、とは考えがたく、まずは要求したものと考えられ、そしてそれは、451年か、あるいは443年の

ことであったとみなければならない。その場合、442年の失敗が、称号要求の直接の動機であるととらえたのである。

　それに対して最近田中史生が、私説を批判している。「新羅に通じ、百済と衝突した襲津彦の加羅攻撃は、その直後に宋に「都督加羅諸軍事」号を要求した済王の外交方針と異なるものであったとみるべき」という。まず沙至比跪＝葛城襲津彦の行為は、「天皇の意に反し新羅と通じたもので、「天皇、大きに怒りたまひて」と天皇を裏切る行為であった」。しかし443年には百済も遣使しており、また共同入貢の可能性がある。そうならば、「新羅に通じ、百済と衝突した」加羅攻撃と、百済と共同入貢の可能性のある443年の遣使とは、異なる意志ではないかとみる。とすると、わたしのいうように、単純に現実の軍事進出失敗が翌年の称号要求になったとはいえない、ということのようである。「加耶南部や新羅と通じた葛城の首長らによる大加耶攻撃に対し、済は百済との有効関係を前提に宋に通じ、「任那」「加羅」を含む軍事官爵を要求して、百済とともにこれらを牽制したものとみられる」という理解である。

　沙至比跪が葛城襲津彦を指すかどうかは、わからない。そもそもさらに60年繰り下げた記事に登場する沙至比跪と、繰り下げないままの記事に登場する葛城襲津彦とは、60年のずれがあり、単純に同一人物であるとみることには問題がある。また、「天皇、大きに怒りたまひて」とあることを認めるのは、つづく「即遣木羅斤資、領兵衆来集加羅、復其社稷」という行為も、天皇のものであると認めようということであろう。しかし木羅斤資は百済の将軍であり、加羅の社稷を復したのは百済であるとみるべきである。

　都督加羅諸軍事号の要求が、百済との連携の上で、葛城の首長らを牽制するためのものであったとするが、そうであろうか。要求したのは、百済

の利害とは相容れないことであると考えるべきである。わたしは次のように記した。「倭と百済とは、同盟関係にあったとみているが、それはあくまでも基本的にということで、すべての面で利害が一致する、という一枚岩ではなかった。五四〇年代のいわゆる「任那復興会議」においても、倭は百済の立場を認めず、安羅側に立って動いている。四四二年の場合、百済としては、加羅からの救援要請があったのであり、それを受けることのメリットがあり、また倭が内陸まで進出することを認める気もなかった、ということであろう。実際に、百済はこのあと、加羅（大加耶）の政治に関わっていくのである」。

　この都督加羅諸軍事号の要求は、都督百済諸軍事号の要求と一環することであり、それも百済とともに進めた、とみるのであろうか。この問題は、別に詳論したい。

IV. 百済の己汶・多沙進出

　次にみるのは、百済の加耶進出である。百済は、475年に王都漢城が陥落し、蓋鹵王も殺されて滅亡するが、その後、熊津で再興される。不安定な王権を回復させ、失った北の領土にかわって、南方に新たな領土拡大をめざすようになる。その最初は、栄山江流域の馬韓残存勢力に対する領土化であり、それに対する見通しが得られ、次段階でめざしたのが、加耶である。

　百済中心地に近いのは、加耶の西部であり、大加耶連盟の地域である。百済は、まず大加耶連盟に属する己汶・多沙への攻撃から始める。

　『日本書紀』継体紀には、百済が、倭の継体大王に対して、己汶・多沙の

賜与を求め、継体が許した、ということが伝えられている。

『日本書紀』継体7年(513)～１０年(516)条に、

七年夏六月、百済遣姐弥文貴将軍・州利即爾将軍、副穂積臣押山【百済
本記云、委意斯移麻岐弥】。貢五経博士段楊爾。別奏云、伴跛国略奪臣国
己汶之地。伏願、天恩判還本属。……

冬十一月辛亥朔乙卯、於朝庭、引列百済姐弥文貴将軍、斯羅汶得至、
安羅辛巳奚及賁巴委佐、伴跛既殿奚及竹汶至等、奉宣恩勅。以己汶・滯
沙、賜百済国。

是月、伴跛国、遣戢支献珍宝、乞己汶之地。而終不賜。……

八年……

三月、伴跛築城於子呑・帯沙、而連満奚、置烽候邸閣、以備日本。復築
城於爾列比・麻須比、而絙麻且奚・推封。聚士卒兵器、以逼新羅。駈略子
女、剥掠村邑。凶勢所加、罕有遺類。夫暴虐奢侈、悩害侵凌、誅殺尤多。
不可詳載。

九年春二月甲戌朔丁丑、百済使者文貴将軍等請罷。仍勅、副物部連【闕
名】遣罷帰之【百済本記云、物部至々連】。

是月、到于沙都島、伝聞伴跛人、懐恨衡毒、恃強縦虐。故物部連、率舟
師五百、直詣帯沙江。文貴将軍、自新羅去。

夏四月、物部連於帯沙江停住六日。伴跛興師往伐。逼脱衣裳、劫掠所
齎、尽焼帷幕。物部連等、怖畏逃遁。僅存身命、泊汶慕羅【汶慕羅嶋名也】。

十年夏五月、百済遣前部木刕不麻甲背、迎労物部連等於己汶、而引導
入国。群臣各出衣裳斧鉄帛布、助加国物、積置朝庭。慰問慇懃。賞禄優節。

秋九月、百済遣州利即次将軍、副物部連来、謝賜己汶之地。別貢五経
博士漢高安茂、請代博士段楊爾。依請代之。

継体7年(513)6月、百済が倭に対して使者を派遣し穂積臣押山【白済本記には「委の意斯移麻岐弥」とある】にしたがわせて五経博士段楊爾を貢上し、「伴跛の国が、わが国の己汶の地を略奪しました。伏して願いもうしあげます。天恩をもちまして本属に還していただきますように」と要請してきた。

　同年11月、倭はそれをうけて、朝廷に百済の使者のほか、斯羅・安羅からやってきていた人物、および伴跛の既殿奚・竹汶至らを召集し、己汶・滞沙を百済国に賜わった。

　同月、伴跛も倭に使者を派遣し己汶の地を乞うたが、倭は拒否した。

　そこで伴跛は、8年(514)3月、子呑・帯沙に築城し、満奚に連らね、日本に備えた。また列比・麻須比に築城して麻且奚・推封と連係させ、士卒・兵器をあつめて新羅にせまった。子女・村邑を略奪し、残すものがなにもなかった。その暴虐ぶりはつまびらかに載せることができない。

　9年(515)2月、百済の使者の帰国にさいして、倭は物部連【名前の記録がない】らをそわせた【百済本記には「物部至々連」とある】。

　物部連らは、伴跛のうらみがつよいことをきき、船団500を率いて帯沙江に停泊した。百済の使者は、新羅を経由して帰国した。

　同年4月、伴跛が物部連らを攻め、物部連らは汶慕羅嶋にしりぞいた。

　10年(516)5月、百済が己汶に物部連らをむかえにきて、百済につれかえった。

　同年9月、百済は倭に使者を派遣して、己汶の地を賜わったことを感謝し、五経博士漢高安茂をさきの段楊爾に代えることを要請した。

とあり、『日本書紀』継体23年(529)春3月条には次のようにみえる。

春三月、百済王謂下哆唎国守穂積押山臣曰、夫朝貢使者、恆避嶋曲【謂海中嶋曲崎岸也。俗云美佐祁】。毎苦風波。因茲濕所齎全壊无色。請以加羅多沙津、為臣朝貢津路。是以押山臣為請聞奏。

　是月、遣物部伊勢連父根・吉士老等、以津賜百済王。於是加羅王謂勅使云、此津従置官家以来、為臣朝貢津渉。安得輙改賜隣国。違元所封限地。勅使父根等因斯難以面賜、却還大島。別遣録史、果賜扶余。

　百済王が、下哆唎国守の穂積押山臣にいった。「朝貢の使者は、つねに岬を避けようとしていつも風波に苦しんでいます。そのため貢物を濡らしたり壊したりしています。加羅の多沙津をわが国の朝貢の津路となすことを請い願いあげます」と。そこで押山臣は、その要請を奏上した。この月、物部伊勢連父根・吉士老らを派遣し、津を百済王に賜わろうとした。そのとき、加羅王は、勅使にいった。「この津は、官家を置いていらい、わたしどもが朝貢する港であります。どうしてたやすく隣国に賜うことができましょうか。もともと封じられた地分とは違うことになります」と。勅使の父根らは、これによってこの場で直接賜うのはむずかしいとみて、大嶋にしりぞき、べつに録史を派遣し、けっきょく扶餘（百済）に賜わった。

　この２つの史料であるが、帯沙＝多沙であり、両者に穂積臣押山が登場し、前者の物部連と後者の物部伊勢連父根が同一人物であること、そして登場人物の立場が同様であることなどから、かつては、両記事を同一事件の重出とみていた。しかしこれは、一連の事件のふたつの段階を示すものとみなければならない。前者は、己汶に関する、後者は多沙（帯沙）に関する、別々の記事である。

　多沙津は、百済王（武寧王）も、「加羅の多沙津」であると述べているが、

己汶については、「臣の国の己汶の地」としている。しかし、それは虚偽であることが明かであり、この記事を通して知られるのは、百済が、大加耶連盟に属する加耶の国々であり、独立していた己汶・多沙を領土化することを計画し、侵攻するのに際して、倭の助力を求めようと、倭に使者を派遣し、倭がそれに応じて船団を派遣したということである。

百済の侵攻に対して、盟主大加耶を中心にして、連合諸国がそれに対抗したが、結局は、百済の前に屈することになり、己汶が、さらに多沙が奪い取られてしまったのである。

『日本書紀』の叙述が、いかに造られたものであるかについては、以前に明らかにしたことがある(6)。この百済の己汶・多沙進出に際して、倭は、百済の求めに応じて兵を出し、結局、帯沙江まで達することはできたが、大加耶連盟諸国に対して何もすることのないまま、百済は独力で進出を果たした、というのが実相であった。それを、あたかも倭が、己汶・帯沙の領有に関して、それを自由にできる立場にあったかのように記しているのである。『日本書紀』は、倭の天皇が、代々そのような権利をもっていた、ということを主張することが、編纂の目的のひとつでもあり、従って、その点に注意を払わなければ、正しい歴史認識には達し得ないのである。

さて、このたびの戦闘については、百済の侵攻に対して伴跛＝大加耶が、「子呑・帯沙に築城し、満奚に連ね、日本に備えた」としている。備えた相手は日本ではなく、百済とみなければならず、西北からの百済の侵攻に対して、子呑・帯沙に築城して満奚と連携させたということである。

子呑は、居烈であり、現在の居昌である。帯沙は現在の河東であるが、築城したのはそれよりも北で、百済の侵攻ルートにあたる蟾津江に沿った姑蘇城がふさわしいと考える。そして、連携したという満奚は、蟾津江

の西側、現在の光陽・順天地域にあたる。居昌から順天に至る、防御ラインを形成したのである。

　その意味でここで改めてふれておけば、蟾津江西側の地域、すなわち全南東部地域を、「任那4県」の地にあてる考え方は極めておかしい(7)。「任那4県」とは、百済が、こうした己汶・多沙に対する進出に先立って独自に獲得した地域を指していると考えてよいが、百済がすでに蟾津江西側を獲得していたのであれば、百済の進出ルートも異なっていたであろうし、大加耶連盟の対応も違っていたはずである。百済が、全南東部地域に進出するのは、己汶・多沙を獲得したあとのことである。

　また注目されるのは、虚構性の強い『日本書紀』の記述であるにもかかわらず、倭は、この戦いにおいて、結局何もできなかったということである。百済の求めに応じて、500の船団でやってきた倭(数字が実数かどうかは別問題)は、伴跛の勢いにおそれをなして、汶慕羅嶋(大島)に退いたのである。戦闘は、陸路南下してきた百済軍と、防御ラインを形成し、それと対抗した大加耶連盟軍とによってなされたのであり、大加耶連盟軍が敗れたのであった。

V. 新羅の加耶南部進出

　新羅の進出の過程を具体的にあとづけすることは容易ではないが、新羅と大加耶とは、新羅が481年に大加耶の救援軍を受け入れ、それ以来の友好関係がつづき、522年には婚姻同盟をむすぶに到った。

　『三国史記』巻4・新羅本紀4・法興王11年(524)条に、

秋九月、王出巡南境拓地。加耶國王來會。

　　秋九月、王が都を出て南境を巡行し、領土を拓いた。加耶国王がやっ
　て来て会った。

とある。「南境」がどこか、「拓地」したのがどこであるのか、明確ではな
いが、「南」とあるからには、南部諸国をめざしたものであるとしてまちが
いない。その場合、金官国、さらには喙己呑国などがそれにあたるのでは
ないかと想像することもできる。新羅はしだいに、領域拡大の方針を推
進していったのである。
　金官国に対する侵攻が明確に記録されているのは、『日本書紀』継体23
年(529)3月是月〜4月是月の各条である。ここでは要約してかかげるこ
とにする。
　『日本書紀』継体二三年(五二九)三月是月〜四月・同是月条

　　是月、遣近江毛野臣、使于安羅。勅勧新羅、更建南加羅・喙己呑。百済
　遣将軍君尹貴・麻那甲背・麻鹵等、往赴安羅、式聴詔勅。……於是、安羅新
　起高堂、引昇勅使。国主随後昇階。国内大人、預昇堂者一二。百済使将軍
　君等、在於堂下。凡数月再三、謨謀乎堂上。将軍君等、恨在庭焉。
　　夏四月……是月、遣使送己能末多干岐。并詔在任那近江毛野臣、推問
　所奏、和解相疑。於是毛野臣次于熊川【一本云、次于任那久斯牟羅。】、召
　集新羅・百済。二国之王。新羅王佐利遅遣久遅布礼、【一本云、久礼爾師
　知于奈師磨里。】百済遣恩率弥騰利、赴集毛野臣所、而二王不自来参。毛
　野臣大怒、責問二国使云、以小事大、天之道也。【一本云、大木端者以大
　木続之。小木端者以小木続之。】何故二国之王、不躬来集受天皇勅、軽遣
　使乎。今縦汝王、自来聞勅、吾不肯勅。必追逐退。久遅布礼・恩率弥騰利、

心懷怖畏、各帰召王。由是、新羅改遣其上臣伊叱夫礼智干岐、【新羅、以大臣為上臣。一本云、伊叱夫礼知奈末。】率衆三千、来請聴勅。毛野臣遥見兵仗囲繞、衆數千人、自熊川入任那己叱己利城。伊叱夫礼智干岐次于多々羅原、不敬帰待三月。頻請聞勅。終不肯宣。伊叱夫礼智所将士卒等、於聚落乞食。相過毛野臣傔人河内馬飼首御狩。御狩入隠他門、待乞者過、捲手遥撃。乞者見云、謹待三月、佇聞勅旨、尚不肯宣。悩聴勅使。乃知欺誑、誅戮上臣矣。乃以所見、具述上臣。上臣抄掠四村、【金官・背伐・安多・委陀、是為四村。一本云、多々羅・須那羅・和多・費智為四村也。】尽将人物、入其本国。或曰、多々羅等四村之所掠者、毛野臣之過也。

(概略)この月、倭は近江毛野臣を安羅に派遣し、新羅に勅して南加羅・喙己呑を再建させようとした。百済と新羅は、使者を安羅に派遣した。安羅は、高堂を建て、国主と倭の勅使が堂上にて謀議した。百済の使者らは数ヶ月堂下でまち、そのことをうらんだ。

四月。この月に、使者を派遣して己能末多干岐を送り、あわせて毛野臣に詔した。毛野臣は、熊川に宿舎をうつし、新羅・百済の王を召集した。両国は使臣を派遣したが、王は来なかった。そこで毛野臣は怒り、使臣らを責めて帰らせた。新羅はあらためて上臣の伊叱夫礼智干岐を派遣し、三千の兵士を率い、勅をきくことを請うた。毛野臣は、兵士が多いのをみて熊川から己叱己利城にはいった。伊叱夫礼智干岐は、多多羅原にやどって三ヶ月待ち、勅を聞くことを請うたが、毛野臣は勅をのべなかった。新羅の兵士が毛野臣の従者のもとにたちより、そのようすをみて、上臣を殺すのが目的であると上臣に告げた。上臣は四村を抄掠し、ことごとく人や物をもって本国にかえった。あるひとが、四村が掠められたのは毛野臣のあやまりであるといった。

最後に抄掠したとある4村は、金官国を構成する諸邑であるとみられる。とうぜん金官＝須那羅が中心である。

　ところで、そこにいたる発端として近江毛野臣が派遣されているが、『日本書紀』のままにみていけば、その目的は、南加羅・喙己呑を再建せよという勅を新羅に伝えることであった。南加羅とは、金官国のことである。喙己呑がどこにあたるかは明確ではないが、金官国以西の近いところであろう。とすれば、上の侵攻はいったいどういうことであるのか。

　『日本書紀』では、継体21年(527)条にも、近江毛野臣を派遣して「新羅に破られた南加羅・喙己呑を再建して任那にあわせようとした」とある。

　　夏六月壬辰朔甲午、近江毛野臣、率衆六万、欲住任那、為復興建新羅
　　所破南加羅・喙己呑、而合任那。於是、筑紫国造磐井、陰謨叛逆、猶預経
　　年。恐事難成、恆伺間隙。新羅知是、密行貨賂于磐井所、而勧防遏毛野
　　臣軍。於是、磐井掩拠火豊二国、勿使修職。外邀海路、誘致高麗・百済・
　　新羅・任那等国年貢職船、内遮遣任那毛野臣軍、乱語揚言曰、今為使者、
　　昔為吾伴、摩肩触肘、共器同食。安得率爾為使、俾余自伏儞前、遂戦而
　　不受。驕而自矜。是以、毛野臣、乃見防遏、中途淹滞。天皇詔大伴大連金
　　村・物部大連麁鹿火・許勢大臣男人等曰、筑紫磐井反掩、有西戎之地。今
　　誰可将者。大伴大連等僉曰、正直仁勇通於兵事、今無出於麁鹿火右。天
　　皇曰、可。

　　夏六月壬辰朔甲午(3日)、近江毛野臣が六万の兵士を率いて任那に行
　　き、新羅の破った南加羅・喙己呑を再建して任那にあわせようとした。
　　その時、筑紫国造磐井がひそかに叛逆しようと謀り、それを待って何年
　　かたっていたが、うまくいかないことを恐れて、常に隙をうかがってい
　　た。新羅はそのことを知って、こっそりと磐井に賄賂をおくり、毛野臣

の軍を防ぎ止めるように勧めた。そこで磐井は、火・豊二国をよりどころにして、毛野臣が行くことができないようにした。外には海路を止めて、高麗・百済・新羅・任那等の国が毎年朝貢する船を誘致し、内には、任那に派遣した毛野臣の軍をさえぎり、大声をあげて、「今は使者となっているが、昔はわたしの友として、肩をなで肘をわわり、同じ器で食事をした。どうして安易に使者となって、わたしにみんなの前でひれ伏せさせることができるのか」と言って、遂に戦って受けいれなかった。驕慢となって自らえらぶった。そのため毛野臣はさえぎられ、途中で止まってしまった。天皇は、大伴大連金村・物部大連麁鹿火・許勢大臣男人等に詔して言った。「筑紫磐井が背いて、西戎之地を保有している。今誰か将となるものがいるか」と。大伴大連等がみな言った。「正直で仁勇で兵事に通じているのは、今、麁鹿火の右に出るものがおりません」と。天皇が言った。「よし」と。

　毛野臣派遣の目的は同じであるが、このときは、磐井の反乱によって毛野臣の渡海が実現せず、上記の時にふたたび派遣されなおされたのであるから、同じであって当然であるが、これによれば、新羅が南加羅・喙己呑を破ったのは、527年以前であることになる。

　これは、金官国などの4村抄掠と矛盾するというみかたもあるが、かならずしもそう考える必要はない。新羅の進出に段階があり、まずここに破ったとあるのが第1段階、4村抄掠が第2段階ということでさしつかえない。第1段階が具体的にいつ、どのようにであったのかは、何も伝えていないが、『日本書紀』の伝えるとおりに527年以前であったとしても、おかしくはない。とすれば、さきにふれた524年に「南境を巡り、拓地した」というのが、あらためて注目される。わたしは、これがそれにあたる

と考える。

　近江毛野臣の派遣であるが、倭と金官国がかねてより友好関係にあったとすれば、新羅の金官国侵攻は、倭にとってもやはり無視できないことであったはずである。

　しかし毛野臣がはじめ安羅に行っていることからすれば、新羅の金官国侵攻に危機感をもった安羅が派遣を要請したからではないかと思われる。「破られた」というのは、かならずしも滅亡したということではなく、新羅の勢力下にはいったということであり、「南加羅・喙己呑を再建せよ」というのは、さらなる侵攻をやめよ、ということなのである。

　529年の4村抄掠は、進出の第2段階であり、作戦をすすめたのは上臣伊叱夫礼智干岐であった。新羅の作戦が、『日本書紀』の伝えるようなかたちでの毛野臣の召集や対応が契機になっているとみる必要はない。事実は、安羅と倭と共同して新羅の金官国侵攻をとめようとしたことに対する対抗策であり、予定された日程がはやまったということであろう。

　上臣とは新羅の最高の官職である上大等のことで、伊叱夫礼智干岐とは、『三国史記』にもあらわれる重臣異斯夫そのひとである。この作戦は、金官国に対して壊滅的な打撃を与えた。それが、3年後の滅亡に直結するのである。

　さて、ここに伝える戦争であるが、近江毛野臣が率いる倭国の軍団が戦闘に加わったという叙述はない。新羅軍が、524年から洛東江を越えて金官国をめざし、529年までに金官国を構成する4つの村を攻略した、ということであり、上臣(上大等)の伊叱夫礼智干岐(異斯夫)は、「三千の兵士を率い」て破ったのであった(8)。

VI. 新羅と大加耶の戦い

　百済の侵略を受けた大加耶は、新羅に婚姻同盟を求め、５２２年に成立する。しかしまもなく、新羅もまた大加耶に敵対するようになる。

　婚姻同盟を結んだあと、月光太子が生まれ、変服問題がおこる。王女の従者が、大加耶において「諸県」に散置されたが、その当初大加耶の服装をしていたものを、何年かして、法興王７年（５２０）に定められたばかりの新羅の公服に変えたのである。

　このような変服をとおして、新羅の露骨な侵略意図をよみとった大加耶が、従者を返し、新羅と対立するにいたる。このとき、大加耶王は、新羅の侵略意図を知ったはずであり、危機感をもったであろうことは十分に想像することができる。

　前掲した『日本書紀』継体23年（529）春3月条につづく記事に、

　　由是、加羅結儻新羅、生怨日本。加羅王娶新羅王女、遂有児息。新羅初
　　送女時、并遣百人、為女従。受而散置諸県、令着新羅衣冠。阿利斯等、嗔
　　其変服、遣使徴還。新羅大羞、飜欲還女曰、前承汝聘、吾便許婚。今既若
　　斯、請、還王女。加羅己富利知伽【未詳。】報云、配合夫婦、安得更離。亦有
　　息児、棄之何往。遂於所経、抜刀伽・古跛・布那牟羅三城。亦抜北境五城。

　これによって、加羅は、新羅と結び、日本に怨みを生じた。加羅の王は、新羅の王女を娶ってついに児息をもうけた。新羅が最初に女を送ってきたとき、いっしょに従者を百人遣わしてきた。[加羅ではこれら従者を]受けて[加羅の服装をさせたうえで]諸県に散置した。[ところが新羅側では、ひそかに従者たちに]新羅の衣冠を着せさせた。阿利斯等は、[従者たちが加羅の服装から、新羅の衣冠へと]その服を変えたこと

を怒り、使者を遣わして従者たちを徴還させた。新羅ではおおいに恥じ
て、かえって女をとりもどしたいと思い、いった。「まえにあなたの求婚
をうけて、わたしも結婚を許したのである。ところがいま、このような
事態になった。王女を還してもらいたい」と。加羅の己富利知伽がそれ
にこたえて、「夫婦に配合し、どうしていまさら離すことができようか。
また児息もできている。それを棄ててどこに行くというのか」と言った。
そこでついに、通過するところで、刀伽・古跛・布那牟羅の三城を抜き、
また北境の五城を抜いた。

とある。訳では、[ ]にほんらいあったと思われる記事を補足している。

ここには、婚姻同盟の成立についても記しているが、繋年(529)は、大
加耶が「諸県」に散置した新羅の従者を徴して放還し、婚姻同盟が破綻し
た年としてよいと考える。その年は、先に見たように、新羅が金官国に侵
攻した年であり、新羅の南部進出がちゃくちゃくと進みつつあるときで
ある。それを承けて、あるいはそれと並行して、新羅は予定された日程に
したがって、次の大きな目標である大加耶に対して、変服という、侵略策
の段階をひとつ進めた策をとったのであろう。新羅の意図をとうてい受
け入れられない大加耶と、新羅とのあいだには、ここに緊張関係が生じ
たのである。

『日本書紀』の欽明5年(544)3月条にみえる百済の上表文のなかに、つぎ
のような一節がある。

　　三月、百済遣奈率阿乇得文・許勢奈率奇麻・物部奈率奇非等、上表曰、
　　……新羅春取卓淳。仍擯出我久礼山戍、而遂有之。近安羅処安羅耕種。近

とある。訳では、[ ]にほんらいあったと思われる記事を補足している。

久礼山処斯羅耕種。各自耕之不相侵奪。而移那斯・麻都、過耕他界、六月
逃去。於印支弥後来、許勢臣時、新羅無復侵逼他境。安羅不言為新羅逼
不得耕種。臣嘗聞、新羅毎春秋、多聚兵甲、欲襲安羅與荷山。或聞、当襲
加羅。頃得書信。便遣将士、擁守任那、無懈息也。頻発鋭兵、応時往救。
是以任那随序耕種。新羅不敢侵逼。而奏百済路迥、不能救急、由的臣等
往来新羅、方得耕種、是上欺天朝、転成奸佞也。

　三月、百済、奈率阿浦得文・許勢奈率奇麻・物部奈率奇非等を遣わし上
表して曰わく、……新羅、春に旛淳を取り、そうしてわが久礼山の戌兵を
追い出してそれを保ちました。安羅に近いところは安羅が耕種し、久礼
山に近いところは斯羅が耕種し、それぞれ自ら耕して互いに侵奪しませ
んでした。それなのに、移那斯・麻都が境界を過ぎて耕作し、六月に逃げ
去りました。印支弥の後に来た許勢臣の時には、新羅がまた他の境を侵
逼することはありませんでした。安羅は、新羅に逼まれて耕種するこ
とができなくなったとはいいません。わたし(＝聖明王)はかつて、新羅
が春秋ごとに武器を多く集めて、安羅と荷山を襲おうとしていることを
聞きました。また加羅を襲おうとしていることを聞きました。そのころ
書信をえて、すぐに将士を派遣し、任那を擁護すること怠りなく、精鋭
の兵を発して時に応じて行って救援しました。そのため任那では秩序た
だしく耕種し、新羅もあえて侵してはきませんでした。しかし、百済は
路が遠く、緊急に救うことができず、的臣らが新羅に往来しているため
に、はじめて耕種することができるようになったと奏しているのは、上
は天朝を欺き、また奸佞をなそうとするものであります。

ここに「救」とあるのは、百済の安羅進駐をさすものであろう。それは、
531年のことである。したがって、新羅が、安羅と荷山、また加羅を襲お

うとしている、というのは、それ以前のことになる。

　荷山については、高霊郡牛谷面蓮洞ハミにあたる。高霊邑から東南に１５キロほどのところである。「加㲎の津」にちかく、のちに加尸㲎県のおかれたあたりである。東から大加耶を攻撃しようとすれば、まず目標とされてもおかしくないところで、その比定であたっているのではないかと思う。

　新羅は、このように５３１年以前の時点で、大加耶を攻撃を意図していたのである。それに対して大加耶が、防戦しようとするのは当然で、その後ついに衝突するにいたった。その経緯をもうすこし考えてみよう。

　『日本書紀』のさきの継体２３年３月条記事の末尾に、婚姻同盟が破綻したのち、新羅が「遂於所経、抜刀伽・古跛・布那牟羅三城。亦抜北境五城。」とあった。記事は、新羅の軍事行動のいったんの決着を記したもので、かならずしも５２９年のこととみる必要はなかろう。

　ところで、同じ『書紀』の継体24年(530)秋９月条末尾のつぎの記事は、これと対応し、重出とされる。

　　　於是、二国図度便地、淹留弦晦。築城而還。号曰久礼牟羅城。還時触
　　　路、抜騰利枳牟羅・布那牟羅・牟雌枳牟羅・阿夫羅・久知波多枳、五城。

　　　ここにおいて、二国は便宜のよい地を選んで、一ヶ月滞留し、城を築
　　　いて帰った。その城を久礼牟羅城という。帰るときの道すがら、騰利枳
　　　牟羅・布那牟羅・牟雌枳牟羅・阿夫羅・久知波多枳の五城を抜いた。

　ここにみえる「二国」は、新羅と百済とを指しているのであるが、これ全体が二国共同の軍事行動とは考えられない。上記の欽明５年３月条の百済の上表文に「仍擯出我久礼山戌、而遂有之」とあるが、この久礼山は久礼

牟羅城にあたり、さらにそれは卓淳国(昌原・馬山)の一部をなすものと考える。この上表文にしたがえば、百済はさきにここをまもっていたようであり、新羅がそれをおいだしたということになる。二国とするのは、二国ともに、久礼牟羅にはいった事実からの誤解であろうか。あるいは、久礼牟羅城において、安羅・卓淳がわの百済と新羅とのあいだで妥協が成立したということかもしれない。

　百済が安羅まで進駐するのは、いまもふれたように、531年であり、それは安羅の救援要請にもとづくものであった。安羅と卓淳は友好関係にあり、百済は安羅進駐後、久礼山に守備兵を配して、新羅の侵攻に備えたのであろう。しかしそれは奏功せず、久礼山をあけわたすことになったと考えられる。5城を抜いたのは新羅であった。

　『日本書紀』継体25年(531)条・分註に、

　　　取百済本記為文。其文云、太歳辛亥三月、軍進至于安羅、営乞乇城。

　　　本文は百済本記の文を取って作っている。その文には、太歳辛亥(531)

　　　三月に軍が進んで安羅に至り、乞乇城を造営したとある。

　とあるとおりである。

　新羅が久礼牟羅城にまでいたったのは、金官・啄己呑・卓淳の南部三国に対する侵攻のさいごの段階で、そのあと北上していくつかの城を抜いたのである。

　このような経過が復元できるとすれば、新羅が大加耶を、荷山方面から攻撃しようとしたのは、こうした北上とはべつの戦線展開であったということになろうか。あるいは、百済が安羅に進駐するよりまえに、そうした意図をもちながら、百済が安羅に進駐し対抗したため、北上にてまど

り、久礼山をおとすまで大加耶攻撃を実行できなかったということであろうか。

いまみた記事は、新羅の一方的な進撃を記すのみで、大加耶側の対応がみえない。それを示すのが、前掲した継体8年条の、「復築城於爾列比・麻須比、而絙麻且奚・推封。聚士卒兵器、以逼新羅。駈略子女、剥掠村邑。凶勢所加、罕有遺類。夫暴虐奢侈、悩害侵凌、誅殺尤多。不可詳載。」という記事であると、わたしは考える。

継体8年では唐突であるが、こちらにうつして、この状況のもとでみれば、新羅に対する対応として、なんら違和感がない。

新羅が抜いた諸城は、具体的にどのあたりであろうか。布那牟羅を昌寧に比定し、大邱・昌原間の洛東江東岸地方で考える意見がある(9)。『日本書紀』の欽明五年(五四四)一一月条に、百済の聖明王のことばとして、百済が六城を造営すれば、新羅の「久礼山の五城」はおのずから降伏し、卓淳は復興される、とみえる。もしこの「久礼山の五城」がうえの諸城にあたるのであれば、卓淳か、それに近いところということになる。上の比定が正しいかどうかは別にして、昌原からそれほど広がらない範囲で考えなければならない。

とすれば、大加耶がそれに対抗して築城した爾列比・麻須比は、それをふまえて考える必要がある。全栄来は、これをそれぞれ宜寧・三嘉にあてている(10)。宜寧は古名が獐含で、獐の訓のノルnoluが爾列比に通じるという。麻須比について全栄来は、三嘉の古名に「三支」と「麻杖」があり、この「麻杖」が麻須比に通じるとするのであるが、「三支」は、現在の陜川郡三嘉面の古名ではない。統一新羅時代以来の「三岐」と「嘉寿」とを朝鮮時代に合併して三嘉となづけたのであり、その三嘉の中心は、かつての「嘉寿」のほうに置かれた。つまり、三嘉の古名は、「嘉寿」およびそれ以前の「加

主火」である。「三岐」の以前の名として「三支」「あるいは麻杖」とあるのは
確かであるが、その「三岐」は現在の陜川郡大并面に中心があったとしな
ければならない。

　従って、「麻杖」が麻須比に通じるとすれば、麻須比は「三岐」、すなわち
大并にあてなければならないことになる。ただしそうであれば、新羅に
対抗する東部戦線からはかなり奥まってしまう。

　そこで想像するに、「三岐」と「嘉寿」がのちにもおおきくひとまとめに
されたように、当時もおそらく、大并から三嘉にいたる現在の陜川郡の
西南部あたりがひとつの勢力、ひとつの加耶国であったのではなかろう
か。そして、その加耶国が「三支」あるいは「麻杖」とよばれるものであった
のではないかと思う。わたしはそれを于勒十二曲のなかの師子伎にあて
うる可能性を指摘した。

　上記のように、帯沙国の中心地は河東としてよいが、百済の進出に対抗
して築城した帯沙は、河東郡岳陽面のほうにある姑蘇城であると考えた。
同様に、麻須比が「麻杖」でよいとしても、築城は必ずしも大并のほうで考
えなければならないわけではない。新羅との対抗上築城したこの麻須比
は、大并よりは東のほうで考えるべきであろう。とすれば、結果として、
やはり三嘉方面でよいということになる。

　大加耶が築城した爾列比・麻須比が、宜寧・三嘉であるかどうか、はっ
きりはしないが、子呑・帯沙のばあいとあわせて考えれば、大加耶の築城
は、対抗すべき勢力に対する前線ではあるが、かならずしも最前線の築
城ではなかったのであろう。それは、連盟内を堅固にし、結束することを
優先させたものといえるかもしれない。

　それらを築城して連係したという麻且奚・推封であるが、麻且奚はわか
らないものの、推封は、玄風説と密陽説がある(11)。しかし、新羅の行動

に対抗して、築城し、連係したという状況のなかで考えるとすれば、密陽説の場合、新羅の北上をさえぎって、大きく横の連係を考えたということになる。『日本書紀』の欽明紀で、最後まで残っていた加耶諸国のひとつとしてみえる卒麻が、密陽の南の金海市生林面であるとすれば、ここで密陽が登場してもふしぎではない。わたしは密陽説でよいと考える。

　わたしは、これら地名について、大加耶が築城した爾列比・麻須比は、連盟内に属するものであるが、それいがいは、連盟外のものであると考える。連盟外の独立した勢力であった麻且奚・推封も、新羅と対抗していたもので、それゆえに大加耶はそれと連係をはかろうとしたのである。このように考えてくれば、新羅の大加耶侵攻は、やはり北上する作戦であったとしなければならない。新羅は、結局「士卒兵器、以逼新羅。駈略子女、剥掠村邑。凶勢所加、罕有遺類」と記されるような（もちろんこれは、新羅側からの誇張した表現であろうが）、大加耶の反撃をうけつつも北上して、いくつかの加耶諸国を征服してかえった、ということになろう。

　いっぽう大加耶は、新羅との婚姻同盟が破綻したのちの緊張のなかで、倭に救援を求めたようである。『日本書紀』継体23年（529）夏4月条は、そのことを示していよう。

　　夏四月壬午朔戊子、任那王己能末多干岐来朝【言己能末多者、蓋阿利斯等也】。啓大伴大連金村曰、夫海表諸蕃、自胎中天皇置内官家、不棄本土、因封其地、良有以也。今新羅、違元所賜封限、数越境以来侵。請奏天皇救助臣国。大伴大連依乞奏聞。

　　夏四月壬午が朔である月の戊子（7日）に、任那の王の己能末多干岐が来朝し【己能末多というのは、阿利斯等のことであろう】、大伴大連金村

に啓して言った。「海表の諸蕃は、胎中天皇が内官家を置かれていらい、もとの国王をみすてないでその地に封じられたのは、まことに道理のあることでした。いま新羅は、はじめに賜った限界を無視して、しばしば境を越えて来侵しております。どうか天皇に奏上し、臣が国を救助して下さるようお願いいたします」と。大伴大連は、要請のままに奏聞した。

　ここにみえる任那の王の己能末多干岐の啓文は、一般に指摘されているように、いかにもあからさまな造作であり、採るべきところは何もないのであるが、倭に対する救援の要請は、ありえたと考える。王が「来朝」したのかどうかについては、わたしも疑わしいと思うが、安羅に派遣されている近江毛野臣のもとに使者を送った、ということくらいはあったのではなかろうか。

　もし、そのように認めることができるとすれば、大加耶国の歴史において、初めての倭への接近であるということになる。さきに百済と対立し、ここで新羅とも対立した大加耶としては、残された数少ない選択であったと思われる。ただし、現実には倭は力となりえず、大加耶（および連盟諸国）は、百済・新羅のさらなる侵略策のまえに、おとろえていかざるをえなかった。

　その後、安羅に進駐した百済と、卓淳を占領した新羅とが膠着状態になった。その間、安羅が新羅寄りの姿勢をみせるようになり、百済はそれをとめたいと541年に諸国の旱岐たちを王都泗沘に召集し、議論したが（いわゆる「任那復興会議」）、結局、何も決めることなく終わった。安羅は、それからまもなく新羅に降ったものと思われる。

　しかしこうした時期を経て、大加耶連盟諸国は、百済に接近する道を選ぶことになる。そのことは、その滅亡の時期を早める結果となった。

541年に、百済の働きかけて結ばれた百済と新羅との同盟関係は、新羅が、漢城を奪回した百済を攻撃して、そこを奪取・占領したことにより、破綻した。そして、両国の対立は、戦争に至る。いわゆる管山城の戦いである。

『三国史記』巻4新羅本紀第4・真興王15年(554)条には、

> 百濟王明襛與加良來攻管山城。軍主角干于德・伊湌耽知等逆戰失利。
> 新州軍主金武力以州兵赴之、及交戰。裨將三年山郡高于(干)都刀急擊殺
> 百濟王。於是諸軍乘勝大克之、斬佐平四人・士卒二萬九千六百人。匹馬無
> 反者。
>
> 百済王の明襛が加良とともにやってきて管山城を攻めた。軍主の角
> 干于德・伊湌耽知らが迎え撃ったが、戦況が悪くなった。そのとき、新
> 州軍主の金武力が州兵を率いてやって来て、交戦するようになった。副
> 将の三年山郡の高干の都刀が、激しく攻撃して百済王を殺した。そこ
> で、諸軍も勝ちに乗じておおいに百済軍を打ち破り、佐平四人・士卒
> 二万九千六百人を斬った。馬一匹も帰るものがなかった。

とある。『日本書紀』にも対応する記事がある。

これらによれば、両者の交戦は管山城(函山城)・狗川で行われ、百済の聖王(聖明王)が殺され、百済の敗北で終わった。聖王を殺した人物が違っており、『三国史記』では「裨将三年山郡高干都刀」、『日本書紀』では「佐知村飼馬奴苦都」または「谷智」である。しかし、新羅の勝利に終わったことはまちがいなく、これによって、そこに軍を出していた大加耶連盟の命運も定まったといえる。

新羅は、561年に、大加耶に向けての新羅の前線にあたる昌寧に碑文を立てている。『真興王昌寧巡狩碑』と呼ぶ碑は、現在も、昌寧邑に立ってい

る。それは、沙喙另力智迊干以下が、この地に参集したことを記すものであり、王もそこに行って、諸臣たちと会っているものと考えられる。

　沙喙另力智迊干とは、先の管山城の戦いにおいても活躍した、金武力を指す。これは、新羅の大加耶に対する示威行動である。

　そしてその翌年、新羅は、大加耶を攻撃する。

　『三国史記』巻4・新羅本紀第4・真興王23年(562)条に、

　　　九月、加耶叛。王命異斯夫討之。斯多含副之。斯多含領五千騎先馳入梅(梅)檀門、立白旗。城中恐懼、不知所爲。異斯夫引兵臨之、一時盡降。論功斯多含爲最。王賞以良田及所虜二百一(口？)。斯多含三讓、王強之、乃受其生口、放爲良人。田分與戰士。國人美之。

　　　九月に加耶が叛いた。王は、異斯夫に命じてそれを討たせた。斯多含が補佐した。斯多含は五千騎を率いて、先陣をきって梅檀門に入り白旗を立てた。城中は恐懼してどうしていいかわからなくなった。異斯夫が兵を率いて城に臨んだので、一時にみな降った。論功行賞において、斯多含が一番であった。王は、褒賞として、良田と捕虜二百人を与えようとした。斯多含は三度断り、王が無理強いしたので、ようやくその捕虜を受け取り、解放して良人とした。土地は戦士に分与した。国の人々はそのことを讃えた。

とあり、『三国史記』巻44・斯多含にも、対応する記事がある。

　ここには、大加耶に対する攻撃を記すのみであるが、大加耶が降伏し、他の諸国も、それに従ったものと考えられる。

　『日本書紀』欽明23年(562)条には、

春正月、新羅打滅任那官家。【一本云、廿一年、任那滅焉。総言任那。別言加羅国・安羅国・斯二岐国・多羅国・卒麻国・古嵯国・子他国・散半下国・乞飡国・稔礼国、合十国。】

　　春正月、新羅が、任那の官家を滅ぼした【ある記録には「廿一年に任那が滅んだ」とある。総じて任那といい、わけては、加羅国・安羅国・斯二岐国・多羅国・卒麻国・古嵯国・子他国・散半下国・乞飡国・稔礼国という。あわせて十国である】。

とあるが、この時点まですべてが残っていたかどうか不明であるものの、註にみえる「加羅國・斯二岐國・多羅國・古嵯國・子他國・散半下國・乞飡國・稔禮國」の八国は、大加耶連盟に属していた国であるとみられる。

　もちろん、これによって「任那官家」が消滅したのではない。もともとそのようなものはなく、ここで消滅したのは、「加耶諸国」である。

　さて、この戦いは、若い斯多含が五千騎を率いて先陣をきって、門に旗を立て、異斯夫が城に迫ったのみで大加耶側が降伏したといい、ことさら戦闘が記されていない。すでに勢いが異なっており、戦意もそれほど無かったのであろう。

(1) 田中俊明 1992『大加耶連盟の興亡と「任那」』吉川弘文館を参照。

(2) これについては、田中俊明 2003「高句麗進出以後の金官国」(『加耶와 広開土
大王』第9回加耶史国際学術会議、金海市)で詳述した。

(3) 高寛敏 1997『古代朝鮮諸国と倭国』雄山閣。高説によれば、内陸にあたる、高
句麗領「慕韓」「秦韓」に対して、倭軍の侵攻が期待された、というのであるが、
そのような想定ができるのであれば、加羅侵攻のみが不可能であるという必要
はない。

(4) 山尾幸久 1989『古代の日朝関係』塙書房

(5) 田中史生 2013「倭の五王と列島支配」『岩波講座日本歴史』1

(6) 田中俊明 2012「武寧王代百済の対倭関係」『百済文化』46輯

(7) 田中俊明 2009「いわゆる「任那4県割譲」記事の新解釈」石門李基東教授停年
紀念論叢刊行委員会編『韓国古代史研究の現段階』周留城出版社

(8) 田中俊明 2009『古代の日本と加耶』山川出版社

(9) 鮎貝房之進 1971『日本書紀朝鮮地名攷』国書刊行会(復刻)

(10) 全榮來 1985「百濟南方境域の変遷」『千寛宇先生還暦紀念韓国史学論叢』正音
文化社

(11) 末松保和 1956『任那興亡史』吉川弘文館(再刊)

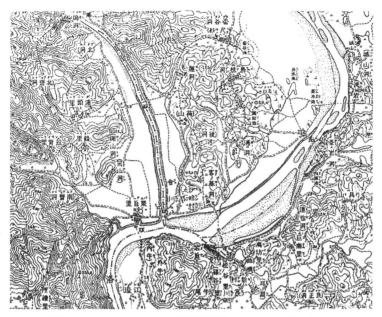

「荷山」 1912年5万分の1地形図「昌寧」にみえる．中央やや上

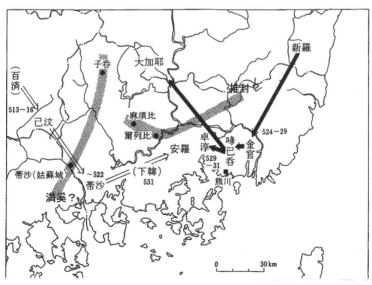

百済・新羅の加耶侵攻図　数字は侵攻年代．スクリーン・トーンは大加耶連盟の防禦ライン．●はその築城地．■は関連地名

가야의 전쟁

田中俊明*
번역 : 이 창 희**

目 次

Ⅰ. 머리말

가야의 전쟁에 대해서 개술하고자 한다. 가야제국의 상호간 전쟁에 대해 사료를 통해 알 수는 없다. 남겨진 사료로는 가야제국 이외 세력과의 전쟁에 대해 단편적으로 알 수 있을 뿐이다. 여기에서는 그러한 내용에 대해서 살펴보도록 한다.

· 이 때 중요한 전제가 되는 것이 가야제국 안에서의 연합관계와 이외 세력과의 동맹관계이다. 필자 나름의 이해로는 4세기에 왜국과 금관국의 관계가 형성되고 후반이 되어 탁순·안라로 확대되었다. 금관·탁순·안라를 필자는 가야남부제국으로 부르고 있다. 왜와 가야남부제국과의 동맹관

---

* 滋賀県立大学
** 동국대학교

계 성립은 360년대로 생각된다. 한편, 백제도 고구려와의 대립에 준비하여 남쪽 세력과의 우호관계가 필요로 했을 것인데, 해로, 영산강유역의 마한 잔존 세력과 관계를 맺고, 나아가 가야남부제국과도 우호적인 관계를 맺었다. 그리고, 가야남부제국이 중개하는 형태로 왜와의 관계도 성립했다. 즉, 이는 백제·가야남부·왜의 동맹관계를 말하며, 369년의 일이었다. 이 동맹관계는 곡절을 겪지만 530년경까지 계속된다.

또한, 그러한 것을 생각하기 위한 사료의 하나인 『일본서기』에는 신공기 49년조에 소위 가야칠국평정 기사가 보이는데, 이 기사에 대해 필자는 조작으로 볼 수밖에 없기 때문에 실제의 전쟁으로 보지 않는다.

또 하나의 동맹관계는 대가야(고령)를 중심으로 한 것으로, 필자가 대가야연맹으로 부르는 동맹체이다. 470년대에 성립하였고, 당초에는 백제와 대항하며 신라와 연계했다. 6세기에 들어가면 백제가 침공하여 신라와의 관계가 잠시 깊어지긴 하지만, 신라도 다시 침략관계가 되어 최종적으로는 562년에 신라에 의해 대가야가 멸망하게 되면서 연맹도 소멸한다(1).

나는 전기가야연맹이나 후기가야연맹이라고 하는 것처럼 가야 전체를 하나로 보는 생각에 대해서는 반대이지만, 몇 개의 나라가 연합체를 형성한 것은 존재했으며 전쟁도 그러한 관계로 규정된 측면이 강했다고 생각한다.

그런데 『삼국유사』물계자조나 『삼국사기』물계자전에 보이는 소위 포상 8국도 연합체를 이루고 있었던 것으로 보는 것이 가능하다. 『삼국유사』에 의하면 보라·고자·사물 등의 8국이 함께 변경(『삼국사기』에서는 가야, 또는 아라)으로 침입해 왔는데, 신라가 태자(왕손)를 파견해서 저지하여 8국은 항복했다. 그 때에 활약한 물계자는 왕자에게 미움을 받아 논공행상을 받지 못했다는 내용이다. 이 8국은 남해안에 면한 8국으로 여겨지는데, 모든 이름이 기록되어 있진 않지만, 신라(또는 가야·아라)와 대항하기 위한 언합으로 볼 수 있다. 그 사건은 3세기초에 해당하는 내해왕 시기인데, 『위지』에 기록한 시대에 해당한다. 다만 『위지』에 보이는 제 소국 중에서 그것들로 비정되는 것이 가능한 나라는 고자미동국(고자국)뿐이고, 그 연대에 대해서도 의문이 남는데, 『위지』에도 한족의 제국이 낙랑·대방에 대해 연합한 사건을 전하고 있어, 불가능한 내용은 아니다.

상세한 내용은 생략하고, 이 기사에 의하면 포상8국을 일종의 동맹제국으로 볼 수 있다는 점이다. 다만 그것이 실제로 3세기초에 신라에 대항했다고 하는 점에 대해서는 의문이 많다. 일종의 동맹으로 보는 것은 좋으나 연대적으로는 검토할 필요가 있다.

그러면 실제 일어났다고 생각되는 전쟁에 대해서 살펴보자.

II. 고구려의 「임나가라」 침공

『광개토왕비』(414년 건립)에 의하면 고구려는 영락 10년(400)에 「임나가라」를 침공한다. 비문에 해당하는 부분은 아래와 같다.

> 十年庚子敎遣步騎五萬往救新羅從男居城至新羅城倭滿其中官軍方至
> 倭賊退□侵背急追至任那加羅從拔城城卽歸服安羅人戍兵□新羅城
> □城倭潰城大□□盡更□□安羅人戍兵滿□□□□其□□□□□□□
> 言………□□安羅人戍兵昔新羅寐錦未有身來論事□國罡上廣開土境
> 好太王□□□□寐錦□□□勾□□□□朝貢

(성사 10년(400)에 광개토왕은 敎를 發하여 보기5만을 파견하여 신라를 구원한다. 남거성에서 신라성까지 왜가 가득했다. 관군이 도달하자 왜적

이 퇴□했다. 관군은 뒤를 쫓아 임나가라의 종발성에 이르렀다. 성은 곧 함락되었다. 안라인의 수병이 신라성□城을 □했다. 왜는 패하여 돌아가고, 성도 크게 □□盡更□□, 안라인의 수병滿□□□□其□□□□□□言………□□안라인의 수병. 신라의 매금은 아직 직접 와서 論事한 적이 없었다. □국강상광개토경자태왕□□□□매금□□□구□□□□ 조공하게 되었다.)

고구려의 광개토왕의 「教」를 발하여 보기5만을 파견해서 신라를 구원시킨 것은 그 전년에 신라로부터의 요청이 있었기 때문이다. 신라는 그 때까지 왜와도 통하고 있었지만 왜병이 나라 안에 가득 찬 상태여서 위협을 느낀 신라가 평양까지 남하해 온 광개토왕에게 사자를 보내어 구원을 요청한 것이다.

고구려군은 남거성에서 신라성에 이르렀다. 남거성은 신라의 남미질부성을 가리키는 것으로 생각된다. 또한 신라 『울진봉평리비』(524년)에 보이는 「남미지촌」도 같은 것으로 생각된다. 남미질부성은 포항시 흥해면에 위치한다.

『삼국사기』신라본기의 소지마립간 3년(481년) 3월조의 「고구려가 말갈과 함께 신라의 북변에 들어와 호명 등의 7성을 함락했다. 또한 군을 미질부로 진격시켰다」에 보이듯이 미질부는 고구려가 신라로 진출하는 루트 상에 있었다. 고구려군은 평양까지 남하하여 거기서부터 동남방향을 향해 동해안으로 나와 남해안을 따라 신라성을 향했을 것이다.

신라성은 신라의 왕도라고 볼 수 있는데, 이 시점의 신라는 3세기 단계의 진한 사로국에서 그다지 확대되지 않아 현재의 경주분지 일대 정도라고 생각해도 좋다. 따라서 오히려 신라국토라고 봐도 이상할 것이 없다.

그러한 고구려군의 신라로의 진출로 보아 왜병은 임나가라로 퇴각했고,

그 배후를 쫓은 고구려군도 임나가라를 향했던 것이다.

임나가라는 금관국(김해)을 가리킨다. 종발성이 어디인지는 알기 어렵지만 임나가라의 종발성이며, 현재의 김해 일대에 있었음에는 틀림없다. 그 성이 함락되었는지에 대해서는 비문 이외의 자료로는 알 수 없다. 문맥상으로는 공격을 받아 항복한 것으로 보인다. 문제는 그 실상이다.

그 때 「안라인의 수병」이 관련된다. 안라인의 수병이란 가야의 일국이었던 안라국의 수병, 즉 수비병을 말하는데, 전술한 가야남부제국과 왜·백제와의 관계에 의한 것이다.

이렇게 해서 신라의 구원요청을 받은 고구려군은 신라에서 왜 세력을 축출하는 데 성공하고 임나가라까지 침공하여 당초의 목적을 달성했다. 그 결과 그 때까지 고구려에 대해 論事한 적이 없던 신라의 매금(왕)은 고구려에 조공하게 되었다.

이러한 광개토왕의 임나가라 침공에 대해 다시 정리하면, 임나가라=금관·탁순·안라의 가야남부제국의 연합은 크게 영향을 받게 되었다. 첫째, 고구려의 남진에 대해서 그 이전부터 성립되어 있던 왜·백제와의 관계도 있었기 때문에 대결자세를 취해야만 했고, 이에 따라 왜군이 신라에서 축출되고 후퇴했을 때 임나가라를 향했던 것도 그 일환이며, 고구려군이 왜군을 쫓아 임나가라를 침공하고 종발성을 함락시킨 것도 우연은 아니었다. 왜군이 도망친 곳이 우연히 임나가라이고, 왜군을 쫓아 간 고구려군에 의해 관계가 없던 임나가라도 피해를 입은 것이 아니다. 안라인의 수병이 참전한 것도 당연한 것이었다. 둘째, 고구려의 침공으로 인해 임나가라국의 지배체제에 심각한 타격이 있었다. 그 때까지 임나가라국을 구성하고 있던 몇 개의 읍락 중에서 특히 유력한 세력이었던 임나읍락의 수장이 임나가라국의 수상이었을 터인데, 그것이 몰락한 것이다. 그러나 임나가라국이 소멸한 것은 아니고 그것을 구성하는 다른 읍락의 수장이 대신 임나가라국의 수장이 되었던 것이다. 이것은 금관읍락을 비롯한 다른 읍락의 수장이 었다. 이 때부터 국명도 금관국이 일반화된 것으로 생각할 수 있다(2).

Ⅲ. 왜의 대가야 진출

왜와 가야남부제국과의 동맹관계를 전제로 하여 왜가 내륙의 대가야로 진출한 적이 있었다고 생각된다. 가야남부제국과 함께 진출했는지, 요구에 응했던 것인지는 확실치 않으나 가야남부제국을 기점으로 하여 진출했다 고 생각된다.

관련 기록은 『일본서기』 신공황후섭정 62년 시세조 기사이다(【 】는 分註).

新羅不朝。即年、遺襲津彦擊新羅。【百済記云、壬午年、新羅不奉貴国。々 々遺沙至比跪令討之。新羅人荘飾美女二人、迎誘於津。沙至比跪受其 美女、反伐加羅国、々々々王己本旱岐、及児百久至・阿首至・国沙利・ 伊羅麻酒・爾汶至等将其人民、来奔百済。百済厚遇之。加羅国王妹既 殿至、向大倭啓云、天皇遣沙至比跪、以討新羅。而納新羅美女、捨而不 討。反滅我国。兄弟人民、皆為流沈。不任憂思。故以来啓。天皇大怒、即 遺木羅斤資、領兵衆来集加羅、復其社稷……】

신라가 조공해 오지 않았다. 그 해 습진언을 보내어 신라를 공격했다『백 제기』에는 다음과 같이 전한다. 「임오년에 신라가 귀국을 존봉하지 않 았다. 귀국은 사지비궤를 보내어 공격했다. 신라인은 장식을 한 미녀 2명 을 보내어 마중하였다. 사지비궤는 그 미녀를 받고 도리어 가라국을 정벌 했다. 가라국왕인 기본한기 및 그의 아이들인 백구지·아수지·국사리·이 라마주·이문지는 그들의 인민을 거느리고 백제로 도망쳤다. 백제는 뜨겁게 환대했다. 가라국왕인 매기전지는 다음과 같이 왜에게 전하였다. 「천황은 사지비궤를 보내어 신라를 토벌하라고 하였습니다. 하지만 신라의 미녀를 받아 신라를 공격하지 않고 오히려 나의 나라를 공격했습니다. 형제와 인민은 유리되었습니다. 매우 유감스럽기에 말씀을 전합니다」 천황은 격노하여 곧 목라근자를 보내어 병사들을 가라로 모아 사직社稷을 원래대로 복구시켰다」

『일본서기』의 기년에 의하면 262년의 사건인데, 보통 간지 2운(60년 2회, 120년)을 내려 382년으로 수정해서 본다. 그러나 여기에 목라근자가 등장하는데, 목라근자에 관한 기사는 간지 3운을 내려 수정해야 한다는 설이 있다. 나도 거기에 찬성한다. 상세히 말하면 『일본서기』에는 목라근자가 세 번 등장하는데, 최초는 신공기 49년조이다.

春三月、以荒田別·鹿我別為將軍。則與久氏等、共勒兵而度之、至卓淳国、将襲新羅。時或日、兵衆少之、不可破新羅。更復、奉上沙白·蓋盧、請增軍士。即命木羅斤資·沙々奴跪【是二人、不知其姓人也。但木羅斤資者、百済将也。】領精兵、與沙白·蓋盧共遣之。俱集于卓淳、撃新羅而破之。因以、平定比自烌·南加羅·㖨国·安羅·多羅·卓淳·加羅、七国。仍移兵、西廻至古奚津、屠南蛮忱弥多礼、以賜百済。

춘삼월, 황전별·녹아별을 장군으로 하여 백제의 사자인 구저와 함께 병사들을 갖추어 탁순국으로 건너가 신라를 습격하려 했다. 그 때에 누군가가 말했다. 「병사의 수가 적으면 신라를 칠 수가 없습니다. 또한 사백과 개로를 받들어 군사를 증강시킬 것을 요청합니다」라고. 거기에서 목라근자·사사노궤【이 2명은 그 성을 알 수 없다. 다만 목라근자는 백제의 장수이다】에 명해 정예부대를 이끌고 사백개로와 함께 파견했다. 함께 탁순에 모여 신라를 공격했다. 그 결과 비자발·남가라·번국·안라·다라·탁순·가라의 7국을 평정했다. 또한 병사를 서쪽으로 옮겨 고해진에 도달하여 남만의 침미다례를 공취하여 백제에 사여했다.

응신기 25년조에도 다음과 같은 기사가 있다.

百済直支王薨。即子久爾辛立為王。王年幼。木滿致執国政。與王母相婬、多行無礼。天皇聞而召之【百済記云、木滿致者、是木羅斤資討新羅時、娶其国婦而所生也。以其父功專於任那。来入我国、往還貴国。承制天朝執我国政。権重当世。然天朝聞其暴召之】。

백제 직지왕이 죽었다. 아들 구이신이 즉위하여 왕이 되었다. 왕은 어려서 목만지가 국정을 돌보았다. 왕의 어머니와 간음하는 등 무례한 일을 많이 일으켰다. 천황이 그것을 듣고 불러 내었다. 『백제기』에는 다음과 같이 기록되어 있다. 「목만지는 목라근자가 신라를 토벌했을 때, 그 나라의 부녀와 결혼하여 태어났다. 그 아버지의 공적에 의해 임나를 제멋대로 했다. 우리나라로 와서 귀국으로 돌아갔다. 천자의 명령을 받아 우리나라의 정치를 돌보았는데, 그 권세가 대단하였다. 그러나 천황은 그 횡포를 듣고 불렀다」라고】.

여기에 목라근자의 아들 목만치가 등장하는데, 목만지는 이에 따르면 아버지가 신라를 공격했을 때 신라의 여성과 결혼하여 태어난 아들이다. 목라근자가 신라를 공격한 것은 기록으로는 신공기 49년조뿐이어서 만약 그 무렵에 태어났다고 한다면 신공 49년이 일반적인 간지로 2운 수정하면 369년이 되기 때문에 그 때 태어난 것이 된다.

그런데 목만치와 동일 인물로 보이는 인물이 『삼국사기』백제본기·개로

왕 21년(475)조에 보인다. 백제 왕도인 한성이 고구려에 공격을 받아 함락하고 왕이 죽게된 때에 왕자 문주는 목협(리)만치와 조미걸취【목협(리)조미개복성수서이목협(리)위이성미지숙시】와 함께 남쪽으로 갔다. 【목협(리)·조미는 모두 복성複姓이다. 수서隋書는 목협(리)을 2성으로 하고 있다. 어느 것이 정확한지는 알 수 없다.】

만약 이것이 동일 인물이라고 한다면 목만치는 475년경 백세를 넘은 나이가 된다. 그것은 매우 부자연스럽다. 거기에서 신공기 49년조를 다시 60년 내리면 429년이 되는데, 이 무렵에 목만치가 태어났다고 한다면 475년에는 40대의 장년이 된다. 이것만으로 판단하는 것은 아니지만 목라근자 관계 기사는 이렇게 60년을 내리는 쪽이 합리적이다.

이렇게 생각한다면 신공기 62년조는 382년이 아니라 442년으로 봐야 할 것이다. 그 때 일어난 사건으로는 신라를 공격했어야 할 사지비궤가 가라(대가야)를 멸망시키려 했고, 가라왕들은 백제로 도망쳤다. 가라왕의 여동생이 왜로 건너가 처지를 호소하니 천황이 목라근자를 파견하여 나라를 부흥시켰다라고 하는 것이다. 그러나 목라근자는 백제의 장군이고, 가라왕들이 백제로 도망쳤음에도 불구하고 여동생이 왜에 구원을 요청했다고 하는 점은 이상하다. 이것은 백제왕이 구원요청을 받고 목라근자를 파견하여 나라를 부흥시켰다는 사실을 왜의 입장에서 바꿔 쓴 것으로 생각된다. 즉 왜국은 442년에 가라진출을 노렸으나 실패했다고 하는 셈이 된다.

이에 대해 사지비궤의 기사는 조작된 것이어서 인정할 수 없다는 의견이 있다. 조작으로 보는 점은「왜 왜인인 사지비궤가 가라를 공격했는가를 설명하는 것은 극히 어려운 일이다」라고 하면서「애초에 사지비궤가 가라를 공격한 적은 없었고, 천황이 목라근자를 파견하여 도와줬다고 하는 것도 가공의 일일 것이나」라고 한다. 이점은 이미 야미오 ++기히시山尾幸久 야마토왕권의 독자적인 작전으로, 그것을 백제가 도왔다라고 보는 것이다.

이에 대해 「신라를 치러 간 사지비궤가 왜 가라를 쳤는가, 442년 당시 왜가 내륙부의 가라를 공격해야 했던 이유가 무엇인가, 그것이 어떻게 가능했던 가가 문제가 된다. 그것을 당시의 역사적 현실에 입각해서 설명하는 것은 불가능하다고 생각된다」라고 비판하기도 하지만, 나는 그것이 불가능하다 고는 생각하지 않는다.

가라, 즉 대가야가 성장하기 시작하는 것은 5세기가 되어서이며, 그때까 지 대가야로 불렸던 금관국이 쇠퇴해 가는 것과 맞물린다. 금관국의 쇠퇴 는 고구려 광개토왕의 원정과도 관련되지만, 멸망하지는 않았다. 그 금관 국을 대신해서 반파국이 유력세력으로 떠오르고, 대가야로 불리게 된 것 이다. 이 대가야는 가야가 최종적으로 멸망한 562년까지 계속된다. 왜가 내륙부를 공격하는 것이 가능하게 된 것은 이미 가야남부세력과의 관계가 있었고, 거기를 기반으로 할 수 있었기 때문이었거나, 가야남부세력의 요 청을 받아 공동작전으로 침공할 수 있었는 지도 모른다. 새롭게 일어나려 고 하는 가라에 대해 일찍부터 기반을 갖추고 있던 세력인 가야남부제국이 제지하려고 했던 것으로 이해하는 것도 불가능하지는 않다. 충분히 역사적 현실에 입각해서 설명하는 것이 가능하다.

또한, 나는 451년에 왜왕 제가 도독가라제군사호를 받았던 것이 442년의 대가야 진출 실패와 관련된 것으로 생각했다. 「왜왕이 여기에 이르러 「가 라」를 포함해 요구한 것은 현실로는 실패했던 가라진출을 우선 송에게 인 정 받고, 이를 배경으로 하여 다음 진출을 노렸다」라고 말한 적이 있다. 송 이 요구도 하지 않았는데 일방적으로 호의적으로 도독가라제군사호를 추 가해서 하사했다고는 생각하기 어렵기 때문에 우선은 요구했던 것으로 생 각되며, 그 때는 451년, 혹은 443년으로 봐야 한다. 그 경우 442년의 실패 를 칭호요구의 직접적인 동기로 봤던 것이다.

이에 대해 최근 다나카 후미오田中史生가 나의 설을 비판했다. 「신라에 통해 백제와 충돌한 습진언의 가라공격은 그 직후에 송에 「도독가라제군사」 호를 요구한 제왕의 외교방침과는 다른 것이었다고 봐야 한다」라고 한다. 우선 沙至比跪(사치히코)=葛城襲津彦(소츠히코)의 행위는 「천황의 뜻에 반하고 신라와 통한 것으로, 천황을 격노하게 한 배신 행위였다」 하지만 443년에는 백제도 사신을 보내고 있어, 공동 조공의 가능성도 있다. 그렇다면 「신라에 통해 백제와 충돌했다」라는 가라공격과 백제와 공동으로 조공했을 가능성이 있는 443년의 사신 파견과는 성격이 다른 것이 된다. 그렇게 되면 내가 말한 것처럼 단순히 군사 진출 실패로 인해 다음 해에 칭호요구를 한 것으로 볼 수는 없게 된다. 「가라남부나 신라와 통했던 갈성의 수장들에 의한 대가야 공격에 대해 제왕은 백제와의 유효관계를 전제로 하여 송과 통하여 「임나」, 「가라」를 포함한 군사관작을 요구하고, 백제와 함께 견제했던 것으로 보인다」라는 이해이다.

사지비궤가 갈성습진언을 가리키는 지는 알 수 없다. 애초에 60년을 내린 기사에 등장하는 사지비궤와 내리지 않은 채로 기사에 등장하는 갈성습진언과는 60년의 차이가 있고, 단순히 동일 인물로 보는 것은 문제가 있다. 또한 천황이 격노하여 곧 목라근자를 보내어 병사들을 가라로 모아 사직社稷을 원래대로 복구시켰다라고 행위도 원래부터 천황의 것임을 인정하려고 하기 위함일 것이다. 하지만 목라근자는 백제의 장군이며, 가라의 사직을 복구시킨 것은 백제로 봐야 한다.

도독가라제군사호의 요구가 백제와의 연계상에서 갈성의 수장들을 견제하기 위한 것이었다고 하는데, 그러할까? 요구한 것은 백제의 이해와는 맞지 않는다. 나는 다음과 같이 설명했다. 「왜와 백제는 동맹관계였던 것으로 보는데, 그것은 어디까지나 기본적인 것에 불과하여 모든 면에서 이해가 일치하지는 않았다. 540년대, 소위 「임나부흥회의」에서도 왜는 백제의 입장을 인정하지 않고 안라측에 서서 움직였다. 442년, 백제로서는 가라로부터 구원요청이 있었고, 그것을 받아 들일 이해관계가 있었으며, 왜가 내륙까지 진출하는 것에 대해서는 아무것도 인정하지 않았다. 실제로 백제는 그 후 가라(대가야)의 정치에 관계해 간다」.

이 도독가라제군사호의 요구는 도독백제제군사호의 요구의 일환이며, 그것도 백제와 함께 진행시킨 것으로 봐야 할까? 이 문제에 대해서는 다른 기회에 논하고자 한다.

IV. 백제의 기문·다사 진출

다음으로 살펴 볼 것은 백제의 가야진출이다. 백제는 475년에 왕도인 한성이 함락되고 개로왕이 죽어 멸망하는데, 그 후 웅진에서 다시 일어난다. 불안정한 왕권을 회복시키고 잃어버린 북쪽의 영토를 대신하여 남쪽으로 영토를 확대하려고 한다. 그 처음이 영산강유역의 마한 잔존세력에 대한 영토화였고, 다음 단계로 눈을 돌린 것이 가야였다.

백제 중심지와 가까운 곳은 가야의 서부인데, 대가야연맹 지역이다. 백제는 우선 대가야연맹에 속하는 기문·다사의 공격부터 시작한다.

『일본서기』계체기에는 백제가 왜의 계체대왕에 대해 기문·다사의 사여를 청해 계체가 허락했다고 전해진다.

『일본서기』계체 7년(513)~10년(516)조에

七年夏六月、百済遣姐弥文貴将軍·州利即爾将軍、副穂積臣押山【百済本記云、委意斯移麻岐弥】。貢五経博士段楊爾。別奏云、伴跛国略奪臣国己汶之地。伏願、天恩 判還本属。……

冬十一月辛亥朔乙卯、於朝庭、引列百済姐弥文貴将軍、斯羅汶得至、安羅辛已奚及賁巴委佐、伴跛既殿奚及竹汶至等、奉宣恩勅。以己汶・滯沙、賜百済国。

是月、伴跛国、遣戢支献珍宝、乞己汶之地。而終不賜。……

八年……

三月、伴跛築城於子吞・帯沙、而連滿奚、置烽候邸閣、以備日本。復築城於爾列比・麻須比、而絙麻且奚・推封。聚士卒兵器、以逼新羅。駈略子女、剥掠村邑。凶勢所加、罕有遺類。夫暴虐奢侈、悩害侵凌、誅殺尤多。不可詳載。

九年春二月甲戌朔丁丑、百済使者文貴将軍等請罷。仍勅、副物部連【闕名】遣罷帰之【百済本記云、物部至々連】。

是月、到于沙都嶋、伝聞伴跛人、懷恨衘毒、恃強縱虐。故物部連、率舟師五百、直詣帯沙江。文貴将軍、自新羅去。

夏四月、物部連於帯沙江停住六日。伴跛興師往伐。逼脱衣裳、劫掠所齎、尽焼帷幕。物部連等、怖畏逃遁。僅存身命、泊汶慕羅【汶慕羅嶋名也】。

十年夏五月、百済遣前部木刕不麻甲背、迎労物部連等於己汶、而引導入国。群臣各出衣裳斧鉄帛布、助加国物、積置朝庭。慰問慇懃。賞禄優節。

秋九月、百済遣州利即次将軍、副物部連来、謝賜己汶之地。別貢五経博士漢高安茂、請代博士段楊爾。依請代之。

계체 7년(513) 6월, 백제가 왜에 대해 사자를 파견하고, 수적신압산【백제본기에는 「왜의 의사이마기미」】을 따르게 하여 오경박사단양이를 공상하면서, 「반파의 국이 우리나라의 기문을 약탈하였습니다. 천은을 베풀어 돌아와 수시실 바랍니다」라고 요청해 왔다.

동년 11월 왜는 그것을 받아들여, 조정에 백제의 사자 외, 사라・안라에서 온 인물 및 반파의 기전해·죽문지를 소집하여, 기문·대사를 백제국에 하사했다.

동월, 반파도 왜에 사자를 보내어 기문을 청했지만, 왜는 거부했다. 거기에서 반파는 8년(514) 3월, 자탄·대사에 성을 쌓고 만해와 연계하여 일본에 대비했다. 또한 열비·마수비에 성을 쌓아 마차해·추봉과 연계해 병사와 무기를 결집시켜 신라를 압박했다. 자녀와 촌읍을 약탈하여 아무것도 남지 않았다. 그 포악함을 자세히 밝혀 기록할 수는 없다.

9년 2월(515), 백제 사자의 귀국에 즈음하여 왜는 물부련【이름이 기록에 없다】을 따라 보내었다【백제본기에는 「物部至々連」라고 되어 있다】.

물부련은 반파의 앙심이 깊다는 것을 듣고 선단 500척을 거느리고 대사강에 정박했다. 백제의 사자는 신라를 경유하여 귀국했다.

동년 4월 반파가 물부련을 공격하여 물부련은 문모라도로 후퇴했다.

10년(516) 5월, 백제가 기문으로 가서 물부련을 백제로 데려 왔다.

동년 9월, 백제는 왜에 사자를 파견하여 기문을 하사한 것에 감사하여, 오경박사한고안무를 전술한 단양이에 대신할 것을 요청했다.

라는 기록이 있고, 『일본서기』계체 23년(529) 춘3월조에는 다음과 같은 기록이 있다.

春三月、百済王謂下哆唎国守穂積押山臣曰、夫朝貢使者、恒避嶋曲【謂海中嶋曲崎岸也。俗云美佐祁】。每苦風波。因茲湿所齎全壊无色。請以加羅多沙津、為臣朝貢津路。是以押山臣為請聞奏。

是月、遣物部伊勢連父根・吉士老等、以津賜百済王。於是加羅王謂勅使云、此津従置官家以来、為臣朝貢津渉。安得輙改賜隣国。違元所封限地。勅使父根等因斯難以面賜、却還大島。別遣録史、果賜扶余。

백제왕이 히치리국수 수적압산신에게 말했다. 「조공의 사자는 항상 풍파에 시달리고 있어 조공물이 젖거나 부서지고 있습니다. 가라의 다사진을 우리나라의 조공 진로가 되도록 요청합니다」라고. 거기에서 압산신은 그 요청을 주상奏上했다. 이 달에 물부이세련부근·길사로를 파견하여 진津을 백제왕에게 하사하려고 했다. 그 때 가라왕은 칙사에게 말했다. 「이 진은 관가를 둔 이래로 우리들이 조공하는 항입니다. 어째서 이리도 쉽게 다른 나라에 하사하는 것입니까? 원래 봉해졌던 지분과는 다르게 됩니다」라고. 칙사인 부근은 이에 따라 이 곳에서 직접 하사하는 것은 부끄러운 일이라고 보아 대도로 후퇴하여 따로 녹사를 파견하여 결국 부여(백제)에 하사했다.

이 두 개의 사료로부터 대사=다사이며, 양자에 수적신압산이 등장하고, 전자의 물부련과 후자의 물부이세련부근이 동일인물인 것, 그리고 등장인물의 입장이 같은 점 등으로 보아 예전에는 두 기사를 동일 사건의 중복으로 보았다. 하지만 이것은 단계가 다른 일련의 사건으로 봐야 한다. 전자는 기문에 관한, 후자는 다사(대사)에 관한 별도의 기사이다.

다사진은 백제왕(무령왕)도 「가라의 다사진」으로 말하고 있는데, 기문에 대해서는 「신하의 땅 기문」으로 하고 있다. 그러나 그것은 허위인 점이 확실하고, 이 기사를 통해 알 수 있는 것은 백제가 대가야 연맹에 속하는 가야 나라들로서 독립되어 있던 기문·다사를 영토화 하기 위해 계획하고, 침공할 때 왜의 조력을 청했고, 왜에 사자를 파견하여 왜가 그것에 응해 선단을 파견했다고 하는 것이다.

백제의 침공에 대해 맹주 대가야를 중심으로 하여 연합제국이 대항했는데, 결국은 백제에 굴복하게 되어 기문과 다사가 빼앗기게 된 것이다.

『일본서기』의 서술이 얼마나 꾸며진 것인지에 대해서는 이전에도 밝힌

바가 있다(6). 이 백제의 기문·다사 진출에 대해 왜는 백제의 요청에 응하여 출병했고, 결국 대사강까지 도달할 수는 있었지만, 대가야연맹 제국에 대해 아무것도 하지 못한 채로 백제가 독자적으로 진출한 것이 실상이었다. 그것을 마치 왜가 기문·다사의 영유권에 대해 자유롭게 행사할 수 있는 입장이었던 것처럼 기술하고 있는 것이다. 『일본서기』는 왜의 천황이 대대로 그러한 권리를 갖고 있었던 것을 주장하는 것이 편찬 목적의 하나였기 때문에 그러한 점에 주의를 기울이지 않으면 바른 역사인식을 할 수 없다.

그러면 이 때의 전투에 대해 살펴 보면, 백제의 침공에 대해 반파=대가야가 「자탄·대사에 성을 쌓아 만해로 이어 일본에 대비했다」고 하고 있다. 대비한 상대는 일본이 아니라 백제로 봐야 하며, 서북쪽에서의 백제 침공에 대해 자탄·대사에 성을 쌓아 만해와 연결시킨 것이다.

자탄은 거열이며, 현재의 거창이다. 대사는 현재의 하동인데, 성을 쌓은 곳은 그보다 북쪽으로, 백제의 침공 루트에 해당하는 섬진강을 따라 고소성이 적합하다고 생각한다. 그리고 연계했다고 하는 만해는 섬진강의 서측, 현재의 광양·순천지역에 해당한다. 거창부터 순천에 이르는 방어라인을 형성한 것이다.

그 의미에 대해 여기에서 다시 살펴 보면, 섬진강 서측 지역, 즉 전남동부지역을 「임나4현」의 땅으로 보는 것은 매우 이상하다(7). 「임나4현」이란 백제가 기문·다사에 대한 진출에 앞장서서 독자적으로 획득한 지역으로 생각해도 좋은데, 백제가 이미 섬진강 서측을 획득하고 있었다고 한다면, 백제의 진출 루트도 달랐을 것이며, 대가야 연맹의 대응도 달랐을 것이다. 백제가 전남동부지역에 진출하는 것은 기문·다사를 획득한 뒤의 일이다.

또 하나 주목되는 것은 허구성 높은 『일본서기』의 기술에도 불구하고 왜는 이 전쟁에서 결국 아무것도 못했다고 하는 점이다. 백제의 요청에 응해

500척의 선단을 출전시킨 왜(숫자가 사실인지는 별도의 문제)는 반파의 기세에 무서워하여 문모라도(대도)로 퇴각한 것이다. 전투는 육로로 남하해 온 백제군과 방어라인을 형성하여 그에 대항한 대가야연맹군에 의해 이루어진 것으로 대가야연맹군이 패한 것이었다.

V. 신라의 가야 남부 진출

신라의 진출과정을 과정을 증명하는 것은 쉽지 않은데, 신라와 대가야는 혼인동맹을 맺었다.

『삼국사기』권4·신라본기4·법흥왕 11년(524)조에,

> 秋九月、王出巡南境拓地。加耶國王來會。
>
> 추9월, 왕이 도읍을 나와 남경을 순행하고 영토를 확인했다. 가야국왕이 와서 만났다.

라고 되어 있다. 「남경」이 어디인지, 「拓地」(확인)한 곳은 어디인지는 명확하지는 않지만 「南」이라는 점에서 남부제국을 말하는 것은 틀림 없다. 그 경우 금관국이나 탁기탄국 등을 상정할 수 있다. 신라가 점점 영토확장의 방침을 추진해 간 것이다.

금관국에 대한 침공이 명확히 기록되어 있는 것은 『일본서기』계체 23년(529) 3월~4월의 각조이다. 여기에서는 요약해서 언급해 둔다.

『日本書紀』繼(体二二年(五二九)二月是月 四月 同是月条

是月、遣近江毛野臣、使于安羅。勅勸新羅、更建南加羅・喙己呑。百済
遣将軍君尹貴・麻那甲背・麻鹵等、往赴安羅、式聽詔勅。……於是、安
羅新起高堂、引昇勅使。国主隨後昇階。国内大人、預昇堂者一二。百済
使将軍君等、在於堂下。凡数月再三、謨謀乎堂上。将軍君等、恨在庭焉。
夏四月……是月、遣使送己能末多干岐。并詔在任那近江毛野臣、推問
所奏、和解相疑。於是毛野臣次于熊川【一本云、次于任那久斯牟羅。】、召
集新羅・百済。二国之王。新羅王佐利遲遣久遲布礼、【一本云、久礼爾
師知于奈師磨里。】百済遣恩率弥騰利、赴集毛野臣所、而二王不自来参。
毛野臣大怒、責問二国使云、以小事大、天之道也【一本云、大木端者以
大木続之。小木端者以小木続之。】何故二国之王、不躬来集受天皇勅、
軽遣使乎。今縱汝王、自来聞勅、吾不肯勅。必追逐退。久遲布礼・恩率
弥騰利、心懷怖畏、各帰召王。由是、新羅改遣其上臣伊叱夫礼智干岐、
【新羅、以大臣為上臣。一本云、伊叱夫礼知奈末。】率衆三千、来請聽勅。
毛野臣遥見兵仗囲繞、衆数千人、自熊川入任那己叱己利城。伊叱夫礼
智干岐次于多々羅原、不敬帰待三月。頻請聞勅。終不肯宣。伊叱夫礼智
所将士卒等、於聚落乞食。相過毛野臣傔人河内馬飼首御狩。御狩入隠
他門、待乞者過、捲手遥撃。乞者見云、謹待三月、佇聞勅旨、尚不肯宣。
悩聽勅使。乃知欺誑、誅戮上臣矣。乃以所見、具述上臣。上臣抄掠四村、
【金官・背伐・安多・委陀、是為四村。一本云、多々羅・須那羅・和多・費
智為四村也。】尽将人物、入其本国。或曰、多々羅等四村之所掠者、毛野
臣之過也。

(개략) 이 달에 왜는 근강모야신을 안라에 파견하여 신라에 명해 남가라・
번기탄을 재건하도록 했다. 백제와 신라는 사자를 안라로 파견했다. 안라
는 고당高堂을 세워 국주國主와 왜의 칙사가 거기에서 모의했다. 백제의 사

자들은 수개월 동안 당하當下에서 기다리면서 그것을 분하게 생각했다. 4월에 사자를 파견하고 기능말다간기를 보내어 모야신에게 조칙을 내렸다. 모야신은 숙소를 웅천에 두고 신라·백제왕을 소집했다. 양국은 사신을 파견했는데, 왕은 오지 않았다. 모야신은 화를 내고 사신들을 나무라면서 돌려 보내었다. 신라는 다시 3천의 병사를 이끌고 상신上臣 이질부례지간기를 보내어 조칙을 듣기로 했다. 모야신은 병사가 많은 것을 보고 웅천에서 기질기리성으로 들어 갔다. 이질부례지간기는 다다라원에 머물면서 3개월 동안 조칙을 듣기를 청했으나 모야신은 말하지 않았다. 신라의 병사가 모야신의 시종에게 다가가서 그 모습을 보고 상신을 죽이는 것이 목적이라고 고했다. 상신은 4촌을 약탈하고 사람과 물건을 모조리 본국으로 가지고 돌아 갔다. 어떤 사람이 4촌이 빼앗긴 것은 모야신의 실수라고 했다.

마지막에 약탈되었다고 하는 4촌은 금관국을 구성하는 제읍으로 볼 수 있다. 물론 금관=수(쇠)나라가 중심이다.

그런데, 그렇게 된 발단은 근강모야신이 파견된 것인데, 『일본서기』만으로 본다면 그 목적은 남가라·탁기탄을 재건하려고 했던 조칙을 신라에 전하는 것이었다. 남가라는 금관국이다. 탁기탄이 어디인지는 명확하지 않지만 금관국의 서쪽에 가까운 곳일 것이다. 그렇게 본다면 상기의 침공은 도대체 어떻게 된 것일까?

『일본서기』에서는 계체 21년(527)조에도 근강모야신을 파견해서 「신라에 당한 남가라·탁기탄을 재건해서 임나에 복속시키려고 했다」라는 기사가 있다.

夏六月壬辰朔甲午、近江毛野臣、率衆六万、欲住任那、為復興建新羅所

破南加羅・啄己呑、而合任那。於是、筑紫国造磐井、陰謨叛逆、猶預経年。恐事難成、恆伺間隙。新羅知是、密行貨賂于磐井所、而勧防遏毛野臣軍。於是、磐井掩拠火豊二国、勿使修職。外邀海路、誘致高麗・百済・新羅・任那等国年貢職船、内遮遣任那毛野臣軍、乱語揚言曰、今為使者、昔為吾伴、摩肩触肘、共器同食。安得率爾為使、俾余自伏儞前、遂戦而不受。驕而自矜。是以、毛野臣、乃見防遏、中途淹滞。天皇詔大伴大連金村・物部大連麁鹿火・許勢大臣男人等曰、筑紫磐井反掩、有西戎之地。今誰可将者。大伴大連等僉曰、正直仁勇通於兵事、今無出於麁鹿火右。天皇曰、可。

하6월 임진삭갑오(3일), 근강모야신이 6만의 병사를 이끌고 임나로 가서 신라에게 당한 남가라·탁기탄을 재건해서 임나에 복속시키려 했다. 그 때 축자국조 반정이 몰래 반역을 꾀해 그것을 기다려 몇 년이 지났는데, 제대로 진행되지 않은 것을 두려워해 항상 의심을 품고 있었다. 신라는 그것을 알고 몰래 반정에게 뇌물을 보내어 모야신의 군을 막아야 한다고 권했다. 거기에서 반정은 화·풍이국을 기반으로 하여 모야신이 갈 수 없게 하였다. 밖으로는 해로를 막아 고려·백제·신라·임나 등의 나라가 매년 조공하는 배를 끌어 들였고, 안으로는 임나에 파견한 모야신의 군을 막고 큰 소리를 내며 「지금은 사자이지만, 옛날에는 나의 친구로서 어깨동무를 하며 같은 솥의 밥을 먹었다. 어째서 쉽게 사자가 되어 나에게 굴복하게 되었느냐」라고 하면서 결국 싸우지 않았다. 천황은 대반대련김촌·물부대련추록화·허세대신남인등에게 조칙을 내린다. 「축자반정이 등을 지고 서쪽 오랑캐의 땅을 보유하고 있다. 지금 누가 장수가 될 사람이 있는가」라고. 대반대련 등이 모두 말했다. 「솔직히 어짐과 용맹으로 병사를 다스릴 수 있는 것은 지금 추록화의 오른쪽에 나온 것이 없습니다」라고. 천황이 말했다. 「좋다」라고.

모야신 파견의 목적은 같지만 이 때는 반정의 반란에 의해 모야신의 도해가 실현되지 못하고 상기의 때에 다시 파견되어졌기 때문에 신라가 남가라·탁기탄을 친 것은 527년 이전의 일이 된다.

이것은 금관국 등의 4촌 약탈과 모순되는 것으로 보기도 하는데, 꼭 그렇게 생각할 필요는 없다. 신라의 진출은 단계적이어서 우선 공격하여 깬 것을 제 1단계, 4촌 약탈을 제 2단계로 봐야 한다. 제 1단계가 구체적으로 언제, 어떻게 진행되었는가에 대해서는 아무것도 전해지지 않는데,『일본서기』에서 전하는 대로 527년 이전이었다고 해다 이상하지 않다. 그렇다면 524년에「남경을 순행하고 확정했다」라고 하는 것을 다시 주목해야 된다. 나는 이것이 그것에 해당된다고 생각한다.

근강모야신의 파견은 왜와 금관국이 예전부터 우호관계에 있었다고 한다면, 신라의 금관국 침공은 왜에 있어서도 무시할 수 없었을 것이다.

그러나 모야신이 처음에 안라에 가 있었다고 한다면 신라의 금관국 침공에 위기감을 느낀 안라가 파견을 요청했다고도 생각된다. 「깨어졌다」라고 하는 것은 반드시 멸망을 말하는 것이 아니고, 신라의 세력하에 들어갔다는 것이며, 「남가라·탁기탄을 재건하자」라는 것은 더 이상의 침공을 그만한다는 것이다.

529년의 4촌 약탈은 진출 제 2단계로, 작전을 추진한 것은 상신 이질부례지간기였다. 신라의 작전이『일본서기』에서 전하는 대로 모야신의 소집이나 대응이 계기가 되는 것으로 볼 필요는 없다. 사실은 안라와 왜가 공동으로 신라의 금관국 침공을 막으려고 했던 것에 대한 대항책이며, 예정된 일정이 빨라진 것이다.

상신이란 신라의 최고 관직인 상대등이고, 이질부례지간기란『삼국사기』에도 나오는 중신이사부이다. 이 작전은 금관국에게 괴멸적 타격을 입힌다. 그것이 3년 후의 멸망과 직결되는 것이다.

근강모야신이 거느린 왜국의 군단이 전투에 참가했는지에 대한 서술은 없다. 신라군이 524년부터 낙동강을 넘어 금관국을 노리게 되면서 529년까지 금관국을 구성하는 4개의 촌을 공략했던 것이며, 상신(상대등)인 이질부례지간기(이사부)는 「3천의 병사를 거느리」고 쳐부순 것이다(8).

VI. 신라와 대가야의 전쟁

백제의 침략을 받은 대가야는 522년 신라와 혼인동맹을 맺는다. 하지만 머지 않아 신라도 대가야와 적대관계로 돌아선다.

혼인동맹을 맺은 뒤 월광태자가 태어나고 변복문제가 일어난다. 왕녀의 종자(從者)가 대가야에서 「제현諸縣」으로 산치되는데, 그 당초에는 대가야의 복장을 하고 있었던 것이 몇 년이 지나 법흥황 7년(520)에 막 정해진 신라의 공복으로 바꾼 것이다.

이러한 변복을 통해 신라의 노골적인 침략의도를 읽어 낸 대가야가 종자를 돌려 보내고 신라와 대립하게 된다. 이 때 대가야왕은 신라의 침략의도를 파악했고, 위기감을 가졌다고 충분히 상상할 수 있다.

전게한『일본서기』계체 23년(529) 춘3월조에 이어지는 기사에,

由是、加羅結儻新羅、生怨日本。加羅王娶新羅王女、遂有兒息。新羅初送女時、并遣百人、為女從。受而散置諸県、令着新羅衣冠。阿利斯等、嗔其変服、遣使徴還。新羅大羞、飜欲還女日、前承汝聘、吾便許婚。今既若斯、請、還王女。加羅己富利知伽【未詳。】報云、配合夫婦、安得更離。亦有息兒、棄之何往。遂於所経、抜刀伽・古跛・布那牟羅三城。亦抜北境五城。

이로 인해 가라는 신라와 맺고 일본에 원한을 품는다. 가라의 왕은 신라의 왕녀와 결혼하여 아들을 낳는다. 신라가 처음에 여자를 보내어 왔을 때 함께 종자 100명이 왔다. [가라에서는 이 종자들을] 받아 [가라의 복장을 입히고] 제현에 산치했다. [그런데 신라측에서는 몰래 종자들에게] 신라의 의관을 입혔다. 아리사등은 [종자들이 가라의 복장에서 신라의 의관으로] 옷을 바꾼 것에 화를 내고 사자를 보내어 종자를 강제로 돌려 보냈다. 신라에서는 매우 부끄러이 여겨 다시 여자를 돌려 받아야겠다고 생각하여 말했다. 「전에 당신의 구혼을 받아 나도 결혼을 허락한 것이다. 그런데 지금 이러한 사태가 되었다. 왕녀를 돌려 받고 싶다」라고. 가라의 기부리지가가 그것 답으로 「부부가 만나 지금에 와서 다시 헤어질 수 있는가? 또한 아들도 태어났다. 그것을 버리고 어디를 간다 말인가」라고 했다. 이에 도가·고파·포나모라 3성을 함락하고 북경의 5성을 함락했다.

라고 되어 있다. [ ]에는 원래 있었다고 생각되는 기사를 보충하여 번역했다.

여기에는 혼인동맹의 성립에 대해서도 기록되어 있는데, 설정된 529년은 대가야가 「제현」에 산치한 신라의 종자를 강제로 돌려 보내고 혼인동맹이 파기된 해로 봐도 좋다고 생각한다. 그 해는 앞에서 보았듯이 신라가 금관국을 침공한 해로, 신라의 남부 진출이 착착 진행되던 때이다. 그 후, 혹은 병행해서 신라는 예정된 일정에 따라 다음의 큰 목표인 대가야에 대해 변복이라고 하는 침략 단계의 하나를 추진했을 것이다. 신라의 의도를 도저히 받아들일 수 없었던 대가야와 신라의 사이에 긴장관계가 생긴 것이다.

『일본서기』음명 5년(544) 3월소에 모이는 백세의 상표문 중에 나음과 같은 구절이 있다.

三月、百済遣奈率阿乇得文・許勢奈率奇麻・物部奈率奇非等、上表曰、……新羅春取卓淳。仍擯出我久礼山戍、而遂有之。近安羅処安羅耕種。近久礼山処斯羅耕種。各自耕之不相侵奪。而移那斯・麻都、過耕他界、六月逃去。於印支弥後来、許勢臣時、新羅無復侵逼他境。安羅不言為新羅逼不得耕種。臣嘗聞、新羅毎春秋、多聚兵甲、欲襲安羅與荷山。或聞、当襲加羅。頃得書信。便遣将士、擁守任那、無懈息也。頻発鋭兵、応時往救。是以任那随序耕種。新羅不敢侵逼。而奏百済路迴、不能救急、由的臣等往来新羅、方得耕種、是上欺天朝、転成奸佞也。

삼월, 백제, 나솔아포득문・허세나솔기마・물부나솔기비 등을 보내어 상표하여 말하기를 ……신라, 봄에 번순을 취해, 우리의 구례산 수병을 쫓아내었다. 안라에 가까운 곳은 안라가, 구례산에 가까운 곳은 사라가 농사를 지어 서로간에 침탈하지 않았습니다. 그럼에도 불구하고 이나사・마도가 경계를 넘어 경작하여 6월에 도망갔습니다. 인지미가 뒤에 온 허세신의 때에는 신라가 또 다른 경계를 침범하는 일은 없었습니다. 안라는 신라에 압박을 받아 농사를 지을 수 없게 되었다고는 말하지 않겠습니다. 나(=성명왕)는 예전부터 신라가 봄・가을마다 무기를 모아 안라와 하산을 습격하려 했던 것을 들었습니다. 또한 가라를 습격하려 했던 것을 들었습니다. 그 무렵 서신을 받아 바로 장수와 병사를 보내어 임나를 가호하는데 게으름을 피우지 않고 정예의 병사를 내어 구원했습니다. 그랬기 때문에 임나에서는 질서를 갖추고 농사를 지었으며, 신라도 감히 공격해 오지 못했습니다. 그런데 백제는 길이 멀고 급하게 도와주는 것이 불가능 하여, 적신들이 신라에 왕래하고 있기 때문에 처음으로 농사 짓는 것이 가능하게 되었다고 상표했던 것은 위로는 천조를 속이는 것이며, 간사하게 아첨하는 것이나 다름 없습니다.

여기에 「救」라고 되어 있는 것은 백제의 안라 진주를 가리키는 것이다. 그것은 531년의 일이다. 따라서 신라가 안라와 하산, 또한 가라를 습격하려 했던 것은 그 이전이 된다.

하산에 대해서는 고령군 우곡면 연동 하미에 해당한다. 고령읍에서 남동쪽으로 15km 정도 떨어진 곳이다. 「가혜의 진」에 가깝고 뒤에 가시혜현이 되는 곳이다. 동쪽에서 대가야를 공격하기 위해 우선적인 목표물이 되던 곳으로 봐도 이상하지 않기 때문에 이렇게 비정해도 괜찮다고 생각한다.

신라는 이렇게 531년 이전 시점에 대가야를 공격할 의도를 갖고 있었다. 그것에 대해 대가야가 방어하려 했던 것은 당연하며, 그 후에 충돌하게 된다. 그 경위를 좀 더 생각해 보자.

『일본서기』계체 23년 3월조 기사의 말미에 혼인동맹이 파기된 후 신라가 「遂於所経, 拔刀伽·古跛·布那牟羅三城. 亦拔北境五城」라고 되어 있다. 기사는 잠시 결착된 신라의 군사행동을 기록한 것으로, 반드시 529년으로 볼 필요는 없다.

그런데, 같은 『일본서기』의 계체 24년(530) 추9월조 말미에 이어지는 기사는 이것과 대응해서 중복으로 나오고 있다.

> 於是、二国図度便地、淹留弦晦。築城而還。号日久礼牟羅城. 還時触路、
> 拔騰利枳牟羅·布那牟羅·牟雌枳牟羅·阿夫羅·久知波多枳、五城。
> 여기에서 2국은 편의상 좋은 땅을 골라 1개월간 체류하면서 성을 쌓고 돌아갔다. 그 성을 구례모라성이라고 한다. 돌아가면서 등리지모라·포나모라·모자지모라·아부라·구지파다지의 5성을 함락했다.

여기에 보이는 「2국」은 신라와 백세를 가리키는 것인네, 이깃 진제가 2국 공동의 군사행동이라고는 생각할 수 없다. 상기 흠명 5년 3월조의 백제 상표문에 「仍擯出我久礼山戍,而遂有之」라고 있는데, 이 구례산은 구례모라 성에 해당되고, 그것은 탁순국(창원·마산)의 일부에 해당되는 것으로 생각 한다. 이 상표문에 따르면 백제는 먼저 이곳을 지키고 있었던 것이 되며, 신라가 그것을 쫓아낸 것이 된다. 2국으로 하는 것은 2국 모두 구례모라에 들어간 사실로부터의 오해일까? 혹은 구례모라성에서 안라·탁순이 왜의 백제와 신라 사이에서 타협이 성립한 것일지도 모른다.

백제가 안라까지 진주하는 것은 531년이며, 그것은 안라의 구원요청에 의한 것이었다. 안라와 탁순은 우호관계에 있었고, 백제는 안라 진주 후, 구례산에 수비병을 배치시키고, 신라의 침공에 준비했을 것이다. 하지만 그것이 성공하지 못하고 구례산을 내주게 된 것으로 생각된다. 5성을 함락 한 것은 신라였다.

『일본서기』계체 25년(531)조·분주(分註)에,

> 取百済本記為文。其文云、太歳辛亥三月、軍進至于安羅、営乞毛城。
> 본문은 백제본기의 글을 바탕으로 쓰고 있다. 그 글에는 태세신해(531) 3 월에 군이 진출하여 안라에 달해 걸탁성을 조영했다.

라고 되어 있다.

신라가 구례모라성까지 진출한 것은 금관·탁기탄·탁순의 남부 3국에 대 한 침공 마지막 단계로, 그 후 북상하여 몇 개의 성을 함락했다.

이렇게 경과를 복원해 보면 신라가 대가야를 하산 방면에서 공격하려고 했던 것은 이러한 북상과는 별도의 전선 전개였던 것이 아닐까. 혹은 백제 가 안라로 진주하기 전에 그러한 의도를 가진 백제의 안라 진주에 대항하 기 위해 북상에는 시간이 걸려 구례산을 함락하기까지 대가야 공격을 실행

할 수 없었던 것이 아닐까.

방금 본 기사는 신라의 일방적인 진격을 나타낸 것일 뿐 대가야측의 대응이 보이지 않는다. 나는 그것을 나타내는 것이 전게한 계체 8년조의 「復築城於爾列比·麻須比, 而絙麻且奚·推封. 聚士卒兵器, 以逼新羅. 駈略子女, 剝掠村邑. 凶勢所加, 罕有遺類. 夫暴虐奢侈, 惱害侵凌, 誅殺尤多. 不可詳載.」 기사라고 생각한다.

계체 8년에서는 뜻밖이지만 여기에 옮겨 이 상황을 근거로 본다면 신라에 대한 대응으로써 아무런 위화감이 없다.

신라가 함락한 제성은 구체적으로 어디일까? 포나모라를 창녕으로 비정하고, 대구·창원 사이의 낙동강 동안지역으로 생각하는 의견이 있다(9). 『일본서기』흠명 5년(544) 11월조에 백제 성명왕의 말에, 백제가 6성을 조영하면, 신라의 「구례산 5성」은 저절로 항복하고, 탁순은 부흥된다라고 한다. 만약 이 「구례산 5성」이 위의 제성에 해당하는 것이라면, 탁순, 혹은 그것에 가까운 곳이 된다. 위의 비정이 맞는가에 대해서는 별도로 하고, 창원에서 그다지 멀지 않은 범위에 있다고 생각된다.

그러하다면 대가야가 그것에 대항해서 성을 쌓은 이열비·마수비는 그것을 감안하여 생각할 필요가 있다. 전영래는 이것을 각각 의령·삼가로 비정하고 있다(10). 의령은 고지명이 장함인데, 장은 훈의 노루가 이열비를 말하는 것이라 한다. 마수비에 대해서 전영래는 삼가의 고지명으로 「삼지」와 「마장」이 있고, 「마장」이 마수비라고 하는데, 「삼지」는 현재의 합천군 삼가면의 고지명은 아니다. 통일신라시대 이래의 「삼기」와 「마장」을 조선시대에 병합하여 삼가로 한 것이고, 삼가의 중심은 일찍부터 「가수」에 있었다. 즉 삼가의 고지명은 「가수」 및 그 이전의 「가주화」이다. 「삼기」 이전의 이름으로도 「삼지」, 혹은 「마장」이 존재했던 것은 확실하지만, 「삼기」는 현재의 합천군 대병면에 중심이 있었다고 봐야 한다.

따라서 「마장」이 마수비라고 한다면 마수비는 「삼기」, 즉 대병으로 봐야 한다. 다만, 그러하다면 신라에 대항한 동부전선으로부터는 많이 떨어지게 된다.

「삼기」와 「가수」가 후에도 크게 하나로 된 것처럼 당시에도 아마 대병에서 삼가에 이르는 현재의 합천군 서남부 일대가 하나의 세력, 하나의 가야국이지 않았을까. 그리고 그 가야국이 「삼지」, 혹은 「마장」으로 불렸던 것이 아닌가라고 생각한다. 나는 그것을 우륵십이곡 중 사자기에 해당될 가능성을 지적한 바 있다.

이렇듯 대사국의 중심지는 하동으로 봐도 좋은데, 백제의 진출에 대항해서 축성한 대사는 하동군 악양면에 있는 고소성이라고 생각했다. 마찬가지로 마수비를 「마장」으로 보더라도 성을 쌓은 곳을 반드시 대병으로 생각할 필요는 없다. 신라와 대항하기 위해 축성한 마수비는 대병보다는 동쪽으로 생각해야 할 것이다. 결론적으로 삼가 방면으로 보는 것이 좋다.

대가야가 축성한 이열비·마수비가 의령·삼가인지는 확실치 않지만 자탄·대사의 경우라고 한다면 대가야의 축성은 대항해야 하는 세력에 대한 전선이기는 하지만 반드시 최전선의 축성은 아니었을 것이다. 그것은 연맹을 견고히 하고 결속시키기 위한 것이었다고 할 수 있을지도 모르겠다.

그것들을 축성해서 연계한 것이 마차해·추봉인데, 마차해는 알 수 없지만, 추봉은 현풍설과 밀양설이 있다(11). 하지만 신라의 행동에 대항하여 축성하였고, 연계했다고 하는 상황 속에서 생각한다면, 밀양설의 경우, 신라의 북상을 차단하여 크게 가로의 연계를 생각한 것이 된다. 『일본서기』흠명기에서 마지막까지 남아 있던 가야제국의 하나로 보이는 졸마가 밀양의 남쪽 김해시 생림면이라고 한다면, 여기에서 밀양이 등장해도 이상하지는 않다. 나는 밀양설이 좋다고 생각한다.

나는 이 지명들에 대해서 대가야가 축성한 이열비·마수비는 연맹 내에 속하지만, 그 이외는 연맹에 속하지 않는다고 생각한다. 연맹 외의 독립한 세력이었던 마차해·추봉도 신라와 대항하고 있었으며, 그 때문에 대가야는 그것과 연계하려 했던 것이다. 이렇게 생각하면 신라의 대가야 침공은 역시 북상 작전으로 봐야 한다. 신라는 결국 「士卒兵器, 以逼新羅. 駈略子女, 剝掠村邑. 凶勢所加, 罕有遺類」으로 기록되었듯이(물론 이것은 신라측의 과장된 표현이지만) 대가야의 반격을 받으면서도 북상하여 몇 개의 가야제국을 정복해 간 것이 된다.

한편, 대가야는 신라와 혼인동맹이 파기된 후 긴장 속에서 왜에 구원을 청했다.『일본서기』계체 23년(529) 하4월조에 그러한 내용이 나온다.

> 夏四月壬午朔戊子、任那王己能末多干岐来朝【言己能末多者、蓋阿利斯等也】。啓大伴大連金村曰、夫海表諸蕃、自胎中天皇置内官家、不棄本土、因封其地、良有以也。今新羅、違元所賜封限、数越境以来侵。請奏天皇救助臣国。大伴大連依乞奏聞。
>
> 하4월 임오가 음력 초하루인 월의 무자(7일)에 임나의 왕 기능말다간기가 조정에 찾아와【기능말다라는 것은 아리사등일 것이다】대반대련김촌에게 아뢰었다. 「해표 제번은 태중천황이 내관가를 둔 이래, 원래의 국왕을 돌보지 않고 그 땅에 봉해진 것은 참으로 도리가 있는 것이었습니다. 지금 신라는 처음에 하사 받은 한계를 무시하고 점점 국경을 넘어 침략하고 있습니다. 부디 천황에게 주상하여 나라를 구조해 주길 부탁합니다」라고. 대반대련은 요청대로 전하였다.

여기에 보이는 임나의 왕 기능말다간기에 걸쳐진 문장은 일반적으로 지적되고 있는 것처럼 노골적인 조작이니, 취할 깃이 아무깃도 없는 기사이지만, 왜에 대한 구원의 요청은 있었다고 생각한다. 왕이 「來朝」했는가에

대해서는 나도 믿어지지 않지만, 안라에 파견되어 있던 근강모야신에게 사
자를 보냈다라고 하는 정도는 있지 않았을까.

만약 그렇게 볼 수 있다면 대가야국의 역사에서 처음으로 왜를 향한 접
근이라고 하는 것이 된다. 또한 백제와 대립하고, 신라와도 대립했던 대가
야로서는 남겨진 얼마 안 되는 선택이었다고 생각된다. 다만, 현실에서는
왜가 힘이 되지 못하고 대가야(및 연맹제국)는 백제·신라의 침략책으로 인
해 쇠퇴해 갔다.

그 후 안라로 진주한 백제와 탁순을 점령한 신라가 교착상태로 되었다.
그 사이 안라가 신라편에 서는 자세를 보이자 백제는 그것을 막기 위해
541년 제국의 한기들을 왕도 사비로 소집하여 논의했는데(소위 「임나부흥
회의」), 결국 아무것도 정하지 못하고 끝났다. 안라는 그 후 얼마 되지 않아
신라에 항복했다고 생각된다.

그런데 그러한 시기를 지나 대가야 연맹 제국은 백제로 접근하는 길을
선택하게 된다. 그것은 멸망 시기를 앞당기는 결과로 이어진다.

541년에 백제의 적극적인 움직임으로 맺어진 백제와 신라의 동맹관계는
신라가 한성을 회복한 백제를 공격하여 점령하게 되면서 파기된다. 그리고
양국의 대립은 전쟁으로 이어진다. 소위 관산성 전투이다.

『삼국사기』권4·신라본기 제4·진흥왕 15년(554)조에는,

百濟王明禯與加良來攻管山城。軍主角干于德·伊湌耽知等逆戰失利。
新州軍主金武力以州兵赴之、及交戰。裨將三年山郡高于(干)都刀急擊
殺百濟王。於是諸軍乘勝大克之、斬佐平四人·士卒二萬九千六百人。匹
馬無反者。

백제왕 명농이 가량과 함께 관산성을 공격했다. 군주인 각간우덕·이찬탐

지기 대항하였으나 전황이 악화되었다. 그 때 신주 군주 김무력이 병사를 이끌고 와서 교전하게 되었다. 부장 삼년산군의 고간 도력이 세찬 공격을 퍼부어 백제왕을 죽였다. 거기에서 제군도 승기를 잡고 크게 백제군을 격파하여 좌평 4인·사졸 2만9천6백명을 베었다. 말 한마리도 돌아가지 못했다.

라고 기록되어 있다. 『일본서기』에도 대응되는 기사가 있다.

그것에 의하면 양자의 교전은 관산성(함산성)·구천에서 행해졌고, 백제의 성왕(성명왕)이 전사하였으며, 백제의 패배로 끝났다. 성왕을 죽인 인물이 달라, 『삼국사기』에서는 「비장삼년산군고간도도」, 『일본서기』에서는 「좌지촌사마노고도」, 또는 「곡지」이다. 어쨌든 신라의 승리로 끝난 것은 틀림없으며, 이로 인해 거기에 출병했던 대가야 연맹의 명운도 정해졌다고 할 수 있다.

신라는 561년에 대가야를 향해 신라의 전선에 해당하는 창녕에 비문을 세운다. 『진흥왕창녕순수비』로 불리는 이 비는 현재도 창녕에 있다. 그것은 사훼령력지잡간 이하가 그 땅에 모인 것을 기록한 것으로, 왕도 거기에 가서 제신들과 만난 것으로 생각된다.

사탁령력지잡간이란 관산성 전투에서도 활약한 김무력을 가리킨다. 이것은 신라의 대가야에 대한 시위행동이다.

그리고 다음 해 신라는 대가야를 공격한다.

『삼국사기』권4·신라본기 제4·진흥왕 23년(562)조에,

九月、加耶叛。王命異斯夫討之。斯多含副之。斯多含領五千騎先馳入栴 (梅)檀門、立白旗。城中恐懼、不知所爲。異斯夫引兵臨之、一時盡降。論

功斯多含爲最。王賞以良田及所虜二百一(口？)。斯多含三讓、王强之、
乃受其生口、放爲良人。田分與戰士。國人美之。

9월에 가야가 배반했다. 왕은 이사부에 명하여 토벌시켰다. 사다함이 보
좌했다. 사다함은 오천기를 이끌고 선봉에 서서 전단문으로 들어가 백
기를 세웠다. 성안은 공포에 싸여 어찌할 바를 몰랐다. 이사부가 병사를
이끌고 성으로 향하니 일시에 항복했다. 논공행상에서 사다함이 제일이
었다. 왕은 포상으로 양전良田과 포로 200명을 내렸다. 사다함은 세 번 거
절하였으나, 왕의 강한 뜻에 의해 포로를 받았는데, 해방시켜 양인으로 되
었다. 토지는 전사들에게 나누어 주었다. 나라의 사람들은 그것을 칭찬
했다.

라고 기록되어 있고, 『삼국사기』권44·사다함에도 대응되는 기사가 있다.
　여기에는 대가야에 대한 공격 기록뿐이지만, 대가야가 항복하고 다른 제
국도 그것에 따랐던 것으로 생각된다.
　『일본서기』흠명 23년(562)년조에는,

春正月、新羅打滅任那官家。【一本云、廿一年、任那滅焉。総言任那。別
言加羅国·安羅国·斯二岐国·多羅国·卒麻国·古嵯国·子他国·散半
下国·乞湌国·稔礼国、合十国。】

춘정월, 신라가 임나의 관가를 멸하였다【어떤 기록에는「21년에 임나가 멸
망했다」되어 있다. 대체로 임나라고 하는데, 구체적으로는 가라국·안라
국·사이기국·다라국·졸마국·고차국·자타국·산반하국·걸찬국·임례국
라고 한다. 합쳐서 10국이다】.

라고 되어 있는데, 이 시점까지 모두 남아 있었는지는 불명확하지만, 註에

보이는 「가라국·사이기국·다라국·고차국·자타국·산반하국·걸찬국·임례국」의 8국은 대가야 연맹에 속해 있던 나라로 볼 수 있다.

물론 이것에 의해 「임나관가」가 소멸된 것은 아니다. 원래부터 그러한 것은 없었고, 여기에서 소멸한 것은 「가야제국」이다.

그렇다면 이 전쟁은 젊은 사다함이 오천기를 거느리고 선봉에 서서 문에 기를 세우고 이사부가 성으로 향한 것만으로 대가야가 항복했다고 말하고 있지, 특별히 전투에 대한 기록은 없다. 이미 기세가 기울어져 있어 그다지 전의도 없었을 것이다.

주

(1) 田中俊明, 1992, 『大加耶連盟の興亡と「任那」』吉川弘文館을 참조.

(2) 이것에 대해서는 田中俊明, 2003, 「高句麗進出以後の金官國」(『가야와 광개토대왕』제9회 가야사국제학술회의, 김해시)에서 상술하였다.

(3) 高寬敏, 1997, 『古代朝鮮諸國と倭國』雄山閣. 이 설에 의하면 내륙에 해당하는 고구려령 「모한」 「진한」에 대해, 왜군의 침공이 기대되었다고 하는 것인데, 그러한 상정이 가능하다면, 가라침공만 불가능했다고 할 필요는 없다.

(4) 山尾幸久, 1989, 『古代の日朝關係』塙書房.

(5) 田中史生, 2013, 「倭の五王と列島支配」『岩波講座日本歷史』1.

(6) 田中俊明, 2012, 「武寧王代百濟の對倭關係」『百濟文化』46輯.

(7) 田中俊明, 2009, 「いわゆる「任那4縣割讓」記事の新解釋」 石門李基東教授停年紀念論叢刊行委員會編 『韓國古代史研究の現段階』周留城出版社.

(8) 田中俊明, 2009, 『古代の日本と加耶』山川出版社.

(9) 鮎貝房之進, 1971, 『日本書紀朝鮮地名攷』國書刊行會(復刻).

(10) 全榮來, 1985, 「百濟南方境域の変遷」, 『千寬宇先生還曆紀念韓國史學論叢』正音文化社.

(11) 末松保和, 1956, 『任那興亡史』吉川弘文館(再刊).

「가야의 전쟁」에 대한 토론문

이 영 식 (인제대학교)

첫째, 발표문에서 기병騎兵의 사료가 인용된 것은 「광개토왕릉비」영락10년(400)조, 『삼국사기』권4 신라본기4 진흥왕15년(554)조와 『일본서기』흠명15년(554)년 12월조, 『삼국사기』권4 신라본기4 진흥왕23년(562)조의 3개뿐이다. 전쟁의 전개에 대한 천착이 있을 뿐, 기마騎馬나 마구馬具에 관련된 논급은 전혀 없으므로, 특별한 감상이나 의문점이 있을 수 없다. 다만 「광개토왕릉비」에 광개토왕이 신라구원군으로 파견했던 '보기步騎 5만'에 대한 보족을 하고 싶다.

400년, 5세기 초에 광개토왕이 파견한 기병은 이미 4세기 중엽 안악3호분 벽화 행렬도의 중장기병으로 보이며, 고구려를 상대했던 아라安羅의 마갑馬甲은 5세기 중엽의 함안 마갑총의 출토품으로 확인된다. 마갑총의 주인공은 고분의 연대로 보아 「광개토왕릉비」의 전쟁에 참가했거나 고구려 군으로부터 획득했던 인물이었을 가능성도 있다. 함안 말이산고분군에서 마갑의 출토 예가 이 한 점에 국한되고 있다는 것은 아라국의 생산품이라 기보다는 400년 전쟁의 전리품으로 추정하는데 유리하다. 더구나 이러한 상황은 『삼국지』한전이 전하는 '부지승마不知乘馬' '편보전便步戰'의 단계와는 분명히 구별되는 단계로 기병없이 보병전만을 일삼던 3세기말까지의 상황과 차이가 있는 것으로 가야 마구의 도입과 기병으로의 전개는 이 사이에 이루어졌을 것으로 생각할 수 있는 자료가 될 것으로 생각한다.

눌째, 「광개토왕릉비」의 '임나가라士那加羅'를 금관金官·딕순卓淳' 이리女羅의 연합으로 보았는데, 바로 뒤에 오는 종발성從拔城의 표현이 걸린다. 종발성이 3개국의 성이 될 수는 없지 않을까 한다.

셋째, 『일본서기』신공기의 이른바 가라칠국평정 전승에 대한 야마오유키히사山尾幸久의 3주갑 인하론을 수용하면서 4세기 '왜의 대가야 진출'을 논하였으나, 이미 츠다쏘우키지치津田左右吉 이래 사료적 신빙성을 부정해 왔던 기사에 대한 기본적 이해에 찬동할 수 없다. 백제적 주장 + 씨족전승의 과장 + 일본서기적 윤색에 기초한 사료비판에서 신공 49년조나 62년조의 기사가 역사적 사실로 남을 수 있는 부분은 거의 없다. 또한 왜왕 제濟의 칭호 요청에 기라加羅가 포함된 것이 가라진출의 실패한 때문이라 하였으나, 그렇다면 함께 요청했던 임나任那의 칭호는 어떻게 설명해야 할 것인가? 더구나 발표자는 임나를 금관·탁순·아라 등을 포함한 가야남부제국으로서 왜국의 동맹국이라하였다. 어떻게 생각하시는지 의견을 듣고 싶다.

넷째, 『일본서기』계체 23년 4월에 왜로 건너갔던 임나왕任那王 코노마타칸키己能末多干岐를 대가야 왕으로 보지만, 그의 송환에 부쳐진 왜의 사신은 아라安羅에 있는 오우미노케나노오미近江毛野臣에게 보내졌다. 고노마타칸키가 돌아 간 곳도 아라安羅였을 것으로 생각하는 게 타당하지 않을까? 따라서 이 임나왕 코노마타칸키는 아라국왕으로 보는 것이 좋을 듯한데, 어떠한지 선생님의 의견을 듣고 싶다.

가야와 주변국의 전쟁과 전술

서 영교*

Ⅰ. 머리말

삼국시대 한반도에는 수많은 전쟁이 있었던 것으로 짐작된다. 하지만 기록으로 남은 것은 그 보다 많지도 않을 것으로 보이며, 상세하지도 않다. 『삼국사기』에는 전쟁 자체의 일부 기록은 남아있으나 가야의 전술을 다룬 것은 극히 드물다. 『일본서기』에도 이는 마찬가지다. 가야의 전쟁과 전술에 대한 집필을 청탁받고도 그 주변국가의 그것으로 제목을 확대시킬 수밖에 없었던 것은 이 때문이다.

목차 상 논리적 기승전결을 이루지도 못하고 3개의 사례만을 들 수밖에 없었다. 사례들을 분석하는 방법론은 이러하다. 전장을 알 수 있는 것은 현

---

* 중원대학교 한국학과

재의 지형을 면밀히 관찰하고, 전쟁 상황을 복원했고, 전술은 알 수 있지만 전장을 알 수 없는 것은 서양의 전쟁사지식을 활용했다.

먼저 신라 지마이사금 때 김해가야와의 전쟁에 대해 다루었고, 다음으로 내물왕시기로 보이는 신라와 왜의 전쟁을 다루었다. 마지막으로 가야-백제-왜 연합군과 신라군이 벌인 관산성 전투에서 왜궁부대倭弓部隊의 활약을 중심으로 살펴보았다.

II. 黃山河 매복전

신라 지마이사금 때였다. 이 시기 가야와 신라 사이에 분쟁이 있었다.

> 4년 봄 2월, 가야가 남쪽 변경을 약탈하였다.
> 가을 7월, 왕이 가야를 직접 공격하였다. 보병과 기병을 거느리고 황산하黃山河를 지나는데 가야인들이 숲林 속에 군사를 매복시키고 기다렸다. 왕은 이를 모르고 곧바로 전진하였는데, 복병이 나와 왕을 여러 겹으로 포위하였다. 왕은 군사를 지휘하여 맹렬히 싸워 포위를 뚫고 퇴각하였다.[1]

위의 기록은 『삼국사기』 초기기록으로 기년에 문제가 있다고 본다. 하지만 전쟁 그 자체는 사실 반영하고 있다고 생각된다. 그 곳은 가야와 신라 사이에 전쟁이 일어날 수 있는 지형이었다. 여기에 대해서는 뒤에 상론하겠다. 4년 7월 기록에서 무엇보다 주목되는 것은 전쟁의 장소 황산하黃山河

---

1) 『三國史記』 권1, 지마이사금 4년 2월 조 "四年, 春二月, 加耶寇南邊. 秋七月, 親征加耶. 帥步騎, 度黃山河, 加耶人伏兵林, 薄以待之. 王不覺直前, 伏發圍數重, 王揮軍奮擊, 決圍而退."

이다. 『삼국사기』 탈해이사금 21년(77) 8월 조를 보아도 이곳에서 신라와 김해가야 사이의 전쟁이 있었던 것으로 나와 있다.

> 21년 가을 8월, 아찬 길문이 가야 군사를 상대로 황산진 입구에서 싸워 1천여 명을 죽였다. 길문을 파진찬으로 임명하여 그 전공에 해당하는 상을 주었다.[2]

낙동강은 당시 황산강黃山江으로 불리었을 수도 있다. 아찬 길문이 가야 군사와 황산진 어귀에서 싸워 1000명을 베었다고 했다. 황산은 김해가야와 신라가 경계를 맞대고 장기간 영토를 다투던 곳이 확실하다.

그림 1. 낙동강과 양산 물금의 전경

북동에서 남서로 기울어져 있는 평탄한 양산단층구조곡을 따라 주요간선도로가 나 있다. 35번 국도와 경부고속도로는 경주에서 양산을 거쳐 강

---

2) 『三國史記』 권1, 탈해이사금 21년 8월 조 "二十一年, 秋八月, 阿飡吉門, 與加耶兵, 戰於黃山津口, 獲一千餘級. 以吉門爲波珍飡, 賞功也."

을 건너면 곧장 김해로 이어진다. 강폭이 줄어드는 물금勿禁에서 낙동강을 건너는 것이 가장 용이하다. 옛날에도 이 평탄한 경로를 썼을 것이다. 군사가 대규모로 오간다면 더욱 그러하다. 황산진은 지금 양산시 물금읍 일대나 양산 가산리 호포 일대로 여겨진다.

837년 5월 신라하대 왕위쟁탈전에 패배한 근친왕족 김우징(신무왕)도 완도 청해진으로 망명하기 위해 황산黃山의 나루터를 찾았다.

> (희강왕)2년 4월… 아찬 우징이 그의 아버지 균정이 피살되었다는 이유로 원망에 찬 말을 하고 다니자, 김명과 이홍 등이 이를 불만스럽게 생각하였다.
>
> 5월, 우징은 자기에게 화가 미칠 것을 두려워하여, 그의 처자와 함께 黃山津口로 도주하여, 배를 타고 가서 청해진 대사 궁복에게 의탁하였다.
>
> 6월, 균정의 매부 아찬 예징이 아찬 양순과 함께 도주하여 우징에게 투항하였다.[3]

836년 12월 신라 궁정에 벌어진 무력대결에서 김우징의 아버지 김균정이 살해되었고, 당숙인 김제륭이 희강왕으로 즉위했다. 그러자 그는 아버지를 죽인 당숙에 대해 품은 한을 표출하고 다녔고, 희강왕과 실권자인 근친왕족 김명金明(충공의 아들)의 미움을 샀다. 위협이 다가오자 살기위해 가족을 데리고 경주에서 양산 황산진구로 가서 완도의 청해진으로 가는 배를 탔다. 다음 달 그의 부하인 예징과 양순도 청해진으로 향했다. 여기서 황산이 경주에서 바다로 나가는 창구이기도 했던 것을 알 수 있다.

---

3) 『三國史記』 권10, 희강왕 2년 4~5월 조 "二年, 夏四月, … 阿湌祐徵, 以父均貞遇害, 出怨言, 金明·利弘等不平之. 五月, 祐徵懼禍及, 與妻子奔黃山津口, 乘舟往依於淸海鎭大使弓福. 六月, 均貞妹壻阿湌禮徵, 與阿湌良順亡投於祐徵."

지마이사금 4년 신라군이 황산강을 지나는데 가야인들이 숲林에 군사를 매복하고 기다렸다고 한다. 이는 신라군이 숲이 울창한 산기슭 앞 강변에서 도하를 하려 했다는 것을 반영하는 것으로 여겨진다. 신라군이 강변을 바라보고 있는 상태에서 가야군이 숲에서 나타나 겹겹이 포위했던 것 같다.

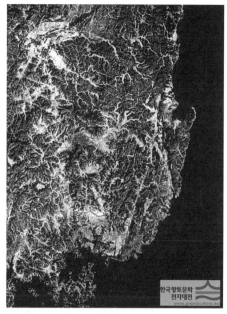

그림 2. 양산 구조곡

신라군의 진군행로는 다음과 같이 추정된다. 구조곡을 따라 경주에서 언양을 거쳐 양산 통도사 부근에서 양산천을 따라 내려오다가 낙동강의 강폭이 좁아지는 물금의 강변으로 가기 위해 강서동에서 가촌리로 직진하다가 약간의 거리만큼 북쪽으로 방향을 바꾸어야 했던 것으로 여겨진다.

가야군은 가장 폭이 좁은 낙동 강변 도하 위치의 배후에 있는 오봉산(533M) 기슭에 매복했던 것으로 보인다. 또 하나의 가능성을 보자면 현 양산천 동쪽 충적지 중앙동—석산리–가산리를 거쳐 호포에서 낙동강을 도하하려다 금정산(800M) 아래쪽 기슭의 숲속에 있던 가야군의 공격을 받았을 수도 있다.

한편 물금읍 증산리 강변 평지에 증산(135M)이 돌출해 있다. 강이 내려다보이는 사면에 회산성이 있고, 강 선너 심해의 내동면 딕산리에는 심국시대 축조된 것으로 보이는 각성산성閣城山城이 있다. 두 성은 강을 사이

에 두고 마주보는 형국이며, 상호 도하를 저지하는 역할을 하기 위해 축조되었던 것으로 보인다.[4]

위의 기록에서 "복병이 나와 왕을 여러 겹으로 포위하였다. 왕은 군사를 지휘하여 맹렬히 싸워 포위를 뚫고 퇴각하였다."라고 하고 있다. 당시 상황을 나름 복원해 보면 다음과 같다.

낙동강 도하를 위해 폭이 좁은 강변으로 향하던 신라군은 배후의 산에 매복한 가야군들이 나타났을 때 당황했고, 포위당하자 의도치 않은 배수진을 칠 수 밖에 없었던 것으로 추측된다. 그러한 상황에서 신라군은 도하를 포기하고 상황을 타개하는데 전력을 쏟았을 것이다. 뒤는 강인데 삼면으로 포위된 신라군은 상당한 고전을 하다가 결국 포위를 뚫고 퇴각했다.

신라는 이듬해 8월에 다시 가야를 공격하기 위해 군대를 일으켰다.

> 5년 가을 8월, 장수를 보내 가야를 공격하게 하고, 왕은 정병 1만을 거느려 뒤를 이었다. 가야는 성을 닫고 굳게 수비하였다. 그 때 마침 비가 오래 내렸으므로 왕은 되돌아 왔다.[5]

가야는 같은 매복 작전을 2번 쓸 수 없었던 것으로 보인다. 신라군이 낙동강을 도하했고, 가야의 성 앞에 다가섰던 것으로 보인다. 가야군은 성문을 닫고 농성을 했다. 장마가 계속되는 가운데 신라군은 성을 함락시킬 수 없었고, 마침내 철수 했다. 물론 철수가 장마 때문만은 아니며, 잘 준비된 가야군의 모습을 신라가 간파했기 때문일 수도 있다. 동쪽에서 강을 넘어온 신라가 가야의 성을 바로 함락시키지 못하고 있는 가운데 다른 곳에서

---

4) 『양산시 문화유적 정밀지표조사 보고』 창원대학교 박물관·양산시 1996, 참조.
5) 『三國史記』권1, 지마이사금 5년 8월 조 "五年, 秋八月, 遣將侵加耶, 王帥精兵一萬以繼之, 加耶嬰城固守. 會久雨, 乃還."

가야의 원군이 온다면 강을 건너지도 못하고 전멸할 수도 있다.

Ⅲ. 진법전陣法戰-왜倭의 진陣 측면 공격

창병의 진陣과 진陣이 서로 부딪쳐서 상대방의 대열을 깨는 것이 고대의 일반적인 전투였다. 『일본서기』 권11, 인덕천황 53년 5월 조에 (가야지역?)4읍邑을 놓고 벌어진 신라와 왜의 진전陣戰 흔적이 보인다.

…"신라가 조공하지 않았다. 上毛野君의 선조 竹葉瀨를 보내 조공하지 않은 까닭을 묻게 하였다. 이 도중에서 흰 사슴을 잡았다. 돌아와서 천황에게 바쳤다. 다시 날을 잡아 길을 떠났다. 얼마 후 竹葉瀨의 아우 田道를 거듭 보냈다. (천황이) 조詔하여 "만약 신라가 대항하거든 군사를 일으켜 공격하라"고 하고, 날랜 병사를 (왜인 장수 田道에게) 주었다. 신라는 군사를 일으켜 맞섰다. 이 때 신라인은 매일 싸움을 걸어왔다. 그러나 田道는 요새를 굳게 지키고 나가지 않았다. 그 때 신라 병졸 한 명이 진영 밖으로 나온 것을 붙잡아다가 물으니, "힘 센 사람이 있어 百衝이라 하는데 그는 날래고 용감하여 항상 군의 오른쪽 선봉이 되고 있다. 그러니 기회를 엿보아 왼쪽을 공격하면 물리칠 수 있을 것이다"라고 대답하였다. 신라군이 왼쪽을 비워 오른쪽을 방비하였을 때, 田道는 날랜 기병을 계속 보내 그 왼쪽을 공격하였다. 그리하여 신라군이 무너지자, 그 틈을 타 병사를 풀어 수백 명의 사람을 죽이고, 4邑의 백성을 사로잡아 돌아왔다.[6]

---

6) 『日本書紀』卷11, 仁德天皇 53年(三六五)五月 夏五月, 遣上毛野君祖竹葉瀨, 令問其闕貢, 是道路之間獲白鹿, 乃還之獻于天皇, 更改日而行, 俄且重遣竹葉瀨之弟田道, 則詔之日, 若新羅距者擧兵擊之, 仍授精兵, 新羅起兵而距之, 爰新羅人日日挑戰, 田道固塞而不出, 時新羅軍卒一人有放于營外, 則掠俘之, 因問消息, 對日, 有强力者, 日百衝, 輕捷猛

위의 기록은 문제가 없지 않다. 津田左右吉은 이 기사를 만들어낸 이야기라고 했다. 그는 그 근거로 다음의 두 가지를 들었다. 먼저 지리적 기재가 전연 없고, 다음으로 百衝은 일본명日本名인데 그가 신라인으로 나온다는 것이다.[7] 신라에 승리한 왜인들의 전승으로 내려오는 무용담이었을 수도 있으며, 단순하게 만들어진 이야기로 볼 수도 있다.[8]

하지만 그렇게 단정하기에는 초기 신라 역사에 왜'倭'의 그림자가 너무나 짙다. 『삼국사기』 신라 본기에 1대 신라왕인 혁거세 8년(기원전 50)부터 소지왕 22년(500)까지 총 59회의 왜 관련 기록이 보인다. 그 가운데 신라에 대한 왜의 침략기록이 압도적으로 많다. 교빙·구혼·인질·절교 등의 외교기록을 제외하면 36회가 그에 해당된다. 여기에는 왜가 내습한다는 거짓말 1회(지마 11년-122) 왜의 내습에 대한 신라의 전쟁준비 2회(유례 4년-287·소지 15년-493), 신라의 선제공격계획기도 2회(유례 21년-295·실성 7년-408)를 포함한 것이다. 왜가 내습한 지점, 신라가 내습한 왜와 싸운 장소, 혹의 왜의 침구에 대비하여 성을 쌓은 곳으로 목출도木出島(1회)·금성金城(4회)·사도沙道(1회)·사도성沙道城(1회)·일례부—禮部(1회)·장봉성長峯城(1회)·장봉진長峯鎭(1회)·풍도風島(2회)·토함산吐含山(1회)·독산獨山(3회)·부현斧峴(1회)·명활성明活城(2회)·월성月城(1회)·활개성活開城(1회)·십량성歃良城(1회)·오도五道(1회)·임해진臨海鎭·장령진長嶺鎭(1회) 등이 보인다.[9]

바다를 건너온 왜인들은 주로 신라의 수도 주변 지역을 위협했다. 그야

幹.每爲軍右前鋒.故伺之擊左則敗也.時新羅空左備右.於是.田道連精騎擊其左.新羅軍潰之.因縱兵乘之.殺數百人.卽虜四邑之人民以歸焉.

7) 坂本太郞 等 校註『日本書紀』岩波書店 1967, 410쪽 頭註.

8) 3장에서 이하는 필자의 다음 글을 인용했다. 徐榮敎, 「新羅 黑衣長槍末步幢」『軍史』74, 2010.

9) 旗田巍, 「『三國史記』新羅本紀にあらわれた'倭'」『日本文化と朝鮮』2, 朝鮮文化史編, 1975;「삼국사기 신라본기에 보이는 倭」『고대한일관계사의 이해—倭』(김기섭 편역, 이론과 실천, 1994) 108쪽.

말로 신라사는 왜와의 전쟁으로 점철되어 있다. 『일본서기』 인덕천황 53년 5월 조는 수없이 치르진 신라와 왜인 사이의 전투 기록 가운데 하나일 수도 있다.

津田左右吉의 지적대로 百衝을 일본명日本名으로만 볼 수 있을까. 신라군대의 편제 단위는 '당幢'이었다. 그것은 고구려의 영향이었다. 신라는 400년 광개토왕의 남정이후 고구려의 지배를 받았다. 「광개토왕비문」을 보면 왕 14년(404)에 왕당王幢이출동하여 왜구를 궤멸했다. 고구려는 왜의 공격으로 위기에 처한 신라를 구원해주었을 뿐만 아니라 자국의 군사시스템을 전해주었다. 6세기 중반에 만들어진 「단양신라적성비」를 보면 추문촌당주鄒文村幢主'·'물사벌성당주勿思伐城幢主'가 있다.

1개 당幢의 병사가 100명이었다. 그 사실은 『위서』 권103, 유유전蠕蠕傳에서 확인된다.[10] 우연히도 『일본서기』 권14, 웅략천황 8년 조의 기록을 보면 "고려왕은 정병精兵 100명을 보내어 신라를 지키게 했다"고 한다. 「중원고구려비」에 신라토내당주新羅土內幢主'가 보인다.

위의 기록을 보면 신라군 가운데 백충百衝이라 하는 날래고 용감한 군인의 존재를 언급하고 있다. 그는 신라의 오른쪽 대열(진陣)의 선봉장이었다. 여기서 그의 이름 '百衝'은 주목된다. 신라의 1개 당幢인원이 100명이라는 것과 무관한 것일까. 당주幢主는 100명을 이끄는 '백부장'이다. 100명으로 구성된 그의 부대는 적을 향해 부딪치는(衝) '百衝'일 수도 있다.

신라의 오른쪽 대열이 강했다고 하는 것은 백충이란 용감한 영웅 때문이라고만은 볼 수는 없다. 진陣에서 군인이 얼마나 용기와 힘을 지닌 존재인가는 중요하지 않다. 조직의 전체적 맥락 속에서 부과된 역할을 얼마나 충실히 수행하고 있는지가 중요하다.

---

10) 『魏書』 권103, 蠕蠕傳 "始立軍法 千人爲軍, 軍置將一人, 百人爲幢, 幢置帥一人."

진법陣法이란 개개인의 무용이나 현재와 같은 전술적 움직임이 아니라 병사들의 유기적인 연결에 집중하게 된다. 진법陣法에서 규율Discipline은 단체적 훈련을 통해 숙달되는 기계적 단결이다.[11] 그야말로 진법陣法은 신체의 운동을 눈금처럼 분할하고 통제하는 규율을 병사들에게 체화體化시키는 작업이다.[12] 여기서 규율이란 신체의 활동에 대한 면밀한 통제를 가능케 하고, 신체에 대한 지속적인 복종을 확보하는 것이며, 활동의 결과보다는 활동의 과정에 주목하여 신체운동을 바둑판의 눈금처럼 분할하는 것이다.

규율Discipline은 유용성이라는 경제적 관계에서 신체의 힘을 증가시키고 복종이라는 관계에서 보았을 때 그 힘을 감소시킨다. 그것은 신체를 소질·능력으로 만들고 그 힘을 증대시키려는 반면, 신체에서 발생하는 위력을 통제할 수 있는 에너지로 역전시켜 엄한 복종관계로 만들어낸다.[13] 이때 병사들은 복종시킬 수 있고 쓰임새가 있으며, 변화시킬 수 있는 완전히 만들어진 신체가 된다. 실로 여기서 다수 인간의 복종에 나타나는 합리적 통일성이 나올 수 있는 것이다.

앞서 언급한 기록을 다시보자. "힘 센 사람이 있어 백충 百衝이라 하는데

---

11) Weber는 그의 저서 『경제와 사회』 3권의 13장에서 전쟁 규율에 대한 언급을 하고 있다. 그는 여기서 Discipline은 功에 눈이 어두운, 개인적 명예를 쟁취하려고 하는 냉철하지 못한 戰士와는 거리가 멀다고 단언하고 있다(Max Werber, *Economy and Society Vol.3*(Edited by Guenther Roth and Claus Wittich, Bedminster Press, New York, 1968, pp.1148~1155).

12) Peter Alexis Boodberg, *The Art of War in Ancient China—A Study Based Upon The Dialogues of Li, Duke Wei*, pp.36~37.
Brian Campbell, *The Roman Army, BC.31—AD.337*, Routledge, London and New York, 1994, pp.15~20.

13) J. S., Captain, *Military Discipline or The Art War*, Published and sold by Robert Morden, London, 1689, pp.10~15.
George W. Currie, *The Military Discipline of the Romans from the Founding of the City to the Close of the Republic*, Published under the auspices of the Graduate Council of Indiana University, 1928, pp.30~50.

그는 날래고 용감하여 항상 군의 오른쪽 선봉이 되고 있다. 그러니 기회를 엿보아 왼쪽을 공격하면 물리칠 수 있을 것이다."

필자는 이 기록이 진陣에 힘이 항상 오른쪽으로 쏠리는 현상을 보여주고 있다고 여기고 싶다. 왼손에 방패를 오른 손에 창을 들고 앞으로 나아가면, 1열의 창은 허공으로 나가지만 2, 3, 4열의 경우 각 열의 병사들의 간격만큼 뒤로 포개진다. 동시에 각각 바로 앞 대열의 병사 오른손 팔뚝 두께만큼 더 우측으로 창을 내밀게 된다. 대열은 자연스럽게 우측으로 기울어지는 사선이 형성된다.

고대 그리스 테베의 에파미논다스는 팔랑스(Phalance-진陣)가 우익에 힘이 쏠리는 현상을 발견했다. 그것은 단지 병사들이 오른팔로 창을 들고 왼팔로 방패를 드는 사실 때문에 생긴 결과였다. 보통은 우익이 때로는 양측 우익 모두가 승리할 때도 있었다. 에파미논다스는 왼쪽의 종심을 깊게 할 경우 정면축소에 따라 노출되는 측면을 기병이 엄호하게 했다. 좌익은 정면이 축소되기는 했지만 적에게 포위되지 않았고, 종심강화에 따른 충격력을 이용해서 적의 우익의 공격에 견딜 수 있을 뿐만 아니라 적극적으로 공격할 수도 있었다. 새로운 진법을 발견하고 자국의 군대에 적용시킨 테베는 전사국가 스파르타를 패배시키고 그리스의 패권을 장악했다.[14]

왜군과 싸웠던 신라군의 모습을 다시 그려 보면 다음과 같이 추측된다. "왼쪽을 비워놓고 오른쪽을 방비하였다."라고 하는 것은 힘을 쓸 수 없는 왼쪽 대열의 종심을 약하게 하고 힘을 쓸 수 있는 오른쪽 대열의 종심을 강화시킨 것이다. 그것은 왜인들이 신라군의 왼쪽대열을 상대하는 오른쪽 대열을 약화시키고, 신라군의 오른쪽 대열을 상대하는 왼쪽대열을 강화시켰기 때문일 수도 있다. 물론 신라군이 왼쪽을 약화시켰지 완전히 비운 것은

---

14) 델브뤼크 著, 민경길 譯, 『兵法史』1권 한국학술정보, 2009. 183-185, 204-205쪽.

그림 3. 마케토니아 장창보병진長槍步兵陣

아니었을 것이다. 약한 왼쪽대열 측면으로 예상치 못한 왜군의 기병들[15]이 갑자기 지속적으로 공격하였고 무너졌다. 신라군의 주력인 오른쪽 대열은 왜군의 왼쪽대열의 강력한 견제를 받고 있었기 때문에 아무것도 할 수 없었을 것이다.

신라인들과 왜인들은 중국의 병법을 배우지 않았다고 하더라도 진陣을 이루고 싸우는 것이 효율적이라는 것 정도는 그들도 알고 있었다고 보아야 한다. 에너지를 모으기 위해 진陣이라는 형태를 만들어야 하며, 모矛는 개개인이 싸울 때 쓰는 무기라기보다 대열을 이룰 때 그 위력을 발휘한다.

奈良縣 남부의 吉野ヶ里遺蹟에서 대형의 분구묘墳丘墓를 정점으로 두 줄로 장대하게 늘어선 옹관묘甕棺墓와 토광묘土壙墓의 열은 유력한 수장과 일반적 구성원의 관계를 상정하기에 충분하다. 분구묘墳丘墓에 포함된 옹관甕棺에서는 세형동검과 관옥管玉 등이 출토되는 반면에 대열 속의 옹관에는 다수의 석족石鏃이 박힌 것으로 보이는 인골이 확인되고 있다. 분구묘墳丘墓가 전쟁지도자로서 수장일족의 존재를 보여준다면 옹관묘와 토광묘의 열

---

15) 왜의 기병에 대해서는 여기서 언급하지 않았다. 倭의 騎兵이 신라군의 진을 왼쪽 측면에서 공격하여 붕괴시킨 이 기록은 매우 돌출적이다. 하지만 그 존재를 부정할 수는 없다. 후고를 준비 중이다.

은 전투에 참가했던 일반 구성원의 존재를 보여준다. 분구묘墳丘墓의 수장은 전쟁을 통해 정치적 지배를 강화하였고, 강화된 지배력은 일반구성원을 고분을 축조하는 노동력으로 동원할 수 있었으며, 다시 전투조직의 구성으로 전개되었다. A. Ferril은 전쟁이 인간들이 집단적으로 대오formation를 맞춰 싸우는 행위라고 정의하지만, 吉野ケ里遺蹟의 매장양상은 사후에도 대오를 잃지 않으려는 전투조직의 일면을 보여주고 있는 듯하다.[16]

Ⅳ. 관산성管山城 전투와 왜궁倭弓

가야의 병력이 관산성 전투에 개입한 흔적이 『삼국사기』 권4, 진흥왕 15년(554) 7월 조에 보인다. 그것은 백제와 신라의 결전이기도 했지만, 가야의 운명도 여기서 어느 정도 결정되었다고 해도 과언이 아니다.

① 15년 가을 7월, 명활성을 수축하였다. ②백제왕 명농聖王이 가랑加良과 함께 와서 관산성을 공격하였다. 군주 각간인 우덕과 이찬 탐지 등이 이들과 싸웠으나 불리하게 되었다. ③신주의 군주 김 무력이 주병을 이끌고 와서 이들과 교전하였는데, ④비장인 삼년산군의 고간 도도가 재빨리 공격하여 백제왕을 죽였다. ⑤이 때 모든 군사들이 승세를 타고 싸워 대승하였다. 이 싸움에서 좌평 네 사람과 장병 2만 9천6백 명을 참살하였다. 백제군은 말 한 필도 살아서 돌아가지 못했다.[17]

---

16) 李永植, 「古代의 戰爭과 國家形成」, 『한국고대사연구』 16, 1999, 26–27쪽.

17) 『三國史記』 권4, 진흥왕 15년(554) 7월 조 "十五年, 秋七月, 修築明活城. 百濟王明禯與加良, 來攻管山城, 軍主角干于德·伊飡耽知等, 逆戰失利. 新州軍主金武力, 以州兵赴之, 及交戰, 神將三年山郡高于都刀(高干都刀)㉠, 急擊殺百濟王. 於是, 諸軍乘勝, 大克之, 斬佐平四人, 士卒二萬九千六百人, 匹馬無反者."

위의 『삼국사기』 기록은 길지 않지만 관산성전투의 전 과정 대한 기승전
결이 있다. 편의상 위의 기록을 5개 부분으로 나누고, 같은 사건을 다루고
있는 제 기록과 비교검토해 보고자 한다. 먼저 ①에서 554년 7월에 명활성
을 쌓았다고 하고 있다. 이 성은 경주의 동쪽에 위치한 성이며, 이때 처음
쌓은 것은 아니다.[18] 관련 『삼국사기』 기록을 보자.

4년 여름 4월, 왜병이 명활성을 공격했으나 이기지 못하고 돌아가는데,
왕이 기병을 거느리고 독산 남쪽에서 요격하였으며, 다시 싸워 그들을 격
파하고 3백여 명을 죽였다.[19]

위의 405년 기록에서 명활성이 왜군을 막는 요새임을 알 수 있다. 554년
7월 진흥왕이 명활성을 수리하여 왜군의 수도 침공에 대비하고 있었다는
것을 말해준다. 동시에 그때 백제 성왕이 가야군과 함께 신라의 관산성(충
북 옥천)을 공격해왔다.

②관산성을 수비하던 신라 장군 우덕과 탐지가 백제와 가야 연합군의 공
격에 의해 수세에 몰렸다. 이 전투에 가야군 뿐만 아니라 왜군도 가담했다.
같은 시기 같은 사건을 담고 있는 『일본서기』 기록을 보자.

(欽明天皇15년:554)冬十二月.百濟가 下部杆率 汶斯干奴를 보내 上表하기
를 "百濟王 臣明(성왕) 및 安羅 諸倭臣 등, 任那諸國 旱岐 등이 말하기를
斯羅(신라)가 無道하여 天皇을 무서워 하지 않고 狛(고구려)와 同心으로
海北의 官家를 멸하려고 합니다. 臣 등이 함께 共議하여 有至臣 등을 보

---

18) 『三國史記』 권3, 자비마립간 16년(473) 7월 조 "16년…가을 7월, 명활성을 보수하였다
(十六年,…秋七月, 葺明活城.)"
19) 『三國史記』 권3, 실성이사금 4년(405) 4월 조 "四年, 夏四月, 倭兵來攻明活城, 不克而
歸, 王率騎兵, 要之獨山之南, 再戰破之, 殺獲三百餘級."

내 軍士를 보내줄 것을 청하여 斯羅를 정벌하려 합니다." 라고 하였다. 그리고 天皇이 보낸 有至臣이 군사를 거느리고 6月月에 이르러 신 등이 몹시 기뻐했습니다. 그래서 12월 9일에 그들을 보내 斯羅를 공격하기 시작했습니다. 臣은 東方지휘관 物部莫哥武連을 파견하여 其方軍士로 하여금 函山城(管山城?)을 공격하게 하였습니다. 有至臣의 所將으로 來民인 竹斯物部莫奇委沙奇는 불화살火箭을 잘 쏘았습니다. 천황天皇의 위엄을 입어 그날 (554년 12월9일) 西時에 (신라의) 城을 불태우고 뽑았습니다.[20]

위의 기록을 보면 백제와 왜는 물론이고 안라와 임나제국 등이 관산성 전투에 참전했던 정황을 포착할 수 있다.[21] 가장 활략한 병력은 왜군이었다. 그들의 규모는 40척의 배에 실고 온 병력 1000명에 전마 100필이었다.[22] 物部莫哥武連이 백제 왜 가야 연합군의 동방東方지휘관으로 함산성

---

20) 『日本書紀』卷19, 欽明天皇 15年(五五四)12月 "冬十二月.百濟遣下部杆率汶斯干奴上表日.百濟王臣明及在安羅諸倭臣等.任那諸國旱岐等奏.以斯羅無道.不畏天皇與狛同心欲殘滅海北彌移居.臣等共議遣有至臣等仰乞軍士.征伐斯羅.而天皇遣有至臣帥軍以六月至來.臣等深用歡喜.以十二月九日遣攻斯羅.臣先遣東方領物部莫哥武連.領其方軍士攻函山城.有至臣所將來民竹斯物部莫奇委沙奇能射火箭.蒙天皇威靈.以月九日西時焚城拔之."

21) 이재석은 다음 기록을 근거로 관산성전투에 참여한 加良을 대가야와 안라로 보고 있다 (이재석, 『일본서기』를 통해본 안라국과 주변제국 『한국민족문화』 51, 2014, 34쪽). 『日本書紀』卷19, 欽明天皇 13年(五五二)5月乙亥 "五月戊辰朔乙亥.百濟.加羅.安羅.遣中部德率木州今敦.河內部阿斯比多等.奏日.高麗與新羅.通和并勢.謀滅臣國與任那.故謹求請救兵.先攻不意.軍之多少隨天皇勅.詔日.今百濟王.安羅王.加羅王.與日本府臣等.俱遣使奏狀聞訖.亦宜共任那.并心一力.猶尚若茲.必蒙上天擁護之福.亦賴可畏天皇之靈也."

22) 『日本書紀』卷19, 欽明天皇 15年(五五四)正月丙申 "丙申.百濟遣中部木州施德文次.前部施德日佐分屋等於筑紫.諮內臣佐伯連等日.德率次酒.杆率塞敦等以去年閏月四日到來云.臣等〈臣等者.謂內臣也.〉以今年正月到.如此噵而未審.來不也.又軍數幾何.願聞若丁預治營壁.別諮.方衆間可畏天皇之詔.來詣筑紫看送賜軍.開.乙歡喜無能比者.此年之役甚危於前.願遣賜軍使逮正月.於是內臣奉勅而答報日.卽令遣助軍數一千.馬一百疋.船四十隻.謀滅百濟官家.必招後患.故止之."

函山城(관산성?)을 공격하였던 것으로 보인다. 구주九州 축자筑紫(죽사竹斯) 출신의 전문 궁수 집단이 불화살을 쏘아 신라의 성에 화재를 일으켰고, 554년 12月9日 서시西時에 성을 함락했다고 하고 있다.[23]

③에서 신라군에 위기에 몰리자 신주(新州:한산주)의 군주 김무력(김유신 조부)이 주병을 이끌고 와서 구원하여 백제·왜·가라 연합군과 교전하였다고 하고 있다. 이와 대칭되는 『일본서기』기록을 보자.

餘昌(위덕왕)이 新羅를 치려고 하였다. 노신耆老이 간하여 말하기를 하늘이 우리와 함께하지 않습니다. 禍가 미칠까 두렵습니다. 餘昌이 말하기를 노신들은 어찌 겁이 많은가. 나는 대국과 한편이다. 무슨 두려울 것이 있는가. 드디어 新羅國에 들어가 久陀牟羅塞를 쌓았다. 그 아버지 明王(聖王)이 憂慮하여, 餘昌이 오랜 行陣에 괴로움을 당하고 침식을 폐함이 많았다. 어버이의 은혜도 많이 빠졌고, 아들로서 효도도 이루기가 드물었다고 생각하였다. 그래서 스스로 가서 위로하려고 하였다. 新羅가 明王이 친히 (전장에) 왔다는 말을 듣고 國中에 있는 모든 군대를 일으켜 도로를 막고 격파하려 하였다.[24]

후에 위덕왕이 된 여창은 태자로서 백제의 국정을 주도 했다. 그는 노신

---

23) 이는 언급한 『삼국사기』권4, 진흥왕 15년(554) 7월 조 기록과 대칭된다. 『日本書紀』기록은 12월 9일에 函山城(관산성?)을 공격했고, 그날 함락시켰다고 하고 있다. 두 기록의 시간상 차이가 보인다. 필자는 이를 다음과 같이 보고 싶다. 관산성 공격을 위해 백제군이 554년 7월에 행군을 시작했고, 이후 신라 영토에 들어가 久陀牟羅에 요새를 쌓았고, 이후 관산성 공격을 시작했다가 12월 9일 왜군이 전장에 투입되면서 성을 함락시켰다고 보고 싶다.

24) 『日本書紀』卷19, 欽明天皇 15年(五五四)12月 "餘昌謀伐新羅. 耆老諫曰. 天未與. 懼禍及. 餘昌曰. 老矣何怯也. 我事大國. 有何懼也. 遂入新羅國築久陀牟羅塞. 其父明王憂慮. 餘昌長苦行陣久廢眠食. 父慈多闕. 子孝希成. 乃自往迎慰勞. 新羅聞明王親來. 悉發國中兵斷道擊破."

들의 만류에도 신라와 전쟁을 결정하였고, 신라의 영토인 관산성 부근으로 진군하여 久陀牟羅에 요새를 쌓았다. 그리고 신라의 성을 공격하여 함락시켰다는 소식을 아버지 성왕에게 전했던 것으로 여겨진다. 전선을 시찰하기 위해 성왕이 현장을 향했고, 그것이 신라에게 적발되었다. 위의 기록에서 신라가 국중에 있는 모든 병력을 일으켰다고 한 것과 김무력의 한산주 병력이 관산성을 구원하기 위해 출동했다고 하는 『삼국사기』 기록 ③은 대칭된다.

신라는 한강하류에서 북쪽 고구려를 방어해야 할 (新州:한산주)병력을 충북 옥천까지 남하시켰다. 신라가 어떻게 이러한 모험을 감행할 수 있었는지에 대한 암시를 주는 기록이 『일본서기』에 보인다.

> (백제 聖王이)사신 혼자 빠른 배에 보내 주상합니다. 라고 말하였다. 따로 주상하여 신라 하나 만이라면 有至臣이 거느린 (왜)軍士로 충분할 것이나, 지금 고구려와 신라가 같은 마음으로 협력하고 있어서 성공하기가 어렵습니다. 속히 竹斯嶋(규슈)의 諸軍士를 보내시어 신의 나라를 구하소서 또 任那를 도우면 일이 성공할 것입니다. 또 상주합니다. 신이 별도로 軍士萬人을 파견하여 任那를 도울 것입니다. 또 주상합니다. 지금일이 아주 급합니다(今事方急).[25]

여기서 성왕은 왜왕에게 병력파견 타이밍을 놓치면 재앙을 맞이할 수 있다고 거듭 말하고 있는 것 같다. 1000명의 왜군이 1차로 파병되었지만 큐슈에 배치된 왜군을 임나에 조속히 보내달라고 하고 있다. 2차 파병으로

---

25) 『日本書紀』 卷19, 欽明天皇 15年(五五四)12月 "故遣單使馳船奏聞. 別奏. 若但斯羅者, 有至臣所將軍士亦可足矣. 今狛與斯羅, 同心戮力, 難可成功, 伏願速遣竹斯嶋上諸軍士. 來助臣國. 又助任那. 則事可成. 又奏. 臣別遣軍士萬人助任那. 并以奏聞. 今事方急."

왜가 임나를 도와야 일이 성공할 수 있다고 한다. 왜군의 임나파병으로 신라의 병력을 남쪽에 묶어 놓아야 관산성전투를 승리로 이끌 수 있다고 말하고 있는 것 같다.

이는 554년 7월 진흥왕이 명활성을 수리하여 왜군의 수도 침공에 대비하는 『삼국사기』 기록과 대칭되기도 한다. 554년 6월 왜군의 1차 파병이 이루어진 상태에서 큐슈 주둔 왜군의 또 다른 침공을 경계하고 있었던 것으로 보인다.

성왕은 다음과 같이 왜왕에게 거듭 말했다. 고구려가 신라에 협력하고 있어 왜의 추가적인 원조 없이는 성공하기 어렵다. 이는 새로 점령한 한강 하류의 신라 한산주(신주) 병력이 고구려의 묵인 하에 언제든지 남하할 수도 있다는 가능성을 성왕이 염두에 둔 것으로 생각된다. 지금 일이 아주 급하다고 하는 말에 그의 절박함이 묻어난다.

성왕의 우려는 현실이 되었다. 신라 김무력의 한산주 병력이 남하하면서 전세는 역전되었고, 현장을 찾은 성왕은 참수되었다. ④에서 신라의 비장인 삼년산군의 고간 도도가 재빨리 공격하여 백제왕을 죽였다고 하고 있다.[26]

⑤에서 "이 때 모든 군사들이 승세를 타고 싸워 대승하였다. 이 싸움에서 좌평 네 사람과 장병 2만 9천6백 명을 참살하였다. 백제군은 말 한 필도 살아서 돌아가지 못했다."라고 하고 있다. 하지만 성왕의 아들인 여창은 죽음을 피할 수 있었다.

---

26) 『日本書紀』 卷19, 欽明天皇 15年(五五四)12月 "是時新羅謂佐知村飼馬奴苦都〈更名谷智.〉曰.苦都賤奴也.明王名主也.今使賤奴殺名主.冀傳後世莫忘於口.已而苦都乃獲明王.再拜曰.請斬王首.明王對曰.王頭不合受奴手.苦都曰.我國法違背所盟.雖曰國王當受奴手.〈一本云.明王乘踞胡床.解授佩刀於谷知令斬.〉明王仰天大憩涕泣.許諾曰.寡人每念.常痛入骨髓.願計不可苟活.乃延首受斬.苦都斬首而殺.堀坎而埋.〈一本云.新羅留理明王頭骨.而以禮送餘骨於百濟.今新羅王埋明王骨於北廳階下.名此廳曰都堂.〉"

餘昌 드디어 포위당한 것을 보고 탈출하려고 했지만 나오지 못했다. 士卒이 당황하여 어찌할 바를 몰랐다. 활을 잘 쏘는 筑紫國造가 있어, 나아가 활을 당겨 견양하여 신라 기병의 가장 용감한 장자壯者를 맞춰 떨어뜨렸다. 그 화살의 날카로움은 타고 있는 안장의 앞뒤 가리개를 관통하여 갑옷의 깃에 이르렀다. 다시 계속하여 화살을 더욱 격렬하게 비 오듯 퍼부어 포위한 신라군을 물리쳤다. 餘昌과 諸將 등이 間道로 빠져 도망쳐 돌아올 수 있었다. 餘昌은 國造射가 포위한 신라군을 물리쳤다는 것을 칭찬하여 높여 鞍橋君〈鞍橋. 此云矩羅賦〉이라 하였다. …[27]

여창이 신라군에게 포위되었다. 筑紫國造 휘하의 궁수들이 돌진하는 신라기병을 제압했고, 어느 지점에 화살을 집중적으로 퍼부어 포위망을 뚫었고, 여창과 일행이 탈출을 했던 것으로 보인다. 관산성 전투를 언급한 『일본서기』는 왜인 궁수의 활약을 2번이나 특기하고 있다. 왜군 1000명은 전체병력에서 소수였지만 왜궁倭弓을 전문적으로 사용하는 정예부대로 보인다. 신라의 函山城(관산성?)에 불을 질러 함락시킨 것도 신라군에 포위당한 백제 태자 여창을 구출한 것도 그들이었다.[28] 우리는 여기서 왜궁倭弓과 화살에 대해서 잠시 살펴 볼 필요가 있다. 『삼국지』위지魏志 왜전倭傳을 보자.[29]

---

27) 『日本書紀』卷19, 欽明天皇 15年(五五四)12月 "餘昌遂見圍繞. 欲出不得. 士卒遑駭不知所圖. 有能射人筑紫國造. 進而彎弓占擬. 射落新羅騎卒最勇壯者. 發箭之利通所乘鞍前後橋. 及其被甲領會也. 復續發箭如雨. 彌厲不懈. 射却圍軍. 由是餘昌及諸將等得從間道逃歸. 餘昌讚國造射却圍軍. 尊而名曰鞍橋君. 〈鞍橋. 此云矩羅賦.〉 …〈於是新羅將等具知百濟疲盡. 遂欲謀滅無餘. 有一將云. 不可. 日本天皇以任那事. 屢責吾國. 況復謀滅百濟官家. 必招後患. 故止之〉."

20) 『日本書紀』가 관산성 전투에서 왜군이 활략을 부가시킬 멋이 없다고 할 수도 없다.

29) 4장에서 이하는 필자의 다음 글을 인용했다. 徐榮敎, 「新羅 黑衣長槍末步幢」『軍史』 74, 2010.

"병장기로는 모(矛-창), 순(楯-방패), 목궁木弓을 사용했다. 목궁은 아래가 짧고 위가 길다. 죽전(竹箭-대나무 화살)은 철촉(鐵鏃-쇠 화살촉)이나 골촉(骨鏃-뼈 화살촉)을 쓴다.”[30]

왜인들의 활은 대나무로 만든 것이었다. 지금도 일본에는 그 장인이 있는데 재료인 대나무를 20년 이상 저장하여 묵힌 후 활로 만들고 있다고 한다. 그 활은『삼국지』위지魏志 왜전倭傳의 기록에서 보이는 것처럼 아래가 짧고 위가 긴 비대칭 궁弓(asymmetrical bow)이다.

일본에서는 '히고유미'라고 부른다. 활은 한손으로 시위를 당기고 다른 한손으로 활대를 잡는다. 그 활대의 손잡이 부분이 전 활대의 아래 1/3부분에 위치해 있다. 손잡이가 훨씬 아래쪽에 치우쳐 있는 것이다. 현재 히고유미는 190~220cm의 장궁이다. 위지 왜전 시대에 일본인들은 지금보다 작아 그 길이는 지금보다 크지 않았을 수도 있다. 히고유미는 미관상으로 보기에도 당기면 위쪽이 더 많이 휘어진다. 이렇게 되면 위쪽과 아래쪽, 시위와 활이 이루는 각도가 서로 다른 '비대칭'이 되는데 이러한 비대칭 현상은 장점이 있다. 화살을 시위에 거는 포인트가 시야보다 살짝 아래에 위치하기 때문에 화살을 발사

그림 4. 일본 고유의 활 히고유미

---

30)『三國志』, 魏志 倭傳, "兵用矛, 楯, 木弓. 木弓短下長上, 竹箭或鐵鏃或骨鏃."

했을 때 상탄이 나게 되어 있다. 중력의 영향을 받은 화살, 비행체는 이 중력을 이길 만한 강력한 힘이 계속적으로 작용하지 않은 한 아래로 떨어지게 되어있다. 화살의 경우 총알보다 자체적인 에너지양이 매우 작기 때문에 이러한 현상이 두드러질 수밖에 없다. 이 때문에 먼 거리를 쏘기 위해서는 목표보다 위쪽으로 조준해서 쏴야 한다. 애초부터 상탄이 나게 되어 있는 비대칭 활의 장점은 이것이다. 화살을 쏘면 상탄이 나면서 위쪽으로 날아가 어느 정도 거리에서 다시 아래로 떨어지는데, 그때 자신이 조준한 목표에 맞게 된다. 장거리에서 집단 간의 전투에 매우 효율적인 구조이다. 물론 활을 높이 쳐들고 쏘면 비대칭 구조가 아니더라도 포물선을 그리면서 멀리 날아가지만, 자신의 시야에서 한창 벗어나게 들고 오조준하는 것과 최소한 자신의 시야 내에서 어느 정도 조준을 하는 것은 많이 다르다. 비대칭은 자신의 시야 내에서 먼 거리의 목표를 조준하고 발사하기 위해 고안된 것이다.

왜인들은 "철촉(鐵鏃-쇠 화살촉)이나 골촉(骨鏃-뼈 화살촉)을 쓴다"고한다. 당시 일본에서 생산되지도 않은 철을 수입하여 화살촉으로 사용한 이유는 무엇일까. 그것은 화살촉의 무게 때문이다. 어느 정도 중량이 있어야 시위를 떠난 화살이 멀리 날아갈 수 있고, 위력도 좋아진다. 골촉은 일본열도로 철이 들어오기 전부터 사용했던 것 같다. 그러다 철촉을 사용했지만 그 자리를 모두 물려주지 않았다. 비싼 비용 때문이었던 것으로 보인다. 철기시대에도 여전히 석기가 많이 사용되었듯이 오히려 골촉을 왜인들은 더 많이 사용한 것으로 생각된다.

고대 일본에서 석촉石鏃은 물론이고 동촉銅鏃도 사용되었다. 奈良현 남부의 吉野ヶ里遺蹟에서 대형의 분구묘墳丘墓에 포함된 옹관甕棺에는 다수의 석촉石鏃이 박힌 것으로 보이는 인골이 확인되고 있으며, 석촉은 일본에서 일반적으로 널리 보인다. 大和의 매쓰리산고분山古墳(4세기 중엽)에서 무

그림 5. 현대판 asymmetrical bow

려 230개의 동촉銅鏃과 200개의 철촉鐵鏃, 주변지역인 산성山城의 妙見山古墳과 근강近江의 雪野山古墳 100개의 동촉銅鏃이 출토되고 있다.[31]

Ⅴ. 가야멸망 전쟁과 신라의 백기기만白旗欺滿

『삼국사기』사다함전을 보면 562년 신라의 대가야 침공 장면이 나온다.

   사다함은 그 계통이 진골 출신으로 나밀왕의 7세 손이요, 부친은 구리지 급찬이다. 본래 높은 가문의 귀한 자손으로서 풍채가 청수하고 지기가 방정하여 당시 사람들이 그를 화랑으로 받들기를 청하므로 마지못하여 화랑이 되었다. 그를 따르는 무리가 무려 1천 명이나 되었는데 사다함은 그들 모두의 환심을 얻었다.

   진흥왕이 이찬 이사부에게 명하여 가라[가야라고도 한다.]국을 습격하게 하였는데, 이 때 사다함은 나이가 십 오륙 세로서 종군하기를 청하였다. 왕은 나이가 어리다 하여 처음에는 허락하지 않았다. 그러나 그의 요청이 간절하고 의지가 확고하므로 마침내 그를 귀당비장으로 임명하니 그의 낭도

---

31) 李永植, 「古代의 戰爭과 國家形成」, 『한국고대사연구』 16, 1999, 28–29쪽.

로서 그를 따라 나서는 자가 많았다. 국경에 이르자 원수에게 청하여 그 휘하의 병사를 거느리고 먼저 전단량[전단량은 성문 이름이다. 가라의 말로 문을 양(돌)이라 하였다.]으로 들어 갔다. 그 나라 사람들은 뜻밖에도 군사들이 갑자기 들어닥치자 놀란 나머지 방어를 하지 못했으므로, 대군이 이틈을 이용하여 마침내 그 나라를 멸하였다. 군사가 돌아오자 왕은 그의 전공을 책정하여 가라 인구 3백을 주었다. 그러나 그는 받는 즉시로 전부 석방하여 한 명도 남겨두지 않았다. 그에게 또한 토지를 주었으나 굳이 사양하므로 왕이 받을 것을 강권하니 알천에 있는 불모지만을 요청하였다. 사다함은 애초에 무관랑과 목숨을 같이하는 벗이 되기를 약속하였는데, 무관이 병들어 죽자 너무나 슬프게 울다가 7일 만에 자기도 죽으니 당시 나이가 17세였다.[32]

사다함은 신라의 왕족으로 화랑이었다. 그의 휘하에는 낭도가 1천에 달했다. 이사부가 진흥왕의 명을 받고 대가야를 정복하러 가려 할 때 그가 어린 나이에 종군을 청했다. 그의 비장함과 강력한 의지에 진흥왕도 종군을 허락했다. 화랑 사다함 휘하의 낭도들도 상당 수 종군했다. 사다함은 신라 육정六停의 6개 사단 가운데 하나인 귀당貴幢의 비장神將에 임명되었다. 비장은 신라의 군관직 가운데 보이지 않는다. 아마도 임시직 이었을 것으로 여겨진다.

국경에 이르자 사다함은 이사부에게 청해 먼저 선발대로 먼저 가야로 들

---

32) 『三國史記』 권44, 사다함전 "斯多含, 系出眞骨, 奈密王七世孫也, 父仇梨知級湌. 本高門華冑, 風標淸秀, 志氣方正, 時人請奉爲花郞, 不得已爲之. 其徒無慮一千人, 盡得其歡心. 眞興王命伊湌異斯夫, 襲加羅[一作加耶].國. 時, 斯多含年十五六, 請從軍, 王以幼少不許, 其請勤而志確{確}㉠, 遂命爲貴幢神將, 其徒從之者亦衆. 及抵其國界, 請於元帥, 領麾下兵, 先入旃檀梁[旃檀梁 城門名. 加羅語謂門爲梁云.]. 其國人, 不意兵猝至, 驚動不能禦, 大兵乘之, 遂滅其國. 泊師遺, 王策功, 賜加羅人口三百, 受已皆放, 無一留者. 又賜田, 固辭, 王强之, 請賜閼川不毛之地而已. 含始與武官郞, 約爲死友. 及武官病卒, 哭之慟甚, 七日亦卒, 時年十七歲."

어가겠다고 했다. 허락을 받은 사다함은 휘하의 낭도들을 데리고 가야의 성문城門인 전단양旃檀梁으로 들어갔다. 가야사람들이 갑자기 신라군이 들이닥치자 당황하여 방어를 하지 못했고, 이튿날에 이사부가 이끄는 본대가 들이닥쳐 그 나라를 멸망시켰다. 위 기록에서 알 수 있는 것은 사다함의 선발대의 급습으로 성문을 열었고, 이어 이사부의 본대가 들어와 그곳을 점령한 것을 알 수 있다. 사다함의 활략이란 면에서 같으나 다음 기록은 새로운 소재가 들어있다.

> (진흥왕 23년:562) 9월, 가야가 모반하였다. 왕은 이사부로 하여금 그들을 토벌케 하고, 사다함으로 하여금 이사부를 돕게하였다. 사다함이 기병 5천을 거느리고 먼저 전단문으로 들어가서 흰 기를 세우자, 성 사람들 전체가 두려워하여 어찌 할 줄을 몰랐다. 이사부가 군사를 인솔하고 그 곳에 도착하니, 그들이 일시에 모두 항복하였다. 공로를 평가하는데 사다함이 으뜸이었기에 왕이 좋은 밭과 포로 2백 명을 상으로 주었다. 사다함은 세 번이나 사양하였으나 왕이 강력히 권하므로 포로를 받았다. 그러나 사다함은 이들을 풀어주어 양민을 만들고, 밭은 군사들에게 나누어 주었다. 백성들이 이를 훌륭하게 여겼다.[33]

위의 기록에서 등장하는 새로운 소재는 항복을 상징하는 백기白旗와 기동성을 보여주는 기병騎兵 5천이다. 사다함이 휘하의 기병을 이끌고 가야의 성문城門인 旃檀梁으로 들어가 백기를 세웠다. 가야인들이 보기에 그것은 청천벽력과 같은 장면이었으리라. 신라군이 도착했다는 소식은 들었는

---

33)『三國史記』권4, 진흥왕 23년(562) 9월 조 "九月, 加耶叛, 王命異斯夫討之, 斯多含副之. 斯多含領五千騎先馳, 入栴檀門, 立白旗, 城中恐懼, 不知所爲. 異斯夫引兵臨之, 一時盡降. 論功, 斯多含爲最, 王賞以良田及所虜二百口. 斯多含三讓, 王强之, 乃受其生口, 放爲良人, 田分與戰士, 國人美之."

데 성문에 가야가 항복을 선언하는 백기가 걸렸다. 한편 이사부의 신라군 본대도 그 백기를 보았다. 가야군이 항복을 했다고 여겼고, 곧장 진군하여 가야의 성을 접수했다. 백기는 가야인들과 신라인들을 모두 속이는 것이었다. 『손자병법』이 말한 전 전쟁의 본질은 속이는 기만欺瞞이다.

위의 『삼국사기』와 정확히 시간상 대칭되는 『일본서기』 권卷19, 흠명천황 欽明天皇 23년年(562) 조에도 白旗와 기동성 있는 신라군의 모습이 보인다.

> 正月 新羅가 任那官家를 멸망시켰다.〈一本에 전하기를 21년에 任那가 滅했다고 한다. 통틀어 말하면 任那이고 別言하면 加羅國.安羅國.斯二岐國.多羅國.卒麻國.古嵯國(고성).子他國(거창).散半下國(초계).乞湌國(산청).稔禮國. 모두 10개 나라이다.〉
>
> (7月月)이달에 大將軍 紀男麻呂宿禰가 군사를 거느리고 哆唎에서 출동하고 副將 河邊臣瓊缶는 居曾山에서 출병하도록 하여 新羅가 任那를 공격한 상황에 대하여 문책하고자 했다. 드디어 임나에 도착하여 薦集部首登弭를 百濟에 보내어 군사계책을 約束하게 했다. 登弭가 妻家에서 묵었는데 印書와 활과 화살을 길에 떨어트렸다. 新羅가 軍計를 모두 알고 大兵을 일으켰다. 하지만 얼마 후에 패배하여 항복하고 歸附하기를 청했다. 紀男麻呂宿禰가 승리를 하고나서 百濟營으로 들어갔다. …
>
> 河邊臣瓊缶은 홀로 나아가 이곳저곳에서 싸워 가는 곳 마다 모두 (성을)함락시켰다. 新羅가 문득 白旗를 들고 무기를 던져버리고 항복했는데 河邊臣瓊缶은 원래 군사에 밝지 못하여 마주 대하여 白旗를 들고 혼자 앞으로 나아갔다. 新羅 장군이 말하기를 "將軍 河邊臣이 지금 항복하려 한다."라고 하여 진군하여 와서 역습을 하여 싸웠다. 매우 날쌔고 빠르게 공격하여 깨트렸는데, 맨 앞선 부대는 패배하여 부상낭한 사가 내우 많았다. 倭國語 手彦 스스로 구하기 어렵자고 생각하고 그들을 버리고 도주했다. 新羅 장

군이 鉤戟(갈고리창)을 들고 성의 해자城洫까지 추격하며 휘둘렀다. 手彥의 騎는 駿馬였으므로 해자를 뛰어 건너 겨우 죽음을 면하였다. 신라장군이 성의 해자 가에 서서 탄식했다. "久須尼自利〈此新羅語未詳也〉"이에 河邊臣은 마침내 군사를 이끌고 물러나와 들野에 급히 군영을 만들었다. 이때 왜의 병졸들은 모두 서로 속이고 업신여기며 우르러 따르지 않았다. 신라 장군은 스스로 왜의 군영에 나아가 河邊臣瓊缶 等과 그를 따라왔던 부인 모두 사로잡았다. 그때 父子와 夫婦가 서로 돕지 못했다. …³⁴⁾

신라가 가야를 멸망시키자 왜국에서 군대가 왔다. 왜군이 가야를 멸망시킨 신라와 전쟁하는 위의 기록은 너무나 생생하다. 초전에 신라는 왜와 백제의 군사계책을 알고도 패배했다. 신라군을 격파한 대장군大將軍 紀男麻呂宿禰은 백제군영百濟軍營로 들어갔다. 이후 이 전투에서 그의 활략을 볼 수 없다. 하지만 紀男麻呂宿禰는 이후에도 장군으로서 왜국에서 활동하였다. 587년 7월에 物部守屋大連 토벌전에 참여하여 蘇我馬子가 권력을 장악하는데 일조했으며,³⁵⁾ 591년 11월에는 蘇我馬子의 명령을 받고 대장군으로서

---

34) 『日本書紀』 卷19, 欽明天皇 23年(562) 7月 是月 조 "遣大將軍紀男麻呂宿禰,將兵出哆唎.副將河邊臣瓊缶出居曾山.而欲問新羅攻任那之狀.遂到任那.以薦集部首登弭.遣於百濟.約束軍計.登弭仍宿妻家.落印書.弓箭於路.新羅具知軍計.卒起大兵.尋屬敗亡.乞降歸附.紀男麻呂宿禰取勝旋師入百濟營. …河邊臣瓊缶獨進轉鬪.所向皆拔.新羅更擧白旗投兵隆首.河邊臣瓊缶元不曉兵.對擧白旗空爾獨進.新羅鬪將曰.將軍河邊臣今欲降矣.乃進軍逆戰.盡銳遄攻破之.前鋒所傷甚衆.倭國造手彥自知難救.棄軍遁逃.新羅鬪將手持鉤戟.追至城洫.運戟擊之.手彥因騎駿馬超渡城洫.僅以身免.鬪將臨城洫而歎曰.久須尼自利.〈此新羅語未詳也〉於是.河邊臣遂引兵退急營於野.於是士卒盡相欺蔑.莫有遵承.鬪將自就營中悉生虜河邊臣瓊缶等及其隨婦.于時父子夫婦不能相恤."
35) 『日本書紀』 卷21, 崇峻天皇卽位前紀 用明天皇 2年(587) 7月 조 "秋七月.蘇我馬子宿禰大臣勸諸皇子與群臣.謀滅物部守屋大連.泊瀨部皇子.竹田皇子.廐戶皇子.難波皇子.春日皇子.蘇我馬子宿禰大臣.紀男麻呂宿禰.巨勢臣比良夫.膳臣賀施夫.葛城臣烏那羅.俱率軍旅進討大連.大伴連囓.阿倍臣人.平群臣神手.坂本臣糠手.春日臣.〈闕名字.〉俱率軍兵從志紀郡到澁河家.大連親率子弟與奴軍.築稻城而戰 …"

筑紫에 출진하였다가[36] 595년 7월에 돌아왔다.[37]

한편 紀男麻呂宿禰이 백제로 들어 간 후 부장副將인 河邊臣瓊缶이 신라를 공격하는 임무를 맡았다. 그는 가는 곳 마다 신라 요새를 함락시켰다. 그러자 일부 신라군이 무기를 버리고 백기를 들고 항복해왔다. 신라가 진짜 항복한 것으로 안 그는 주춤했던 것 같다. 그때 다른 곳에서 대기하고 있던 것으로 보이는 신라新羅 장군이 자신의 병사들에게 "장군將軍 河邊臣이 지금 항복하려 한다."라고 하며, 역습을 하여 왔다. 위의 기록에서 신라군이 매우 날쌔고 빠르게 공격하여 왜군을 격파했다고 했는데 이는 신라가 기병을 이용한 공격을 한 흔적으로 보인다. 앞서 언급한 『삼국사기』 권4, 진흥왕 23년(562) 9월 조를 보면 신라군이 5천 기병을 가야멸망전쟁에 동원한 기록이 보인다.

신라군은 여기서도 왜군도 속이고 자신의 군대도 속여 전투를 승리로 이끈 것을 알 수 있다. 河邊臣이 이끄는 왜군의 선봉부대가 많은 피해를 입었다. 그러자 그들을 구할 수 없다고 생각한 倭國造手彦이 도주를 했다. 갈고리 창을 든 신라 장군이 그를 추격했다. 뒤에서 접근하여 갈고리로 그를 걸어 말 아래로 떨어뜨리려 했지만 여의치 않았다. 준마를 탄 倭國造手彦은 성의 해자를 뛰어 넘어 성으로 들어갔고, 신라장군은 그를 놓치고 안타까워 신라말로 탄식했다. "구수니자리!"

이제 河邊臣과 그의 군대가 고립되었다. 우리는 여기서 다음과 같은 군사배치를 유추 할 수 있다. 백제영百濟營은 현장에서 멀리 떨어져 있고, 河邊臣과 그의 부하들이 머물던 성이 있으며, 왜군들은 성 밖에 나와서 신라군과 싸웠고 패배하자 왜군의 일부는 성안으로 들어갈 수 있었지만 많은

---

36) 『日本書紀』卷21, 崇峻天皇 4年(591) 11月 조 "冬十一月己卯朔壬午, 差紀男麻呂宿禰, 巨勢巨比良夫, 狹臣, 大伴囓連, 葛城烏奈良臣, 爲大將軍率氏臣連爲裨將部隊, 領二萬餘軍, 出居筑紫, 遣吉士金於新羅, 遣吉士木蓮子於任那, 問任那事."

37) 『日本書紀』卷22, 推古天皇 3年(595) 7月 조 "秋七月, 將軍等至自筑紫."

피해를 입은 河邊臣과 그의 부하들은 들판에 남았다. 신라군의 공격에 그들은 노출되어 있었다.

신라군은 그들을 공격하여 모두 사로잡았다. 河邊臣과 그 부인 그 부하들의 자식과 부인들이 포함되어 있었다. 그때 부자父子와 부부夫婦가 서로 돕지 못했다. 河邊臣은 자신의 목숨을 구하기 위해 신라장군에게 자신의 처 甘美媛를 넘겼고, 그녀는 강간당했다. 調吉士인 伊企儺은 항복을 끝까지 거부하다가 그의 아들 舅子와 함께 끌어안고 죽었다. 伊企儺의 부인 大葉子도 사로잡혔고, 한탄의 노래를 불렀다.[38] 신라군의 백기白旗의 속임수에 넘어가 패배한 왜군의 비참한 상태를 담고 있는 이 기록을 위조했다고는 볼 수 없다. 『삼국사기』와 『일본서기』 기록된 신라의 백기白旗만술은 백제와 왜 가야에 둘러싸여 생존을 해야 했던 그들의 치열 삶을 보여주고 있다.

VI. 맺음말

지금까지 언급한 가야와 그 주변국가들의 전술과 전쟁 4가지 사례를 요약 정리하는 것으로 결론에 대신하고자 한다.

---

38) 『日本書紀』卷19, 欽明天皇 23年(562) 7月 是月 조 "鬪將問河邊臣曰.汝命與婦孰與尤愛.答曰.何愛一女以取禍乎.如何不過命也.遂許爲妾.鬪將遂於露地奸其婦女.婦女後還.河邊臣欲就談之.婦人甚以慚恨而不隨曰.昔君輕賣妾身.今何面目以相遇.遂不肯言.是婦人者坂本臣女.河邊臣曰甘美媛.同時所虜調吉士伊企儺.爲人勇烈.終不降服.新羅鬪將拔刀欲斬.逼而脫褌.追令以尻臋向日本大號叫〈叫咷也〉曰日本將囓我臗脽.卽號叫曰.新羅王啗我臗脽.雖被苦逼.尙如前叫.由是見殺.其子舅子亦抱其父而死.伊企儺辭旨難奪皆如此.由此特爲諸將帥所痛惜.昔妻大葉子亦並見禽.愴然而歌曰.柯羅俱爾能.基能陪爾陀致底.於譜磨故幡.比例甫須母.耶魔等陛武岐底.或有和曰.柯羅俱爾能.基能陪爾陀陀志.於譜磨故幡.比禮甫羅須彌喩.那爾婆陛武岐底."

신라 지마이시금 때 낙동강을 사이에 두고 가야와 첨예한 분쟁이 있었다. 전장 터는 현 양산 물금 일대였던 것으로 보인다. 북동 경주에서 남서로 기울어져 있는 평탄한 양산단층구조곡을 따라 내려가면 언양과 양산이 나오고 낙동강을 건너 김해로 가기 직전에 양산 물금이 나온다. 지마이시금 4년 가야가 신라의 남쪽변경을 약탈하자 신라 지마이시금이 가야를 치기 위해 직접 종군했다. 황산강을 지나는데 가야인들이 숲에 군사를 매복하고 기다렸다고 한다.

신라군의 진군행로는 양산구조곡을 따라 통도사까지 온 신라군은 곧바로 김해방향으로 향했을 것이다. 가야군은 가장 폭이 좁은 낙동 강변 도하 위치의 배후에 있는 산기슭 숲에 매복했던 것으로 보인다.

매복한 가야군들이 나타났을 때 신라군은 당황했고, 포위되자 의도치 않은 결사의 배수진을 칠 수 밖에 없었던 것으로 보인다. 뒤는 강인데 삼면으로 포위된 신라군은 상당한 고전을 치렀을 것이며, 결국 포위를 뚫고 퇴각했다. 신라군이 이듬해 8월에 다시 가야를 공격하기 위해 군대를 일으켰다. 신라군이 가야의 성 앞에 갔지만 농성하고 나오지 않았다. 장마가 계속되는 가운데 신라군은 성을 함락시킬 수 없었고, 마침내 철수 했다.

물금읍 증산리 낙동 강변에 증산(135M)이 평지에 돌출해 있다. 증산의 남쪽기슭에 회산성이 있고, 강 건너 김해의 대동면 덕산리에는 삼국시대 축조된 것으로 보이는 閣城山城 있다. 두 성은 도하를 저지하는 역할을 했던 것으로 보인다.

신라인들과 왜인들은 중국의 병법을 배우지 않았다고 하더라도 진陣을 이루고 싸우는 것이 효율적이라는 것 정도는 그들도 알고 있었다고 보아야 한다. 에너지를 모으기 위해 진陣이라는 형태를 만들어야 하며, 모矛는 개개인이 싸울 때 쓰는 무기라기보나 내닐을 이물 때 그 위력을 발휘한나.

『일본서기』권11, 인덕천황 53년 5월 조를 보면 "힘 센 사람이 있어 백충百

衝이라 하는데 그는 날래고 용감하여 항상 군의 오른쪽 선봉이 되고 있다. 그러니 기회를 엿보아 왼쪽을 공격하면 물리칠 수 있을 것이다."라고 하고 있다.

필자는 이 기록이 진陣에 항상 힘이 오른쪽으로 쏠리는 현상을 반영하고 있다고 보고 싶다. 왼손에 방패를 오른 손에 창을 들고 앞으로 나아가면, 1열의 창은 허공으로 나가지만 2, 3, 4열의 경우 각 열의 병사들의 간격만큼 뒤로 포개진다. 동시에 각각 바로 앞 대열의 병사 오른손 팔뚝 두께만큼 더 우측으로 창을 내밀게 된다. 대열은 자연스럽게 우측으로 기울어지는 사선이 형성된다.

테베의 에파미논다스는 팔랑스가 우익에 힘이 쏠리는 현상을 발견했다. 그것은 단지 병사들이 오른팔로 창을 들고 왼팔로 방패를 드는 사실 때문에 생긴 결과였다. 에파미논다는 왼쪽 측면을 기병이 엄호하게 했다. 새로운 진법을 발견한 테베는 스파르타를 패배시키고 그리스의 패권을 장악했다.

왜군과 싸웠던 신라군의 모습을 다시 보자. 약한 왼쪽대열 측면으로 예상치 못한 왜군의 기병들이 갑자기 지속적으로 공격하였고 무너졌다. 신라군의 주력인 오른쪽 대열은 왜군의 왼쪽대열의 강력한 견제를 받고 있었기 때문에 아무것도 할 수 없었을 것이다.

관산성 전투를 언급한 『일본서기』는 큐슈출신 왜인의 궁수부대의 활약을 2번이나 특기하고 있다. 554년 12월 관산성 전투에서 가장 활략한 병력은 왜군이었다. 그들의 규모는 40척의 배에 실고 온 병력 1000명에 전마 100필이었다. 物部莫哥武連이 백제 왜 가야 연합군의 동방東方지휘관으로 관산성(함산성函山城)을 공격하였던 것으로 보인다. 구주九州 축자筑紫(죽사竹斯)에서 온 전문 궁수 집단이 불화살을 쏘아 신라의 성에 화재를 일으켰고, 554년 12월月9일日) 유시酉時에 성을 뽑았다.

하지만 신라의 원군이 한산주에서 남하하면서 상황이 역전되었다. 백제 성왕은 전사했고 아들 여창은 신라군에 포위를 당했다. 여창餘昌은 탈출하려고 했지만 어려웠고 사졸士卒들도 어찌할 바를 몰랐다. 활을 잘 쏘는 筑紫國造 휘하의 왜궁倭弓부대가 있어 활을 견양하여 신라 기병의 가장 용감한 장자壯者를 맞춰 떨어뜨렸다. 다시 계속하여 화살을 더욱 격렬하게 비 오듯 퍼부어 포위망을 뚫었다. 餘昌과 제장諸將 등이 도망쳐 나올 수 있었다. 신라의 성에 불을 질러 함락시킨 것도 신라군에 포위당한 백제 태자 여창을 구출한 것도 왜궁倭弓부대였다.

왜인들의 활은 『삼국지』 위지魏志 왜전倭傳의 기록에서 보이는 것처럼 아래가 짧고 위가 긴 비대칭 죽궁竹弓이었다. 그것을 '히고유미'라고 부른다. 활은 한손으로 시위를 당기고 다른 한손으로 활대를 잡는다. 그 활대의 손잡이 부분이 전 활대의 아래 1/3부분에 위치해 있다. 손잡이가 훨씬 아래 쪽에 치우쳐 있는 것이다. 히고유미는 당기면 위쪽이 더 많이 휘어진다. 화살을 쏘면 상탄이 나면서 위쪽으로 날아가 어느 정도 거리에서 다시 아래로 떨어지는데, 그때 자신이 조준한 목표에 맞게 된다. 비대칭은 자신의 시야 내에서 먼 거리의 목표를 조준하고 발사하기 위해 고안된 것이다.

『손자병법』이 말한 전쟁의 본질은 기만欺瞞이다. 가야 멸망전쟁에서 신라는 항복을 가장하는 백기를 들어 적을 기만하고 역습을 단행하여 승기를 잡았다. 562년 사다함이 휘하의 기병을 이끌고 가야의 성문城門인 旃檀梁으로 들어가 백기를 세웠다. 가야인들이 보기에 그것은 당황스러운 장면이었다. 신라군이 도착했다는 소식은 들었는데 성문에 가야가 항복한 백기가 걸렸다. 멀리서 이를 본 이사부의 신라군 본대는 가야군이 항복을 했다고 생각했고, 가야의 성을 접수했다. 백기는 양자 모두를 속이는 것이었다. 가야에게 절망을 신라에게 사기를 진작을 하는 것이었다.

신라가 가야를 멸망시키자 왜가 신라를 치기 위해 군대를 파병했다. 왜장 河邊臣瓊缶은 가는 곳 마다 신라 성을 뽑았다. 상황이 어려워지자 일부 신라군이 무기를 버리고 백기를 들고 왜군에게 항복했다. 항복군에게 다가간 河邊臣瓊缶과 그의 부하들의 모습을 다른 곳에서 대기하고 있던 신라 장군이 보고 역습을 하여 왔다. 기병을 보유한 신라군은 매우 날쌔고 빨랐다. 『삼국사기』와 『일본서기』 두 기록에서 모두 백기白旗의 기만술을 구사하는 신라군의 모습이 보인다. 왜와 백제 가야에 둘러싸여 생존해야 했던 신라인들이 얼마나 기만에 능했는지 보여 주는 한 사례이다.[39]

---

39) 『三國志』卷30 馬韓전에서 "不知乘牛馬"라고 한다. 부여 계통의 백제인들이 남하하기 이전까지 그들은 그러한 상태로 살았던 것 같다.

참고문헌

■ 논문

姜昇姬, 「加耶·新羅의 후걸이(尻繫) 硏究」, 부산대학교 석사학위 논문, 2011.

金斗喆, 「신라와 가야의 馬具−馬裝을 중심으로−」, 『韓國古代史論叢』 3, 1992.

金斗喆, 「前期加耶의 馬具」, 『가야와 고대일본』, 제3회 가야사 국제학술회의, 1997.

金斗喆, 「前期加耶와 新羅」, 『釜山大學校 考古學科 創設20周年 記念論文集』, 2010.

柳昌煥, 「가야의 마구에 나타난 전환기적 특징−전기가야 마구에서 후기가야 마구로−」, 『가야와 그 전환기의 고분문화』, 국립창원문화재연구소, 2006.

柳昌煥, 「加耶馬具의 硏究」, 동의대학교 박사학위 논문, 2007.

李尙律, 「三國時代 杏葉 小考 −嶺南地方 出土品을 中心으로−」, 『嶺南考古學』 13, 1993.

張允禎, 「新羅 馬具裝飾에 관한 硏究」, 동아대학교 석사학위 논문, 1995.

■ 도록

대성동고분박물관, 『동아시아 교역의 가교 대성동고분군』, 2013.

복천박물관, 『가야지역의 마구』, 2014.

■ 자료집

가야문화권 지역발전 시장·군수협의회, 『가야문화권 실체 규명을 위한 학술연구』, 2014.

삼연마구三燕馬具의 성립과 그 배경

이현우*

I. 머리말

중국은 3세기말 西晉 팔왕의 난을 계기로 匈奴, 鮮卑 등 북방유목민족이 대거 남하하고, 304년 흉노족 劉淵이 漢王을 칭하면서 五胡十六國의 대혼란기가 시작된다. 오호 중 가장 두각을 드러낸 민족은 선비족으로, 그 일파인 慕容선비는 曹魏 초부터 遼西에 정착하였다. 294년 慕容廆가 大棘城으로 천도한 후 337년 그의 아들 慕容皝이 스스로 燕王을 칭하고 燕을 건국하였다. 이때부터 약 100년 간 요서를 중심으로 활약한 前燕(337~370년), 後燕(384년~409년), 北燕(409년~436년)을 三燕이라 칭한다. 삼연은 요서의 大凌河 유역의 棘城과 龍城(현 朝陽)을 중심으로 성

---

* 北京大學考古文博學

장하였으며, 전·후연은 山東省과 河南省까지 영토를 확장하였다. 이들은 고유의 북방문화를 바탕으로 중원의 문화를 적극적으로 수용함으로써 새로운 문화를 창출하였는데 그 대표적인 산물이 마구이다. 삼연의 마구는 삼국시대 고구려는 물론 한반도 남부 더 나아가 일본열도에서 출토되는 마구의 발원지라는 점에서 매우 중요한 위치를 차지하며, 김해·부산을 중심으로 한 4세기대 전기가야마구와도 불가분의 관계에 있다.

1973년 북연 풍소불묘 등자를 시작으로 1983년 효민둔154호, 1984년 원대자벽화묘가 잇따라 보고되면서 한중일 연구자들의 반향을 불러 일으켰는데, 등자를 중심으로 한 연구(穴沢咊光·馬目順一 1973·1984, 신경철 1985) 및 안장·마장의 복원 연구(王振江 1983)가 이루어졌다. 삼연마구에 대한 전반적인 연구는 1990년대 중반에 시작되었다. 董高(1995)와 王巍(1997)는 북표 북구 M8호 마구 자료를 추가하여 삼연마구의 특징과 편년을 논하였으며 삼연마구가 고구려, 한반도남부, 일본의 마구에 영향을 주었음을 지적하였다. 1997년 조양 십이대향전창88M1호, 삼합성묘, 왕자분산묘, 2004년 라마동묘가 보고되어 삼연마구 자료가 한층 풍부해지면서 2000년대 들어 연구가 비교적 활발해졌다(中山淸隆 2002, 桃崎祐輔 2004, 田立坤 2006, 諫早直人 2008 外). 특히 田立坤(2006)은 삼연의 비, 등자, 안장을 2型 2組合으로 나누고 각 조합이 모용선비와 부여의 요소를 대표함을 지적하였고 이를 삼연문화의 다양성으로 파악하였다. 諫早直人(2008)은 삼연 비의 제작기법을 분석하고 步搖附飾金具와 등자에 있어 새로운 형식의 출현을 획기로 삼연의 마구를 크게 두 단계로 나누었다.

한국에서는 1990년대부터 가야 마구의 계보 및 편년연구에 있어 삼연의 마구를 적극 활용하였으며, 4세기대 가야마구에 직접적 혹은 간접적으로 선비마구의 영향이 있었다는 점에서 의견을 일치를 보이고 있다(신경철 1985·1994, 김두철 1991·2000, 류창환 2000, 이상율 2005·2009, 허미연

2015).

1970년대부터 현재까지의 삼연마구 자료는 『文物』, 『考古』, 『考古學報』
등에 보고되어 있거나 몇몇 논문을 통해 소개되었다. 또한 『三燕文物精
粹』, 『東アジア考古學論叢』, 『三燕文化の考古新發見』에 일부 도판을 싣고
있다. 그러나 몇몇 표본 자료만을 선별하여 보고하였거나 簡報로 그치는
경우도 있다. 이러한 자료의 분산과 제한된 보고로 인해 삼연마구의 총체
적인 양상을 파악하기 힘들다.

본고에서는 우선 분산된 삼연 마구 자료를 집성한 후 轡, 鐙子, 鞍裝, 杏
葉, 雲珠로 나누어 각각 속성 분석을 진행해 개별 마구의 특징과 시간적
흐름을 파악하겠다. 그리고 단계 설정하고 편년한 후 삼연마구의 전개과정
과 그 출현배경에 대해 살펴보도록 하겠다.

II. 삼연마구의 분석과 편년

현재까지 보고된 삼연의 마구는 모두 분묘 출토 자료로, 안양 효민둔
을 제외하면 대릉하 유역, 즉 삼연의 고도인 朝陽과 北票부근에서 출토되
었다.

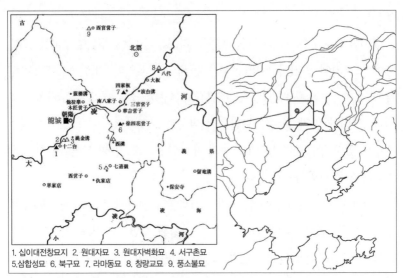

1. 십이대전창묘지 2. 원대자묘 3. 원대자벽화묘 4. 서구촌묘
5. 삼합성묘 6. 북구묘 7. 라마동묘 8. 창랑교묘 9. 풍소불묘

도면 1. 삼연 마구 출토 고분 분포도 [좌: 삼연문물정수 수정 후 인용]

표 1. 삼연 출토 마구

유구	재갈	등자	안장	행엽	운주	마령류	기타	부장위치
安陽 孝民屯154호	판	單동	다型	圭 7	영부 85	×	마면1/반구6	頭身部
北票 北溝M8호	판/환	2 묵	다型	圭	입주부	?		?
北票 倉糧窖墓	표	×	×	×	패제?19	삼환령1	투반2	?
北票 喇嘛洞 I M5호	함	×	○	圭	입주부	?	마면1	足部
北票 喇嘛洞 II M101호	표	×	가型	×?	무각소반구 44	×		足部
北票 喇嘛洞 II M196호	판	×	×	×?	패제 5	×		足部
北票 喇嘛洞 II M202호	판	×	다型	圭 (5)	입주부 35	×		足部

유구								
北票 喇嘛洞 IIM217호 破	함	×	×	×?	입주부+무각소반구 (17)	사환령1		?
北票 喇嘛洞 IIM266호	×	双목	가型	?	입주부+무각소반구 30↑	×		足部
北票 西溝村墓 採	판	×	나型	圭	영부	동령/마탁	투반2/투원2	?
北票 馮素弗墓	함	双목	×	心1?	패제 6	×		?
朝陽 袁台子壁畫墓	판	双목	革裝	圭 10	영부 114	동령5	투원3/동포22	耳室
朝陽 十二台鄕磚廠 88M1호	판	單동	나/다型	圭10/心2	영부23/입주180/반구10	동령3	마면1/투반1	棺上頭
朝陽 三合成墓 採	판	1목	다型?	圭4	입주 52?	×	마면1	?
朝陽 王子墳山M9001호	판	×	×	×	×	×		보강토위頭

일부 보고
北票 喇嘛洞 I M10호·IIM16호 환판비 1점, I M21호 입주부운주 2점, 1970년대 채집 나型 안장, 1996년 채집 가型 안장, 1998년 채집 령부표 2점, 복륜, 입주부운주, 라마동채집(원 북표문관소채집) 영부운주 1점. 朝陽 袁台子4호 금동제등자 1점. 안양 효민둔 채집 내연금구, 입주부운주, 좌목식금구, 동령, 투조반구형운주 등(한 묘에서 채집된 것으로 추정)

유구: 破는 다른 묘에 의해 파괴, 採는 파괴된 묘에서 수습·채집, 기타: 반구는 반구형금구, 투반은 투조반구형금구, 투원은 투조원형금구.

1. 분석

1) 轡

현재까지 보고된 삼연의 비는 모두 18점으로, 板轡 9점, 環板轡 3점, 鑣轡 2점과 함○를 확인할 수 없는 3점이 銜 그리고 鈴付鑣 1쌍이다. 분명화한 자료를 제외하면 銜은 모두 철제 2연식으로 다조꼰기법으로 제작되었으며, 인수는 이조선이다(諫早直人 2008).

판비의 출토량이 가장 많은데, 銜留의 형태, 재질, 제법, 입문에 다양한 속성이 확인된다.

함유의 평면형태에 있어서는 원형이 대부분을 차지하고, 立聞을 제외한 부분이 三葉형태를 이루는 것은 십이대전창88M1호와 라마동ⅡM202호에서만 출토되었다.

함유는 철제素文地板과 용문투조금동판이 결합되는 서구촌 채집품을 제외하고 모두 1매의 금동판 혹은 철판이 사용된다.

함공은 입문을 위로 하였을 때 종으로 뚫리며, 장방형이 대부분이다. 왕자분산M9001호[1]와 라마동ⅡM196호 출토품의 함공은 8자형에 가깝다. 주로 함유와 동일한 재질의 帶狀 함유금구가 함공과 직교하여 부착된다. 효민둔154호와 십이대전창88M1호 판비는 좌우에 각각 하나의 鋲으로 함유금구를 고정시키는데, 삼합성묘 판비는 금동제함유에 철제 함유금구를 올리고 좌우 각각 2개의 鋲으로 고정시킨다.

입문은 역제형과 장방형이 있으며, 입문공은 장방형 혹은 횡장방형이다. 서구촌 채집 판비를 제외하면 굴레의 연결에 있어 별도의 鉤金具를 사용하지 않는다.

인수가 남아 있는 것은 모두 이조선인수이다. 김두철은 꼬지 않은 이조선인수의 끝에 봉을 가로지르는 소위 삽자루형태의 인수를 선비계 인수로 정의했는데(김두철 1991), 왕자분산M9001호와 라마동ⅠM10호 환판비의 인수를 제외하면 모두 이러한 제법을 보인다. 효민둔154호의 경우 외환에 별도의 환이 붙어 있으나 인수 제작의 기본적인 제법은 동일하다.

---

1) 왕자분산묘는 서쪽의 十二台鄕磚廠墓群과 동쪽의 腰儿營子磚廠墓群으로 나뉘는데 M9001호는 후자에 속한다. 두 고분군 사이는 200m 가량 되어 동일 범위 내의 고분군으로 생각되고 있다. 본고에서는 보고서명을 따라 왕자분산묘라 칭하겠다.

원대자묘와 풍소불묘에서는 비와 상원하방형의 금구가 공반된다. 인수와 이 금구가 결합되지 않아 引手盉로 사용되지는 않는다.[2] 심재용은 이를 方圓形結束雲珠로 명명하였는데(심재용 2016), 革金具의 역할을 한다.

표 2. 판비 속성 분석표

출토유구	함유													인수
	평면형태		판수	주연대			재질	함공	함유금구		입문형태		구금구	
	원형	삼엽형		無		有			재질	고정방법	역제형	장방형		
				平	凸									
북구M8호	○		1	○			철	장방	철	?			無	2조 b2?
효민둔 154호	○		1	○			금동	장방	금동	좌우1鋲	○		無	2조c
원대자 벽화묘	○		1			○	금동	장방	?	?		○	無	2조b2
십이대 88M1호		○	1			○	금동	장방	금동	좌우1鋲		○	無	2조b2
라마동II M202호		○	1			○	금동	장방	?	?	○		無	?
서구촌 묘채집	○		2			○	철·금동	장방	?	?			有	?
왕자분산 M9001호	○		1			○	철	8자	철	?		○	無	2조a
라마동II M196호	○		1			○	철	8자?	철	?			無	?
삼합성묘	○		1			○	금동	장방	철	좌우2鋲		○	無	?

주연대: 有無는 별조 주연대의 유무, 平은 주연부가 편평, 凸은 주연부가 돌출. 인수: 諫早直人(2008)의 분류를 따름

---

2) 실제 삽자루형 인수 외환과 상원하방형금구가 결합되는 것은 복천동10·11호 ㅗ자형환판비도, 전체직인 인수 형태로 이미 신미게 인수에서 변형된 것이다. 공반된 표비의 방형 인수외환에도 상원하방형금구가 결합된다. 이는 복천동 마구 공인 집단의 마구 개량 과정 중에 상원하방형의 혁금구를 인수외환과 결합시켜 인수호로 사용한 것으로 보인다.

판비의 속성 중 시간성을 민감하게 반영하는 것은 함유의 주연부로, 주연대가 없는 것에서 별도의 주연대를 가지는 것으로 변화한다. 기존에는 역제형에서 장방형으로의 입문 형태 변화를 중시하였는데 이는 넓은 시공간적 범위 내에서의 경향성일 뿐 삼연 판비 내에서는 양 속성이 뒤섞여 있어 크게 시간성을 반영한다고 보기 어렵다. 특히 역제형은 풍소불묘 행엽의 입문에도 채용되어 상당 기간 유행한다.

별도로 제작된 주연대의 등장은 판비 제작 기법에 있어서의 큰 변화를 의미한다. 효민둔154호, 원대자묘, 십이대88M1호, 라마동ⅡM202호 판비의 함유는 모두 주조품으로, 이미 范에 蛙文, 주연부의 돌대, 반원형의 돌기 등을 시문한 후 靑銅을 부어 제작한다. 제작 단계부터 1매의 동판 내에 모든 장식효과가 구현되는 셈이다. 그러나 문양을 투조한 금동판이 사용되고, 주연부에 일체로 주조되었던 돌대가 별도의 금동대로 분리되어 판비를 장식하는 방법이 변화한다. 서구촌 판비나 라마동ⅡM16호 환판비는 철제의 素文地板에 투조금동판을 올리고 주연대를 두른 후 鋲으로 고정한다. 이후 1매의 금동·철판 함유 위에도 별도의 주연대가 부착되게 된다.[3]

따라서 북구M8호, 효민둔154호, 원대자묘, 십이대88M1호, 라마동ⅡM202호[4] → 서구촌묘 채집, 왕자분산M9001호, 라마동ⅡM196호, 삼합성묘로의 변화가 간취된다.

이러한 제법 상의 변화를 시간성이 아닌 계층성의 차이로 보기는 어렵다. 효민둔154호는 효민둔촌에서 발굴된 5기의 묘 중 가장 상위계층에 속하는 묘로, 효민둔154호와 원대자묘는 계층 차이보다는 피장자의 원 소속(선비족인가 漢人인가)의 차이를 반영할 가능성이 크다. 십이대88M1호

---

3) 1매의 금속판에 별도 주연대를 부착하는 기법은 이후 5세기대의 본계시진묘, 칠성산96호분 등 고구려 판비의제작에도 채용된다.

4) 주연부 형태에서 북구M8호와 효민둔154호를 원대자묘, 십이대88M1호보다 빠르게 볼 수 있으나 별도 주연대의 유무로 대별하여 나누지 않겠다.

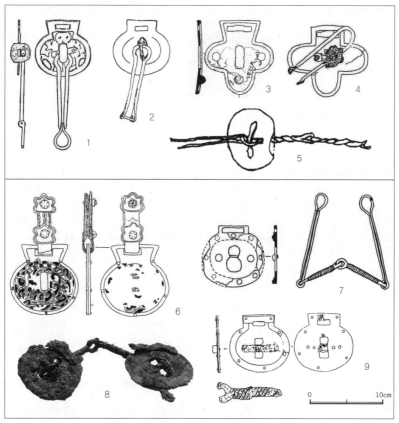

도면 2. 삼연 판비의 변화 [S=1/4, 5·8은 축척 불명]
1. 효민둔154호 2. 원대자묘 3. 라마동Ⅱ M202호 4. 십이대88M1호 5. 북구M8호
6. 서구촌묘 채집 7. 왕자분산M9001호 8. 라마동Ⅱ M196호 9. 삼합성묘 채집

와 서구촌묘 마구를 비교하면 전자의 계층성이 높음에도 불구하고 별도
의 주연대를 사용하지 않는다. 동 단계로 판단되는 서구촌묘와 왕자분산
M9001호, 라마동Ⅱ M196호의 마구와 출토유물을 비교하면 서구촌묘>라
마동Ⅱ M196호>왕자분산M9001호 순으로 계층이 낮아짐을 알 수 있는데,
라마동Ⅱ M196호와 왕자분산M9001호 모두 1매 철제 지판에 별도의 주연
대를 사용하는 공통성을 보인다.

환판비는 북구M8호, 라마동 I M10호, 同 II M16[5]호에서 출토되었는데, 모두 X자형 함유금구를 가진다. 북구M8호 환판비는 환의 폭이 좁고 X자상 함유금구의 가운데 변이 맞닿아 일정한 폭을 가진다. 라마동 I M10호의 양쪽 함유는 함유금구의 부착 방향이 다른데 한쪽은 함유금구가 함유의 외면에 한쪽은 내면에 鋲留되어 있다.

표 3. 환판비 속성 분석표

출토유구	함유 수	주연대	재질	함유형태	함유외폭	함유금구 형태	함유금구 고정방법	입문	인수
북구M8호	1	×	철	원형	狹	X자 가운데 변이 맞닿음	?	?	?
라마동 I M10호	1	×	철	원형	廣	正X자 철봉 교차	鋲留	역제형?	2조b1
라마동 II M16호	2	○	철금동	원형	廣	正X자 X자상 주조	鋲留	장방형? 결합형구금구	2조b2

함유의 폭, 함유금구의 형태, 인수에서 차이가 인지되지만 자료 수가 적어 시간성을 판단하기에는 무리가 있다. 북구M8호 환판비는 공반된 판비와 동 단계에 위치 지어지고, 라마동 II M16호는 철제지판+투조금동판+별도의 주연대라는 기본 제법에 있어 서구촌 판비와 동일해 같은 시간대에 둘 수 있다.

표비는 라마동 II M101호에서 1점 출토되었고, 창량교묘에서는 입문용금구 2점이 확인되었고, 1988년 라마동에서 鈴附鑣가 2점 채집되었다.

---

5) 라마동 II M16호 출토품을 판비로 보기도 하지만 함유에 함과 인수를 함유금구로 고정시키는 전체 공정의 차이에 주목하여 판비와 환판비를 나눈 김두철의 분류에 따라 환판비에 포함시키겠다.

2) 鐙子

삼연의 등자는 재질과 제법에 따라 金銅製등자와 木芯등자로 대별되며, 單鐙과 雙鐙이 모두 확인된다. 라마동 II M266호, 풍소불묘 등자를 제외하면 병부의 길이가 14cm 이상, 병부 폭 : 병부길이가 1:3 이상의 비율을 보이는 長柄등자[6]로, 병부 길이가 윤부와 비슷하거나 더 길다.

금동제등자는 주조 후 도금하여 제작한 것으로, 효민둔154호, 원대자M4호, 십이대88M1호에서 출토되었는데, 모두 單鐙이다. 윤부형태는 횡타원형의 倒하트형으로, 답수부 중앙이 돌출한다. 병부의 길이는 14~15.5cm로 細長한데, 등자의 전체 길이에서 병부가 차지하는 비율이 53% 정도이다. 병부와 윤부, 답수부의 두께가 일치하며, 0.3~0.5cm로 매우 얇다. 세 등자는 형태와 크기, 제법이 매우 유사하지만 세밀하게 보면 병부에 차이가 보인다. 효민둔154호와 원대자M4호 등자는 병두부가 반원형이고 병부의 상하폭 차가 미미한데 반해 십이대88M1호 등자는 병두부는 결실되었으나 병부상단 : 병부하단 폭의 비율이 약 1:0.75 정도로 하단이 좁다.

목심등자는 북구M8호, 원대자묘, 삼합성묘, 라마동 II M266호, 풍소불묘에서 출토되었다. 북구M8호에서는 다소 제법이 다른 등자 2점이 출토되었고, 삼합성묘에서는 1점 만 채집되었다. 반면 원대자묘, 풍소불묘에서는 각기 제법이 동일한 등자 2점이 출토되었다. 삼합성묘 등자가 채집품임을 감안하면 목심등자는 기본적으로 雙鐙일 가능성이 높다.

田立坤(2013)은 중국 동북지역의 등자를 屈木爲鐙, 揉木爲鐙, 斫木爲鐙으로 나누고, 원대자묘와 풍소불묘 등자를 揉木爲鐙, 북구M8호와 삼합성 등자를 斫木爲鐙으로 보았는데 후자가 斫木爲鐙인가에 대해서는 이견

---

6) 여기서 언급한 병부 길이와 병부 폭 : 병부 길이 비율이 전체의 단·장병 등자를 구분하는 기준을 의미하는 것이 아니라 풍소불묘 등자에 비한 상대적 수치와 비율 임을 알려둔다.

표 4. 등자 속성 분석표

출토유구	수	재질	柄部상단		답수돌출	측면폭	輪部		全長	柄長	全長:柄長	병부폭
			반원	방형			형태	종:횡				
효민둔 154호	單	금동제	○		有	병=운	횡타원형	1:1.38	27	14.5	1:0.54	3,1
원대자 M4호	單	금동제	○		有	병=윤	횡타원형	1:1.35	29	15.5	1:0.53	3.37
십이대 88M1호	單	금동제	결실		有	병=윤	횡타원형	1:1.4	27.2	14.4	1:0.53	3.3/2.5
원대자묘	雙	목 피혁	○		無	병<윤	삼각형		28	14.8	1:0.53	3.7
삼합성묘	1	목 금동판/대			○?	有 병=윤?	타원형	1:1.2?	30.5	17	1:0.55	4
북구 M8호	2	목 동판/대			○	有 병=윤	타원형	1:1.2	(29.4)	(15)	(1:0.51)	4.5/?
		목 동판/대	○			有 병=윤	타원형	1:1.2	(29)	(14.8)	(1:0.51)	3.9/?
라마농 M266호	雙	목 동대	○			有 병=윤?	종타원형	1:0.8	33.5	경계 모호		6/6↑
풍소불묘	雙	목 금동판/대	○			無 병≪윤	삼각형		25	9.5	1:0.38	5/4.75
									23.2	9.5	1:0.4	5/4.25

측면폭: 병은 병부 측면 폭, 윤은 윤부 특히 답수부의 폭. 전장, 병부, 비율: (숫자)는 수치 불확실, 삼합성묘 등자는 복원 후의 수치, 북구M8호 등자는 전체 길이에서 도면 상의 전장과 병부의 비율을 통해 수치 산출. 병부폭: 기술이나 도면 상의 수치, 대부분 측면금속대를 포함, 십이대전창88M1호는 전장을 27.2cm로 두고 도면, 사진 상 비율로 수치 산출, 左는 상단폭/右는 하단폭

이 있다.[7] 내부 목질의 확인이 어려우므로 전체적인 목부 제작 방법보다 주로 등자 전체의 외형과 외면 보강 방법을 중심으로 살펴보겠다.

삼연 등자의 윤부는 신경철(1985)이 분류한 바와 같이 倒하트형과 삼각형으로 나눌 수 있다. 금동제등자가 종 : 횡폭이 1:3.5~1:4로 횡타원형을 이루는데 반해 倒하트형의 목심등자는 1:1.2로 타원형에 가깝다. 예외적으

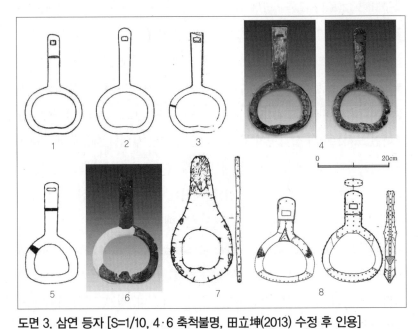

도면 3. 삼연 등자 [S=1/10, 4·6 축척불명, 田立坤(2013) 수정 후 인용]
1. 효민둔154호 2. 원대자M4호 3. 십이대88M1호 4. 북구M8호 5. 원대자묘 6. 삼합성묘 채집
7. 라마동 II M266호 8. 풍소불묘

---

7) 당시 토론문에서 김두철은 한반도 남부의 장병목심마등이 병부, 윤부의 형태와 상관없이 모두 樑木鐙인 점을 지적한 바 있다. 帽儿山M18호, 김해 대성동68호 등자를 비롯하여 일본 奈良 著墓고분의 주호, 大阪府 蔀屋北유적, 滋賀 神宮社유적, 宮城 藤田新田유적에서 출토된 斫木鐙은 외부를 감싸는 금속판이 존재하지 않는다. 외부의 금속판은 장식의 효과도 있지만 기본적으로 구부린 나무의 변형을 막는 것이 주 목적이다. 외부를 금속판으로 보강하지 않은 원대자묘의 등자 한 쪽이 출토 시 이미 벌어져 있는 점과 풍수불묘 등자를 다수의 금속판으로 보강한 점이 이를 반증한다. 따라서 북구M8호와 삼합성묘 등자 역시 나무를 구부려 만든 樑木鐙일 가능성이 크다.

로 라마동ⅡM266호는 1:0.8로 종타원형을 보인다.

병부는 윤부와의 경계가 모호한 라마동ⅡM266호와 단병의 풍소불묘를 제외하고 모두 장병이다. 병부의 폭은 라마동ⅡM266호를 제외하면 3.7~5cm 정도다. 그러나 외면을 금속으로 보강하지 않는 원대자묘의 병부 폭이 3.7cm~4cm[8]이고, 측면금속대의 폭이 합산되지 않은 삼합성묘, 북구M8호:2(도3-4右)의 병부 폭이 4cm 정도임을 감안하면, 금속대를 제외한 목부 폭이 약 4.5cm인 풍소불묘와는 큰 차이가 나지 않는다.

목심등자는 어떤 樹種, 어떤 부위를 선정하여 어떻게 가공하느냐에 따라 목부의 기본형이 정해지며, 윤·병부의 세부 형태는 木工, 革·漆工 과정에서 결정된다. 계통과 시간성을 염두에 두지 않고 목부의 제작에서만 본다면 도하트형과 삼각형의 차이는 나무의 어떤 부위를 사용하여 어떻게 구부리는가와 연관되고, 단병·장병은 원래 목부에서 얼마만큼을 잘라내어 병부로 사용하느냐[9]에 의해 달라진다. 이러한 관점에서 보면 삼연목심등자의 병부의 목부 폭에 큰 차이가 없다는 점은 매우 중요하다.

金工까지 포함한 전체 공정에서는 목재의 선택, 가공과 함께 각 부위에 사용될 금동판과 금동대, 鋲의 제작이 등자를 만들기 전부터 이미 함께 계획되므로, 木工−金工은 서로 유기적인 관계에 있다. 장·단병의 차이와 보강법의 변화는 이러한 관계 속에서 서로 연동된다.

즉, 장병등자는 병부의 원 목부 상단을 많이 잘라내지 않고, 등자의 형태와 같은 1매의 금동판으로 前面을, 금동대로 측면을 보강한다. 단병등자는

---

8) 원대자묘 출토 등자의 병부 폭은 3.7cm라고 되어 있으나 이는 단면을 그린 부분의 폭으로, 도면에서 계측하면 병부 최상단 폭은 4cm이다.

9) 일반적으로 목부는 1매의 나무를 구부려 윤부를 형성하고 그 양단을 모아 병부를 만든다. 양단이 벌어지려는 탄성을 버티기 위해서는 고정력을 지탱해 줄 수 있는 긴 병부가 필요하며, 끝단부터 윤부 쪽으로 힘을 모아줘야 한다. 목부가 완전히 고정된 후 상단의 일부를 현 등자의 병부 길이로 자른다.

원 목부 상단을 많이 잘라낸 후 수 매의 금동·철판, 금동대를 준비하여 부분별로 보강한다. 풍소불묘 등자는 병부와 윤부 상단을 상원하방형과 역Y자형의 2매 금동판으로 보강하였는데, 이는 병부 전후면의 두께를 의도적으로 줄였기 때문에 윤부와 병부에 단차가 생겨 1매 금동판으로는 덮을 수 없고, 병부가 짧기에 나무가 벌어지려는 탄성을 버티기 위해 부분별 보강

표 5. 목심등자 속성 분석표

| 출토유구 | 수 | 보강부분 | | | 전후면 고정 鋲 | | 병부 상단 | 全長 | 柄長 | 병부폭 | 윤부 형태 |
		전후면	측면	輪內	柄部	輪部 (下部 기준)					
원대자묘	雙						반원형	29	14	3.7↑	삼각
라마동II M266호	雙	×	○	○			반원	33.5		6↑	종타원
북구 M8호	2	전 1판	○	○	2-2? (4)	2鋲 상하 교열 2행 간넓	방형	29.4	15	4.5	타원
		전 1판	?	?	2-1? (3)	1鋲 중앙 1행 간넓	반원형	29	14.8	3.9	타원
삼합성묘	1	○ 1판?	○	?	2-2-1-2-1-2 10	2鋲 상하 1열 2행 간넓	방형	30.5	17	4	타원
풍소불묘	雙	전후 3판	○	○	3-3-3-3-3-3 18	좌우 끝단만 3鋲/2鋲 상하 1열 2행 간좁	반원형	25 / 23.2	9.5 / 9.5	5	삼각

輪部: 간넓은 鋲 사이의 간격이 넓음, 간좁은 병 사이의 간격이 좁음. 병부폭: 측면을 보강한 금속판의 두께가 보함된 경우도 있는 만큼 북구M8호나 삼합성묘의 경우 불확실하여 오차가 있음

을 택했다고 본다. 특히 윤부 내면에 부착한 철판은 안쪽에서 등자의 변형을 막고 병부와 윤부가 갈라지는 부분과 그 사이에 고정된 삼각형쐐기목의 결합을 공고히 한다.

삼연의 木心金屬板被등자는 앞서 설명하였듯이 병부의 길이 조정, 목심 가공, 외면 금속판 보강 방법이 유기적인 관계에 있는데, 목심의 가공 및 외면 금속판 보강 방법은 풍소불묘 등자가 가장 정교하다.[10] 단·장병을 떠나 목심 외면을 보강하는 부분의 증가와 금속판을 고정시키는 鋲의 수가 증가하는 것은 시간성을 가진다고 판단된다. 즉, 前面 전체 1매판 보강에서 前後面 3매판 보강(병·윤부 상단 2매판, 윤부 하단 1매판)으로, 병부를 고정하는 鋲의 개수와 列이 증가하고, 윤부 특히 하단을 고정하는 鋲이 1행에서 2행으로, 상하 교열에서 상하 1열로 가면서 간격이 좁아진다. 즉, 북구M8호:2 → 북구M8호:1 → 삼합성묘 → 풍소불묘 등자로의 변화를 보이는 것이다.

원대자묘 등자는 외면을 가죽으로 덮고 칠을 한 후 붉은 색으로 구름무늬를 그렸는데, 가죽 고정에 釘이나 鋲이 사용되었는지 알 수 없다. 금속판으로 보강하지 않아 한 쪽 등자의 병부가 벌어진 상태로 출토되었다. 금동제등자와 외면을 금속으로 보강하는 목심등자가 제작되기 시작할 때 시도된 하나의 보강, 장식법이라고 생각된다.

한 가지 주목해야 할 것은 라마동ⅡM266호 출토 등자이다. 이 등자는 삼연등자 중에서도 33cm가 넘는 가장 대형의 등자로, 독특한 외형을 띠고 있다. 田立坤은 屈木鐙으로, 김두철은 楺木鐙의 병부가 탄성을 버티지 못하고 벌어진 것으로 판단하였다. 출토사진에서 병부가 두 부분으로

---

10) 풍소불묘 등자 이외에 삼연지역에서 단병목심등자가 사용되었을 가능성은 크나 실물자료는 확인되지 않는다. 외면의 금속 보강까지 포함해서 생각하면 풍소불묘 등자는 목심부의 가공부터 외면 보강까지 가장 복잡하고 정교한 방법으로 제작된 등자로, 북구M8호, 삼합성묘등자와는 확연하게 구분된다.

갈라져 있으며, 삼각형 쐐기목으로 보이는 별도의 목재도 관찰되기 때문에 나무를 구부려 만든 楺木鐙으로 보인다. 단, 기타 삼연의 목심등자는 폭 2cm 내외의 나무를 사용하는 반면 이 등자는 폭 3cm 정도의 두껍고 긴 나무를 구부렸기에 전체 형상이 물방울형태를 보이고 윤부는 횡타원형을 이루게 된 것이다. 삼연과 한반도 남부의 일반적인 목심등자는 윤부에서 병부로 휘어지는 부분 즉 병부와 윤부의 경계 외면을 깎아 폭을 줄이는데 이 등자는 이 작업 공정이 생략된 것으로 판단된다. 이후 윤부 하단에서 시작하여 銅帶를 돌리는데 끝단이 서로 겹치지 않는다. 또 윤부 내면의 상단에 銅帶를 고정시켜 윤부하단과 삼각형쐐기목의 결합을 공고히 하고, 답수부에도 銅帶를 대어 보강한다.[11]

3) 鞍裝[12]

안장은 재질에 따라 크게 軟式鞍과 硬式鞍으로 나뉘며, 안교·좌목의 형태와 양자의 결구 위치에 따라 古式좌목돌출안과 新式좌목돌출안으로 나뉜다. 삼연의 안장은 모두 경식안으로, 전후륜의 내연에 凹狀의 좌목이 결구되고 전후륜이 직립하는 고식좌목돌출안에 속한다.

삼연의 안장은 ⅰ) 한반도 남부 안장과 동일한 안교 형태를 가지며 좌목과의 연결을 위한 혁뉴공이 존재하며 ⅱ) 좌목선금구와 좌목선교구를 공반한다. 또한 ⅲ) 원대자묘 출토 안교 내연 상에 좌목선부 형태의 경사진 革面이 확인되며 ⅳ) 안교목 끝단이 매우 좁고 별도의 투공이 확인되지 않아 끝단에 투공하여 좌목과 연결할 수 없으며, 안교목 끝단과 안교금구의 끝

---

11) 등자에 대해서는 별고에서 상세히 논하겠다.

12) 본 절은 李鉉宇, 2012, 『三國時代 鞍裝의 構造 硏究』, 부산대학교대학원 석사학위 논문의 일부를 인용·수정하였다.

단이 일치해 안교목 끝단을 좌목에 삽입하여 결구하는 것은 불가능하다.
따라서 삼연 안장의 좌목 역시 한반도 남부와 마찬가지로 凹狀의 형태를
띠며, 전후에 面을 가지는 좌목임을 알 수 있다. 단, 좌목선부는 한반도 남

표 6. 삼연 안장의 안금구 조성 및 유형

| 출토유구 | 재질 | 안금구 조성 | | | | | | | | | 유형 |
		복연금구	외연금구	복륜	안교금구	내연금구	좌목선금구	좌목식금구	좌목선교구	부속구	
라마동II M101호	金銅	○	○	×	투조	×	투조	×	교구1단		가형
라마동II M266호	鐵	○	○	×	투조	×	투조	×	?		
라마동 1996년채집	金銅	○	○	×	투조	×	투조	×	?		
라마동 1970년대채집	金銅	×	×	?	투조	?	투조	?	?		나형
서구촌묘채집	金銅	?	?	?	투조	?	투조	2공		원2	
십이대88 M1호(透)	金銅	×	×	수평?	투조	×	투조	×	?		
십이대88 M1호(素)	金銅	×	×	수평	소문	×	×	2공	?		다형
라마동II M202호	鐵	×	×	○	소문	×	×	×	?		
북구M8호	金銅	×	×	○	소문	×	×	2공	?		
효민둔154호	金銅	×	×	수평	○	○?	×	2공	교구1단	좌금구3?	
삼합성묘	金銅	×	×	○	상감	○	×	4공	?		다형?
원대자묘	皮革	銅釘	×	×	×	×	×	×	교구1단	원3	
라마동 I M5호에서 좌목식금구 출토, 효민둔묘에서 내연금구, 좌목식금구(4공) 채집											

부 안장에 비해 좌목선금구의 돌출도가 거의 없거나 미미하기 때문에 비교적 편평하다고 판단된다.

동일한 木部 구조를 바탕으로 안금구의 조합과 결합방법에 의해 세 유형으로 나뉜다.

① 가型 : 覆緣金具 - 外緣金具 - 鞍橋金具 - 座木先金具

라마동ⅡM101호, ⅡM266호, 同 1996년 채집 안장이 해당하며, 현 자료상 북표 라마동에만 한정되어 분포해 강한 지역성을 보인다.

하연와 하연 돌출부에 鋲을 박아 일차적으로 안교금구를 안교목 상에 고정시킨 후 외연금구와 상연금구를 타원형의 안교 외연과 상면에 대고 다수의 鋲을 박아 고정한다. 이들 금구는 안교목을 장식·보강하며 외연금구는 안교금구를 안교목에 고정시키는 역할도 한다. 나·다 유형의 복륜의 역할이다.

금구의 재질은 철제과 금동제가 있으며, 모두 투조되어 있다. 장방형의 좌목선교구공은 전·후륜 좌우 각각 한 개씩 존재한다. 전자는 좌목선금구의 상변에 가깝고, 후자는 하변에 가깝게 뚫려있다.

② 나型 : 覆輪 - 안교금구 - 좌목선금구

십이대전창88M1호(透), 라마동 1970년대·서구촌 채집품이 해당한다. 재질은 금동제로, 안교금구, 좌목선금구는 모두 투조금동판을 사용한다.

안교금구는 그 외연에 소형의 鋲을 박아 일차적으로 안교목에 고정시키고 복륜을 씌운다. 안교금구 하연보다 아래로 돌출한 안교목 상에 좌목선금구를 鋲으로 고정시킨다. 가型은 안교금구와 좌목선금구가 서로 겹치지 않는데 반해 좌목선금구 상연이 안교금구의 하연을 덮어 안교금구를 이차적으로 고정하는 역할도 한다. 좌목선교구공은 전륜에 좌우 각각 1개, 후륜에 좌우 각각 2개가 존재한다.

③ 다型 : 복륜 - 안교금구 - (內緣金具) / 座木飾金具

	전후면	단면
가型	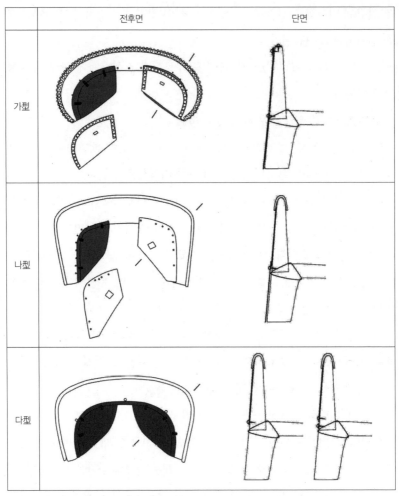	
나型		
다型		

도면 4. 안장 유형별 구조 모식도

북표 라마동 ⅡM202호, 북구M8호, 조양 십이대전창88M1호(素), 안양 효민둔 154호가 해당한다. 삼합성묘 출토 안장도 이 유형에 속할 가능성이 크다. 철판을 사용하는 라마동 ⅡM202호를 제외하고 안교금구는 모두 금 동판이며, 삼합성묘 출토품은 육각문으로 구획하고 그 내부에 騎射文, 용 문, 조문 등을 장식하였다. 대부분 좌목식금구를 공반한다.

리마동 ⅡM202호는 6개의 꺾쇠로 안교금구를 안교목에 고정시키는데 반해 그 외의 안장은 안교금구 하연에 鋲(3~5개)을 박아 안교목에 고정시킨다. 이후 복륜을 씌운 후 좌우 양단에 수평방향으로 鋲을 박아 고정한다.

가·나·다型 이외에도 원대자묘의 木心革裝鞍이 있다. 별도의 금속판이나 금속대가 사용되지 않으며, 목심을 가죽으로 싼 후 안교 상면에서 9개의 銅鋲으로 고정하였다. 가죽에는 갈색칠을 하고 붉은 색으로 구름무늬를 그려 장식하였다.

桃崎祐輔(2004)는 삼연 안장은 목제안 → ②안교금구를 금속장한 것만을 부장하는 그룹 → ③②에 좌목선금구를 금속장화한 것을 더한 그룹 → ④좌목선금구를 금속장화 한 것만 출토되는 그룹 순서로 나타난다고 보았다. 이현우(2012)의 분류에 대입하면 목심혁장안 → 다型 → 나型 → 가型 순이다. 순목제안에서 안금구가 순차적으로 나타난다는 견해로, 일본 (傳)譽田丸山古墳 2호안을 인식한 결과로 판단된다.[13]

표 7. 안장 유형별 부장 상황

지역	출토 유구	유형	부장 위치	부장 방향
북표	라마동ⅡM101호	가	발치 부장	正 부장
	라마동ⅡM266호		발치 부장	?
	라마동ⅡM202호	다	발치 부장	正 부장
안양	효민둔 154호		두부 부장 (頭枕 사용)	逆 부장
조양	십이대88M1호	나·다	목관 상부 두부 부장	逆 부장

長沙 金盆嶺 21호묘(永寧2년, 302년) 출토 악사기마용의 안장은 타원형

---

13) 桃崎祐輔의 마지막 ①번 그룹'좌목선금구를 금속장화 한 것만 출토되는 그룹'에 속하는 라마동ⅡM202호, 봉석묘 채집품이 (傳)譽田丸山고분 2호안과 유사하기에 後燕~北燕期까지 내려옴을 언급하였다.

을 이루고 상면에 원형의 장식이 있는데 이는 삼연의 가型 안장과 매우 유사하다. 삼연에서 금속장안이 성립하기 전 중국에서 널리 사용된 안장일 가능성이 크다. 삼연에서는 라마동에만 한정 분포하는 지역성을 가지며, 안교금구·좌목선금구 모두 透彫되어 있다. 특히 田立坤(2006)은 라마동 출토의 타원형안(B型)을 부여와 관련짓고 있으며, 拱型의 안장과 함께 사용되었다고 보고 있다.

반면, 나·다型 안장의 안교는 역U자형을 띠고 복륜기법이 채용된다. (가型)타원형 외형과 외연금구·복연금구 → (나型)역U자형 외형, 복륜이라는 시간적 변화보다는 계통차에 의한 삼연 안장 성립기의 버라이어티로 판단된다. 그것은 나型의 경우 좌목선금구를 공반함에도 A型과 안교의 외형 및 안교를 구성하는 금구에 있어서 명확히 분리되며, 가型과 나型 간에 속성이 섞이는 과도적인 단계도 없기 때문이다. 가型와 나·다型의 계통차를 보이는 것은 유물 뿐 만 아니라 마구의 부장 습속에서도 나타난다. 라마동 묘의 안장을 비롯한 마구는 모두 발치에 부장되는 반면 효민둔154호와 십이대88M1호 안장은 두부 쪽에 부장되는데 안장은 모두 거꾸로 뒤집어 부장하였다.

4) 杏葉·雲珠 및 馬裝

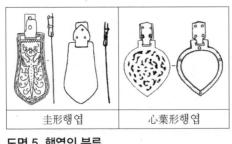

도면 5. 행엽의 분류

(1) 행엽

삼연의 행엽은 그 형태에 따라 圭形행엽과 心葉形행엽으로 나눌 수 있다. 십이대전창88M1호를 제외하면 양자는 함께 출토되지 않

는다. 규형행엽은 일반적으로 1매의 금동판으로 제작하며, 심엽형행엽은
금동제지판에 금동투조판이나 별조의 주연대를 부착한다.

표 8. 삼연 행엽 속성 분석표

유구	형식	출토수	재질	판수	문양 및 장식	鉤金具	길이	공반안장
효민둔 154호	규형	7	금동	1	雙頭鳥文, 波狀文, 鋸齒文	상원하방형 2鋲	10.1~ 10.5	다型
효민둔 채집	규형	1	금동	1	雙頭鳥文, 波狀文	상원하방형 3鋲	11.5	내연금구
북구M8호	규형	?	금동	1	素文	?	?	다型
라마동 I M5호	규형	?	금동	1	?	×	?	좌목식금구
라마동 II M202호	규형	(5)	금동	1	素文	×	7.5	다型
서구촌묘 채집	규형	1	금동	1	素文	?	9.9	나型
원대자 벽화묘	규형	대8/소2	금동	1	素文	삼각형 3鋲	13.5/11.4	목심혁장안
십이대 88M1호	규형	10	금동	1	素文	삼각형 3鋲	12.8	(다型)
	심엽형	2	금동	2	素文(주연돌출)+透彫板	장방형 4鋲	10.3	(나型)
삼합성묘 채집	규형	4	금동	1	素文 3鋲	?	9.9	다型?
풍소불묘	심엽형	1	금동	1	素文+별조의 周緣帶	보주형 3鋲	?	無

규형행엽은 삼연의 독자적인 행엽으로, 채집품을 제외하면 효민둔154호
에서 7점(좌우 4·3점), 라마동 II M202호에서 5점(좌우 3·2점),[14] 원대자묘

---

[14] 행엽의 수는 기본적으로 보고서의 기술을 따랐는데 工振江은 효민둔154호의 행엽 한
점이 결실되었을 가능성을 언급하고 총8점으로 尻繁를 복원하였으며, 라마동 II M202호
발굴 사진을 보면 규형행엽이 6점일 가능성이 있다.

와 십이대88M1호에서 10점이 출토되었고 북구M8호에서도 출토되었으나 수량은 알 수 없다. 안양 효민둔에서 출토·채집된 행엽에만 문양이 있고 나머지는 모두 素文인데, 삼합성묘 채집품에는 3개의 鋲을 리벳팅하여 장식효과를 주고 있다. 주로 다型 안장과 공반된다.

諫早直人(2008)은 규형행엽은 전장이나 외형선이 비슷해 제작 시에 있어서 型의 존재가 상정된다고 하였는데 실제로는 12.8~7.5cm 범위 내에서 다양한 크기를 가지며 같은 묘에서 출토된 행엽 간에도 크기 차가 존재한다. 圭形의 외형과 1매의 금동판을 사용하는 제법만 공유할 뿐이다. 구금구에 있어서도 효민둔은 상원하방형(2~3鋲), 십이대88M1호는 삼각형(3鋲)의 구금구를 가지는데 라마동 출토 규형행엽은 구금구를 사용하지 않는다.

심엽형행엽은 십이대88M1호에서 2점, 풍소불묘에서 1점 출토되었다. 전자는 주연부에 돌대가 있는 금동판의 반대면에 투조금동판을 대고 鋲留하였으며, 후자는 소문의 금동판에 별도의 주연대를 올리고 鋲留하였다. 이러한 행엽의 제법은 판비의 제법과도 깊은 관련이 있다. 판비에서 가장 큰 변화는 문양을 투조한 금동판이 사용되고 주연부에 일체로 주조되었던 돌대가 별도의 금동대로 분리되는 것이다. 십이대88M1호의 행엽은 투조금동판이 부착됨에도 별도 주연대를 사용하지 않고 기존의 주연부에 돌대를 가진 금동판을 그대로 사용한다. 즉, 투조문양판은 밖을, 주연부의 돌대는 안을 향하는 것이다. 이것은 별도의 주연대가 사용되기 이전의 과도기적 자료로 볼 수 있다. 풍소불묘 행엽은 이미 주연대가 분리되고 주연대 상연에는 아래로 돌출하는 두 개의 凸자 문양이 있다. 제작 기법 상에서 보면 십이대전창88M1호 행엽 → 서구촌 판비 → 풍소불묘 행엽의 시간성을 가진다.

(2) 운주

삼연의 운주는 鈴附운주, 立柱附운주, 無脚小半球形운주, 半球形운주, 貝製운주가 확인되며,[15] 環形운주는 아직 보고된 예가 없다.[16]

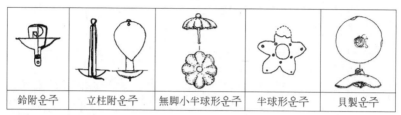

鈴附운주	立柱附운주	無脚小半球形운주	半球形운주	貝製운주

도면 6. 운주의 분류

영부운주는 鑾鈴, 鈴金具, 笠形鈴 등으로 불리는 운주이다. 중앙에 구멍을 뚫은 반원형 혹은 끝에 단을 주어 편평하게 한 반원형의 鉢部를 뒤집어 脚을 가진 鈴을 끼워 넣은 후 脚 끝의 구멍에 끈을 연결하여 고정하는 운주이다.

諸 속성 중 발부의 형태와 鈴의 단면, 鈴 상면의 형태에 따라 총 4型으로 나눌 수 있다. ⌣형의 발부와 단면이 제형을 이루고 상면이 볼록한 鈴이 조합된 것을 A型, ⌣발부와 단면이 제형을 이루고 상면이 편평한 鈴이 조합된 것을 B型, ⌣발부와 단면 원형의 鈴이 조합된 것을 C型, ⌣형의 발부와 鈴 상면에 花形장식이 붙은 것이 조합된 것을 D型으로 나눈다.

A型은 한 마장 내에서 가장 많이 사용되는 主 운주로, 효민둔154호에서 85점, 원대자묘에서 104점, 십이대88M1호에서 23점이 출토되었으며, 라마동에서도 채집(原 北票文管所채집)되었다. B·C型은 원대자묘에서 1점,

---

15) 운주는 김두철(1992)의 분류를 따른다.

16) 환형운주는 사용되었으나 보고되지 않았을 가능성도 있다. 효민둔154호에서 청동환이 4점 나왔는데 피장자의 양팔에 2점씩 위치하여 피장자와 관련된 유물로 보인다.

표 9. 영부운주의 속성 분석 및 型式 분류

유구	발부 방향	발부 형태 ◡	발부 형태 ◡	단면梯形 상면곡선	단면梯形 상면직선	단면圓形	상면장식	발부직경	발부높이	비율 (높이:직경)	출토수	型式
효민둔 154호	逆	○		○				4.8~5	1	1:4.8~5	85	A型
원대자 벽화묘	逆	○		○				4.9	1.2	1:4.1	104	B型
	逆		○		○			4.7	1.8	1:2.6	1	
	逆		○			○		3.3	1.2	1:2.8	2	C型
	逆	○					○	5.8	2	1:2.9	6	D型
십이대 88M1호	逆	○		○				5.2	1.6	1:3.3	23	A型
라마동 채집	逆	○		○				5.6	1.6	1:3.5	?	
서구촌 묘 채집	逆	○					○	5.6	1.9	1:2.9	?	D型
	逆	○					○	5.6	?	?	?	
대연자촌 채집	逆	○					○	5.6	1.8	1:3.1	?	

서구촌채집품: 《文物》 1994年 11期와 《三燕文物精粹》(도판63)에 1점씩 보고, 라마동과 대연자촌 채집품: 《文物》 1994年 11期에 보고

2점씩 출토되었고, D型은 원대지벽화묘에서 6점, 서구촌묘, 大碾子村에서 채집되었다.

심재용(2013, 2016), 김일규(2015)는 영부운주에서 鈴의 단면 형태 변화와 함께 갓판에 轉이 없는 것에서 있는 것으로의 변화를 중시하고 있다. 영부운주는 발부와 鈴이 별도로 제작되어 조합되는데, 발부는 영부운주 뿐만 아니라 입주부운주에도 사용된다. 대부분의 입주부운주는 ◡형의 발부를 가지는데, 삼연에서 ◡형 발부와 ◡형 발부는 별개의 속성으로, ◡형에서 轉이 생기는 ◡형으로 변화한다고 보기는 어렵다.

단, 김일규가 지적한 바와 같이 발부에 있어서 깊이가 깊어지고 역삿갓

상의 弧形에서 반타원상의 弧形으로 변화하는 것은 주목할 만 하데, A型 내에서는 매우 유효한 시간적 속성으로 보인다. 아울러 A型운주의 鈴에서 는 鈴部와 脚部의 경계가 점점 사라지는 변화가 간취된다. 효민둔154호는 발부 높이 : 직경이 1:5, 원대자묘는 1:4의 비율을 보이고 형태는 삿갓형에 가까워 비교적 고식의 요소를 보인다. 십이대88M1호와 라마동 채집품은 1:3.3~3.5의 비율을 보이고 반구화된다. 또한 효민둔154호는 鈴部 하단의 폭이 넓고 脚部 상단이 좁아 어깨가 뚜렷한데, 鈴部 하단의 폭이 점점 좁 아져 라마동 채집품의 경우 鈴部 하단의 폭과 脚部 상단의 폭이 거의 일치 해 경계가 모호하다. 따라서 A型 영부운주는 효민둔154호→원대자묘→십 이대88M1호, 라마동 채집품 순으로 변화함을 알 수 있다.

역반구형의 발부를 가진 B·C型은 원대자묘에서만 총 3점 출토되었다.

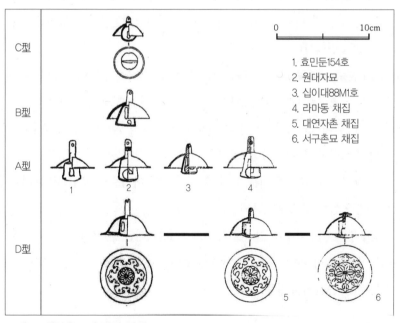

도면 7. 영부운주의 변화 양상

A型에 비해 발부 높이 : 직경이 1:2.6~2.8의 비율로 높은 반구형을 띤다. D型은 鈴의 상단에 별도의 장식이 있는 것이 가장 큰 특징으로 모두 발부가 넓고 깊다. 서구촌묘에서 채집된 1점을 제외하고 鈴의 상면에는 六葉의 花文(星文)이 중첩되어 포개져 있다. 鈴의 단면 형태, 脚을 고정하는 방법과 육엽화문 외부의 문양에서 시간성이 간취된다. 鈴은 단면 제형에서 방형으로 바뀌고, 脚部의 투공을 통해 끈을 연결하는 방법에서 끝단에 소형 고정판이 생겨 가죽에 고정되는 식으로 바뀐다.[17] 특히 문양의 변화가 주목된다. 원대자묘는 육엽화문 외면에 三葉文이 여섯 갈래로 뻗어나오고 그 사이는 삼각상으로 돌출된다. 삼엽문 중앙에 원형 투공이 있으며, 각 돌출부마다 圓文이 새겨져 있다. 대연자 채집품은 삼엽문과 삼각상 돌출부가 더욱 강조되고, 서구촌묘채집품 2점은 삼각상 돌출부가 삼엽문보다 솟아오르고 삼엽문의 양 잎이 얇아지면서 서로 연결되는데, 전체 문양은 그 원형을 잃게 된다. 따라서 D型은 원대자묘→대연자채집품→서구촌묘채집품의 순으로 변화한다.

영부운주는 주로 尻繫의 횡종대를 서로 연결하고 가죽대를 장식하는데 쓰이지만 王振江이 복원한 효민둔154호와 같이 胸繫의 마령으로도 쓰일 수 있다. 원대자묘에서도 안장의 전륜 앞에서 마령 5점과 일부 영부운주가 함께 출토되어 흉계의 마령으로써의 역할을 짐작케 한다. B·C·D型은 출토 수량이 적고 출토 위치를 알 수 없어 흉계의 마령으로 專用되었는지 혹은 A型과 함께 고계에 사용되었는지 알 수 없다.

입주부운주는 발부에 입주를 세우고 보요를 매단 운주이다. 영부운주와 더불어 삼연 마장에 ±로 사용되는 운주로, 십이대88M1호를 제외하면 양자는 서로 공반되지 않는다.

---

17) 서구촌묘에서 D型 운주가 2점 채집되었는데 한 점은 각부가 투공식이고 다른 한 점은 각부 끝에 소형 고정판이 있다.

표 10. 입주부운주 속성 분석 및 型式 분류

출토 유구	발부방향 및 형태			발부 문양	脚	입주		통금구		보요		높이	출토 수량	형 식
	⌣	⌣	⩙			單	複			형태	문양			
북구M8호	○			無	無	○		細梯	?	심엽	無	?	?	A型
십이대88 M1호	○			無	無	○		細梯	8.4/ 11.1	심엽	波狀/ 鳳	9.6/ 11.1↑	180	
효민둔묘 채집	○			無	無	○		細梯	9.1	?	?	10	?	
라마동 I M5호	○			無	無	○		細梯	?	심엽	?	?	?	
라마동 II M202호	○			無	無	○		細梯	?	심엽	?	?	35	
라마동 II M266호	○			無	無	○		細梯	5.4	심엽	無	6.2	?	
삼합성묘	○			無	無	○		逆細 梯	(9.2)	심엽	鋸齒/ 鳳	9.2↑	(52)	
라마동 I M21호		○		龍文	4脚	○		細梯	?	심엽	無	9.8	?	B型
		○		無	4脚	○		細梯	?	심엽	無	8.7	?	
라마동 II M217호		○		無		○		無		원형	無	5.5	?	C型
라마동 채집			○	無		○		無	?	원형	無	6.2		D型
1988년 라마동 채집			○		無		2	細梯	3	원형	無	12.4		E型

1988년라마동채집은 《文物》 1994年第11期에 보고, 라마동채집은 《三燕文物精粹》에 보고된 2점(도판57) 중 左(右는 1988년채집품과 동일유물일 가능성이 크므로 분석에서 일단 제외)

입주: 單은 동봉을 한 번 구부려 Ω자상으로 만든 입주, 複은 동봉을 여러 번 구부려 별도의 가지를 만든 입주, 숫자는 좌우로 뻗은 가지의 수, 통금구의 숫자는 통금구 자체의 길이

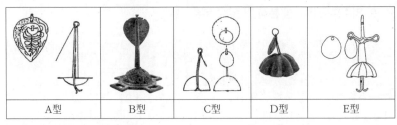

| A型 | B型 | C型 | D型 | E型 |

도면 8. 입주부운주의 분류

 발부형태와 脚의 유무, 입주의 가지 수, 보요의 형태, 통금구[18]의 유무를 기준으로 5型式으로 나눌 수 있다. A型은 무문·무각의 ∽형 발부와 Ω자상 單 가지 입주와 통금구, 심엽형보요가 조합된다. B型은 무문 혹은 龍文이 주조된 正반구상의 발부와 4脚, 單 가지 입주와 통금구, 심엽형보요가 조합되며, C型은 무문의 正반구상의 발부와 單 가지 입주, 원형의 보요가 조합되나 통금구가 없다. D形은 무각의 正화형발부와 單 가지 입주, 원형의 보요가 조합되나 통금구가 없다. E型은 무각의 正화형발부, 두 가지가 좌우로 뻗은 十字狀의 입주와 통금구, 원형의 보요가 조합된다.

 A型은 한 마장 내에서 가장 많이 사용되는 입주부운주로, 십이대88M1호에서 180점, 라마동ⅡM202호에서 35점, 삼합성에서 52점 정도 출토되었다. 북구M8호, 라마동ⅠM5호, 同ⅡM266호에서도 다수 출토되었으나 정확한 수량은 알 수 없다. 효민둔에서 채집된 것도 있다. 1매의 심엽형 보요를 다는데, 십이대88M1호에는 鳳文과 파상문이, 삼합성묘에는 鳳文과 거치문이 시문되어 있다. 모든 A型 입주부운주는 발부가 역∽자형을 띠는데, 발부 깊이는 깊지 않다.

 B型은 라마동ⅠM21호에서 출토되었는데, 출토 수량은 알 수 없다. 발부는 正반구형이지만 끝단이 A型처럼 편평한 면을 가지는 ∩형을 띠며, 4

---

18) 통금구는 1매의 금동판을 통형으로 말아서 제작하는데, 판의 끝단이 서로 맞물린 선의 흔적이 분명하다.

개의 역제형 脚이 부착된다. 발부와 각은 일체로 주조되었으며, 발부 두께가 비교적 두텁다. 발부에 문양이 없는 것은 소형이고 龍文이 주조된 것은 대형인데, 후자는 정 중앙에 큰 龍頭가 있고 몸통이 역시계 방향으로 一周한다.

C型과 D型은 모두 라마동에서 출토, 채집되었는데, 正반구형과 正화형이라는 발부 형태 차이를 제외하면 통금구가 없는 單가지의 입주, 원형의 보요라는 속성은 일치한다. E형도 라마동에서 채집되었는데 正화형의 발부에 좌우로 2개의 가지가 뻗어 +자상을 이루는 입주가 조합되고 원형 보요가 달린다.

諫早直人(2008)은 菊形台座와 반구형台座의 步搖付飾金具 제작을 삼연 Ⅰ·Ⅱ단계를 구분하는 획기의 하나로 보고 있다. 씨가 지적한 바와 같이 발부의 방향 전환과 화형 발부의 등장은 입주부운주에 있어서의 큰 변화인 것은 확실하다. 단, 이들 운주가 제작된다고 해서 영부운주나 A型 입주부운주의 제작이 중단되는 것은 아닌데, 이는 라마동M266호에서는 A型 입주부운주와 화형의 발부를 가진 무각소반구형운주가 공반되는 것에서도 알 수 있다.

B型 운주는 발부와 각을 일체로 주조한 것으로, 판비, 금동제등자를 만드는 주조기술의 연속선 상에 있다. 발부가 정방향으로 바뀌고 역제형의 脚이 붙고 范에 龍文을 새겨 주조한 것은 공인집단의 새로운 시도로 보인다. 여기에 A型과 마찬가지로 심엽형 보요를 단 單 가지의 입주가 결합된다. 반면 C·D·E型 운주는 반구형[19] 혹은 화형발부와 원형보요가 조합되는데, 통금구의 유무와 입주의 가지 수에는 차이를 보인다. 諫早直人은 菊

---

19) C型 운주의 발부는 반구형이라도 D型 운주와는 차이가 크다. B型은 어느 정도의 두께를 가진 주조품이나 C型의 발부는 두께가 얇은 금동판을 반원상으로 가공하여 제작되었을 가능성이 크다.

形台座의 보요부식금구 즉, E型 운주가 고구려로부터의 유입품이거나 영
향을 강하게 받은 것으로 보고 있는데, 화형 발부는 고구려와 관련될 가능
성이 크다.[20] 단, 고구려의 입주부운주는 입주 상단의 단면이 圓筒形으로,
圓筒의 하단을 잘라내서 펴듯이 입주부 운주의 가지가 좌우로 뻗는데 반해
삼연의 입주부운주는 1매의 두터운 銅棒을 구부려 만들어 제법의 차이는
확연하다.

무각소반구형운주는 반구형 발부 중앙의 鋲을 이용해 가죽에 연결하는
운주이다. 현 자료상 라마동에서만 한정 출토되었으며, 발부 직경이 3.1,
높이가 1.2~1.5cm인 소형 운주이다. 발부는 모두 正화형이고, 중앙의 병
두부는 단면 말각장방형으로, 길이는 2.5cm 정도이다.

라마동ⅡM266호는 못을 박은 후 끝단을 두드려 가죽에 고정시켰고, 조
양박물관 채집품은 별도의 소형판을 끼우고 끝단을 두드려 고정력을 강화

표 11. 무각소반구형운주 속성 분석표

| 출토유구 | 발부 | | | 중앙 鋲 | | | | 발부 직경 | 발부 높이 |
	방향	형태	잎수	유무	길이	병두부 형태	못 끝단 처리		
라마동Ⅱ M266호	正	◠	8	有	2.5	단면말 각방형	두드려 평지	3.1	1.2
조양박물관 채집	正	◠	8	有	2.5	단면말 각방형	별도의 판을 끼우고 두르려 평직	3.1	1.5
조양박물관채집품은 《文物》 1994年 第11期에 보고되어 있는데, '2그룹 1988년 라마 동촌 채집품' 뒤에 기술되어 있으나 原 朝陽地域博物館 채집이라고만 적혀있어 라마 동 채집품인지 정확히 알 수 없음. 라마동ⅡM101호, 라마동ⅡM217호는 보고서에 기술만 있음									

20) 고구려의 서해리2−1호와 우산하3282호에서는 이미 국화형 발부가 등장하고 있는데,
이들의 연대는 東潮는 4세기 전엽과 3세기 후반, 諫早直人은 4세기전엽~중엽, 김일규
는 4세기 3/4분기와 375년 전후로 두고 있다.

하였다. 빌부는 입주부운주 D·E型과 유사하다. 입주부운주에서 발부의 방향 전환과 화형 발부의 등장을 변화로 보았는데, 운주 전체에서는 화형발부의 무각소반구형운주의 등장을 획기로 볼 수 있다. 라마동ⅡM101호는 무각소반구형운주 만을 사용하고, 라마동ⅡM217호, M266호는 입주부운주와 함께 마장을 형성한다.

반구형운주는 십이대88M1호에서 10점 출토되었는데, 모두 일체식 반구형운주(강승희2011)이다. 4脚이 9점, 5脚이 1점으로, 매 각의 끝 단에 1개, 각이 시작되는 곳에 1개씩의 鋲을 박았는데 끝단은 리벳되어 있다.

패제운주는 패각을 마련한 후 중앙에 鋲을 박아 가죽에 연결하는 운주로, 라마동ⅡM196호에서 5점, 풍소불묘에서 6점 출토되었다. 보고서에는 재질이 굴이라고 기술되어 있다. 전자는 철제 鋲을 사용했는데 鋲頭部 근처에 철녹의 흔적이 있어 별도의 장식판을 사용했을 가능성이 있다. 후자는 금동鋲을 사용하고 병두부 아래에 육엽화문의 금동판을 부착했다.

라마동ⅡM196호에서는 轡 만 단독 출토되었는데, 그 주변에서 교구와 패제운주가 발견되었다. 풍소불묘에서는 轡는 출토되었으나 안장이 출토되지 않아 尻繫의 운주도 부장되지 않았을 가능성이 있다. 공반마구와 부장위치 그리고 운주의 출토 수량이 적은 점에서 패제운주는 面繫에 사용되

표 12. 패제운주 속성 분석표

출토유구	재질	출토 수량	중앙병		병두 하단 장식		직경	기타
			재질	병두부 형태	재질	장식		
라마동Ⅱ M196호	굴	5	철	단면말각 삼각형	철녹 흔적 有		4.9-5.1	轡, 교구와 함께 출토
풍소불묘	굴	6	금동	단면말각 삼각형	금동	六葉花文 장식	4.5	내면 絹布, 가죽 후
창량교묘에서 패각장식 19점 출토								

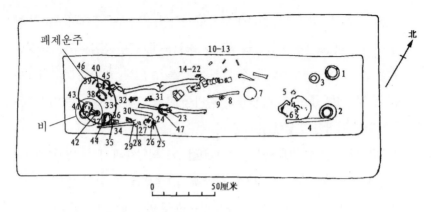

패제운주

10-13

14-22

北

0 ____ 50厘米

도면 9. 라마동IIM196호 패제운주 출토 위치

었을 가능성이 크다. 창량교묘에서는 평면 형태 원형 13점, 방형 2점, 육엽
화형 4점 총 19점의 패각장식이 출토되었는데, 모두 중앙에 구멍이 있다.
표비와 삼환령이 공반되었는데, 면계를 장식한 패각장식일 가능성도 있다.

(3) 馬裝

행엽과 운주의 분석을 토대로 출토 상황과 조합이 안정적인 예를 선별하
여 마장을 살펴보면 다음 표와 같다.

김두철은 尻繫를 단조식과 복조식, 격자식으로 나누었는데, 王振江이
효민둔154호 마장을 복원한 바와 같이 다수의 영부운주와 입주부운주를
사용하는 것은 격자식 고계에 해당한다. 다수의 횡대와 종대가 교차하는
데, 그 교차점마다 운주가 착장되어 두 조의 가죽을 고정시키고, 교차하지
않는 부분에도 고정되어 장식과 음향효과를 낸다.

특히 규형행엽-영부운주A쪨과 규형행엽-입주부운주A쪨의 조합은 삼
연의 전형적인 격자식 고계를 구성하고, 주로 다쪨 안장과 결합된다.

십이대88M1호에서는 2쌍의 안장이 출토되었고, 마구는 원래 목관 상부
에 부장되어 있던 것이 떨어져 내린 양상을 보인다. 입주부운주 180점은 2

표 13. 삼연 안장과 고계부속구 조합표

지역	출토유구	안장	행엽		운주							조합
					영부		입주부		무각	반구	패제	
안양	효민둔 154호	다型	규형	7	A型	85						다규영A
	효민둔묘 채집	내연금구	규형				A型					다?규입A
북표	북구 M8호	다型	규형	?			A型					다규입A
	라마동 I M5호	좌목식금구	규형	?			A型					다?규입A
	라마동 II M101호	가型	無?						44			가×무
	라마동 II M196호	無	無?								5	××패
	라마동 II M202호	다型	규형	(5)			A型	35				다규입A
	라마동 II M217호	無	無				C型		○			××입C무
	라마동 II M266호	가型	無?				A型		○			가×입A무
	풍소불묘	無	심엽형	1							6	×심패
조양	원대자묘	목심혁장	규형	10	ABCD型	113						목규영A~D
	십이대88 M1호	나다型	규형/심엽	10/2	A型	23	A型	180		10		다규입A 나심영A반
	서구촌묘 채집	나型	규형	?	D型							나규영D

쌍의 안장 상면에 넓게 분포하는데, 다型 안장 상면에도 일부 흩어져 있지만 내나부는 나型 안장 상면에서 집중 출도된다. 대부분의 영부운주와 반구형운주, 2점의 심엽형행엽은 나型 안장 후륜 뒤쪽에 위치한다. 양자의

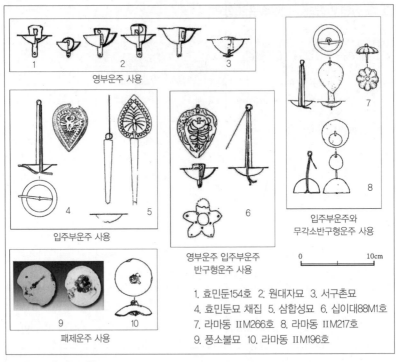

영부운주 사용

입주부운주 사용

영부운주 입주부운주
반구형운주 사용

입주부운주와
무각소반구형운주 사용

패제운주 사용

0　　　　　　10cm

1. 효민둔154호 2. 원대자묘 3. 서구촌묘
4. 효민둔묘 채집 5. 삼합성묘 6. 십이대88M1호
7. 라마동 ⅡM266호 8. 라마동 ⅡM217호
9. 풍소불묘 10. 라마동 ⅡM196호

도면 10. 운주 조합

안장에 입주부운주가 모두 사용되었을 가능성도 있지만 순차적으로 목관
에서 쓸려 내려온 양상과 출토 위치를 감안하면 다型 안장-(금동제甲鎧)-
규형행엽[21]-입주부운주의 조합과 나型 안장-심엽형행엽-영부운주·반구
형운주의 조합으로 나뉜다.

　십이대전창88M1호에서는 다型안장-규형행엽-입주부운주A型 혹은 영
부운주A型의 전형적인 조합을 유지하는 동시에 완전히 새로운 조합의 고

---

21) 고계는 이미 분리되어 안장 상면을 덮고 있었고, 전체 위치에서 보면 마구는 좌에서 우
　　로 쓸려 내려온 양상을 보인다. 따라서 규형행엽이 나型 안장의 양측에서 확인되었다고
　　해서 반드시 나型 안장과 조합되었다고는 말할 수 없다. 영부운주, 반구형운주, 심엽형
　　행엽이 나型 안장의 후륜 뒤에 별도의 공간을 가지고 위치하고 있다는 점에 더 주목하
　　고 싶다.

계가 등장한다. 이는 심엽형행엽과 반구형운주라는 신형식의 마구 제작으로 생겨난 변화이다. 王振江(1983)의 칠성산96호 복원도와 宮代榮一(2003)의 5각운주 형식을 참고하면 3×3조 가죽띠의 종횡대 교차점마다 9점의 4각반구형운주가 고정되고, 그 하단에 1점의 5각반구형운주가 위치해 상행의 3조 가죽의 종대가 세 각에 연결된다. 나머지 두 각에서 뻗는 횡대가 말 꼬리를 돌아 고정되며, 심엽형행엽 2매는 중앙의 횡대에 매달린다. 영부운주 23점은 4각반구형운주 사이의 종횡대에 고정된다. 수십 개의 영부운주 혹은 입주부운주와 6조 이상의 종횡대를 사용하는 기존의 고계보다는 간소화되었지만, 여전히 격자식의 전통을 유지한다.

북표 라마동에서는 라마동 I M5호와 Ⅱ M202호를 제외하면 행엽 없이 무각소반구형운주가 단독으로 혹은 무각소반구형운주와 입주부운주가 조합되어 고계를 형성한다. 출토 수량이 44점 이하로 적어 간소한 격자식 고계를 구성한다. 가型 안장과 조합되거나 안장이 출토되지 않는데 순 목제안이 존재했을 가능성이 크다. 가型 안장·목제안과 무각소반구형운주 혹은 무각소반구형운주와 입주부운주를 조합하고 행엽을 사용하지 않는 것은 라마동의 강한 지역색으로 보인다.[22]

라마동 Ⅱ M196호와 풍소불묘는 앞서 기술하였듯이 尻繫의 부장 없이 비와 면계를 장식한 패제운주만이 출토된다.

2. 단계 설정 및 편년

앞서 비, 등자, 안장, 행엽, 운주를 분석하고 그 중 시간성을 가지는 속성들을 추출하였다. 분석에서는 별도로 단계를 설정하지 않고 변화의 경향성

---

22) 삼연 마장에 대한 상세한 분석과 계층성과 관련된 부분은 추후 계속 연구를 진행해 나가겠다.

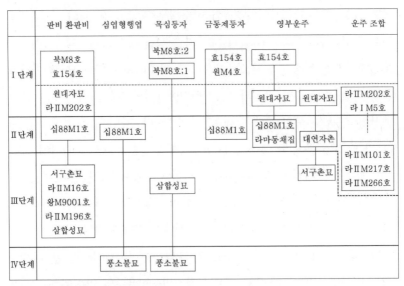

도면 11. 삼연마구 단계 설정

만을 파악하였는데, 조합이 불안정한 자료들이 많고 각각 동일한 폭의 변화를 보이지 않기 때문에 각 마구마다 古新의 순으로 나열한 후 전체적인 병렬관계 속에서 획기를 설정하고 단계를 나누었다. 삼연마구는 총 4단계로 구분할 수 있다.

Ⅰ단계는 북구M8호, 효민둔154호, 원대자M4호, 원대자묘, 라마동Ⅱ M202호 마구가 해당된다. 1매의 철판이나 금동판으로 판비의 함유를 제작하는데, 후자의 경우 蛙文이나 주연부 돌대 등 문양은 모두 范에 새겨 주조한다. X자형 환판비도 제작되며, 등자는 長柄의 목심등자와 금동제등자, 단등과 쌍등이 모두 사용된다. 목심등자는 목심의 외면을 가죽으로 싸고 칠을 하여 장식하거나, 前面 전체를 덮는 1매의 금동판과 측면의 금동대를 소수의 鋲으로 목부에 고정한다. 안장은 좌목선부가 비교적 편평한 凹狀의 좌목과 안교를 결합한 후 금동제 복륜과 안교금구를 부착한 다型이나 가죽을 덮고 칠을 해 장식한 목심혁장안이 공반된다. 규형행엽과 영부운주

A型 혹은 입주부운주A型이 조합되어 고계를 형성한다. 금동제 마면도 이 단계에 제작된다.

창량교교묘에서는 표에 고정되는 입문용금구(허미연의 판상괘류식a) 2점과 ⌒형의 발부형장식 1점, 쌍용문이 주조된 반구형장식 2점, 삼환령 1점, 패제장식 19점이 출토되었다. 발부형장식은 출토 수량이나 효민둔 195·196호 출토 양상을 보았을 때 마구 보다는 머리를 꾸미는 頭飾으로 사용되었을 가능성이 크다. 그 깊이가 깊지 않고, 직경이 4.6cm로 큰 것은 효민둔154호, 원대자벽화묘의 발부와 유사해 I단계에 둘 수 있다.

II단계는 십이대전창88M1호, 대연자촌·라마동채집품[文物1994-11 보고]이 해당되며, 라마동 I M21호, II M101·217·266호도 이 단계에 속할 가능성이 크다[23]. 특히 십이대88M1호는 묘의 규모와 부장품의 질과 양에서 삼연 분묘 내에서도 최대형묘에 해당하는데, 이들 마구는 I단계의 전통을 유지하면서 행엽 제작에 새로운 제법을 채용, 반구형운주와 심엽형행엽이라는 신형식의 마구를 생산하고 새로운 마장이 등장한다. 특히 행엽에서 주연부 돌대를 가진 동판 위에 투조판을 대고 고정하는 기법은 별도 주연대가 등장하기 직전의 양상을 보이며, 다음 단계 판비는 1매판을 사용하든 2매판을 사용하든 모두 별도의 주연대가 부착된다.

금동제 단등 제작이 지속되며, 라마동 II M266호에서는 목부를 세밀히 가공하지 않고 측면과 윤부 내면 상하단에만 동대를 보강한 대형의 쌍등이 부장된다. 심엽형행엽과 규형행엽, 가·나·다型 안장이 모두 제작된다. 영부운주와 입주부운주로 고계를 장식하는 전통이 지속되는데, 수십 점의 영부운주 만으로 고계를 장식하는 마장은 점차 줄어드는 것으로 보인다.

십이대88M1호와 라마동에서 모두 새로운 마장이 등장한다. 특히 라마

---

23) 라마동 출토 마구는 간보에 그치고 있기 때문에 보고서 발간 이후 상세히 분석 하도록 하겠다.

동은 A型의 입주부운주를 사용하는 이전 시기의 전통을 유지하는 부분도 있지만 가型 안장, 측면 만을 동대로 보강한 등자, 화형발부의 무각소반구형운주, 正반구형의 입주부운주(C型)와 행엽을 사용하지 않는 등 강한 지역색을 띤다. 라마동은 입주부운주, 무각소반구형 운주 단독으로 고계를 꾸미거나 이 둘을 조합하는데 운주 자체의 수가 44점 이하로 간소한 격자식 고계를 구성한다.

Ⅲ단계는 서구촌묘 채집품을 비롯하여 왕자분산M9001묘, 라마동Ⅱ M16·196호, 삼합성묘 채집품이 해당된다. 삼합성묘의 경우 판비의 주연대, 함유금구와 그 고정법에 변화가 있고, 다型 안장의 素文금동제안교금구에 육각문으로 구획하고 내부에 문양을 새겨 넣는[24] 기법의 사용은 완전히 새로운 요소로 볼 수 있다. 별도로 단계를 나누지 않고 Ⅲ단계에서 가장 늦은 시기로 보고 싶다.

이 단계는 판비에 별도의 주연대가 사용되고, 특히 서구촌 판비의 영향으로 장식이 가미된 X자형환판비도 제작된다. 금동제등자는 확인되지 않고, 목심등자의 제작은 지속되는데 단 1점만 채집되어 단등인지 쌍등인지 판단하기 어렵다. 前面은 Ⅰ단계의 북구M8호와 마찬 가지로 등자의 외형과 같은 1매의 금동판으로 보강하는데, 이전 단계에 비해 보강하는 鋲 의수가 많아진다. 병부는 2-2-1-2-1-2鋲, 윤부 하단은 상하 2鋲이 1列을 이루어 2行으로 고정된다. 규형행엽과 영부운주D型의 제작도 이어지나 主운주인 A型은 확인되지 않는다. 굴의 껍질을 가공한 패제운주도 사용된다.

이 단계의 尻繫 양상은 불분명하다. 서구촌묘와 삼합성묘 채집품은 모두 파괴된 묘에서 수습된 유물이라 조합 양상이 불분명하고, 패제운주는 고계보다는 면계에 사용되었을 가능성이 높기 때문이다. 이전 단계에 간소화된

---

24) 이러한 문양은 나型 안장의 영향을 받은 것으로 보이는데, 나型 안장의 투조 문양을 다型 안장에 새겨 구현한 것이다.

격자식 고계가 사용되기는 하였는데, 이 단계는 불분명하다.

Ⅳ단계는 풍소불묘가 해당된다. 가장 큰 특징은 등자의 변화에 있는데, 병부를 짧게 하여 전후면을 다수의 금동판, 철판, 측면을 금동대로 보강하고 다수의 鋲으로 고정하는 것이다. 병부는 3列6行 총 18개의 鋲으로, 윤부 하단은 양끝은 3鋲 1열로 중앙부분은 2鋲 1열의 다수 鋲을 사용한다. 이전 단계 특히 원대자묘 등자의 목심 가공 방법과 북표M8호, 삼합성묘 등자의 외면 금속판 보강기술의 발전이 더해져 제작된 것으로, 보강범위와 고정하는 鋲의 수는 증가하지만 삼연 내에서의 등자제작 기술의 연속선상에 있다.

행엽은 전 단계 판비의 제법과 동일하게 소문 금동판에 별도 주연대를 올리는데 주연대 상단에 역凸자 돌기가 2개 있다. 대부분 결실되었는데, 십이대88M1호보다는 소형이다. 패제운주와 공반한다. 이전 단계와 마찬가지로 고계의 양상은 불분명하다.

Ⅰ단계는 북구M8호, 효민둔154호와 원대자묘가 편년의 기준이 된다. 북구M8호의 경우 徐基(1987)는 3세기중엽~4세기초, 董高(1995)는 3세기중엽~4세기중엽, 王巍(1997)는 서진 때, 즉 4세기 초엽으로 보고 있다. 모두 발굴자인 徐基의 연대에 근거하며, 연대가 가장 빠른 모용선비의 마구로 보고 있다. 마구를 분석한 諫早直人(2008)은 북구M8호를 효민둔154호와 근접한 시기에 두고 있고, 김일규(2015)는 효민둔154호보다 늦은 4세기 4/4분기로 본다. 연구자에 따라 거의 150년의 차이를 보이는 것이다. 반면, 효민둔묘와 원대자묘는 田立坤(1993, 2002)이 연대를 비정한 이래 대부분 씨의 연대관을 따른다. 즉, 효민둔 출토 마구는 모용선비 세력이 鄴城에 도달한 352년 이후에서 전진이 전연을 멸망시킨 370년 사이에 두고, 원대자묘는 벽화 묵서에 의거해 354년의 가능성이 가장 크다고 한다.

판비와 영무운수에서의 미세한 변화에 주목하면 북구M8호와 효민둔154호 마구가 원대자묘 마구보다 다소 이른 경향이 있으나 따로 단계를 나누

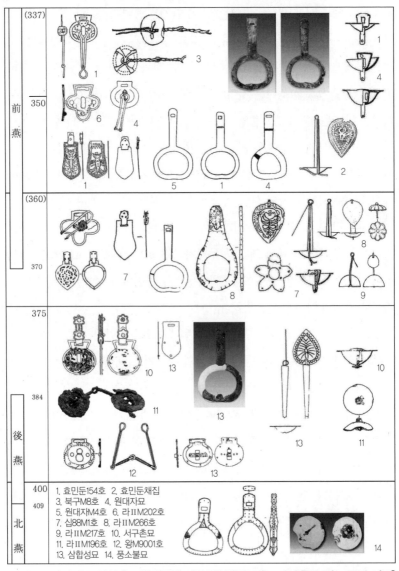

<table>
<tr><td rowspan="2">前燕</td><td>(337)</td></tr>
<tr><td>350</td></tr>
<tr><td>(360)</td><td>370</td></tr>
</table>

<table>
<tr><td rowspan="2">後燕</td><td>375</td></tr>
<tr><td>384</td></tr>
<tr><td>400</td></tr>
<tr><td rowspan="2">北燕</td><td>409</td></tr>
</table>

1. 효민둔154호 2. 효민둔채집
3. 북구M8호 4. 원대자묘
5. 원대자M4호 6. 라ⅡM202호
7. 심88M1호 8. 라ⅡM266호
9. 라ⅡM217호 10. 서구촌묘
11. 라ⅡM196호 12. 왕M9001호
13. 삼합성묘 14. 풍소불묘

도면 12. 삼연마구 편년 [S=鑣·행엽 1/8, 영부운주 1/4, 기타운주 1/6, 등자 1/12]

지 않는다. 이들 묘가 4세기 3/4분기의 초두에 조영되었음을 고려하면 마구의 제작 연대는 4세기 2/4분기 후반으로 소급할 가능성이 크다. 따라서 Ⅰ단계를 4세기 2/4분기 후반~4세기 3/4분기의 전반에 두고 싶다. 즉, 337년 慕容皝이 燕王을 칭하면서 국가제도를 정비하면서부터 慕容儁이 적극적으로 南征하여 薊(352년), 鄴(357년)에 천도한 후 사망한 360년을 전후한 시점이다.

Ⅱ단계는 4세기 3/4분기 후반에 둘 수 있으며, 전연이 양자강 이북을 대부분 차지하나 前秦에게 업을 빼앗기고 망하는 370년과 그 이후 공백기 일부 시기이다.[25]

Ⅲ단계는 4세기 4/4분기로, 384년 慕容垂에 의해 후연이 일어나고, 397년 慕容寶가 북위의 공격으로 中山을 버리고 다시 용성으로 돌아간 시기이다.

Ⅳ단계는 415년 사망한, 북연왕 馮跋의 동생 馮素弗의 묘가 편년의 기준이 되는데, 5세기 1/4분기에 해당하며, 후연·북연시기이다.

Ⅲ. 새로운 마구 문화의 성립 배경

지금까지 삼연의 마구는 북방계마구, 호족계마구, 모용선비(계)마구, 선비계마구 등 다양하게 불려왔다. 그것은 삼연의 성립 주체가 선비의 일파인 모용선비이고, 그 분포 중심이 북표·조양을 중심으로 한 중국 동북의 요서 대릉하 유역이기 때문이다. 또 한반도 마구의 계보를 구하는 중 "系"

---

25) 370년 전연 멸망 후 前秦의 苻堅은 연왕 慕容暐 및 그 公王 이하와 함께 선비4만여호를 모두 長安으로 옮긴다. 그러나 업성 함락 직후 暐가 업을 버리고 龍城으로 도주하려고 한 점이나 장안으로 이송당한 후 慕容垂가 업에서, 慕容冲이 關에서 거병한 점으로 보아 龍城 부근까지 전진의 힘이 미치지 못한 것으로 판단된다.

라는 표현이 사용되었다. 그러나 삼연의 마구는 Ⅰ~Ⅲ단계 즉 전연·후연 시기에 집중되며, 350년부터 적극적으로 중원에 진출하여 398년 용성으로 돌아오기까지 華北을 무대로 활약한다. 王巍(1997)도 일찍이 모용선비 마구의 특징을 지적한 바 있는데,[26] 삼연에서는 판비·환판비 그리고 입문용 금구를 갖춘 표비, 금동제등자와 목심등자, 여러 유형의 고식좌목돌출안, 규형행엽과 심엽형행엽, 역방향의 발부를 가진 영부운주와 입주부운주 등 독특한 특징을 가진 마구가 제작·사용된다. 따라서 전연~북연의 약 100여 년 간 삼연문화권에서 출토되는 마구를 "三燕馬具"로 통칭하고자 한다.

4세기 초 요서지역에 마구 자료는 공백상태인데, 4세기 2/4분기 후반부터 이미 정형화된 삼연마구가 분묘에 부장된다. 특히 판비와 환판비, 입문 용금구를 갖춘 표비, 가·나·다型 안장, 등자, 규형행엽, 입주부운주는 이전 시기 흉노·부여마구[27]에 보이지 않는 새로운 요소이다. 이는 북방의 原 선비 문화를 바탕으로 중원지역 마구의 제작기술을 받아들여 빠르게 자기화했기 때문에 가능한 것이다. 중원문화의 흡수는 마구를 비롯한 물질문화뿐만 아니라 정치, 농업, 경제적 분야에서 모두 일어나는데 일반적으로 이를 선비족의 漢化政策이라고 한다. 慕容廆 때부터 이미 많은 한인 유민과 화북士族[28]들을 흡수하였고, 이들은 관직에 올라 모용씨를 적극 도왔는데, 북연의 왕 馮跋도 선비화된 한인이다.

김두철은 비에 있어서 긴 인수의 채용과 두락의 연결이 2본조에서 입문을 통한 1본조로 바뀌는 점을 胡族系轡의 특징으로 들었고 이러한 변화

---

26) 王巍는 모용선비 마구의 특징을 직립상의 고안교, 원판상이나 내부에 X상을 보이는 환상표, 꼬아 만든 함, 타원형 윤부의 등자, 규형행엽, 격자상고계를 꾸민 영부운주, 입주부운주, 4세기 중엽 이후 금동 및 투조문식의 유행과 5세기대의 쇠퇴로 보았다.

27) 楡樹老河深 유적을 대표로 한다. 하지만 유수노하심은 외곽에 위치하고, 부여의 중심분묘인 帽儿山유적의 보고서는 아직 공개되지 않아 부여마구의 정확한 양상은 파악하기 힘들다.

28) 羅新, 1997, 「五燕政權下的華北士族」 『國學硏究』第4卷, 北京大學出版社

를 중원의 영향으로 보았다. 鐵犫 전통의 함유에 진시황릉병마용에 보이는 긴 인수가 그것이다. 인수에 대해서는 견해가 다른데 흉노와 부여 표비의 인수는 諫早直人의 2조선b1류에 속한다. 인수 외환의 한 쪽 끝을 구부려 다른 쪽에 끼워 넣어 고정하는 구조로, 이런 표비의 인수 제작의 연속선상에서 양 쪽에 모두 구멍을 뚫어 별도의 봉을 끼워 넣는 결구 방식으로 변한 것으로 판단된다. X자형환판비의 모티브도 이미 북방 마구에 내재되어 있었다.[29]

등자와 안장은 출현에 대한 논란의 여지가 많지만 주목하고 싶은 것은 長沙 金盆嶺 21호묘(302년)에 이미 경식안과 단등이 표현되어 있다는 점이다. 연식안을 대체하여 다양한 유형의 경식안이 등장하고, 금동제와 목심등자가 제작된 것은 중원 마구의 유용함을 인지하고 이를 적극적으로 수용, 발전시킨 것으로 보인다.[30]

반면 규형행엽과 입주부운주는 중원문화와는 직접적인 영향 없이 모용선비의 문화 속에서 창출된 것이다. 『晉書』「慕容廆載記」에는 "時燕代多冠步搖冠, 莫護跋見而好之, 乃斂髮襲冠, 諸部因呼之爲步搖, 其後音訛, 遂爲慕容焉."라고 기재되어 있는데 "당시 燕과 代에서는 步搖冠을 많이 썼는데, 막호발이 보고 그것을 좋아했는데 이에 머리를 모아 관을 쓰니 여러 부가 그를 步搖라 불렀기에 그 뒤에 음이 와전되어 마침내 慕容이 되었다"라고 한다. 모용이라는 성이 보요에서 나왔다는 것이다. 이를 증명하듯 삼연의 冠飾에 보요장식이 매우 유행했는데, 이는 곧 말 장식에도 채용되어, 마면을 장식하는 소형의 보요와 고계를 연결·장식하는 입주부운

---

29) X자형 환판을 비에 사용하는 것은 그리스 미케네 시대(아테네국립박물관 전시)부터 스키타이에 이르기까지 넓은 시공간 상에서 확인된다. 시공간적으로 직접 연결되지는 않지만 그 모티브는 이미 북방에 존재했음을 알 수 있다.

30) 등자와 안장의 발달은 상위계층의 威勢와 관련될 뿐 만 아니라 중장기병과 같은 군사적 부분과도 연관이 있다. 이 부분은 향후 戰馬具를 포함해서 함께 분석해보겠다.

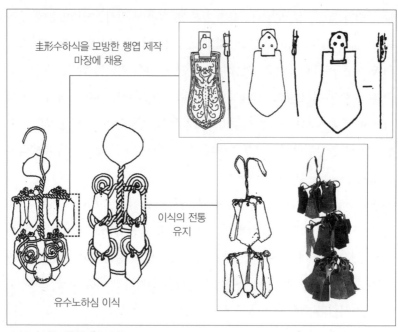

圭形수하식을 모방한 행엽 제작
마장에 채용

이식의 전통
유지

유수노하심 이식

도면 13. 규형행엽의 출현

주가 제작된 것이다. 입주부운주 형태의 장식은 말 뿐 아니라 피장자의 頭
飾으로도 사용된다. 규형행엽 역시 유수노하심을 비롯하여 이전 시기부터
유행하던 耳飾의 규형수하식 모티브가 행엽으로 변용되어 마장에 채용되
었다고 판단된다.

　반면, Ⅱ단계 화형발부의 입주부운주나 무각소반구형운주의 등장은 諫
婁直人이 지적한 바와 같이 고구려와 깊은 관련이 있다고 보인다. 342년
모용황이 고구려를 침공하여 미천왕의 시신과 고국원왕의 母와 妻를 끌
고 간 후 345년 慕容恪이 남소를 빼앗는 등 공세가 이어진다. 355년이 되
어서야 고국원왕의 요청에 의해 慕容儁이 母를 고구려로 다시 돌려보내고
관계를 개선한다. 그리고 370년 부견이 업을 공략하였을 때 업성 내에 고
구려의 質子가 있었던 것으로 보아 355년~370년 사이에 고구려와 전연의

공식적 혹은 사적 교류가 있었다는 견해는 경청할 만하다.[31] 이 시기에 고구려와 전연의 우호적인 관계 속에서 고구려의 마장 장식이 일부 전연에 흡수되어 활용되었을 가능성이 크다.[32]

삼연은 고유의 북방 문화를 바탕으로 중원의 문화를 적극 수용하여 빠르게 자기화하는 과정 속에서 성립하였고, 부여나 고구려의 문화 역시 일부 채용하여 토착화한다. 이렇게 형성된 삼연마구는 고구려 뿐 만 아니라 한반도 남부를 거쳐 일본열도에까지 직·간접적인 영향을 미친다.

특히 근래 금관가야의 고도 김해 대성동 91호분에서 출토된 일부 마구는 삼연 마구를 직접 입수한 것으로 볼 수 있을 만큼(심재용2016), 삼연마구와 매우 유사하다. 영부운주를 비롯한 각종 금동제·패제운주류, 마령, 입문용금구를 가진 표가 그것이다. 91호 출토 영부운주는 A型의 鈴과 B型의 발부가 조합된 양상이다. 전술했듯이 삼연의 主 영부운주는 A型으로, 삼연 내에서 양자가 조합된 예는 없으나, 원대자묘에서 A型과 B型이 모두 출토된다. 鈴과 발부는 분리되는 구조이므로 입수되어 대성동 내에서 재조합되었을 가능성이 크다. 앞서 언급했듯이 삼연의 영부운주에서 ⌣형 발부와 ⌣형 발부는 별개의 속성으로, ⌣형에서 ⌣형으로 변화하는 것은 아니다. 따라서 91호 영부운주는 원대자묘 출토품에 가까운 시기로 둘 수 있다. 그리고 용문이 주조되고 끝단에 사선문이 있는 반구형장식과 입문용금구는 창량교묘 출토품과 매우 유사하다. 반면, 표비와 철제용문반구형운주 등은 이미 토착화의 양상도 보인다. 따라서 원대자묘와 창량교묘가 속하는 삼연 I 단계와 평행하는 것으로 보이는데, 영부운주에 중점을 둔다면 원대자묘의 마구에 가까운 단계로, 그 제작연대는 4세기 2/4분기 후반

---

31) 池培善, 1986,「中世東北亞史研究-慕容王國史-」, 一潮閣

32) 이러한 운주가 용성 부근의 분묘군에는 확인되지 않고, 라마동의 마장에만 채용된 것은 의문이다.

중에서도 늦은 시점에 해당할 가능성이 크다. 이는 보고자의 연대인 4세기 2/4분기(심재용2016)와도 부합된다. 단, 네 脚을 가진 용문반구형운주는 유사품이 라마동 I M21호에서 출토되었는데 연대 비정이 어렵고, 패제운 주는 라마동 II M196호와 풍소불묘에서도 출토되었는데 대성동91호보다는 늦다. 향후 삼연마구 자료가 증가하면 그 공백도 매워질 것이다.

IV. 맺음말

본고에서는 삼연마구 자료를 집성하여 분석을 시도하고 편년한 후 삼연 마구 성립과 그 배경에 대해 살펴보았다. 각 마구마다 속성을 분석하고 시 간성을 가진 속성을 추출하여 古→新 순으로 배열해 서로의 변화 방향이 같 음을 확인하였다. 조합이 불안정하고 변화의 폭이 다르기 때문에 전체적인 병렬관계 속에서 단계를 설정한 후 연대를 부여했다. 삼연마구는 모두 4단 계로 구분할 수 있는데 I단계는 4세기 2/4분기 후반~3/4분기 전반, II단 계는 4세기 3/4분기 후반, III단계는 4세기 4/4분기, IV단계는 5세기 1/4분 기에 해당한다. 삼연마구는 4세기 2/4분기 후반 이미 자신만의 특징을 가지 고 정형화되어 등장하는데, 이는 북방의 原 선비문화를 바탕으로 중원문화 를 비롯해 일부 부여, 고구려 마구를 받아들여 토착화했기에 가능하였다.

라마동 보고서가 아직 간행되지 않았고, 보고가 일부 밖에 이루어지지 않았기에 분석에 한계가 있으며, 여기서 다루지 못한 내용들도 많다. 앞으 로 마구 편년을 보완해 나가는 한편 마구의 제작, 지역성, 마구에 반영된 계층성과 제도, 장식마구와 전마구 등에 대해서도 심도있게 다루고 싶다. 아울러 묘제, 토기, 금공품을 더하여 삼연문화에 대한 연구를 진행해 나가 고자 한다.

참고문헌

■ 논저

김일규, 2015, 『백제고고학 편년연구』, 학연문화사.

■ 논문

강승희, 2011, 「加耶·新羅의 후걸이(尻繫) 硏究」(부산대학교대학원 문학석사 학위
　　　논문).

김두철, 1991, 「三國時代 轡의 硏究-轡의 系統硏究를 中心으로-」(경북대학교대
　　　학원 문학석사 학위논문).

_____, 1992, 「新羅와 加耶의 馬具 -馬裝을 중심으로-」, 『韓國古代史論叢』3, 駕
　　　洛國史蹟開發硏究員.

_____, 2000, 「韓國 古代 馬具의 연구」(동의대학교대학원 문학박사 학위논문).

류창환, 2000, 「環板轡의 編年과 分布」, 『伽倻文化』13, 가야문화연구원.

신경철, 1985, 「古式鐙子考」, 『釜大史學』9, 釜山大學校史學會.

_____, 1994, 「加耶 初期馬具에 대하여」, 『釜大史學』18, 釜山大學校史學會.

심재용, 2016, 「金官加耶의 外來系 威勢品 受用과 意味」, 『嶺南考古學』74號, 嶺
　　　南考古學會.

이상율, 2005, 「三國時代 馬具의 硏究」(부산대학교대학원 박사학위 논문).

_____, 2009, 「가야 首長墓 馬具의 의의-재갈을 중심으로」, 『제15회 가야사학술
　　　회의 加耶의 수장들』, 김해시.

이현우, 2012, 「三國時代 鞍裝의 構造 硏究」(부산대학교대학원문학석사 학위 논
　　　문).

지배선, 1986, 『中世東北亞史研究-慕容王國史-』, 一湖閣.

허미연, 2015, 「신라·가야초기 마구의 계통」, 『제24회 영남고고학회학술발표회 신라 와 가야의 분화와 비교』, 영남고고학회.

董高, 1995, 「公元3至6世紀慕容鮮卑, 高句丽, 朝鮮, 日本马具的比较研究」, 『文 物』1995年第10期.

羅新, 1997, 「五燕政權下的華北士族」, 『國學研究』第4卷, 北京大学出版社.

王振江, 1983, 「安阳晋墓马具复原」, 『考古』1983年第6期.

王巍, 1997, 「从出土马具看三至六世纪东亚诸国的交流」, 『考古』1997年第12期.

田立坤, 1993, 「鮮卑文化源流的考古学考察」, 『青果集』, 知识出版社.

_____, 2002, 「袁台子壁画墓的再认识」, 『文物』2002年第9期.

_____, 2006, 「喇嘛洞 묘지 출토의 마구에 대하여」, 『제12회 가야사학술회의 가야, 낙동강에서 영산강으로』, 김해시.

_____, 2013, 「古镫新考」, 『文物』2013年第11期.

宮代栄一, 2003, 「古墳時代の尻繋構造の復元」, 『HOMINIDS』3.

桃崎祐輔, 2004, 「倭 出土의 馬具로 본 國際環境」, 『第10回 加耶史國際學術會 議 加耶, 그리고 倭와 北方』, 金海市.

東潮, 1997, 『高句麗考古学研究』, 吉川弘文館.

諫早直人, 2008, 「古代東北アジアにおける馬具の製作年代-三燕·高句麗·新 羅-」, 『史林』91卷4号.

「삼연마구三燕馬具의 성립과 그 배경」에 대한 토론문

이 상 율 (부경대학교)

삼연마구는 최근까지 라마동을 중심으로 자료 증가에도 불구하고 원대자·효민둔154호묘를 능가하는 4세기전반대의 마구가 출토되지 않고 있다. 그래서 대성동91호분 등 우회자료를 통해 선비계판비가 출현하기 전의 마구상, 삼연과 고구려마구의 분리시점 등을 예견해왔다. 또한 와당을 근거로 집안의 대형분을 고구려왕릉으로 비정하여 편년하고 있으나 마주와 보요부식금구 등 공반마구에서는 이와 정합적이지 못한 문제가 발생하고 있다.

이에 대해 발표자는 새로운 시각으로 삼연마구를 분석한다. 부속구별로 판비는 역제형입문보다 주연대의 발생에, 등자는 금속제(단등)와 목심등자(쌍등)의 병행 및 목심은 보강부위의 확대로 시간성이 상정되며 심엽형행엽도 주연대의 발생으로, 영부운주의 경우 기존의 형태 변화를 재해석하는 등 지난 연구 성과와 다른 점이 많아 흥미롭다. 이러한 재분석을 통해 삼연마구를 체계적으로 편년하여 다수의 의문점을 해소시킨 점에서 주목된다. 많은 부분에 동조하면서 간단히 질문하고자 한다.

1. 발표자는 주연대가 없는 1판의 철제 (환)판비, 전면 1매판 보강 목심등자, 다형 안장, 규형행엽 등이 출토된 북구M8호 마구를 Ⅰ단계에 귀속시켰다. 그러나 이를 제외한 Ⅰ단계 마구는 모두 1판의 금동제 판비와 금속제 능사가 중심이나. 1판이라는 공통점만으로 재길과 형태기 다른 (환)판비를 올려볼 수 있을까. 이외의 삼연 환판비는 모두 Ⅱ단계 이후의 것들

삼연마구三燕馬具의 성립과 그 배경 **291**

이며 목심등자도 마찬가지이다. 다형 안장은 Ⅱ단계까지 지속되며 규형행
엽도 다양한 크기의 규형 1판이라는 제법이 Ⅲ단계까지 이어져서 북구M8
호 마구는 빨라도 Ⅱ단계 이후에 위치지우는 것이 좋지 않을까. 북구M8호
에 Ⅰ단계를 대표하는 영부운주 대신에 Ⅱ단계 이후 유행하는 입주부운주
가 동반되는 것도 이를 방증한다. 그렇다면 삼연에서 환판비와 목심등자,
입주부운주의 출현은 4세기전반보다 다소 늦은 4세기중엽 이후가 된다. 북
구M8호 일례를 통해 이들의 출현을 올려보기에는 무리가 있다. 또한 북구
M8호의 마구는 시기를 달리하는 2세트의 마구가 조합된 것으로 추정된다.

2. 본 발표에서 주목되는 것은 지금까지의 삼연마구 편년안에서 특히 상
한을 1/4분기(엄밀하게는 약 20년) 정도 소급시킨 점이다. 그동안 삼연마
구는 4세기전반대의 양상이 불투명하였는데, 연대 조정을 통해 일부 해소
하고 있다. 그러나 새로운 자료의 추가보다는 기왕의 자료에 대한 실제 제
작 연대를 감안한 데 따른 것이다. 그 배경으로 모용황의 전연건국과 국가
제도 정비를 들었는데, 사견을 더하자면 최근에 드러난 금관가야 초기마구
(대성동91호분 등)의 연대관도 의식한 것 같다.

금관가야 초기마구는 삼연의 마구상과 깊게 연동되므로 매우 중요하다.
발표자의 Ⅰ단계는 대성동91호분의 연대와 병행한다. 이에 걸맞게 대성동
91호분에서는 다수의 Ⅰ단계 마구가 출토되었다. 토론자는 이들이 당시 삼
연의 마구상을 직접적으로 반영해주는 것으로 보고 있다. 그런데 재갈은
여전히 표비가 중심인 점에서 삼연의 사정도 이와 유사하였을 것으로 생각
된다. 여기에 새로이 판비가 더해지는 것은 새로운 마장체계가 확립되었
음을 의미한다. 그 계기가 모용황의 전연건국과도 무관치 않겠지만, 한편
으로는 묘의 조성연대가 뚜렷한 원대자묘(354년), 효민둔154호(357) 마구
의 실제 제작 연대는 어쨌든 불확실하므로 이를 전연건국 시점까지 끌어올

려 굳이 결부시킬 필요는 없다고 생각한다. 모용황은 건국 후에도 연이은 전쟁으로 일관한 점에서 국가제도 정비보다는 세력 확장에 주력하였다. 이 점에서 묘의 실연대를 중시하면 모용준이 황제로 즉위하여 동진의 책봉체제에서 이탈하고 백관을 정비(352년)한 시점이 식마용 판비의 출현과 궤를 함께 할 가능성도 있다.

3. 김해 대성동68호분의 안교는 지금까지 한반도 남부지방에서 출토된 가장 빠른 경식안으로 이해되고 있다. 타원상의 안교목 상단을 따라 고정한 것으로 보이는 병鋲(복연금구)만 다수 남아있는데, 제법상 목재의 안교목을 가죽으로 싸고 병유鋲留한 원대자묘와 같고 타원상의 외형도 발표자의 라마동가형型에 해당하는 점에서 전연이나 부여를 비롯한 중국 동북지방의 초기안장으로 이어지는 계보라 할 수 있다. 다만 좌목座木이나 전·후륜에 해당하는 이외의 부속구가 확인되지 않는 점에서 병부의 목질흔 만으로 경식안으로 단정할 수 있을지 의문이다. 또한 목질흔이 안교목인지도 확실치 않은 현재로서는 우리가 예상치 못한 연식안의 가능성도 완전히 배제할 수 없다는 생각인데, 이에 대한 발표자의 의견을 듣고 싶다.

东北亚地区马具埋葬研究

孙璐*

I、前言

广义的说, 马具分为车马器和骑乘用马具两种, 都见多于墓葬类遗迹, 零星见于居住类遗迹。一直以来, 学者对车马器和骑乘用马具的研究都是分而治之的。早期车马器研究集中于商周时期的礼乐制度, 所谓"国之大事, 在祀与戎", 或谓之兵器, 或谓之礼器, 认为车马器是有别于一般交通工具的、一种专门用于标识登记身份的存在。而骑乘用马具, 则多见于早期的边疆地区特别是欧亚草原的考古学文化, 自东汉以降, 整个东亚地区的遗存中就几乎都能看到骑乘用马具的身影了。一般, 学者们将这种现象归之于骑兵的普及。

然而, 我们都知道古代人类生活的痕迹, 只有很少一部分能够留存到现在,

---

*中国 内蒙古大学 历史与旅游文化学院

留存下来的遗迹又只有一部分能幸运的被考古人员发现。遗存不会说话,我们所见到物质遗存所反映出来的古代社会,是经过折射的映像。那么,我们应该如何理解东北亚地区我们现在所看到的从车马器到骑乘用马具的这种现象呢？它们几乎都出自人类有意识的埋藏的墓葬,多数精美华丽……而人类使用马,除了食肉,更多的是为了代替人作为交通运输的工具,无论是车战还是马战,车马的核心也都是帮助人们发生位移的工具。那么,这些美丽的、阵容庞大的马具,藏身于人们的死后世界,是为了表明衣食住行在人们生活中的重要性么?

车马器研究一直是中原考古学的重要内容,但是东北亚地区远离中原,车马器零星出土,且不见于盛行车马器的商周时代,一直很少得到重视。进入到春秋时期之后,中国东北地区才有一定数量的车马器出土;而位于东北亚中心的朝鲜半岛,要到了汉代以后才有车马器出土,而且只是集中在北部的平壤地区。半岛南部更是到了三韩末期甚至三国时代才有马具出土,而且只见骑乘用马具不见车马具。本稿将简要介绍分析中国东北地区以及朝鲜半岛北部地区出土的车马器,以及稍晚时期的东北亚地区的骑乘用马具的埋葬情况,参考中原地区的研究成果,透过对马具功能和用途的分析,参考出土环境和共存关系,来分析东北亚地区马具埋藏的各种情况。从东北亚的视角进一步推测该地区马具埋葬的背景等。

Ⅱ、车马器的种类

东北亚的古代马车,根据结构可以分为独辀车和双辕车两种。先秦时期主要流行独辀车,独辀车又称单辕车,由于结构限制至少需要两匹以上的马来驾驭,且多数情况下马匹呈双数。我们所熟悉的大量出土于先秦时代特别是

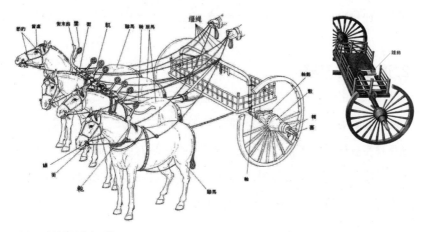

图 1. 独辀车的基本结构

商周时期大型墓葬车马坑中的, 一般都是独辀车。双辕车是战国中后期开始出现、流行于汉代的一种马车, 只需要一匹马就可以驾驭。双辕车的出现, 使得马车的礼仪职能逐渐转变成实用的交通职能。中原地区基本不见双辕车实物出土, 一直以来人们将出土的车马器都认为是独辀车使用的, 但是这种情况在东北亚地区则明显不同。很显然, 不同类型的马车, 所使用的车马器种类和形制也是有很大差别的。

在驾挽方法上, 先后使用过轭靷式、胸带式、鞍套式系驾法。不同的驾挽方法, 所配套的车马器也不一样, 所代表的埋葬意义自然也不一样。

目前, 我们在东北亚地区发现的车马器主要有一下三个类别。

1. 制御性车马器

就是车马器中的鞍具, 用来控制马首, 主要由辔头、衔和镳组成。一般我们在考古学发现中很少见到辔头, 多数只发现了衔镳组合, 因为是用来控制马匹的, 在只发现衔镳的情况下, 我们一般称之为马具。但是后期双辕车出现之后, 不仅仅使用马来驾驭车辆, 这些制御类器物的体量也有变化, 也可以使

用在其他动物上, 如牛、驼等。

2. 连接性车马器

理论上这才是真正的"车马器", 既有车也有马, 一般我们称之为挽具, 用于车与马的固定。主要是一些皮革制品, 很难在保存下来。在独辀车阶段, 使用辀衡使车与马相连, 考古发掘中能见到的遗物主要有:轭头饰、轭脚饰、衡末饰、辕饰、轙等。双辕车阶段, 前期是双辕与轭连接车马, 胸带辅助, 后期有鞍套连接, 但都是不容易保留的有机质材料。

3. 车器

又可分为功能性车器和装饰性车器。车上最重要的部件莫过于轮, 虽然在保存条件比较好的情况下, 我们还能见到完整的车轮和辐条的形态, 但是大部分时候由木质材料制成的车轮都湮没在历史洪流中了。中原地区在晚商到西周初期, 流行整车埋葬, 这一阶段还可以看到车轮的形态, 但在东北亚地

表 1. 中原地区车马器构成(依据吴晓筠 2009; 林沄1998, 有修改)

阶段	时期	主要车马器种类
1	商代后期(殷墟)	車軎, 車轄, 轡(銜鑣), 钉齿器, 衡末飾, 踵飾, 軏飾, 車軛, 轂飾, 節約, 鏃形飾, 泡飾, 弓形器
2	西周初期~西周中期早段	車軎, 車轄, 轡(銜鑣), 钉齿器, 軸飾, 轙, 轂饰, 衡末饰, 踵饰, 軏饰, 車軛, 鑾, 马冠, 当卢, 节约, 鏃形饰, 泡饰, 弓形器
3	西周中期晚段~春秋初期早段	車軎, 車轄, 轡(銜鑣), 鑾, 軏, 轙, 車軛, 衡末飾, 軸飾, 轂飾, 节约, 泡饰, 当卢
4	春秋初期晚段~戰國中期	車軎, 車轄, 轡(銜鑣), 軏, 壁插, 盖弓帽, 当卢
5	戰國中·后期	車軎, 車轄, 轡(銜鑣), 軏, 盖弓帽

区, 我们能够见到的早期车轮遗存, 就只有新昌洞湿地遗址所残存的辐条了。那么跟车轮关系最为密切的车用青铜部件主要是辖和軎以及一些轴饰。另外, 我们还能看到, 供人们从车厢后侧登舆用的踵饰。此外的其他车器, 如阳伞相关附件——盖弓帽、装饰于各个木质结构上的青铜套件应该属于装饰性车器。

III、东北亚地区车马器的埋葬情况

1. 中国东北地区

1) 衔镳

衔镳属于制御性车马器, 较为常见, 由衔和镳组成。在中国东北地区受质地、保存环境等因素影响, 衔、镳共出与各自单独出土的情况均有发现。依据衔与镳的组合方式(即是否能够分离)、衔的形态(即衔内环的有无)、衔外环的平面形态等因素, 可进行下述类型学分类。

I式为衔镳不可分离的一体型镳, 均出土于属于夏家店上层文化的小黑石沟遗址和南山根M101, 根据衔内环的特征又可分为直杆型(A型)和两节型(B型)。

IA型: 衔由金属棒构成的直杆式, 有小黑石沟的92NDXAⅡM11:30、M9601:26、M9601:27、92ZJ:3和南山根M101:14。此类镳方便控制马车方向, 推测多用于四驾独辀车的骖马上。

IB型: 由衔内环链接而成的两节式。有小黑石沟的M8501:172、M8501:173、92NDXAⅡM11:27、75ZJ:16、75ZJ:17、75ZJ:19、05ZJ:2、85ZJ:1、85ZJ:5、85ZJ:6与南山根M101:80、M102:52、M102:58, 大部分左右

对称。

Ⅱ型衔镳可分离, 使用时互相连接, 为组合式镳。有天巨泉M7301、汐子北山嘴M7501、小黑石沟M8061

大拉罕沟M851、十二台营子M1\M2号墓、袁台子M122、乌金塘等遗址,材质多青铜、鲜见骨质。又根据衔内环的特征, 可分为直杆式(A型)和两节式(B型)。

Ⅱ A型:直杆式镳。衔的一侧有两个环或金属棒中间存一环。镳多插入衔外环。见于小城子那苏台、郑家洼子M6512、三官店青铜短剑墓等遗址。

Ⅱ B型:为两节式衔, 根据衔外环的平面形状可分为:a、b两个亚型。a型:衔外环平面形状近三角形或马蹄形, 环外侧平直。见于南山根 M102:54、天巨泉M7301:5、小黑石沟92NDXAⅡM11:26, 85ZJ:3, 85ZJ:4等。b型:衔外环平面形状近椭圆形或圆形。见于郑家洼子M6512:2、南洞沟M2、三官店M2、五道河子M2等。

中原地区的衔的发展过程相对比较清晰, 衔内环和衔外环多为水滴形, 后渐变为圆形[2)]。除殷墟出土的玉马衔外, 几乎不见其他直杆衔。但在东北地区, 夏家店上层文化中虽有少量ⅡBa型, 却以Ⅰ型为主。十二台营子文化中后期的郑家洼子M6512号和三官店墓中共出ⅡA和ⅡBb型,自十二台营子文化后至战国中后期的南洞沟、五道河子、东大杖子等遗址则仅见ⅡBb式。由此可知, 虽然郑家洼子M6512中出土的马衔内环与外环大小相似, 但至迟自三官店开始, 衔内环已开始缩小, 这与中原地区的情况一致。

Ⅰ A型镳就算是在夏家店上层文化中, 也多见于小黑石沟遗址, 南山根M101号虽也出了半件, 却不同于小黑石沟的, 与殷墟(安阳小屯M164号)的玉马衔相似. 而Ⅰ B型则与中原系镳不同, 其将三环连铸于衔上起镳的作用, 或做成钉齿镳。而且, 除钉齿镳外的所有Ⅰ B型镳, 其衔内环均呈水滴状,且大小与衔外环接近。

表2. 中国东北地区出土衔镳形式

序号	遗迹	件數		形式	备注
		衔	镳		
1	汐子北山嘴7501号		2	II	夏家店上層文化
2	小城子那蘇台	2	1	II A	
		2	1		
3	南山根101号		1	I A	
			1		
4	南山根102号		2	I B	
			1		
5	天巨泉7301号		2	II Ba	
6	小黑石溝M8061		2	II	
7	小黑石溝M8501		2	I B	
8	小黑石溝92NDXA II M11		1	I A	
			1		
			1		
9	小黑石溝M9601		2	I A	
10	小黑石溝1975年采集		3	I B	
11	小黑石溝1985年采集		4	I B	
12	小黑石溝1992年采集		2	II Ba	
13	五道河子1号墓	2		II Bb	十二台營子文化
14	三官店青銅短劍墓	2		II A	
		2		II Bb	
15	南洞沟石槨墓	2	1(骨)	II Bb	
16	東大杖子	3		II Bb	
17	大拉罕溝M851		3(骨)	II	
18	十二台營子1号墓		6	II	
19	十二台營子2号墓		5	II	
20	袁台子M122		2	II	
21	烏金塘3号墓		8	II	
22	鄭家洼子6512号	2	16(骨8)	II A	
		?		II Bb	
23	崗上1号墓	1		II Bb	

表 3. 衔镳的分類

衔镳 結合方式	一体型(Ⅰ型)		組合型(Ⅱ型)		
衔内环 有无	无-直杆 (A型)	有-兩節 (B型)	无-直杆 (A型)	有-兩節(B型)	
衔外环 平面形態	馬蹄形/ 三角形 (a型)	馬蹄形/ 三角形 (a型)	馬蹄形/ 三角形 (a型)	馬蹄形/ 三角形 (a型)	圓形(b型)
代表遺物	小黑石溝 92NDXAⅡ M11	南山根 101号墓	鄭家洼子 6512号	小黑石溝 92NDXAⅡ M11	東大杖子

根据环或孔的数量、方向可以将镳分为两类。其中有3个环(孔)且中间环与两端环方向不一致的为甲式;环(孔)不足3个且方向互相一致的为乙型。即甲型为衔插入镳环(孔),乙型为镳插入衔环。中原系镳的发展过程是由方形向圆形或长条形转变,[3]这与衔的变化趋势

相一致,其原因可能与衔外环的扩大有关。十二台营子M1、M2号墓的镳与郑家洼子M6512的蛇形镳相似,应属于同一系统,但从镳的环(孔)方向不一致来看,十二台营子M1、M2出土品应比郑家洼子的略早。郑家洼子的Ⅱ Bb式衔外环与衔内环皆为圆形大小相近,应比小黑石沟略晚。此外,三官店与南洞沟也出土了与郑家洼子相似的ⅡBb式衔和骨镳,但衔内环明显略小,这与中原地区的变化趋势相一致,故可推测其年代可至战国中期以后,而五道河子M1和东大杖子遗址均属典型的战国中晚期墓葬,其出土的衔亦是中原地区战国中晚期流行的ⅡBb式衔。五道河子M1出土鲶鱼形当卢与南洞沟相似,应为本地特征。

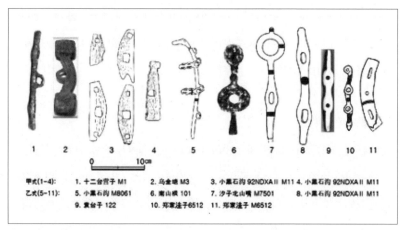

图 2. 镳的种类

(1) 鸾镳

鸾镳是指用铃装饰的镳,最早见于《诗经·秦风·驷驖》。朝阳喇嘛洞遗址首次发现后即被认为是三燕文化的遗物。小黑石沟M8061中的兽首鸾镳、1992年征集的铃形车具等,是考古学上发现的时间最早的鸾镳。[4]《周礼·夏官·司马》中记载:"趋以采荠,凡驭路仪,以鸾和为节",描述了司马侍奉王进行祭祀的情形。从这条记载可知,王亲自驾车举行祭祀,马车上装饰的銮铃的声音是一种仪式用音乐。銮铃多装于驾车之马的头部或系于阳伞末端,作为装饰,而在镳上装饰铃铛则为鸾镳。陪葬銮铃做为装饰的车马器的墓葬应具有较高等级。

(2) 钉齿镳

I型镳中内侧有刺的镳被推测为驯马用具。[5]比如秦始皇陵铜车马为驷马独辀车,服马使用两节衔而骖马却在两节衔的基础上还加上一根带刺的镳(图3)。钉齿镳与带刺的镝衔不同,刺位于镳的内侧。钉齿镳出现于商代后期

且沿用至春秋初期, 商末周初尤盛, 而镳衔出现于西周中期、盛行于战国~秦。[6]东北地区发现钉齿镳7件, 均属夏家店上层文化, 刺激马的两颊以控制方向, 与秦始皇陵出土的铜车马一样均为骖马工具。

(3) 非对称直杆衔

非对称直杆衔为ⅡBa型, 见于小城子那苏台、郑家洼子M6512、三官店遗址。郑家洼子M6512出土了成套保持原位的车马器(图4), 在报告的复原图中非对称直杆衔处于独辀车的骖马位置上, 但并没有解释为什么直杆衔上有三个环、三个环的功能都是什么。由秦始皇陵出土铜车马可知, 一般一驾马车上有一根衡、衡上架两个轭, 衡内的服马与衡外的骖马通过缰索和肋驱进行控制。服马的控制并不太难, 但只通过靷与车身相连的骖马进行控制就要困难一些(图3)。郑家洼子M6512出土的非对称直杆衔的中间环与单环一侧的环内插入有镳。如果衔相对长的一段是朝向内侧即服马一侧的(与复原图相反), 而双环侧的环则通过皮条相连或直接系于衡上使骖马无法向外逃脱。这也说明为什么服马使用的两节衔的衔外环存在双环, 即多余的一个环是用来将马的镳互相连接而设置的, 因骖马外侧无需连接马匹, 故其外侧仅存一环。如果复原图正确的话, 那么可考虑杠杆原理。即非对称直杆衔的中间环与单环侧环中间的距离较短, 中间环与双环侧距离较长, 根据杠杆原理力矩长的一侧比较省力, 故要对骖马加以较强的刺激进行方向转换, 显然这个设计是合理的。

2) 当卢

当卢为马面装饰, 西周时期出现, 雏形应与殷墟马头部分饰铜泡饰有关。[7]当卢不能遮挡眼鼻, 只能在马额头与双眼之间的T字形空间悬挂。因此, 先秦时期的当卢多呈上宽下窄的T字形或Y字形。现代马的两眼间隔大体在15cm

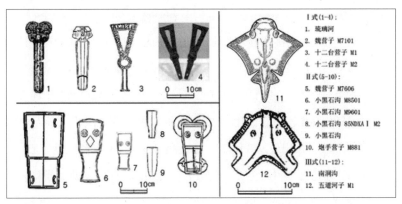

图 3. 当卢

左右, 两眼连线到耳根的高度大体在17cm左右, 过宽的牌饰或泡饰都不大可能是当卢。东北地区包括十二台营子M1、M2的Y字形铜器、魏营子遗址的长方形铜泡饰, 共出土当卢23件。大体可以分为三型。

Ⅰ型为细长的T字形或Y字形、上部存兽面, 似中原系。魏营子遗址出土2件, 十二台营子M1、M2的Y字形当卢虽非兽面, 可视为魏营子当卢的简化版。Ⅱ型大体呈长方形, 上饰简单的人面或素面, 上下宽度差异不大。小黑石沟M8501出土品即为典型代表, 亦包括魏营子遗址出土的长方形铜泡。此外, 炮手营子M881出土的马头形当卢除去耳朵部分基本也与之相似。Ⅲ型为鳐鱼形当卢。主要见于南洞沟、五道河子M1等略晚时期遗址中。

3) 顶饰

顶饰为马头上的装饰, 可分为马冠和喇叭形铜器两种。其中马冠是装饰在马两耳之间的梯形牌饰, 仅发现两件且残损严重;喇叭形器则是用来束起马头鬃的器物, 小黑石沟M8501和郑家洼子M6512均有出土。秦始皇陵铜车马1号马牛的右侧骖马头上束有一喇叭形器, 但数量却少于郑家洼子。

4) 节约

节约是一种用来连接革带的工具, 又叫辻金具。仅在车马器阶段使用, 进入骑马具阶段后即被金属环代替。早期节约除了连接革带, 也是一种装饰。特别是在车马器阶段, 一辆马车需要两匹及以上的马, 需要很多根缰绳来控制;而乘马仅需两根缰绳。因此, 连接革带的节约变成了金属环, 装饰品也集中于马的后部, 开始出现云珠和杏叶。东北地区的节约有十字形、X字形、圆形、动物形等几类, 其中十字形节约最为典型, 十二台营子和袁台子均有出土;动物形节约见有鸟形、虾形、鳢鱼形、蛙形、虎形等, 多出自等级较高的石椁墓中;X字形节约仅见于小黑石沟M9601;虾形节约见于郑家洼子M6512和五道河子M1, 此外, 南洞沟出土的鳢鱼形节约与鳢鱼形当卢伴出, 盛行于十二台营子后期。

5) 挂缰钩

中原地区又称"弓形器", 林沄认为这是一种车马器[8], 挂于御者腰间, 是系挂缰绳以解放双手的工具, 学界多有赞同。[9]也有学者认为一部分的弓形器并非是挂在御者腰间而是系于车舆前面的栏杆上[10], 对于其是挂缰钩的功能认识是一致的。中国东北地区未见典型的弓形器, 而是发现了一些W形器和锚形器, 根据其形态分为两个类型。

Ⅰ型为W形。见于小黑石沟M8061、梁家营子M8071。Ⅱ型为锚形。其中十二台营子M2出土品相当华丽, 五道河子、卧龙泉则相对单纯。Ⅰ和Ⅱ型虽均不见于中原地区, 但在鹿石上则多有体现。[11]中原系弓形器在西周初期以后就基本不再使用了, 但在北方草原地区仍有所发现, 其中Ⅰ型依据小黑石沟的年代[12]可推测至西周末~春秋初, 与十二台营子M2年代较为相近, 而最晚的五道河子M1, 根据共出遗物判断大体也应在战国中晚期左右。比较十二台营子M2和五道河子M1出土品, 可看出典型的

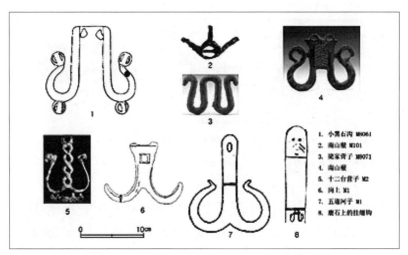

图 4 挂缰钩

锚形挂缰钩在时间上的变化趋势。由此,岗上M1的器物应比五道河子M1
略早。

6) 车軏

见于小黑石沟M8501, 背曲而中空、部分缺失, 长47cm、截面直径
6.2~7cm, 角度约为120°, 比夹角呈30°的殷墟出土品要大。

7) 车軎

车軎是用来保护木质车轴露出车轮外的部分而制作的青铜附件, 与辖一起
使用。中原地区的车马器都是整车下葬, 軎和辖共出, 軎身多用兽面或龙纹
装饰。中原式軎呈现从长到短的变化趋势, 纹饰亦与同期的青铜容器一致。
[13]东北地区计出土軎17件, 均呈现出西周以后短粗的特点。大体可以分为两
型(图12)。

Ⅰ型为钵形軎。轴侧为圆形, 孔周围刻有纹饰。外侧短, 有辖孔。均出土于

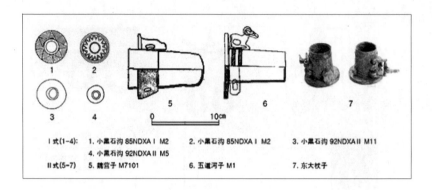

I 式(1-4):	1. 小黑石沟 85NDXA I M2	2. 小黑石沟 85NDXA I M2	3. 小黑石沟 92NDXA II M11
	4. 小黑石沟 92NDXA II M5		
II 式(5-7):	5. 魏营子 M7101	6. 五道河子 M1	7. 东大杖子

小黑石沟遗址。II型害身相对较大, 外侧长且宽, 存兽面或龙纹装饰, 且常与动物形态的辖共出。与中原系统的琉璃河及西周燕国墓地出土器物相似, 可能受到了燕文化的影响。

8) 杆头饰

仅见于小黑石沟M8501, 除工字形杆头饰外, 另见人面、兽头、男根、蘑菇头等计5件。因功能不详被统称为杆头饰, 参考中原式车马器, 推测其可能与踵饰、辖和衡末饰有关。

工字形杆头饰可能为踵饰。踵饰装饰在輈末端的青铜附件, 在中原车马埋葬中有发现.[14]中原系踵饰形态多样, 多为T字形呈直角连接輈和轸后向外略有凸出, 人们从后侧踩踏踵饰而登车。小黑石沟M8501出土的杆头饰, 呈工字形、中空, 腰部存对称的长方形孔, 一侧封死, 封死部分应为踵饰凸出出车舆部分即供踩踏登车之用。可见, 中原系踵饰最初的作用应是固定车尾和装饰之用, 后渐剩固定功能, 最后退化成仅剩形态。[15]

蘑菇形杆头饰(M8501:77)上端为蘑菇状伞盖、中空, 下端面存两长方形镂孔, 正中为扁长条形榫卯。M8501中未发现害, 但从大小来看, 蘑菇形杆头饰可以作为M85NDXA1M2出土的II型害的辖而存在。

兽头(螭)杆头饰形体细长、中空, 应为衡末饰。衡一般位于輈前端与輈呈

直角相交, 分为曲衡与直衡。衡末饰即装在衡末端的青铜饰件, 中原系存三角形、铜矛形、一侧封死的铜管形、兽首形等形态。小黑石沟出土的柱状兽首、男根形杆头饰或人面杆头饰均为圆柱形, 中空、头侧密封, 杆头饰向前弯曲与琉璃河M1015, ⅢM202中发现的S形兽首衡末饰相似而男根形杆头饰与人面杆头饰并不成对出现, 竖直, 更像是辀前段的装饰轵。

9)铃

发现16件, 可分为銮和铃两种。I式为銮即长方形底座上存圆形的铃, 属典型的中原系风格, 魏营子、大拉罕沟皆有出土。中原地区从西周时期开始将銮作为礼器使用, 春秋时期消失不见。[16]II式为铃, 可细分为ⅡA式钟形, 截面为三角形或椭圆形, 内有舌或丸。见于小黑石沟M8501、五道河子M1, 应为马或车的装饰; ⅡB式为长方形, 刻有几何纹, 内有丸。见于小黑石沟M8501、乌金塘, 推测为马铃。

10)异形车马器和装饰铜器

中原地区的车马器多与车同葬, 在东北地区则仅见车马器且大部分经历盗掘, 墓葬结构和随葬位置不清楚, 还存在一些没有被识别的车马器。小黑石沟M8501出土的∩形器, 由细长的青铜棒弯曲而成, 两端扁平; 南山根M101出土的 冖 和∩形器也由细长青铜棒曲折而成, 两端平滑扁平。此外, 南山根M101的摆形器、钩形器、爪形器等杂器都与马车有关。其中8件摆形器呈钟摆状, 中间壁形、两端各有长方形孔, 与同一遗迹中出土的镳很是相似, 应能看作是有缺失部分的镳; 钩形器发现1件, 上端为銎口, 钩部成钝角, 上存有三个突起, 其形态与殷墟出土的玉马衔相似, 不排除是破损钉齿镳的可能; 爪形器发现3件, 中间有环, 突起上存孔, 不排除是挂缰钩的可能。此外, 南洞沟、三官店遗址出土节状器, 上宽下窄、断面呈菱形、中空。从长度和形态观察, 应属鞭柄。

2. 朝鲜半岛

1) 乙字形铜器、管形铜器与双辕车

冈内三真[17]和李淳镇[18]认为乙字形铜器和管形铜器是朝鲜半岛本土车马器的代表器物,或说其用途不明或认为是挂缰钩,并由此推论出土乙字形铜器和管形铜器的墓葬年代属于卫氏朝鲜时期。这样的观点对西北朝鲜地区车

系驾法		说明图	车与牲畜的连接方式	出处
轭靷式系驾法			"人"字形车轭卡于马或牛的肩胛骨处。牲畜牵引力按照轭→衡→辀→车厢的顺序传导。车轭负责承担大部分牵引力。	秦始皇陵铜车马2号车
胸带式系驾法			π形轭衡组合卡于马或牛的肩胛骨处。车辕向上弯曲扬起与车衡末端相连。π形轭衡组合与胸带共同承担牵引力,向车辕传送。	河南禹县空心砖(公元前1世纪)
			"几"字形轭卡于马或牛的肩胛骨上。衡逐渐缩短直至消失。车辕弯曲上扬角度缩小逐渐向直线发展,车辕前端与轭脚相连。"几"字形轭式衡与胸带一同受力向车辕传导。车辕弯曲角度缩小使得合力角度变小,力量传导过程中有效传导力量增加。	山东东汉武氏祠画像砖
鞍套式系驾法	唐宋		"几"字型轭式衡虽然是进步,但是逐渐向外延展的轭脚-侈脚大轭的宽度(轭与肩胛骨间出现缝隙)却成了问题。因此,在车轭与牲畜肩胛骨之间用软质材料填充,开始使用肩套。肩套的出现不仅固定了车轭,还防止硬质车轭对马皮肤的磨伤。	莫高窟156窟,晚唐壁画
	宋-近现代		进入到南宋时期,在马背上设置鞍状装置(小鞍),胸带消失。小鞍以革带绑于马腹,与车轭+肩套组合一起承担牵引力,然后向车厢方向传导。至此,形成了合理的近现代系驾法。	2011年中国黑龙江省摄

马器的定性有着深远的影响。
然而，乙字形铜器无论从形态、
大小，还是与管形铜器共出、
以木心相连接、金属管中空等
特点来看，都是无法作为挂缰
钩来使用的。而且，中原地区
挂缰钩－弓形器，仅盛行于先
秦时期，其他形式的挂缰钩也

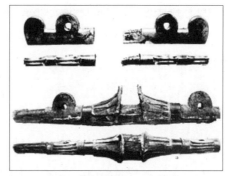

图 6. 贞柏里遗址出土的衡

基本不见于战国之后，[19]战国末期进入半岛的卫氏朝鲜单独创立出这样独特
形式的掛缰钩的说法未免太过牵强。参考山东武侯祠东汉画像石的情况及
对中国古代系驾法的整理[20]可以推测乙字形铜器和管形铜器
可能与车轭有关。π形轭衡联合体、"几"字形轭式衡都可以由乙字形铜器
和管形铜器组合而成。中原地区虽不见实物，辽宁大连却发现有类似器物，[21]
报告将之称为辕承[22]

2)手枪形铜器与衡

手枪形铜器和P字形铜器也被认为是半岛本土起源的器物，用途为衡末
饰。贞柏里遗址中出土了保存完好的衡，[23]确定了这一结论。李淳镇认为手
枪形铜器与P字形铜器共有4孔，应是有4根缰绳传过，4孔充当了辕的功能，
因此使用这种衡的也应该是"双头马车"(独輈车)。[24]然而，将衡末饰有4
孔作为驾双马的判断依据稍显单薄。其原因如下：首先，原报告编写者认
为，这件衡是用于单辕独輈车还是画像石上所见的"牛车"(即双辕车)，是很
难判断的，[25]即报告撰写者在发掘当时就对这件器物有着相关疑问，而不是
像李淳镇引用的那样肯定；第二，从线图上可以估测出土位置对的2件
P字形铜器两孔间的间隔是近45cm，而测量秦始皇陵铜车马(1/2缩小模型)

的衡, 内侧环的实际间隔为60cm, 北京大葆台汉墓独輈车衡的测量结果也是60cm。这种情况应该不是偶然, 与其说是中原地区的特定情况, 不如说是独輈车中间的2匹服马最合适活动的间隔为60cm。那么, 贞柏里的衡所见的45cm间隔, 对于两匹服马的活动空间来说可能有些狭窄;第三, 独輈车上的衡是设置于车辕之上的, 可是看这件衡结构, 中间应该放置輈的凹槽与P字形铜器的孔的方向一致, 参考现有的材料, 凹槽与輈的方向应该是相反的, 这就显得有些不够自然;第四, 一般认为独輈车的輈要比P字形铜器的孔大很多。因此, 这些孔应看作固定衡与轭的绳子所通过的空间。独輈车与双辕车都用的过缰绳的輈, 金石里墓葬等遗迹中出土的"┌┐"形器物是有可能承担輈的功能的。如果将贞柏里遗物看作是双辕车的车衡, 通过其中间凹槽和P字形铜器的空来对车轭进行固定, 两侧手枪形铜器的空用来通过缰绳或者固定车辕。所以笔者认为这件遗物用于双辕车的可能性更大一些。

2013年初国立光州博物馆在新昌洞湿地遗址的特别展上展出了这件木质衡, 26) 保存完好, 长55cm, 发掘者推定的年代为初期铁器时代。从图片上我们可以看到两侧向上勾起的部分代表着衡末, 向内侧的两个圆环则承担着輈的功能, 供缰绳传过。全长仅55cm, 不足以使用在独輈车上, 驾驭两匹以上的马。仅有两孔供缰绳传过, 更是证明了这样的衡是使用在双辕车上的。根

图 7. 光州新昌洞遗址出土的木质衡

图 8. 上里遗址出土手枪型铜器的复原

据新昌洞出土的这件木质衡, 可以复原上里遗址的衡。由此可见, 贞柏里遗址出土的手枪型铜器和附着有P型铜器的木质衡也可能并不是一件器物, 而是两件形态略有差异的衡。

3) 铃头筒形器[1]

李淳镇[27]和王培新[28]认为铃头筒形铜器与一端封闭的筒形铜器为套在车軎上的装饰品. 可是, 车軎是车上最重要的部件之一, 历来多有装饰, 甚至连错金银等工艺也有使用。而且, 为了将车軎固定于轴上, 还在车軎上设置有辖。进入汉代以后, 辖凸出在外的部分虽然有所缩短, 要将铃头筒形铜器套上还是有些困难的。

笔者认为, 铃头筒形铜器和一端封闭的筒形铜器可能是衡末饰。北京大葆台汉墓2号车的车衡末端就发现有类似一端封闭的筒形铜器的衡末饰。手枪形铜器与铃头筒形铜器或是一端封闭的筒形铜器共出时, 通过车軎和衔镳的数量可知陪葬车马器不止一套。作为中层官吏的乐浪郡郡守或虽然只能使用一马驾的"一驾"车, 但这并不是限制他们只能使用一辆车。即, 为了区分主车、副车而将车零件的样子做得不同。当然, 铃头筒形铜器中有个别器物器形大的并不在此列。

4) 马面装饰

朝鲜半岛北部地区的马面装饰可以分为当卢和面饰(主要为泡饰)。当卢的主要功能已经变为装饰作用, 更多的沿袭了中原系统的风格。大部分当卢的形状为剑棱形, 大型墓葬的出土品有雕刻纹饰。

---

1) 也有不带铃的筒形铜器, 即一端封闭的筒形铜器

5) 衔镳

衔有铜质和铁质两种, 还可以具体分为2节衔和3节衔。2节衔大部分是金属条扭成的。3节衔则与北京大葆台汉墓出土品相似, 两侧节略长, 中间节略短且有凸出。镳大部分为S形, 基本为铜质, 多呈S形, 也可以分为两类。一类在金属条两端皆设有翼形装饰, 北京大堡台汉墓亦有出土。另外一类镳在金属条中央凿有孔, 条两端处理为片状。虽然S形镳在中原地区从战国后期就开始出现, 但是其盛行时期则是秦汉时期。与朝鲜半岛接壤的东北地区, 先秦时代不见S型镳。[29]

6) 阳伞

汉代马车一般设有阳伞。阳伞不仅可以遮光挡雨, 也可以表示等级的不同。最早的阳伞发现在琉璃河1100号西周车马坑中.[30]与阳伞有关的遗物常见的有盖弓帽和、筒形铜器。

盖弓帽是马车上的重要器物, 可以将随葬有盖弓帽的墓葬视为使用车马陪葬。大部分为青铜质, 为了表现等级也有金、铜鎏金、银等贵金属的。头部为花瓣形的称"金华"; 头部向上弯曲的称为曲茎华蚤。盖弓帽可分为5类: 没有突出的金华的盖弓帽(Ⅰ, 云城里土坑墓); 圆头金华的盖弓帽(Ⅱ, 大同江9号墓); 笠头金华、窄颈盖弓帽(Ⅲ, 大同江面); 花瓣形金华、窄颈盖弓帽(Ⅳ, 云城里石墓); Y字形盖弓帽(Ⅴ, 贞柏洞2号墓)。其中, 笠头(Ⅲ)和花瓣(Ⅳ)最为多见, 其次是圆头(Ⅱ)。出土品大部分有破损痕迹, 所以Ⅰ型也可能是其他类型器物损坏后的一部分。虽然发现有银、铜鎏金的盖弓帽, 但是没有发现金质, 也不见曲茎华蚤, 应该是没有诸侯王或者"三公"的高级墓葬。

筒形铜器[2](铜管箍)是组装、拆卸阳伞时连接的零件, 大部分呈节状。在中

---

2 朝鲜报告中还其他有称为铃头筒形铜器的器物, 这里论述的是空心且两端不封闭的筒形铜器。

原及边疆各地的西汉墓葬中都有发现。一般为竖直管，也有两节组合式。大多素面，但河北定县以及乐浪地区的出土品中有鎏金或用宝石装饰的，非常华丽。这种华丽的铜管箍被看作是文献中的俾倪[31]/轉輗.[32] 虽然这种称呼并不一定妥当，[33]但是铜管箍的功能为连接并固定伞柄上下两部分，这应该是可以确定的。

7）车轮

I	II	III	IV	V

韩国光州新昌洞湿地遗址出土了木质辐条，这是唯一一处出土有辐的遗址。

Ⅳ、东北亚地区车马埋葬的社会分析

从中原地区的车马埋葬情况来看，殷代车马坑以及从埋葬内容上可区分出车葬坑、马葬坑和车马合葬坑三种类型。或独立掘坑，或将葬坑聚在大墓的墓室或墓道内.[34] 商代晚期讲车马置入车马坑或墓道之内，车马坑的设置以1车1坑为主，葬两车以上的车马坑，均有拆车现象，车马配有完备的车马器。一般拆车葬车马坑虽将马车各部拆散，但仍有一定的放置规律，坑内殉人、殉马也有相对固定的摆放位置。西周早期至西周中期偏早，单车葬及多车葬车马坑普遍发现于各地，整车葬车马坑内的车、马装配完成的车马器，车马分置的车马坑内多见车器少见马器。西周中期偏晚至春秋早期偏早，发现车

马坑数量偏少，中型竖穴土坑墓里也多见拆散的马车随葬(拆马车和马车零件是两回事)。春秋早期偏晚至战国中期，西周以来极重视的装饰型车马器，只保留基本用器。战国晚期极少见车马坑，双辕车开始出现在墓葬之中。[35]

郑若葵认为车马坑与主墓异位葬者多具有祭祀意义，同位葬一般只有殉葬意义，并由埋葬的现象归纳出整车葬、拆车葬与马葬三种方式。从殉祭形式上看，认为商代的车马殉祭中有车马分葬、车马合葬、车马分葬合祭、车马分葬和车马合葬异位联合殉葬、车马殉祭五种制度。[36]

使用车器用来代表卤簿制度和出行依仗，也从出土材料上得到了证明。特别是2015年度的热门考古学事件——海昏侯墓的发现，完整的汉代车马坑将为我们提供卤簿制度所要求的用车典仪的真实情况。

然而，东北亚地区并没有大型墓葬单独存在有车马坑，也不见整车或拆车葬于墓道或墓室的情况。所有出土的车马器均为墓葬内部出土，也不曾有单独的椁室用来存放，而且车马器部分代表马车整体的现象很普遍，朝鲜半岛北部更是多见随葬双辕车的情况。这样的车马埋葬情况，首先说明了东北亚地区是没有早到商周时期的车马埋葬遗存的。商周时期的中原车马埋葬代表的身份的象征，虽然当时是车战的时代，但是我们在墓葬遗存或祭祀遗存中见到的基本上都是礼仪用车。而东北亚地区，显然要实际的多。我们一直有一个误区就是游牧地区会多出现骑乘用马具，而不见车马器，但是即便是在游牧社会，马车也是必不可少的交通工具。那么从东北亚地区现有的车马埋葬情况来看，无车马坑，无整车埋葬，车马器散落在墓葬内部，以少部分车马器代表整车埋葬、随葬双辕车等现象，都说明了这一地区对车的要求，相比于礼仪更偏重于实用，等级上也没有特别高级别的存在。

到了汉代中期，车舆虽然仍然是卤簿的一部分，但是已经转化为墓道和画像石上的出行图，很少再以实物车马器随葬了。这也是礼仪功能弱化的标志。

V、结语

车马的使用经历了从身份标志到礼制的有机组成,再到恢复成身份标志的过程。即便是现代,车也仍然是身份的标志。而且有个很有意思的中国现象,可能东亚都经历过。评价一个人的社会地位从开始要求有一辆车,到现在有一辆车很容易,评价标准就逐渐变成了有一辆什么样的车。车作为身份象征普及化成代步工具,又从代步工具分离成身份象征,这跟历史的轨迹不谋而合。

商周时期,作为贵族日常生活用的乘车和作战用的战车,在形制、结构上无明显的不同;至春秋战国时期,这两种车的区别就越来越显著了。乘车不仅在结构设计,而且在造材用料、对车的装饰上都日益追求舒适豪华,而战车则着重考虑灵便轻巧,牢固耐用。[37] 到了双辕车的出现,对驾车马匹的数量需求降低,使得马车的使用能够在一定范围内得到普及,马车作为交通运输工具的属性就日益凸显出来。虽然仍然能够通过对造材用料以及装饰品的精雕细琢来表示身份,但是作为礼制生活的功能,显然被弱化了很多。到了汉代中后期,被普及成代步工具的马车就被"请"出了高等级墓葬随葬品的名单。即便日常生活当中,仍然需要按照卤簿制度,使用装饰豪华和规定数量的车队来表示生活。

通过比较东北亚地区和中原腹地的车马埋葬情况的不同,能够对当时社会生活的风貌有一定的了解。

1) 孙璐.中国东北地域先秦时代车马具的登场与变迁[J].韩国考古学报,
2011(81)

2) 吴晓筠.商至春秋时期中原地区青铜车马器形式研究,古代文明,
2002(1),文物出版社.

3) 吴晓筠.商至春秋时期中原地区青铜车马器形式研究, 古代文明, 2002年1期.

4) 田立坤.鑾鑣考, 大成洞股份发掘20周年纪念, 第16届加倻史国际学术会议, 2010年.

5) 井中伟.夏家店上层文化的青铜齿马具, 边疆考古研究, 2010(9)

6) 井中伟.夏家店上层文化的青铜齿马具, 边疆考古研究, 2010(9)

7) 孙机.中国古独辀马车的结构, 文物, 1985(8)

8) 林沄.关于青铜弓形器的若干问题、再论挂缰钩, 林沄学术文集, 1998年, 中国大百科全书出版社.

9) 乌恩.论古代战车及其相关问题, 内蒙古文物考古文集, 1994 (1), 大百科全书出版社; 杨宝成.殷墟文化研究.2002年, 武汉大学出版社.

10) 王海城:《中国马车的起源》,《欧亚学刊》, 2002年3期, 中华书局

11) 林沄.关于青铜弓形器的若干问题、再论挂缰钩, 林沄学术文集, 1998年, 中国大百科全书出版社.

12) 金正列.夏家店上层文化所见中原式青铜礼器的年代和传入路径, 韩国上古史学报, 2011(72)

13) 吴晓筠.商至春秋时期中原地区青铜车马器形式研究, 古代文明, 2002年1期.

14) 吴晓筠.商至春秋时期中原地区青铜车马器形式研究, 古代文明, 2002年1期.

15) 吴晓筠.商至春秋时期中原地区青铜车马器形式研究, 古代文明, 2002年1期.

16) 吴晓筠.商至春秋时期中原地区青铜车马器形式研究, 古代文明, 2002年1期; 吴晓筠.商周时期车马埋葬研究, 2009年, 科学出版社。

17) 冈内三真.朝鲜古代的马车[J].震檀学报,1979(46.47).

18) 李淳镇.平壤一带乐浪墓葬研究[M]. 平壤:社会科学院(图书出版中心), 2001

19) 中国东北地域先秦时代车马具的登场与变迁[J].韩国考古学报, 2011 (81)

20) 朝鲜半岛北部地区车马具的登场与性格.韩国上古史学报.2012(5)

21) 郑君雷.中国东北地区汉墓研究[D].长春:吉林大学博士学位论文, 1997.

22) 于临祥.营城子贝墓[J].考古学报,1958(4).于临祥.大连郊区营城子发现贝壳墓[J].文物参考资料, 1955(12).(大连营城子10号贝砖墓。原报告发表2件弧形辕承.)

23) [日]梅原末治、藤田亮策.朝鲜古文化综鉴[M](1-4).奈良:养德社,1947.

24) [朝]李淳镇.平壤一带乐浪墓葬研究[M].平壤:社会科学院(图书出版中心), 2001.

25) [日]梅原末治、藤田亮策.朝鲜古文化综鉴[M](1-4).奈良:养德社,1947.

26) [韩]国立光州博物馆.2000年前的时间胶囊-光州新昌洞遗址史迹指定20周年纪念特别展[M].光州:比爱设计发行.2012.

27) 李淳镇.平壤一带乐浪墓葬研究[M].平壤:社会科学院(图书出版中心), 2001.

28) 王培新.乐浪文化-以墓葬为中心的考古学研究[M].北京:科学出版社, 2007.

29) 孙璐.中国东北地域先秦时代车马具的登场与变迁[J].韩国考古学报,2011(81)

30) 孙机.汉代物质资料图说[M].北京:文物出版社,1990.

長沙
31) "蓋、轑、俾倪、軨、縛、棠", 顏注:"俾倪執蓋之杠, 在軾中央, 環爲之, 所以止蓋弓之前却也"。(史游.急救篇[M].长沙:岳麓书社, 1989.)

32) 孙机.汉代物质资料图说[M].北京:文物出版社,1990.

33) 汪少华.中国古车舆名物考辨[D].上海:华东师范大学博士学位论文, 2004.

34) 郑若葵. 20世纪中国车马坑考古, 文物天地, 2002(2).

35) 吴晓筠.商周时期车马埋葬研究, 2009年, 科学出版社.

36) 郑若葵. 20世纪中国车马坑考古, 文物天地, 2002(2).

37) 刘永华.中国古代车舆马具.清华大学出版社, 2013.

동북아시아 지역 마구馬具 매장 연구

孫璐*
번역 : 이유정**

I . 머리말

  넓은 의미로 말하면, 마구馬具는 차마구와 騎乘用 마구로 나누어진다. 지금까지 마구는 대부분 고분에서 발견되었으며, 일부 소량의 마구가 주거 유적에서 발견되었다. 지금까지 학자들은 차마구와 騎乘用 마구로 분류하여 연구를 해왔다. 초기 차마구 연구는 주로 商周시기 禮樂制度 연구와 관련되어 이루어졌다. 이른바 "國之大事, 在祀與戎.(국가 대사는 제사와 전쟁이다.)"에서 兵器와 禮器를 언급하였는데, 차마구는 일반적인 교통수단의 용도보다는 신분을 구분해서 표식하는 방법에 전문적으로 이용되었다. 한편, 騎乘用 마구는 초기 변경지역 특히 유라시아 초원의 고고 문화에서

* 中國內蒙古大學 歷史与旅游文化學院
** 한국고고환경연구소

자주 등장하며, 東漢 시기 이후 동아시아 지역 유적의 대부분에서 기승용 마구의 흔적을 볼 수 있다. 일반적으로 연구자들은 이런 현상을 기병의 보급과 관련이 있다고 보고 있다. 그러나 고대 인류의 흔적 중 일부만이 현재까지 전해 내려오며, 그 중에서도 극히 소량의 흔적이 운좋게 고고학자에 의해 발굴되어진다. 유물은 말이 없기 때문에 우리는 유물을 통해 반영된 고대 사회의 단면을 볼 수 있을 뿐이며, 이는 투영된 현상일 뿐이다. 그렇다면, 우리는 지금 현재 볼 수 있는 동북아 지역의 차마구부터 騎乘用 마구의 현상을 어떻게 이해할 것인가?

차마구는 인류가 의식적으로 매장한 고분에서 출토되었으며, 대다수가 매우 정교하고 화려하다. 인류가 사용한 말은 식육용을 제외하고 대다수가 교통 및 수송의 도구로 이용되었다. 즉, 車戰 혹은 馬戰이든 車馬의 핵심은 모두 인류의 위치 혹은 공간의 이동을 돕는 도구였다는 점이다. 그런데, 정교하고 화려하며 방대한 모습의 마구가 인류의 사후 세계에 모습을 감추고 있는 것은 인류 생활에서 衣食住行의 중요성을 나타내기 위해서인가?

차마구에 관한 연구는 줄곧 중원 고고학의 중요 주제 내용이었다. 그러나 동북아 지역은 지리적으로 중원과 거리가 멀어서 때문인지 차마구는 소량 출토되었고, 차마구가 성행하였던 商周 시기 유물의 출토가 없었기 때문에 그동안 관심을 받지 못하였다. 春秋 시기 이후부터 동북아 지역에서 차마구가 출토되기 시작하였으나 동북아의 중심 지역인 한반도에서는 漢代 이후에 차마구가 출토되었으며, 주로 한반도 북부 평양 지역에 집중되어 있다. 한반도 남부에서는 三韓 말기, 삼국 시대부터 마구가 출현하고 있지만 주로 騎乘用 마구가 출토되었고, 차마구는 극히 드물었다. 본 논문에서는 중국 동북 지역 및 한반도 북부 지역에서 출토된 차마구와 동북아 지역의 騎乘用 마구의 매장 현황에 관해 간략히 소개 분석하고자 한다. 또한, 중원 지역의 연구 성과를 참고하여 마구의 기능 및 용도에 관한 분석,

출토 환경과 공존 관계를 참고하여 동북아 지역 마구 매장의 각종 상황을 분석하고자 한다. 또한 더 나아가 동북아의 시각을 통해 이 지역의 마구 매장의 배경을 추측하고자 한다.

II. 차마구의 종류

동북아 지역의 고대 車馬는 구조와 형식에 따라 독주차獨輈車와 쌍원차雙轅車로 나누어진다. 先秦시기에는 주로 독주차가 유행하였으며, 單轅車라고도 하였다. 독주차는 구조 및 형식에 따라 2필 이상의 말이 견인하였으나 대부분 경우 4필의 말이 이끌었다. 지금까지 알려진 先秦시기의 출토 유물은 대부분 商周시기 대형 고분의 車馬坑에서 출토된 것으로 독주차가 대종을 이룬다. 쌍원차는 戰國시대 중후반에 나타나기 시작하여 漢으로 오면서 유행하였던 마차이며, 한 필의 말이 이끌었다. 쌍원차의 출현은 마차의 예기 기능이 점차 교통 수단으로써의 기능으로 변화하여 사용되었음

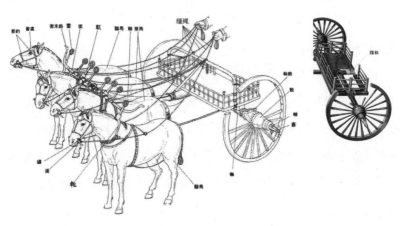

그림 1. 독주차의 기본 구조

을 보여준다. 중원 지역에서는 쌍원차가 소량 출토된 것으로 보아 지금까지 사람들은 출토된 차마구가 독주차에 사용된 것으로 보고 있다. 그러나 이러한 현상은 동북아 지역에는 확연한 차이를 보일뿐 아니라 다양한 유형의 마차와 그에 사용된 차마구의 종류와 형식 역시 큰 차이가 있다.

마차의 계가系駕방식으로는 액인식軛靷式, 흉대식胸帶式, 안장식鞍套式으로 나눌 수 있다. 계가 방법에 따라 장착되는 차마구 역시 달라지며, 이를 통해 나타내는 매장 의미 역시 각기 다르다.

현재, 동북아 지역에서 발견된 차마구는 다음의 세 가지 유형이 있다.

1. 제어성制御性 차마구

제어성 차마구란 마구 중의 말안장과 고삐 마구를 말한다. 주로 말 머리를 통제하는데 사용되며, 고삐, 銜, 鑣로 이루어진다. 지금까지 고삐轡頭는 소량 발견되었고, 대부분은 함銜과 표鑣로 조합된 것이 출토되었다. 따라서 말을 제어하는 마구는 통칭 이를 가리킨다. 후기 쌍원차의 출현 이후에는 말을 이용해 마차를 끌 때 사용하였을 뿐만 아니라, 마구의 형태 및 중량 변화를 거치면서 소, 낙타 등 기타 동물에도 사용되었다.

2. 연계성 차마구

이론적으로 볼 때 연계성 차마구가 진정한 의미의 "차마구"이다. 수레와 말이 있으면, 이 전체를 일반적으로 가리켜 만구輓具라고 하며, 마차와 말을 고정시키는 데 사용된 도구를 연계성 차마구라 한다. 주로 피혁제품이 사용되었는데, 이는 보존이 어려운 편이다. 독주차에는 주형輈衡을 사용하여 수레와 말을 연결하였다. 고고 발굴 중 발견된 유물로는 軛頭飾, 軛脚飾, 衡末飾, 轅飾, 轙 등이 있다. 雙轅車는 초기에는 雙轅과 軛을 수레에 연결하고 胸帶를 보조 장치로 사용하였고, 후기에는 鞍套를 씌워 연결하였는데, 대부분이 유기질 재료로써 보존되어 전해지기 어렵다.

3. 차마기

車器는 기능성 차기와 장식용 차기로 분류할 수 있다. 수레에서 가장 중요 부분은 바퀴라고 할 수 있는데, 보존 상태가 양호할 경우에는 수레바퀴 車輪와 바퀴살輻條의 형태를 알 수 있지만, 대부분은 나무 재질로 이미 소실되어 형태를 알 수 없다. 商代 말기부터 西周 初期 중원 지역에는 마차 전체를 매장하는 것이 유행이어서 車輪의 형태를 볼 수 있었다. 그러나 동북아 지역에서 우리가 볼 수 있는 초기 車輪의 유물은 新昌洞 濕地 유적에 잔존하는 수레 바퀴살輻條만이 남아 있다. 이 밖에 車輪과 가장 밀접한 관계가 있는 靑銅 재질의 부속품인 할轄, 세軎 및 軸飾이 있다. 이 밖에도 수레 뒤쪽에 가마에 오를 때 쓰이는 발꿈치 장식踵飾이 있다. 기타 차마기로는 陽傘과 관련된 부속품인 蓋弓帽와 나무 재질 재료와 함께 사용된 靑銅 재질의 裝飾用 차마기가 남아 있다.

표 1. 중원지역 차마구 구성(吳曉筠 2009; 林澐 1998, 일부 수정)

階段	시기	주요차마기 종류
1	商代後期 (殷墟)	車軎, 車轄, 彎(銜鑣), 釘齒器, 衡末飾, 踵飾, 帆飾, 車軛, 轂飾, 節約, 鑣形飾, 泡飾, 弓形器
2	西周初期 西周中期早段	車軎, 車轄, 彎(銜鑣), 釘齒器, 軸飾, 轙, 轂飾, 衡末飾, 踵飾, 帆飾, 車軛, 鑾, 馬冠, 當盧, 節約, 鑣形飾, 泡飾, 弓形器
3	西周中期晚段 春秋初期早段	車軎, 車轄, 彎(銜鑣), 鑾, 軛, 轙, 車軛, 衡末飾, 軸飾, 轂飾, 節約, 泡飾, 當盧
4	春秋初期晚段~ 戰國中期	車軎, 車轄, 彎(銜鑣), 軛, 壁揷, 蓋弓帽, 當盧
5	戰國中 後期	車軎, 車轄, 彎(銜鑣), 軛, 蓋弓帽

III. 동북아 지역 차마구의 매장 현황

중국 동북 지역

1) 재갈

재갈은 제어성 차마구에 속하며 일반적으로 볼 수 있는 마구로써 함銜과 표鑣로 구성된다. 중국 동북 지역의 토질, 보존 환경 등 요인의 영향으로 銜과 鑣는 함께 출토되기도 하고 각각 단독으로 출토되기도 하였다. 銜과 鑣의 조합 방식(분리 여부), 銜의 형태(안쪽 고리內環의 유무), 銜 바깥 고리外環의 평면 형태 등의 요인에 따라 다음과 같이 유형학 분류를 진행하였다.

I형: 銜과 鑣가 분리되지 않는 일체형 재갈이다. 주로 하가점 상층문화 夏家店 上層文化에 속하는 小黑石溝 유적과 南山根M101유적이 속한다. 銜의 안쪽 고리의 특징에 따라 다시 직간형直杆型(A형)과 양절형兩節型(B형)으로 나눌 수 있다.

IA형 :금속봉으로 구성된 直杆식 銜이다. 小黑石溝의 92NDXZⅡM11:30, M9601:26, M9601:27, 92ZJ:3과 南山根M101:14가 있다. 이 형식의 재갈은 수레의 방향을 통제하기 용이하여 네 필의 말이 이끄는 獨輈車의 곁마에 씌우는데 많이 사용되었을 것이라 추측된다.

IB형: 銜의 안쪽 고리가 연결되어 구성된 兩節(양절)식이다. 小黑石溝의 M8501:172, M8501:173, 92NDXAⅡM11:27, 75ZJ:16, 75ZJ:17, 75ZJ:19, 85ZJ:2, 85ZJ:1, 85ZJ:5, 85ZJ:6 과 南山根M101:80, M102:52, M102:58이 속하며, 대부분 좌우 대칭을 이룬다.

Ⅱ형:은 銜과 鑣가 분리 가능하며, 사용할 때 서로 연결하는 조합식 재갈이다. 天巨泉 M7301, 汐子北山嘴 M7501, 小黑石溝 M8601, 大拉罕溝

M851, 十二台營子 M1 \ M2, 袁台子 M122, 烏金塘 유적 등에서 보인다. 대부분이 靑銅 재질이며, 骨質은 드물다. 銜의 안쪽 고리의 특징에 따라 直杆式(A형)과 兩節式(B형)으로 나뉜다.

ⅡA형: 直杆式 재갈이다. 銜의 한쪽에 두 개의 고리 혹은 금속봉 중간에 한 개의 고리가 있다. 鑣는 대부분 함의 바깥 고리에 끼운다. 小城子那蘇台, 鄭家洼子M6512, 三官店靑銅短劍墓 등 유적에서 볼 수 있다.

ⅡB형: 양절식 銜으로, 함의 바깥 고리의 평면 형태에 따라 다시 a,b형으로 나뉜다. a형: 銜의 바깥 고리의 평면 모양이 삼각형 혹은 말발굽 모양이며, 고리의 바깥 쪽이 평평하고 곧다. 南山根m102:54, 天巨泉 M7301:5, 小黑石溝 92NDXAⅡM11:26, 85ZJ:3, 85ZJ:4 등 유적에서 볼 수 있다. b형: 銜의 바깥 고리의 평면 모양이 타원형 혹은 원형에 가깝다. 鄭家洼子 M6512:2, 南洞溝 M2, 三官店 M2, 五道河子 M2 등에서 볼 수 있다.

중원 지역의 銜의 발전 과정은 비교적 명확하다. 銜의 안쪽 고리와 바깥 고리 형태가 물방울 모양에서 점차 원형으로 변형되었다.[1] 殷墟 유적에서 출토된 玉馬 銜 이외에 기타 直杆式 銜은 거의 볼 수 없다. 동북 지역 夏家店 上層文化에서 ⅡBa형이 소량 출토되긴 하였지만, 대부분 Ⅰ형 위주이다. 十二台營子文化 중후기 시기의 鄭家洼子M6512와 三官店墓에서 ⅡA형과 ⅡBb형이 출토되었고, 十二台營子 文化 후기부터 戰國 중후기 시기의 南洞溝, 五道河子, 東大杖子 등 유적에서 ⅡBb식 유형을 볼 수 있다. 이를 통해서 鄭家洼子M6512에서 출토된 銜의 안쪽 고리와 바깥 고리의 크기가 서로 비슷한 양상을 보이다가 三官店 시기부터 함의 안쪽 고리가 작아지기 시작한 것을 알 수 있다. 이는 중원 지역의 銜의 특징과 일치한다.

---

1) 吳曉筠,商至春秋時期中原地區靑銅車馬器形式硏究, 古代文明, 2002(1), 文物出版社.

ⅠA형, ⅠB형, ⅡBa형 轡는 夏家店上層文化에 속하는 小黑石溝와 南山根 유적에서 볼 수 있고, ⅡA형은 小城子那蘇台에서 볼 수 있으나, 출토 상황은 분명치 않다. ⅡA형과 ⅡBb형은 鄭家洼子 M6512, 三官店靑銅短劍墓에서 完整된 형태로 출토되었고, ⅡBb형은 大·小凌河의 南洞溝, 五道河子, 東大杖子 등 戰國 시기 유적에서 볼 수 있다.

표 2. 중국동북지역에서 출토된 재갈(銜鑣)의 형식[2)]

序号	遺迹	件數		形式	備注
		銜	鑣		
1	汐子北山嘴7501号		2	II	
2	小城子那蘇台	2	1	IIA	
		2	1		
3	南山根101号		1	ⅠA	
			1	ⅠB	
4	南山根102号		2	ⅠB	夏家店上層文化
			1	IIBa	
5	天巨泉7301号		2	IIBa	
6	小黑石溝M8061	2		II	
7	小黑石溝M8501		2	ⅠB	
8	小黑石溝92NDXAII M11		1	ⅠA	
			1	ⅠB	
			1	IIBa	
9	小黑石溝M9601		2	ⅠA	
10	小黑石溝1975年采集		3	ⅠB	
11	小黑石溝1985年采集		4	ⅠB	
			2	IIBa	
12	小黑石溝1992年采集		1	ⅠA	

---

2) 孫璐. 中國東北地域先秦時代車馬具的登場与變遷[J]. 韓國考古學報, 2011(81)

13	五道河子1号墓	2		IIBb	
14	三官店青銅短劍墓	2		IIA	十二台營子文化
		2		IIBb	
15	南洞沟石椁墓	2	1(骨)	IIBb	
16	東大杖子	3		IIBb	
17	大拉罕溝M851		3(骨)	II	
18	十二台營子1号墓		6	II	
19	十二台營子2号墓		5	II	
20	袁台子M122		2	II	
21	烏金塘3号墓		8	II	
22	鄭家洼子6512号	2	16(骨8)	IIA	
		2		IIBb	
23	崗上1号墓	1		IIBb	

표 3. 재갈 분류

銜鑣結合方式	一体型(I型)		組合型(II型)		
銜内環有无	无-直杆 (A型)	有-兩節 (B型)	无-直杆 (A型)	有-兩節 (B型)	
銜外環平面形態	馬蹄形/三角形 (a型)	馬蹄形/三角形 (a型)	馬蹄形/三角形 (a型)	馬蹄形/三角形 (a型)	圓形 (b型)
代表遺物	 小黑石溝 92NDXAII M11	 南山根 101号墓	 鄭家洼子 6512号	 小黑石溝 92NDXAII M11	 東大杖子

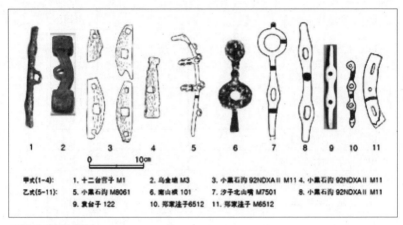

그림 2. 鑣의 종류

ⅠA형 재갈鑣은 夏家店上層文化에 속한다고 할 수 있다. 小黑石溝 유적에서 다량 보이며, 南山根M101호에서도 일부 보이기도 한다. 그러나, 小黑石溝 유형과는 다르며, 오히려 殷墟(安陽小屯M164호)의 玉馬 銜과 비슷하다. ⅠB형은 중원 지역의 재갈 유형과는 다른 양상을 보이는데, 세 개의 고리를 연결시켜 銜으로 주조하여 鑣의 역할을 하거나 釘齒鑣로 만들기도 하였다. 釘齒鑣 이외의 모든 ⅠB형 재갈은 銜의 안쪽 고리가 모두 물방울 모양이며, 그 크기는 銜의 바깥 고리와 비슷하다.

고리 혹은 구멍의 수량 및 방향에 따라 鑣를 두 가지 종류로 구분한다. 고리(구멍)가 3개 이거나 중간 고리와 양 끝 고리의 방향이 일치하지 않는 유형이 甲型이다. 고리(구멍)가 3개 이하이며 방향이 서로 일치하는 것이 乙型이다. 즉, 甲型은 銜을 鑣의 고리(구멍)에 끼워 넣는 형태이고, 乙型은 鑣를 銜의 고리에 끼워 넣는 형태이다. 중원 지역 鑣 유형은 方形에서 圓形 혹은 막대기 모양으로 점차 변화되었으며,[3] 이는 銜의 변화 양상과 일치한다. 그 원인은 銜의 바깥 고리가 확대된 것과 관계가 있다고 볼 수

---

3) 吳曉筠,商至春秋時期中原地區靑銅車馬器形式硏究, 古代文明, 2002年1期.

있다.

十二台營子-M1,M2호 고분에서 출토된 鑣와 鄭家洼子-M6512의 뱀 모양의 鑣는 형태가 비슷한 것으로 보아 같은 계통으로 분류해야 한다. 그러나 鑣의 고리(구멍) 방향이 불일치하는 것으로 보아 十二台營子-M1, M2 출토품은 鄭家洼子보다 시기가 빠르다고 볼 수 있다. 鄭家洼子의 ⅡBb형 銜의 바깥 고리와 안쪽 고리 모두 圓形이며 크기가 비슷한 것으로 볼 때 小黑石溝보다 시기가 늦다고 볼 수 있다. 이 밖에 三官店과 南洞溝 유적에서도 鄭家洼子와 비슷한 ⅡBb형 銜과 골질의 鑣가 출토되었는데, 함의 안쪽 고리가 뚜렷하게 작아진 것을 볼 수 있다. 이는 중원 지역의 변화 추세와 일치하며, 따라서 그 연대를 戰國 중기 이후로 추정할 수 있다. 五道河子 M1과 東大杖子 유적은 전형적인 戰國 중후기 고분에 속하며, 중원 지역의 戰國 중후기에 유행한 ⅡBb형의 함이 출토되었다. 五道河子-M1에서 출토된 가오리 모양 당로當盧는 南洞溝 출토품과 비슷하며, 토착화된 특징을 보여준다.

(1) 鸞鑣

鸞鑣은 방울 장식이 있는 鑣이며, 최초 기록은 『詩經·秦風·馴鐵』이다. 朝陽喇嘛洞유적에서 처음 발굴된 후, 줄곧 三燕 문화 유물로 보고 있다. 小黑石溝M8061에서 출토된 獸首鸞鑣, 1992년 수습된 방울 모양 차마구는 고고학적으로 가장 이른 시기에 발견된 鸞鑣라고 할 수 있다.[4] 『周禮·夏官·司馬』에 "趨以采薺, 凡馭路儀, 以鸞和爲節"이란 기록이 있다. 이는 즉, 사마가 왕을 모시고 제사를 지낸 모습을 서술한 것이다. 기록에 따르면, 왕이 몸소 마차를 이끌고 제사를 거행할 때 마차에 장식된 鸞鈴 소리

---

4) 田立坤.鸞鑣考, 大成洞股份發掘20周年紀念, 第16屆加倻史國際學術會議, 2010年.

를 의례용 음악으로 이용하였음을 보여준다. 鸞鈴은 마차를 끄는 말의 頭部 혹은 陽傘의 끝에 장식한 것을 말하며, 재갈에 방울을 장식한 것이 鸞鑣이다. 鸞鈴을 장식한 차마구를 부장품으로 매장한 고분은 신분이 비교적 높은 편이라 할 수 있다.

(2) 釘齒鑣

Ⅰ형 재갈 안쪽에 돌기를 가진 표鑣를 가르키며, 말을 길들이기 위한 것으로 추측된다.[5] 진시황릉의 銅車馬는 네 마리 말이 끄는 獨輈車인데, 복마服馬는 兩節型 銜을 사용하였으나, 곁마는 兩節型 銜에 돌기가 있는 橛을 사용하였음을 볼 수 있다.(그림 3) 정치표釘齒鑣와 돌기가 있는 鑣銜은 특징 및 시기가 다르다. 鑣는 돌기가 안쪽에 있으며, 商代 후기부터 春秋 초기까지 사용되었고, 商末 周初에 가장 성행하였다. 그러나, 적함鑣銜은 西周 시대 중기에 출현하여 戰國 시대를 거쳐 秦代까지 성행하였다.[6] 동북 지역에서는 釘齒鑣 7점이 발견되었으며, 모두 夏家店上層文化 유적에서 출토되었다. 말의 양쪽 뺨을 자극하여 움직이는 방향을 통제하는데 사용되었으며, 진시황릉에서 출토된 銅車馬와 마찬가지로 모두 곁마에 사용된 도구이다.

(3) 비대칭형의 直杆銜

비대칭 직간함은 ⅡBa식으로 小城子·邢蘇台와 鄭家洼子 M6512, 三官店 유적에서 출토되었다. 鄭家洼子 M6512에서는 대체적으로 원위치를 보전하고 있는 차마구 세트가 출토되었다.(그림4) 보고서에 실린 복원도에서는 비대칭 直杆銜이 독주차를 끄는 말 중에서 곁마의 위치에 사용된 것

---

5) 井中偉. 夏家店上層文化的靑銅齒馬具, 邊疆考古硏究, 2010(9)
6) 井中偉. 夏家店上層文化的靑銅齒馬具, 邊疆考古硏究, 2010(9)

을 되어 있으나, 왜 이 직간함의 고리기 3개인지, 그리고 세 고리의 기능이 무엇인지에 대한 해답은 찾을 수 없다. 진시황릉 兵馬俑坑에서 출토된 銅車馬를 보면 일반적으로 수레는 衡 하나에 멍에軛 2개를 연결한다. 형 안에 있는 服馬와 형 바깥에 있는 곁마는 繮索과 肋驅를 통해 통제된다. 따라서 복마는 제어하기가 어렵지 않지만 靷으로만 수레와 연결된 곁마는 상대적으로 통제하기 어렵다.(그림3) 정가와자 M6512에서 출토된 비대칭 직간함은 가운데 쪽 고리와 단환쪽 고리에 표가 끼워진 것이다. 만약 衡이 긴 부분이 안쪽 즉 복마 쪽(복원도와 반대임)을 향한다면, 雙環쪽 고리는 가죽 줄(고삐)로 재갈을 연결하거나 직접 衡에 있는 멍에와 연결하는 것으로 곁마가 밖으로 나가지 못하게 해야 한다. 이는 복마에 사용된 二節銜의 바깥고리가 왜 2개인지도 설명해준다고 할 수 있다. 즉, 남은 한 개의 고리는 재갈을 서로 연결하기 위한 것이며 곁마는 바깥쪽에 더 이상 연결할 말이 없기 때문에 고리가 하나만 있는 것이다. 그러나 복원도가 맞는 것이라면 지렛대의 원리를 고려한 것으로 생각해 볼 수 있다. 즉, 비대칭 직간함에서 가운데쪽 고리와 單環쪽 고리 사이는 짧고 가운데 쪽 고리와 雙環쪽 고리 사이는 길다. 지렛대의 원리에 의하면 힘의 작용은 긴 쪽에 적게 부가되므로 곁마에게 힘을 강하게 가하여 의도한 바대로 방향 전환을 용이하게 할 수 있도록 한 것으로 생각해 볼 수 있다.

2) 당로

당로는 말 얼굴에 덮은 장식이며, 西周 시대부터 출현하였다. 殷墟에서는 말 머리에 靑銅泡 장식이 있는데, 이를 당로의 원형으로 보고 있다.[7] 말 머리에서 눈과 코를 가리면 안되기 때문에 대체로 이마와 눈 사이에 형성

---

7) 孫機. 中國古獨輈馬車的結構, 文物, 1985(8)

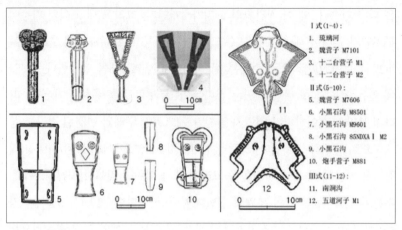

I式(1-4) :	
1.	琉璃河
2.	魏营子 M7101
3.	十二台营子 M1
4.	十二台营子 M2
II式(5-10) :	
5.	魏营子 M7606
6.	小黑石沟 M8501
7.	小黑石沟 M9601
8.	小黑石沟 85NDXA I M2
9.	小黑石沟
10.	炮手营子 M881
III式(11-12) :	
11.	南洞沟
12.	五道河子 M1

그림 3. 당로

된 T자 공간에 당로를 달았다. 그래서 현재까지 출토된 선진 시기 당로는 모두 윗부분이 크며 아래 부분이 가늘고 긴 T자형이나 Y자형이다. 현대 말의 눈 간격이 대체로 15cm 내외이며 눈에서 귀까지는 대체로 17cm 내외이기 때문에 너비가 지나치게 넓은 패식이나 포식은 당로가 되기 어렵다. 중국 동북 지역에서는 十二台营子 M1,M2의 Y자형 銅器, 魏营子 유적의 長方形銅泡를 포함해서 23점의 당로가 출토되었다. 크게 3가지 형식으로 나눌 수 있다. I식은 가늘고 긴 T자형이나 Y자형으로 윗부분에 獸面이 있으며 중원 지역 계통과 유사하다. 중국 동북지역에서는 위영자유적에서 2점이 발견되었다. 그리고 十二台营子 M1,M2의 Y자형 당로는 獸面은 없지만 魏营子型 당로가 간략화 되었을 가능성이 있다. II식은 대체로 장방형이며 간단한 人面이나 무늬가 없고 상부와 하부의 너비 차이가 크지 않다. 小黑石沟 M8501의 출토품이 대표적이며, 魏营子 유적에서 출토된 장방형 銅泡도 여기에 포함된다. 炮手营子 M881에서 출토된 말머리형 당로도 귀를 빼면 이 형식과 같다. III식은 가오리형 당로이다. 주로 南洞沟, 五道河子 M1 등 말기 유적에서 발견되었다.

3) 정식頂飾

정식은 말머리 위에 장식하는 것으로 馬冠과 喇叭形銅器로 나눌 수 있다. 마관은 사다리꼴로 된 패식으로 말의 양쪽 귀 가운데 장식한 것이다. 2점의 출토물이 확인되었지만 손실된 부분이 많다. 喇叭形器는 말머리의 털을 다듬어 묶은 것으로 小黑石溝 M8501과 鄭家洼子 M6512에서 출토되었다. 진시황릉에서 출토된 靑銅車馬 1호 수레의 우측 곁마에 나팔형기가 있으나, 정가와자 유적 출토품보다는 숫자가 적다.

4) 절약節約

절약은 고삐를 연결하는 도구로, 辻金具라고도 한다. 중국에서는 차마구 단계에는 절약을 사용하고 기마구 단계에 들어서면 金屬環으로 대체되었다. 초기 절약은 고삐를 연결시키는 기능 뿐만 아니라 말머리 장식 기능이 있다. 특히, 차마구 단계에서 수레를 끌려면 2마리 이상의 말이 필요하므로 고삐가 여러 줄 필요하다. 그리고 장식용 차마구는 대부분 말머리와 車輿에 달려 있다. 반대로 기마구 단계에는 말만 타기 때문에 고삐는 2줄만 필요하기 때문에 고삐 연결 기능을 했던 절약은 금속환辻金具으로 변화하였고 장식들도 말 뒷부분에 집중되었으며, 雲珠와 杏葉이 출현하였다. 중국 동북지역에서 출토된 절약은 +자형, X자형, 원형, 동물형으로 나눌 수 있다. 동물형 절약으로는 조형, 새우형, 가오리형, 개구리형, 호랑이형 등이 있고, 비교적 신분이 높은 대형 석곽묘에서 출토되었다. +자형은 가장 전형적인 절약으로 십이대영자와 원대자 출토품이 있다. X자형 절약은 소흑석구 M9601에서만 보인다. 정가와자 M6512와 오도하자 M1에서 출토된 새우형 절약, 가오리형 절약은 남동구의 가오리형 당로와 같이 십이내엉사분와 후기에 유행하였나.

5) 고삐걸개掛繮鉤

고삐걸개는 중원 지역에서는 弓形器라고도 칭하는데, 林澐은 일종의 차마기[8]로 마부의 허리에 묶고 고삐를 걸어 손을 자유롭게 둘 수 있는 도구라고 하였으며, 학계에서 대부분 이에 동의하고 있다.[9] 일부 학자는 궁형기가 마부의 허리가 아니라 車輿 앞의 난간에 묶는 용도[10]라고 보기도 하지만, 궁형기가 고삐걸개이며 그 기능에 관해서는 인식을 같이 하고 있다. 중국 동북 지역에서는 전형적인 궁형기가 고삐걸개의 기능에 대해서는 인식을 같이 하고 있다. 중국 동북 지역에서는 전형적인 궁형기는 보이지 않으나, W형 혹은 닻형(묘형기)가 발견되었다. 그 형태에 따라서 2가지 유형으로 분류할 수 있다. I형은 W形이다. 소흑석구 M8061와 梁家營子 M8071에서 출토되었는데, 전형적인 I형이다. II형은 닻形이다. 十二台營子 M2에서 출토된 것이 가장 화려한 장식을 보이고 五道河子 M1과 臥龍川에서 출토된 것은 비교적 소박하고 단순하다. I형과 II형은 중원 지역에서 보이지 않지만, 몽골의 사슴돌에서 그 모습을 체현하였다.[11]

중원 지역 계통의 궁형기는 西周 초기 이후에는 거의 사용되지 않았으나, 북방초원 지역에서는 여전히 발견되고 있으며, 그 중 I형은 소흑석구의 연대[12]를 근거로 西周 말기부터 春秋 초기로 추측할 수 있으며, 十二台營子 M2의 연대와 비슷한 시기로 추정된다. 가장 늦게 출토된 五道河子

---

8) 林澐, 關于靑銅弓形器的若干問題, 再論掛繮鉤, 林澐學術文集, 1998年, 中國大百科全書出版社.

9) 烏恩, 論古代戰車及其相關問題, 內蒙古文物考古文集, 1994(1), 大百科全書出版社; 楊宝成, 殷墟文化硏究, 2002年, 武漢大學出版社.

10) 王海城, 《中國馬車的起源》, 《歐亞學刊》, 2002年3期, 中華書局

11) 林澐, 關于靑銅弓形器的若干問題, 再論掛繮鉤, 林澐學術文集, 1998年, 中國大百科全書出版社.

12) 金正烈, 夏家店上層文化所見中原式靑銅礼器的年代和傳入路徑, 韓國上古史學報, 2011(72)

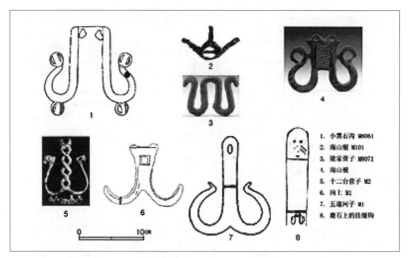

그림 4. 고삐걸개

M1은 출토된 유물을 토대로 판단해 볼 때 戰國 중후기 정도로 추정된다. 十二台營子 M2와 五道河子 M1에서 출토된 유물을 비교해 볼 때, 전형적인 닻형 고삐걸개의 변화 추세를 알 수 있는데, 崗上의 M1의 器物은 五道河子 M1의 출토된 것보다 시기가 이르다고 볼 수 있다.

6) 멍에車軛

멍에는 소흑석구 M8501에서 출토되었다. 등이 굽어 있고 가운데는 비워져 있다. 부분적으로 缺失되었으며, 크기는 길이 47cm, 단면 직경 6.2~7cm이다. 각도가 약 120도여서 협각이 30도인 은허 출토품보다 크다.

7) 차축두車書

차축두는 나무 골대기 수레비퀴 중긴에 있는 구밍을 통파한 후 노출된 부분을 보호하기 위해 제작된 靑銅 부품이며 轄과 같이 사용된다. 중원

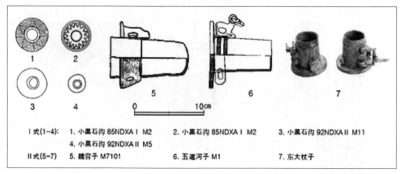

I 式(1-4):　1. 小黑石沟 85NDXA I M2　　2. 小黑石沟 85NDXA I M2　　3. 小黑石沟 92NDXA II M11
　　　　　 4. 小黑石沟 92NDXA II M5

II式(5-7)　5. 鐵营子 M7101　　　　　 6. 五道河子 M1　　　　　 7. 东大杖子

그림 5. 차축두

지역에서는 차마구 전체가 부장되기 때문에 차축두가 할과 같이 확인되
며, 차축두의 몸체는 獸面이나 龍紋으로 장식되어 있다. 中原식 차축두는
긴 형태에서 짧은 형태로 변화하였고 무늬는 동시기의 青銅容器와 일치
한다.[13] 동북 지역에서 차축두는 17개가 확인되었으며, 모두 서주 시기 이
후의 짧고 굵은 차축두의 특징을 가지고 있다. 크게 두 가지 유형으로 나
눈다.(그림12) I 식은 사발형 차축두이다. 축 부분이 원형이고 구멍 주변에
별 무늬가 새겨져 있다. 바깥쪽은 짧으며 할의 구멍이 있다. 모두 소흑석유
적에서 출토되었다. II식은 몸체가 상대적으로 크고 바깥쪽이 길고 넓으며
獸面紋이나 龍紋으로 장식되어 있고 대부분 동물 형태의 할과 함께 출토
되었다. 중원 지역 계통의 琉璃河와 서주 燕國墓에서 출토품과 비슷한 형
태를 보인다. 燕文化의 영향을 받은 것으로 보인다.

8) 竿頭飾

간두식은 소흑석구 M8501에서만 출토었으며, 人面, 獸頭형, 남근형,
버섯머리형 등 5개가 확인되었다. 그 기능을 상세하게 알 수 없어 통칭하

---

13) 吳曉筠,商至春秋時期中原地區青銅車馬器形式研究, 古代文明, 2002年1期.

여 간두식으로 부르며, 中原式 차마구를 참고하여 볼 때 踵飾, 轄과 衡末飾과 관련이 있다고 추정한다. I자형 간두식은 종식으로 생각된다. 종식은 輈 말단에 장식된 靑銅 부품이며, 중원 지역 차마 매장 고분에서 확인되었다.[14] 중원 계통의 종식은 형태가 다양한데, 대부분 T자형으로 輈와 軜을 직각으로 연결하고 뒤쪽으로 돌출된 부분은 사람이 수레에 탑승할 때 돌출부를 딛고 올라간다. 소흑석구 M8501에서 출토된 간두식은 I자형으로 중간이 비워져 있고 허리부분에 대칭된 장방형 구멍이 있는데, 한쪽은 막혀 있다. 막힌 부분이 탑승할 때 사용하였던 돌출된 부분으로 추정된다. 중원 계통 종식은 처음에는 수레 말미를 고정하면서 장식의 기능을 하였다. 그러나, 점차 고정 기능만 남았고, 마지막에는 퇴화되어 형태만 남아 있다.[15] 버섯형 간두식(M8501:77)은 상단 부분에 버섯 모양으로 된 뚜껑이 있고 가운데는 빈 공간이 있으며, 하단 부분에 장방형으로 박을 수 있는 구멍이 있는 것으로 보아 길고 좁다란 형태의 장부형 못이라고 할 수 있다. M8501 고분에서 차축두는 확인되지 않았는데, 크기로 볼 때 버섯 모양의 간두식이 M85NDXA1M2에서 출토된 II식 차축두의 轄의 역할을 한 것으로 볼 수 있다. 獸頭(螭) 간두식은 모두 가늘고 긴 형태로 속이 비어 있는 것으로 보아 衡末飾으로 추정된다. 衡은 輈의 앞쪽에 위치하며 輈와 직각을 이룬다. 直衡과 曲衡으로 나뉜다. 衡末飾은 衡의 말단에 장식된 청동 부품으로 중원 계통에서는 삼각형, 銅矛형, 한쪽이 막힌 銅管형, 獸首형 등이 있다. 소흑석구에서 출토된 기둥 형태의 獸首, 남근형 간두식, 人面 간두식은 모두 원주형으로 속이 비어 있고 머리쪽은 막혀 있다. 獸頭(螭) 간두식은 앞쪽을 향해 구부러져 있는 형태로 琉璃河 M1015와 II M202에서 출토된 S형 獸首 衡末飾과 유사하다. 남근형 간두식과 인면 간두식은 쌍

---

14) 吳曉筠, 商至春秋時期中原地區靑銅車馬器形式硏究, 古代文明, 2002年1期.

15) 吳曉筠, 商至春秋時期中原地區靑銅車馬器形式硏究, 古代文明, 2002年1期.

으로 확인되지 않았으며, 곧은 형태로 보아 輈의 앞쪽에 장식된 軏에 가깝다고 할 수 있다.

9) 방울

방울은 16점이 확인되었는데, 鑾과 鈴으로 나눌 수 있다. Ⅰ식은 鑾으로 장방형 받침에 원형 방울이 달려있다. 전형적인 중원식 특징을 보이며, 魏營子, 大拉罕溝 유적에서 출토되었다. 중원지역에서 鑾은 서주 시대부터 예기로 등장하여 춘추시대에는 보이지 않는다.[16] Ⅱ식은 鈴으로 다시 세분화할 수 있다. ⅡA식은 鍾형이다. 단면이 삼각형이나 타원형이고 내부에 舌혹은 丸이 있다. 소흑석구 M8501, 오도하자 M1 유적에서 출토되었으며, 말이나 수레에 장식된 것으로 추정된다. ⅡB식은 장방형 형태를 보이며 기하무늬가 있으며 내부에 丸이 있다. 소흑석구 M8501, 오금당 유적에서 출토되었으며 馬鈴으로 추정된다.

10) 異形 차마구와 청동 장식

중원지역 차마구는 말과 수레가 통째로 부장되어 있지만 동북지역에서는 차마구만 확인되었다. 또한 대부분 도굴되어서 고분의 구조나 부장 위치가 명확하지 않을 뿐만 아니라 식별되지 않는 차마구도 있다. 소흑석구 M8501에서 출토된 ∩형기는 가늘고 긴 청동을 굽어서 만든 것으로 양쪽 끝이 납작하고 평평하다. 이 밖에 남산근 M101에서 출토된 擺형기, 鉤형기, 爪형기 등 雜器는 모두 차마기와 관련이 있다. 파형기는 모두 8점이 출토되었는데, 시계추 모양이며 가운데가 원형으로 비워져 있고 양쪽 끝에 각각 장방형 구멍이 있다. 또한 같은 유적에서 출토된 鑣와 유사한 형태를

---

16) 吳曉筠, 商至春秋時期中原地區靑銅車馬器形式硏究, 古代文明, 2002年1期; 吳曉筠, 商周時期車馬埋葬硏究, 2009年, 科學出版社.

보이는 것으로 미루어 결실 부분이 있는 鑣인 것으로 추정된다. 구형기 1점은 상단에 銎口가 있고 갈고리 부분이 둔간으로 굽어 있으며 돌기 3개가 있다. 은허에서 출토된 玉馬銜과 비슷해서 파손된 정치표일 가능성이 크다. 조형기 3점은 동물의 발 모양으로 생겼으며 가운데 環이 있고 돌기에 구멍이 있는 형태이며, 고삐걸개로 생각해 볼 수 있다. 이 밖에 남동구, 삼관점 유적에서 출토된 節狀器는 상단이 넓고 하단이 좁은 형태이고 단면은 菱形이며 가운데가 비어있다. 길이와 형태로 봤을 때 鞭柄에 속한다고 볼 수 있다.

2. 한반도

1) 을자형동기, 管形 銅器와 雙轅車(쌍원차)

岡內三眞[17]과 李淳鎭[18]은 을자형 동기와 관형 동기는 한반도의 대표적인 차마구 기물로 보고 있다. 그 용도가 불분명하여 혹자는 고삐걸개라고도 하며, 을자형 동기와 관형 동기가 출토된 고분의 연대를 위만 조선 시대로 추정한다. 이 관점은 서북 조선 지역 차마구의 성격 규정에 큰 영향을 주었다. 그러나 을자형 동기는 형태, 크기, 관형 동기와 동반 출토 여부, 木心 연결, 금속관 내부 비어 있는 등의 특징으로 볼 때 고삐걸개로 사용되었다고 할 수는 없다. 또한, 중원 지역 고삐걸개(궁형기)는 선진 시대에 유행하였을 뿐이고 기타 형식의 고삐 걸개는 대부분 전국 시기 이후 소멸되었는데[19] 전국 말기에 유독 한반도에 유입되어 위만조선 시기에 이러한 독특한 형식의 고삐걸개를 사용하였다는 견해는 정황상 다소 비논리적이다. 산동

---

17) 岡內三眞. 朝鮮古代的馬車[J]. 雷檀學報. 1979(46, 47).
18) 李淳鎭. 平壤一帶樂浪基葬研究[M]. 平壤:社會科學院(圖書出版中心), 2001
19) 中國東北地域先秦時代車馬具的登場与變遷[J].韓國考古學報, 2011(81)

표 4. 계가법

계가법		설명도	수레와 동물의 연결 방식	출처
輈靷式系駕法			"人"자형 멍에를 말이나 소의 견갑골 부위에 얹는다. 동물의 견인력은 멍에(輈)→멍에대(衡)→수레채(輈)→수레의 순으로 전해진다. 멍에가 견인력의 전부를 부담한다.	秦始皇陵 銅車馬 2호 수레
胸帶式系駕法			π형의 멍에대와 멍에의 결합체를 말이나 소의 견갑골 부위에 얹은 것이다. 수레채(輈)는 위로 만곡해서 멍에대끝자리와 연결된다. π형 결합체와 가슴 끈(胸帶)이 함께 힘을 받아서 수레채(輈)로 전달된다.	河南禹縣空心磚 (기원전 1세기)
			"几"자형 멍에를 말이나 소의 견갑골에 얹었다. 멍에대가 짧아지면서 사라져간다. 수레채(輈)는 만곡도가 줄어들면서 직원으로 변화되며 멍에발치(輈軥)에 연결된다. 几자형 멍에(輈式衡)와 가슴끈(胸帶)이 함께 힘을 받아서 수레채(輈)로 전달된다. 수레채는 만곡도가 줄어들기 때문에 合力의 각도가 작아져서 전달되는 힘이 증가된다.	산동 東漢 武氏祠 화상석
鞍套式系駕法	당송		"几"자형 멍에(輈式衡)는 개선되었지만 밖으로 나와 있는 멍에발치(輈軥) 즉 侈脚大輈의 넓이가 문제이다. 그래서 멍에와 말 견갑골 사이에 부드러운 재료로 제작한 肩套를 사용하기 시작하였다. 견투는 멍에를 고정하는 동시에 멍에에 말의 피부가 쓸리는 것도 방지한다.	莫高窟 156굴 晚唐 시기의 벽화
	송대 ~ 근현대		남송시대에 들어서면 말의 등에 작은 안장형의 장치(小鞍)가 등장하였고 胸帶가 사라진다. 小鞍은 말의 배에 달려 있는 가죽끈(腹帶)과 함께 멍에+견투 조합 뒤쪽에서 힘을 받아 수레채에 전달한다. 합리적인 근 현대식 계가법이 형성되었다.	2011년 중국 흑룡강성

342   가야의 마구와 동아시아

武候祠의 東漢畵像石의 설명과 중국 고대 계가법 정리[20]를 참고하여 을자형 동기와 관형 동기가 멍에車輒과 관련이 있다고 추측할 수 있다. π형 멍에의 연결체, "几"자형 멍에식 衡 모두 을자형 동기와 관형 동기로 조합되어 이루어져 있다. 중원 지역에서는 비록 실물이 출토되지 않았지만, 요녕성 대련 지역에는 유사한 기물을 볼 수 있는데,[21] 보고서에는 이를 轅承이라고 하였다.[22]

2) 권총형 銅器와 衡

권총형 동기와 P자형 동기는 한반도에서 기원한 器物이며 멍에대 장식 衡末飾으로 보고 있다. 貞柏里 유적에서 완정한 형태의 멍에대衡가 출토되면서[23] 더욱 확실해졌다. 李淳鎭은 권총형 동기와 P자형 동기의 구멍이 4개이기 때문에 고삐가 4줄로 구멍을 통과하며 轙의 역할을 하였을 것이며 "쌍두마차"(독주차)[24]에 사용되었을 것이라 하였다. 그러나 멍에대 끝장식에 4개의 구멍이 있기 때문에 2필의 말이 견인했다고 보는 것은 그 근거가 충분치 않다. 그 이유는 다음과 같다. 첫째, 원보고자들은 이 멍에대가 독주차의 것인지 畵像石에서 보이는 牛車 즉 쌍원차에 사용된 것인지 판단하기 어렵다고 하였다.[25] 둘째, 실측도를 보면 출토 위치가 제자리에 있는 2개의 P자형 동기의 구멍 사이 간격은 약 45cm이다. 반면, 진시황릉에서 출토된 청동마차(1/2축소모형)의 멍에대의 안쪽 고리의 실제 간격은 60cm이며, 북경 대보대한묘에서 발굴된 독주차의 멍에대 측정 길이 역시 60cm

20) 朝鮮半島北部地區車馬具的登場与性格. 韓國上古史學報. 2012(5)
21) 鄭君雷. 中國東北地區漢墓研究[D]. 長春:吉林大學博士學位論文, 1997.
22) 于臨祥. 營城子貝墓[J]. 考古學報, 1958(4). 于臨祥. 大連郊區營城子發現貝殼墓[J]. 文物參考資料, 1955(12). (大連營城子10号貝磚墓. 原報告發表2件弧形轅承.)
23) [日]梅原末治, 藤田亮策. 朝鮮古文化綜鑑[M](1~4). 奈良:養德社, 1947.
24) [朝]李淳鎭. 平壤一帶樂浪墓葬研究[M]. 平壤:社會科學院(圖書出版中心), 2001.
25) [日]梅原末治, 藤田亮策. 朝鮮古文化綜鑑[M](1~4). 奈良:養德社, 1947.

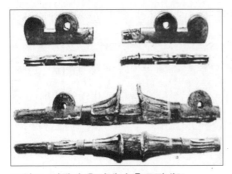

그림 6. 정백리 유적에서 출토된 衡

이다. 이는 우연의 일치이거나 중원 지역의 특수성이라기보다는 독주차에서 가운데 있는 두 마리의 복마가 활동하기에 가장 적절한 간격이 60cm 정도였음을 의미한다.

그러므로 정백리 멍에대에서 보이는 45cm 정도의 간격은 복마 2마리가 움직이기에는 너무 좁다고 할 수 있다. 셋째, 독주차에서 멍에대는 수레채 위에 설치되는데, 이 멍에대의 구조를 보면 가운데 있는 홈과 ㄹ자형 동기의 고리 부분의 방향이 일치하는데, 현재 있는 자료를 참고하여 볼 때 홈과 고삐고리軜의 방향은 서로 반대인 것을 보면, 방향이 같은 것은 부자연스럽다고 할 수 있다. 넷째, 일반적으로 독주차에서 보이는 고삐고리軜는 ㄹ자형동기의 구멍보다 훨씬 크다. 따라서 이 구멍들은 멍에와 멍에대를 고정시키기 위한 줄이 통과한 것으로 볼 수도 있다. 독주차와 쌍원차 모두 고삐가 통과하는 고리軜는 따로 사용하며 금석리 고분 등 유적에서 출토된 " ㄱ "모양 기물이 고삐고리軜의 기능을 담당하였을 것이다. 만약 정백리 유물을 쌍원차의 멍에대로 본다면 가운데 홈과 ㄹ자형동기의 구멍을 통해 멍에를 고정시키고 양쪽 권총형 동기의 구멍은 고삐가 통과하거나 수레채를 고정시키는데 사용되었을 것이다. 따라서 필자는 쌍원차의 멍에대일 가능성이 더 크다고 생각한다.

2013년 국립광주박물관에서 열린 신창동습지 유적 특별전에는 이 유형의 木質의 衡이 전시되었는데,[26] 보존 상태가 양호하며, 길이가 55cm이다.

---

26) [韓]國立光州博物館.2000年前的時間膠囊－光州新昌洞遺址史迹指定20周年紀念特別展[M].光州:比愛設計發行.2012.

그림 7. 광주 신창동 유적에서 출토된 木質의 衡

그림 8. 上里 유적에서 출토된 권총형 동기의 복원 모습

발굴자는 추정연대를 초기 철기시대로 보고 있다. 사진에서 보면 양쪽 끝 위쪽으로 향해 구부러져 있는 부분이 衡末이며, 안쪽으로 있는 두 개의 구멍이 고삐고리轙의 기능을 담당하는 부위로 줄을 통과시켜 사용하였을 것이다. 전체 길이가 55cm인데, 독주차에 사용하기에는 부족하며, 2마리 이상의 말을 몰 때 사용되었을 것이다. 이러한 구멍이 2개뿐이며 이를 통해 줄을 통과할 수 있도록 되어 있는 衡은 쌍원차에 사용되었다는 것을 증명하는 것이다. 신창동 유적에서 출토된 木質의 衡을 근거로 上里 유적의 衡을 복원할 수 있다. 그러므로 정백리 유적에서 출토된 권총형 동기와 p자형 동기 부품과 함께 나온 木質의 衡은 단일 한 개의 기물이 아니라 형태상 차이가 있는 두 가지 이상의 衡일 것이다.

3) 鈴頭筒形器

李淳鎭[27]과 王培新[28]은 영두통형 동기와 한쪽이 막힌 관형 동기를 차축두를 덮는 장식품이라고 하였다. 그러나 차축두는 수레에서 가장 중요한 부속구이기 때문에 장식이 많이 들어가 있으며, 심지어 錯金銀 등의 공예

---

27) 李淳鎭.平壤一帶樂浪墓葬研究[M].平壤:社會科學院(圖書出版中心), 2001.

28) 王培新.樂浪文化-以墓葬爲中心的考古學研究[M].北京:科學出版社, 2007.

장식을 사용하기도 하였다. 또한 차축두를 굴대軸에 고정시키기 위하여 차축두에 못鞻을 설치하였다. 漢代에 들어서며 못이 밖으로 노출되는 부분이 줄어들었지만 영두통형 동기로 이를 덮어주기는 어렵다.

필자는 영두통형 동기와 한쪽이 막힌 관형 동기는 멍에대끝장식衡末飾이라고 생각된다. 북경 대보대한묘 고분에서는 수레가 그대로 부장되어 차마구의 정확한 출토 위치를 알 수 있는데, 2호차에서 한쪽이 막힌 유사한 관형 동기가 멍에대의 가장자리에서 확인되는 것으로 보아 멍에대끝장식이라고 볼 수 있다. 권총형 동기와 영두통형 동기 혹은 한쪽이 막힌 관형 동기가 함께 출토되었을 때, 차축두와 재갈의 수량을 통해 살펴보면 부장된 차마구가 꼭 1세트만이 아니라는 것을 알 수 있다. 중층 관리에 속하는 낙랑군의 군수나 관리는 비록 한 마리의 말이 끄는 "一駕"車만을 사용할 수 있지만, 이는 한 대의 수레만을 사용한다는 의미는 아니다. 즉, 주 수레와 부 수레를 구분하기 위하여 수레의 부속품의 모양을 각각 다르게 만들어서 부장하였을 것이다. 영두통형 동기 중 일부 크기가 큰 기물은 여기에 속하지 않는다.

4) 마면 장식

한반도 북부 지역의 마면장식은 마면當盧과 면식面飾으로 나뉜다(주로 굴레장식泡飾위주이다.) 마면의 주요 기능은 점차 장식용도로 변화되었으며, 대부분 점차 중원 지역 기풍을 따른다. 대부분 마면의 형태는 劍棱形이며, 대형 고분에서 출토된 유물은 조각 장식이 있기도 하다.

5) 재갈

銜은 청동제와 철제 2가지 종류이며, 2절함과 3절함으로 나뉜다. 2절함은 대부분 금속봉을 꼬아서 만든 것이고, 3절함은 북경 대보대한묘 출토

유물과 유사하게 양쪽 마디가 약간 길고 가운데 마디가 짧으며 凸형으로 돌출되어 있다. 鑣는 대부분 청동제로 S형이다. 다시 두 종류로 분류된다. 첫째, S형 금속봉 양쪽 끝에 날개형 장식이 있는 것으로 북경 대보대한묘에서도 출토되었다. 둘째, 봉 중앙에 구멍이 있으면서 양쪽 끝은 납작하게 처리한 것이다. S형 鑣는 중원 지역에서 전국 시대 후기부터 출현하였지만 본격적인 성행 시기는 진한 시기이다. 한반도와 인접한 동북 지역에서 S형 鑣는 先秦 시기에는 보이지 않는다.[29]

6) 일산

漢代 마차에는 일반적으로 일산을 설치하였다. 일산은 햇빛과 비를 가릴 뿐 아니라, 등급의 차이를 표시하였다. 가장 먼저 발견된 양산은 琉璃河 1100호 西周 차마갱에서 출토되었다.[30] 일산 관련 유물로는 개궁모와 통형 동기 등이 있다.

개궁모는 마차의 중요한 기물 중 하나로써 개궁모가 함께 부장되었다면 곧 차마도 부장되었다고 볼 수 있다. 대부분 청동 재질이며, 등급을 나타내기 위해 금, 銅鎏金, 銀 등 귀금속을 쓰기도 하였다. 머리 모양이 꽃잎 형태를 보여서 金華라고 부르며, 머리에서 위를 향해 구부러진 형태를 띠어 曲莖華蚤라고도 부른다. 개궁모는 5가지로 나눌 수 있는데 특별한 금화가 없는 개궁모(Ⅰ형, 운성리토갱묘); 둥근 머리의 개궁모(Ⅱ, 대동강 9호분); 삿갓형 머리이고 목이 좁은 개궁모(Ⅲ, 대동강면); 꽃잎형 머리이고 목이 좁은 개궁모(Ⅳ, 운성리석묘); Y자형 개궁모(정백동 2호분)로 분류된다. 이 중 삿갓형(Ⅲ)과 꽃잎형(Ⅳ)이 가장 많으며 그 다음으로 둥근 머리 개궁모(Ⅱ)가 많다. 출토된 유물 대부분이 파손된 흔적이 있는 것으로 미루어 Ⅰ

29) 孫璐. 中國東北地域先秦時代車馬具的登場与變遷[J]. 韓國考古學報, 2011(81)
30) 孫机. 漢代物質資料圖説[M]. 北京:文物出版社, 1990.

형 역시 다른 유형의 기물이 손상된 후 남은 일부분일 수도 있다. 銀과 銅鎏金 재질의 개궁모는 발견되었지만, 아직까지 金으로 된 것과 曲莖華蚤가 없는 것으로 보아 제후왕 혹은 "三公"의 고급 신분의 고분은 없는 것으로 추정된다.

표 5. 개궁모 형식

I	II	III	IV	V

통형동기銅管箍는 일산을 조립하고 해체할 때 연결하는 부속품으로 대부분 마디 형태이다. 중국 중원 지역 및 변경지역의 서한 고분에서 모두 출토되었다. 일반적으로 수직관 형태이고, 두 마디 조합 형태도 있다. 대부분 무문이지만, 河北省 定縣과 낙랑지역에서 출토된 것은 금동이나 보석으로 장식되어 매우 화려하다. 화려한 통형동기銅管箍를 문헌에 보이는 俾倪[31]/轉輗[32]라고 보기도 한다. 이러한 명칭이 타당하다고 보기는 어렵지만,[33] 통형동기가 일산 자루의 위와 아래 부분을 연결하고 고정시키는 역할을 한 것은 확실하다.

7) 수레바퀴

한국 광주 신창동습지 유적에서 木質의 수레바퀴살이 출토되었다. 이는

31) "蓋,轑,俾倪,軛,縛,棠", 顔注:"俾倪執蓋之杠, 在軾中央, 環爲之, 所以止蓋弓之前却也".(史游.急救篇[M].長沙:岳麓書社, 1989.)

32) 孫机.漢代物質資料圖說[M].北京:文物出版社,1990.

33) 汪少華.中國古車輿名物考辨[D].上海:華東師范大學博士學位論文, 2004.

유일하게 수레바퀴살이 출토된 유적이다.

IV. 동북아 지역의 차마구 매장의 사회적 분석

중원 지역의 차마구 매장 형태는 殷代 차마갱과 그 매장 내용에 따라 車
葬坑, 馬葬坑, 車馬 合葬坑 세 가지로 구분해 볼 수 있다. 혹은 단독으로
매장하거나 고분의 묘실 혹은 묘도 내에 모아서 매장된 형태를 보여준다.[34]

商代 말기에는 차마를 차마갱 혹은 묘도 내에 매장한 형태가 나타났는
데, 차마갱은 수레 한 대에 한 개의 갱을 두었으며, 두 대 이상 부장한 차마
갱은 수레를 분해해서 전체를 매장하기도 하여 완정한 형태의 차마기가 출
토되었다. 차마갱에 수레를 분해해서 매장할 경우, 마차의 각 부분이 모두
분해되어 있으나, 그 매장 위치 등에 일정한 규칙이 있고, 갱 내에 사람과
말을 순장할 경우에도 고정된 위치를 정하여 매장하였다.

西周 초기부터 西周 중기 초엽에는 단일 수레 매장과 복수의 수레 매장
이 각 지역에서 보편적으로 발견되었는데, 수레 전체를 부장한 차마갱 내
에서는 수레와 말에 맞춘 완정된 형태의 차마기가 발견되었으며, 수레와
말을 분산 배치한 차마갱 내에서는 車器는 다량 보이나 馬器는 상대적으
로 적었다.

西周 중기 말엽부터 春秋 초기에는 차마갱 수량이 적어지고, 중간 크기
의 竪穴式 土坑墓에서 분해된 마차의 부품들이 다량 보였다. (마차 분해
와 마차 부속 조각은 다른 개념이다.) 春秋 초기 말엽부터 戰國 중기에는
西周 이래 중시되었던 장식형 차마기가 그 기본적인 容器 형태만 남게 되

---

34) 鄭若葵. 20世紀中國車馬坑考古, 文物天地, 2002(2).

었다. 戰國 말기부터는 차마갱은 극히 적어졌으며, 쌍원차가 고분 내에 출현하기 시작했다.[35]

정약규는 차마갱과 주 고분의 위치가 다른 경우는 제사의 의미가 있고, 매장 위치가 같은 경우는 순장의 의미라고 하였으며, 그 매장의 특징을 수레 전체 매장, 분해한 수레 매장, 말 매장 세 가지 방식으로 정리하였다. 순장과 제사의 형식으로 볼 때, 商代 차마의 순장과 제사는 車馬分葬, 車馬合葬, 車馬分葬 후 합동 제사, 각기 다른 위치에 車馬分葬과 車馬合葬의 연합 순장, 차마 순장 제례의 다섯 가지 제도가 있다.[36]

車器의 사용이 천자의 출행 및 의장 행렬을 대표하였다는 것은 출토된 유물을 통해 증명되었다. 특히 2015년 이슈가 되었던 고고학 발굴-海昏候墓의 발견은 漢代 차마갱에서 鹵簿制度에 필요한 마차의 의전 실체를 생생히 제공해 주고 있다.

동북아 지역에는 대형 고분에 단독 차마갱이 없으며, 수레 전체 매장 혹은 분해된 수레가 묘실 혹은 묘도에 매장된 사례가 아직 없다. 출토된 차마구는 모두 고분 내부에서 출토되었으며, 고분 내부에서도 단독 위치에 매장된 것이 아니고, 차마구의 일부분이 보편적으로 수레 전체의 현상을 대표하고 있다. 또한 한반도 북부에서는 쌍원차를 함께 매장한 사례가 더 많다.

차마 매장 상황을 통해서 첫째, 동북아 지역은 商周시기의 차마구 매장 유물이 가장 이른 시기의 출토물이라는 것이다. 상주 시기의 중원 지역 차마 매장은 신분적 상징성을 주로 대표한다. 비록 당시는 기마전 위주의 전쟁 시기였지만, 고분 유물과 제사 유물 중 출토된 수레의 용도는 제례적 의미로 쓰였다는 것이다. 반면, 동북아 지역은 실질적 쓰임이 확연히 더 많

35) 吳曉筠, 商周時期車馬埋葬硏究, 2009年, 科學出版社.
36) 鄭若葵. 20世紀中國車馬坑考古, 文物天地, 2002(2).

은 것을 알 수 있다. 우리가 오해하고 있는 부분 중의 하나는 유목 사회에는 기승용 마구가 다량 출현하면서, 차마구는 사라졌다고 여기는 것이다. 그러나 유목 사회 역시 수레는 없어서는 안될 중요한 교통수단이었다. 그렇다면 동북아 지역의 현재까지 차마 매장 상황으로 볼 때, 차마갱과 수레 전체 매장 사례는 없고, 차마기가 고분 내부에 산재하여 있고, 소량의 차마기로 수레 전체 매장과 쌍원차 순장 현상을 설명하는 것으로 볼 때, 이는 모두 이 지역의 수레에 대한 필요성이 제례적 의미보다는 실용적 의의가 더 컸다는 것을 알 수 있다. 또한 신분 등급면에서도 고위층 등급이 존재하지 않았다.

漢代 중기에 이르러 車輿는 여전히 鹵簿의 일부분이었지만, 점차 묘도와 화상석에 나타난 出行圖로 대체되면서, 실물의 차마구 순장은 극히 일부분으로 위축되었다. 이는 제례적 기능이 약화되었음을 의미한다.

V. 맺음말

차마는 신분 등급의 표시와 禮記 목적이 결합되어 사용되다가 다시 신분 표시를 위한 사용되는 과정을 거쳤다. 즉, 현대에서 수레는 여전히 신분 등급을 나타내는데, 중국 뿐만 아니라, 동아시아 모두 이러한 과정을 거쳤다고 할 수 있다. 한 사람의 사회적 지위를 나타낼 때 처음에는 한 대의 수레가 필요하였으나, 지금은 수레 한 대는 비교적 용이한 형태이고, 점차 변화하여 어떤 형태의 수레 한 대인지가 평가 기준이 되었다. 수레가 신분 상징에서 교통수단으로 바뀌었고, 다시 교통수단에서 신분 상징을 의미하는 것으로 분리 되는 과정은 역사 발전의 궤적과 같이 한다고 할 수 있다.

商周 시기에는 귀족의 일상생활에서의 수레와 전투용 전차는 형식과 구

조면에서 특별한 차이가 없었으나, 춘추 전국 시기에 이르러 점차 용도에 따라 그 특징이 차이를 보이게 되었다. 일상생활용 수레는 구조 설계, 재료 및 장식 면에 있어서 날로 화려함을 추구하는 경향을 보인 반면, 전투용 수레는 실전 배치를 고려하여 가볍고 날렵하며 내구성을 추구하게 되었다.[37] 쌍원차가 출현하면서 수레를 끄는 말의 수량이 적어지고 수레의 사용이 보급되면서 마차는 교통 및 운반 도구로서의 기능이 점차 커졌다. 비록 여전히 수레 제작에 필요한 재료와 장식품의 정교함의 차이를 통해 신분 등급을 나타냈지만, 제례 의식에 사용되는 기능은 확연히 약화되었다. 漢代 중후기에 이르러서는 교통수단으로 보급된 수레가 다시 고위층의 고분 부장품으로 순장되었다. 즉, 일상생활에서 여전히 노부 제도에 따라 장식이 화려한 일정 수량의 차마 행렬을 사용하여 그 신분과 생활을 나타내는 것이다.

동북아 지역과 중원 지역의 차마구 매장 상황의 특징과 차이점의 비교 연구를 통하여 당시 사회생활의 일면을 이해할 수 있다.

---

37) 劉永華. 中國古代車輿馬具. 淸華大學出版社, 2013.

「동북아시아 지역 마구馬具매장연구」에 대한 토론문

조 윤 재 (고려대학교 고고미술사학과)

1. 발표자는 본문에서 동북아시아지역(주로 중국 동북지역과 서북한지역)에서 확인되는 마차의 고고자료가 정량적으로 중원지역 및 그 주변보다 寡少한 것은 이 지역에서 마차구의 실용적 기능이 강조된 것으로 보고 있다. 그렇다면 이 지역에서 차마기 의례의 중요성이 배제되었다고 볼 수 있는데 그럼에도 불구하고 마차의 부속품이 고분에 부장되는 사례는 여전히 확인되고 있다. 이러한 현상에 대해 발표자는 어떤 견해를 가지고 있는지 궁금하다.

2. 본문 서두에서 소량이기는 하지만 주거유적에서도 관련유물이 출토되고 있다고 서술하고 있는데 주거유적 출토 마구의 성격은 어떻게 보아야 할지 발표자의 생각을 듣고 싶다.

騎戰文化與東北亞早期國家的形成

Cavalry and its Relations to the Formation of Early States in Northeastern Asia

王明珂*

I、摘要

　　歐亞草原帶上的農牧混合生計風潮, 在公元前1000年左右及於遼河流域, 造成本地夏家店上層文化遺存, 其影響更及於朝鮮半島. 約在公元前400年左右中國北方進入全面游牧化過程, 此時遼河流域及燕山地區也出現東胡, 山戎等部族. 農牧混合生計人群早先仍利用馬車作戰, 統於掌握此武力的軍事貴族. 游牧化的北亞部族則普遍採用騎兵作戰, 社會趨向於平等化.

　　公元1世紀至5世紀間活躍在東北亞歷史上的鮮卑, 便是長於騎馬作戰的

---

* 台灣中央研究院歷史語言研究所 特聘研究員

部族. 在此期間, 鮮卑部落聯盟, 高句麗王國與中原國家在滿洲及北朝鮮角逐. 鮮卑, 高句麗使得中原帝國郡縣難於立足本地, 鮮卑部落聯盟更向西征服漠南蒙古草原, 向南突破長城建立統治中原的北魏政權, 並迫使高句麗王國往朝鮮半島發展. 此情勢激化朝鮮半島上分散的小政治體之間的資源競爭與衝突, 造成新羅, 大伽耶等國家的出現. 在此過程中, 騎兵不僅成為鮮卑, 高句麗, 扶餘, 百濟與中原王朝等政治體之間的戰爭主力, 更成為鞏固王權的利器; 藉著擁有一支精銳騎兵, 以其高效率的移動力與武力, 統治者可以控制各地方勢力. 朝鮮半島人類生態體系便在各國的互競中形成; 此激烈的競爭, 也阻擋了大和政權在朝鮮半島南部擴展其生態領域的努力, 迫使大和政權在日本列島上發展其獨特的人類生態體系.

Ⅱ. 前言

歷史學者強調東北亞中, 韓, 日三國間密切的歷史關係, 最早表現於公元1至6世紀間高句麗, 百濟, 新羅, 大伽耶, 倭國與中原政權間的政治互動與文化交流. 在如此的東北亞歷史論述中, 滿洲地區的歷史重要性常被忽略, 更常被扭曲; 它的重要性只表現在中, 韓國學者對"高句麗"的爭議上, 以及表現在中, 日學者對"滿洲國"的爭議中. 事實上, 由於特殊的地理位置及多元人類生態, 滿洲地區是個充滿歷史活力的地方——發生在滿洲地區各個國家與部族人群之間的歷史變化, 常影響東北亞及整個中國的歷史發展. 最顯著的歷史便是, 公元1至6世紀的烏桓, 鮮卑, 6至13世紀的契丹, 女真, 17至19世紀的建州女真(後金), 這些出於滿洲的部族不斷突破長城, 征服草原, 建立兼統中原及蒙古草原的國家, 其政治勢力的崛起及其擴張也深深影響朝鮮半島及日本群島上的政治.

這篇文章的主題便是, 公元1至5世紀間滿洲地區高句麗, 烏桓, 鮮卑的騎戰文化, 以及鮮卑部落聯盟的崛起, 對於東北亞古代國家及其人類生態形成的影響. 首先我將介紹公元前9世紀至前3世紀歐亞草原地帶東端, 蒙古草原至滿洲之西遼河流域一帶發生的游牧化人類生態變遷. 其次我說明西遼河流域早期游牧人群烏桓與鮮卑的社會特色與其騎戰文化. 接著我說明, 鮮卑部落聯盟的崛起, 擴張及其騎戰文化, 為整個滿洲, 朝鮮半島及日本群島之人類生態帶來的影響——由於騎戰文化帶來的激烈資源競爭, 造成各地王權國家的興起, 也由於騎兵成為鞏固王權的有效工具.

III. 西遼河流域的游牧化人類生態變遷

自新石器晚期以來, 滿洲地區的遼河流域便是一個社會財富階序化, 政治權力集中化之人類生態體系的古老中心, 表現在紅山文化, 夏家店下層文化人群之考古遺存上.

紅山文化(距今6500-5000年)先民主要從事農業, 牧養豬, 牛, 羊等家畜, 並從事採集, 漁獵. 玉雕工藝精進, 有玉玦, 玉環, 玉鐲等隨身飾品佩物, 以及豬龍, 玉龜, 玉鴞, 玉人等可能有宗教禮儀意義的玉器. 學者認為當時人已進入複雜, 階序化社會, 或已達 "古國" 階段.[1]

距今約4000至3500年本地出現夏家店下層文化. 此考古文化分佈於西遼河流域與燕山以北的河北地區, 文化遺存以分佈在丘陵山地的較大城寨或小城

---

1) 紅山文化晚期遺存所代表的文明社會為 "古國" 之說, 為蘇秉琦先生的看法, 見其所著《遼西古文化古城古國——試論當前考古工作重點和大課題》,《文物》1986 年第8期41-44.

距今約4000至3500年本地出現夏家店下層文化. 此考古文化分佈於西遼河流域與燕山以北的河北地區, 文化遺存以分佈在丘陵山地的較大城寨或小城堡為代表, 大多數都築有城牆[2]夏家店下層文化人群基本上以農業與畜養, 狩獵為主要生業, 過著相當定居的生活. 當時的人已製造及使用青銅器, 其器物主要有刀, 耳環, 鼎, 鬲等等. 晚期密集的聚落, 聚落外的石圍牆, 顯示人口擴增, 人群間資源競爭劇烈. 由於有武力傾向的"北方青銅器文化"人群此時已出現在燕山南北, 因此可能戰爭威脅使得此文化人群構築石圍牆, 也使得此文化較晚階段的人群疏於務農. 我曾以發生在距今約3500年前後的一波乾冷化氣候與環境變遷, 來解釋夏家店下層文化的結束.[3] 環境考古也證實這時期的降溫與乾旱.[4]

夏家店下層文化結束後, 經過一段人類活動少的時期, 到了公元前9世紀左, 遼西地區人群找到了新的適應方式, 一方面畜養更多的動物, 一方面向南方爭奪較適於農牧之地. 當時人群活動所留下的便是夏家店上層文化遺存(3000-2400 BP). 該文化人群主要活動於老哈河流域, 以及大小凌河流域的遼河平原, 較晚也分佈到燕山地區.

夏家店上層文化的石製工具主要是敲砸器與半月形石刀, 缺乏下層文化中常見的鋤, 鏟類的鬆土工具, 顯示農業變得較為粗放, 或在部份地區消失. 其製陶工藝遠不及下層文化, 聚落不如下層時期分布密集, 也不見下層時期居址被長期反覆利用的情形. 在動物遺存方面, 上層文化所出獸骨較下層時期為多, 且出現了馬骨.[5] 墓葬中, 無論男女都盛行以小件的隨身裝飾品隨葬,

2) 蘇赫, 〈從昭盟發現的大型青銅器試論北方的早期青銅文明〉, 《內蒙古文物考古》2 (1982)4.徐光冀, 〈赤峰英金河, 陰河流域的石城遺址〉, 《中國考古學研究一夏鼐先生考古五十年紀念論文集》(北京:文物出版社, 1986), 82-93.

3) 王明珂, 《華夏邊緣:歷史記憶與族群認同》(台北:允晨文化, 1997), 第6章.

4) 韓茂莉, 《史前時期西遼河流域聚落與環境研究》, 《考古學報》2010年1期:10.

5) 劉觀民、徐光冀, 〈內蒙古東部地區青銅時代的兩種文化〉, 《內蒙古文物考古》1981年創刊號:10.

男性又多以戰爭器械如劍, 刀, 盔, 鏃等隨葬; 配飾及武器, 工具多有歐亞草原斯基泰文化(Scythian culture)因素. 這些均顯示, 留下這些文化遺存的人們深受歐亞草原牧業文化之影響, 比較不定居, 畜牧重於農業, 男性常從事防衛或掠奪性戰爭活動. 在社會方面, 有些夏家店上層文化石槨墓隨葬品十分豐厚, 顯示其墓主有卓越的社會身份. 到了後期(春秋戰國之交至戰國時期)幾乎只有墓葬, 罕見居址, 且豬骨被牛, 羊骨與馬牙取代, 這現象在大小凌河及燕山地區尤為明顯, 反映此時這些地區人們已全面採用游牧生業.

歐亞草原地帶以馬, 牛, 羊為主要牧畜的游牧, 一般認為最早出現在公元前1000年左右.[6] 考古學者卡札諾夫(A. M. Khazanov)曾指出, 公元前2000-1000年間出現的 "草原青銅文化" 人群, 其生計都是畜牧農業(pastoral-agricultural)或農作牧業(agricultural-pastoral)類型, 並非真正的游牧. 歐亞草原游牧脫離不了馬, 騎著馬牧人才可能控制大量羊群, 以及利用遠處的草場.公元前2000年以前, 馬作為座騎之文化尚未形成或未成熟, 自然難以產生與騎馬密切相關的游牧經濟[7]但以馬為座騎及其它技術因素, 並非造成北亞草原游牧流行的主要原因. 對此我同意卡札諾夫等學者之見; 公元前2000年至前1000年間歐亞大陸北部的氣候乾冷化變遷才是造成游牧流行的主要原因[8]

6) Ketie Boyle, Colin Renfrew and Marsha Levine eds, *Ancient Interactions: East and West In Eurasia*.
   (Cambridge, UK: McDonald Institute for Archaeological Research, 2002).楊建華, 〈歐亞草原經濟類型的發展階段及其與中國長城地帶的比較〉, 《考古》2004年第11期: 84-90.
7) 關於此主題最新的一本著作是, , Marsha Levine, Colin Renfrew and Katie Boyle eds. *Prehistoric Steppe Adaptation and the Horse*(Cambridge, UK: McDonald Institute for Archaeological Research,2003). 該書作者們所得之結論與此類似. 較多的討論在該書第14章, Elena E. Kuzmina, "Origins of Pastoralism in the Eurasian Steppe," 203-232.
8) A.M.Khazanow,Nomads and the Outside World, trans. by Julia Crookenden(second edition;Madison, Wisconsin: The Uinversity of Wisconsin

在過去的著作中我曾提及, 發生在距今約4000年前後北亞普遍性氣候乾冷化, 曾造成黃土高原北方邊緣的甘肅, 青海河湟地區, 以及內蒙鄂爾多斯及河套地區, 許多人類聚落被放棄, 並且稍晚在這些地區出現畜牧化, 武裝化, 移動化人群.[9] 本文所述的西遼河流域之人類生態變化, 也是這一波北亞各種生計人群走向游牧化之人類生態變遷的一部份. 然而如前所言, 夏家店上層文化人群並非全都是過著游牧生活, 而是, 只在此文化後期(春秋戰國之交至戰國時期), 在部份地區(大小凌河及燕山地區), 人們開始行游牧經濟生業.

IV. 遼西早期農牧混合經濟社會與其武士貴族

關於夏家店上層文化之社會性質及其變遷, 值得我們注意的是該文化遺存中的兵器, 飾物, 馬具, 以及其較晚接近燕山地區該文化人群之牧業化, 武裝化及移動化傾向. 根據學者烏恩的一項研究, 鼎盛時期之夏家店上層文化 (公元前9至前8世紀), 其短劍包括有銎柄曲刃劍, 直刃劍, 短莖或丁字形曲刃劍, 直刃匕首式劍等多種; 部份短劍中有人形或虎, 鹿, 鳥等動物形裝飾. 車馬器包括, 銜, 鑣, 鈴, 鑾鈴, 軛等, 馬銜, 馬鑣製作精緻, 式樣多, 有的馬銜兩端還有猛獸造形作為裝飾, 另外, 夏家店上層文化中有豐富多彩的動物紋裝飾藝術, 包括浮雕, 透雕和圓雕的各種形象, 如騎馬追兔, 張弓射鹿, 臥鹿, 群鳥, 群獸及虎等等. 烏恩指出, 所謂 "斯基泰三要素"(兵器, 馬具, 野獸紋) 都

Press, 1994), 90−95.

9) 王明珂, 《華夏邊緣:歷史記憶與族群認同》(台北:允晨文化, 1997), 第4−6章. 王明珂, 《游牧者的抉擇:面對漢帝國的北亞游牧部族》(台北:中央研究院, 聯經出版公司, 2009), 頁90−111.

在夏家店上層文化中有豐富呈現.[10]

根據田廣金, 郭素新的研究, 相當於西周至春秋時期的 "鄂爾多斯式青銅器", 除了在鄂爾多斯地區外, 似另有兩個中心. 一在北京昌平延慶, 河北平泉, 內蒙古東部赤峰, 寧城等地的夏家店上層文化區域;另一個在米努辛斯克盆地(Minusinsk Basin)的克拉索克文化(Karasuk Culture)區域內.[11] 以上三個地區的鄂爾多斯式青銅器之共性, 主要在於其銅器中的 "斯基泰三要素". 學者們對於這些具特色之青銅器的源流, 傳播方向, 以及與之相關的古人群遷徙, 都有很多討論. 在本文, 以及在我從前的著作中, 我較關注的則是這些器物之出現所反映的人類生態變遷.

斯基泰文化在歐亞大陸的傳播、廣佈, 在人類生態上的重要意義有二. 一為, 一種利用馬為乘騎、較依賴馴養動物、經常移動, 並以獵取野生動物與對外掠奪為輔的生計方式(表現在武器、馬具、動物紋樣、動物骨骸遺存等方面), 此時在歐亞草原帶上傳佈. 二為, 支持此種生計方式的人群社會, 仍是資源分配階序化、權力集中化之社會(表現在王族、貴族擁有之珍貴金屬工藝品上). 因此在中國之北的北亞地區, 有這些因素的考古文化, 學者所稱的為 "北方青銅器文化" 或 "鄂爾多斯青銅器文化", 不一定都是專化游牧人群社會的遺存, 該社會中至少有些過著某種程度定居生活的人群. 以夏家店上層文化為例, 不少該文化遺存中出現豬骨及農業用具, 顯示留下此文化遺存的人生活在農、牧、獵多元混合經濟之中. 到了公元前7至前5世紀的春秋時代中晚期以後, 中國北方許多混合經濟人群全面游牧化, 也就是走向宜其環境的專化游牧業;此時前一時期代表階序社會的精緻物質文化遺存, 逐漸在考古文化遺存中消失或衰微.

歐亞草原東部的中國北方草原地帶, 專化游牧經濟在何時產生?中國歷史

---

10) 烏恩,〈歐亞大陸草原早期遊牧文化的幾點思考〉,《考古學報》2002年4期:437-70.
11) 田廣金, 郭素新,〈鄂爾多斯式青銅器的淵源〉《考古學報》1988年3期:259.

記載中西周晚至春秋戰國時的"戎狄"是否便是游牧社會人群？關於此問題, 1940年代拉鐵摩爾(Owen Lattimore)即指出, 西周至春秋時期的戎, 狄從事農業, 並且他們並非騎馬部族. 他認為真正的游牧部族要到公元前4至前3世紀(約為戰國時期)才出現在中國北方草原[12] 卡札諾夫則認為, 在游牧起源上即使歐亞草原東部晚於草原西部, 也不會晚太多:他指出, 斯基泰銅器早在此之前已流行在鄂爾多斯及中國北方, 游牧也應在此時由南俄哈薩克草原或阿爾泰地區滲入蒙古草原.[13] 另一位俄國學者凡虛坦因(Sevyan Vainshtein)認為, 公元前第一個千年的中期(約指公元前7至前3世紀)是游牧人群在歐亞草原普遍出現, 擴展的時期, 他們約在此時來到蒙古草原北鄰的薩彥—阿爾泰地區[14]

　　美國歷史學者迪柯斯摩(Nicola Di Cosmo), 更深入地指出中國北方游牧社會曾有三階段的演化. 第一階段, 公元前9至前7世紀, 此時東北方的夏家店上層文化最為進步:他認為公元前8世紀中國最早將馬作為座騎的地區是在東北(西遼河流域). 墓葬中的斯基泰風格器物, 以及大量的馬, 牛, 羊骨, 顯示此時在此地區游牧漸趨重要:墓葬中的青銅武器, 又顯示當地軍事豪長成為統治階層. 他進一步推論, 這些游牧的武士豪貴階級先是掌控本地游牧部族, 後來逐漸擴張其政治勢力[15] 第二階段為公元前6至前4世紀, 騎馬及鑄鐵文化此時期在遼寧, 內蒙古, 寧夏, 新疆等北方地區的發展, 騎馬游牧人群已出現在內蒙古中南部等地, 有軍事卓越地位的游牧豪貴階級(nomadic aristocracy)統治並剝削鄰近的定居聚落人群. 第三階段為公元前4世紀中期

---

12) Owen Lattimore, *Inner Asian Frontiers of China* (1940: Oxford University Press, 1988), 347－49.

13) A.M.Khazanov, *Nomads and the Outside World,* 96.

14) Sevyan Vainshtein, *Nomads of South Siberia: The Pastoral Economies of Tuva,* trans. by Michael Colenso(Cambridge University Press. 1980), 51.

15) Nicola Di Cosmo, *Ancient China and its Enemies* (Cambridge: Cambridge University Press, 2002) 64－68

至前3世紀, 以鄂爾多斯的早期匈奴墓葬為代表, 隨葬品由與戰爭有關之器物轉變為奢侈品[16]總之, 迪柯斯摩強調青銅與鐵器冶煉, 馬作為乘騎並廣泛被利用, 剝削, 統治鄰近定居人群的游牧武士豪長階級興起, 以及較晚他們與中國及它地區的貿易交換, 一步步地推動中國北方游牧文化與游牧政治體之形成.

對於迪柯斯摩所指出的中國北方游牧化三階段說, 雖然我不能全然同意他的說法, 但其提及的游牧武士豪長階級興起的確是值得我們深入探討的現象. 事實上, 歐洲漢學家雅羅斯拉夫. 普實克(Jaroslav Průšek)早有類似的說法:他認為歐亞草原東部"蠻族"移徙及入侵中國, 與草原西部Cimmerians與Scythians的遷徙有關, 肇因於約公元前1000年歐亞草原上騎馬游牧的經濟型態的產生. 此經濟浪潮造成新的資源領域瓜分, 產生一些向鄰近地區擴土的游牧武士, 讓整個歐亞草原風起雲湧[17]對於早期北亞半游牧社會中的武士貴族豪長階級, 我的看法是, 雖然此社會階級人群的存在毫無疑問, 並能得到考古遺存文物的支持, 但我們不能忽略游牧社會的分枝化(segmentation), 平等化(egalitarian)特質, 以及與此相關的物質文化現象. 游牧所需的物質性工具極少, 而人們的主要財產(牲畜)都長著腳, 因此他們或多或少地有能力擺脫武士豪長階級對他們的控制與剝削. 此也就是說, 從考古遺存中之貴重金屬所見只是早期北亞游牧社會的一個社會階層面相(武士豪長), 而未能見其全貌. 公元前3世紀至公元3世紀, 當匈奴, 鮮卑, 西羌等游牧部族出現在北亞歷史舞台上時, 以武士豪長階級文物為其特色的夏家店上層文化, 鄂爾多斯式青銅器文化等等, 都已消失或進入末期:此顯示, 在考古遺存中不易見著的一些游牧社會特質, 讓前述這些考古文化所代表的

16) 同前, 70−79,

17) Jaroslav Průšek, *Chinese Staatelets and the Northern Barbarians in the Period 1400−300 B. C.* (Dordrecht, Holland: D. Reidel Publishing Company, 1971).

社會逐漸發生改變. 遼西地區在夏家店上層文化之後, 本地人群之經濟生態似乎有朝向區域性, 多元性混合經濟發展的傾向. 也就是, 草食動物畜養的技術與觀念普及後, 各個小區域人群各自發展其適宜的農, 牧, 漁獵混合經濟. 因而在文化遺存與相關社會面貌上也呈現多元景象.

夏家店上層文化及其武士豪長政治勢力的衰退, 可說是兩個相互關聯的人類生態發展結果. 其一是, 約從公元前10世紀以畜牧, 移動為特色的人類生計方式在本地逐漸擴展以來, "自主化, 平等化"與"集中化, 階序化"兩種相矛盾的社會構成法則便在此角力. 由整個考古所見趨勢看來, 顯然前者較佔優勢, 而且其所造成的社會變遷, 由北往南進逼——愈來愈多的人群脫離其貴族豪長的控制, 而加入較平等自主的大小游牧或混合經濟部落之中. 另一個與前相關的人類生態變化是, "戎狄"南下爭奪資源, 使得南方東周諸國貴族產生一體的"華夏認同", 這樣的族群認同在他們與"戎狄"的戰爭中逐漸強化.

公元前3世紀初, 燕國北伐"東胡"至於老哈河流域, 並在敖漢旗, 赤峰一帶建長城, 將老哈河上游及大小凌河流域納入燕國勢力範圍. 隨後的秦與漢帝國, 也建長城以維護南方資源. 被排除在此生存資源界線外的遼河流域西部人群, 生計更畜牧化, 移動化, 社會更自主化, 平等化, 農牧混合經濟社會的武士貴族統治集團崩解. 春秋中期以後至於戰國時期, 西遼河流域人類活動遺跡少, 這並不表示沒有人群在此活動, 而是他們多處於較分散自主的部落社會之中.

V. 烏桓, 鮮卑游牧社會與其騎戰文化

公元前10至前5世紀, 北亞草原上的武士貴族統治者, 其卓越戰力毫無疑

問與其憑藉馬來作戰有關. 馬的快速移動能力, 讓乘騎者在戰場上居於有利地位, 也讓統治, 剝削分散的人群聚落變得很有效率. 這樣的作戰方式, 還可分為車戰與騎戰. 早期可能較流行車戰;無論是夏家店上層文化或是鄂爾多斯式青銅器文化(或稱北方青銅器文化), 遺存中馬車配件, 飾物都十分普遍. 較晚, 約略在公元前5至前3世紀, 當北方人群逐漸走向全面游牧化時, 他們也放棄車戰而以騎馬作戰為主.

以馬作為個人乘騎來行獵及作戰, 在中國及東亞地區究竟始於何時是個有爭議的問題. 有人認為商代已有車馬, 以此認為當時人們自然也可以馬為乘騎. 然而, 若我們指的是一社會中人們普遍利用馬為乘騎, 以作為交通, 行獵及作戰工具, 那麼由考古遺存與文獻證據看來, 公元前8至前6世紀出現在北亞的農牧混合經濟人群可能是此文化的踐行者. 在考古遺存方面, 此時期無論是與上述人群有關的北方青銅器文化或夏家店上層文化, 都出土相當數量的馬銜, 馬鑣, 此為騎士御馬必備工具, 但駕車的馬也需此配件. 更直接的考古遺存證據為, 內蒙古東部昭烏達盟甯城縣南山根的夏家店上層文化出土一件銅扣環, 上有"騎馬獵兔"造型銅雕, 這應是至今所見滿洲及蒙古草原地帶人騎馬行獵最早的考古証據[18]

春秋時期的"戎狄"是個概括性的異族概念. 居於中原北方邊緣地區的部份"戎狄", 據中國歷史文獻記載, 是以步卒作戰為主[19]公元前541年, 因戎狄使用步卒作戰, 讓使用馬車作戰的晉國陷於不利, 因此迫使晉國"毀車以為行",[20] 也就是廢馬車而改為以步兵作戰. 然而, 由鄂爾多斯青銅器文化之遺存看來, 該文化後期, 約公元前5至前4世紀左右, 該文化人群已使用騎兵作戰了. 春秋時期中原北方的"戎狄"部份在此考古文化涵蓋的地理空間範圍

18) 王克林, 〈騎馬民族文化的概念與緣起〉, 《華夏考古》1998年3期:77-83.

19) 如《左傳隱公九年》:「北戎侵鄭, 鄭伯禦之, 患戎師, 曰:"彼徒我車, 懼其侵軼我也."」

20) 《左傳.昭公元年》:「晉中行穆子敗無終及群狄於大原, 崇卒也. 將戰, 魏舒曰, 彼徒我車, 所遇又阨……乃毀車以為行.」

內, 或在其南方邊緣.

在中原地區, 以騎兵作為作戰主力兵種, 這樣的戰爭文化可能要晚到公元前4世紀末. 中國文獻記載公元前307年的戰國時代, 趙武靈王行"胡服騎射"軍事變革, 這是一個重要指標. 中國文獻強調此史事, 顯示穿著輕簡服裝以騎馬作戰, 在當時即使非創舉, 至少是不普遍的. 而華北的趙國為了應付其北方中山, 東胡, 林胡等戎狄環伺局面, 而行騎兵作戰, 也顯示他的北方敵人更早及更長於用騎兵作戰.

約當公元前1世紀至公元1世紀, 居於西遼河流域的鮮卑, 與更早在此的烏桓, 開始出現在中國歷史文獻中. 據中國史籍記載, 烏桓與鮮卑都出於東胡. 公元前2世紀, 烏桓部落已活動在西遼河及其支流老哈河一帶. 西漢帝國將許多烏桓部落遷到上谷, 漁陽, 右北平, 遼東, 遼西等郡塞外宜於農牧之地, 以免他們與匈奴相結. 此時鮮卑各部落移入烏桓遷走後的西遼河流域. 到了公元1世紀中期, 西漢帝國又將部分烏桓由長城外遷移到長城內, 鮮卑也在此時跟著南下, 擴張勢力於漢帝國邊郡之外[21]

居於西遼河流域的烏桓, 鮮卑, 過著游牧, 狩獵及從事些簡單農作的生活, 統於一個個的牧團與部落. 《魏書》中稱烏桓人"俗善騎射, 隨水草放牧, 居無常處, 以穹廬為宅, 皆東向日. 弋獵禽獸, 食肉飲酪, 以毛毳為衣……. 大人已下, 各自畜牧治產, 不相徭役".[22] 同一文獻稱鮮卑人的經濟生活, 習俗與烏桓大致相同. 公元1世紀時, 鮮卑部落常加入匈奴軍隊攻掠長城邊郡. 公元90年前後, 北匈奴各部往中亞遷徙. 鮮卑趁此時機西移, 佔領匈奴之牧地, 10餘萬落未遷走的匈奴人都自稱是鮮卑. 從此鮮卑經常成為中國邊患.鮮卑與南匈奴, 烏桓等或相結掠奪漢帝國, 或彼此相攻伐. 到了公元2世紀中葉, 鮮卑部落中出了一位英雄人物檀石槐, 他將分散在草原上的鮮卑各部統一起來, 展

---

21) 《後漢書》卷90, 烏桓鮮卑列傳第80.《三國志》魏書30, 烏丸鮮卑東夷傳第30.
22) 《三國志》30, 魏書30, 烏丸鮮卑東夷傳, 註引王沈《魏書》.

開對漢帝國更頻繁的寇掠. 無論是烏桓或鮮卑, 當他們的經濟領域擴及漢帝國的北方邊郡時, 對漢帝國邊郡進行掠奪, 貿易, 或以軍事服務取得報償, 成了他們重要的經濟生業. 漢帝國以貴重財貨與生活物資補給,[23] 來安撫這些半游牧部族, 並聯合他們來打擊侵犯漢帝國邊郡的其他游牧部落. 烏桓與鮮卑能為漢帝國作此軍事服務, 所憑藉的便是他們的騎戰武力. 公元3世紀, 遼東, 遼西, 右北平三郡烏桓被曹操擊敗後, 部份烏桓騎兵被納入曹魏的軍事體系, 此後到東漢時期烏桓騎兵都被稱為"天下名騎", 此也說明烏桓以長於騎兵作戰著稱.

從文獻中我們能肯定, 鮮卑人無論是與匈奴, 烏桓作戰, 或是略奪漢帝國邊郡都是藉著騎兵, 但在公元3世紀以前的考古遺存中卻少有他們的馬具出土. 我們甚至無法確定他們是否已用馬鞍及馬鐙. 許多學者認為馬鞍, 馬鐙是騎馬作戰必要的配備, 但我在川西與內蒙古等地都常見羌, 藏與蒙古族人輕鬆地騎著光背馬奔跑. 因此公元1-2世紀的烏桓與鮮卑, 可能只用簡單的皮鞍(獸皮或樺樹皮). 這一類的皮鞍, 在晚期(公元前4至前3世紀)鄂爾多斯式青銅器的銅馬上已見其痕跡[24]根據考古遺存, 要到公元3至5世紀才出現許多屬於鮮卑慕容氏的馬具.

事實上, 公元3世紀以後的鮮卑, 完全不同於在此之前游牧於西遼河流域的鮮卑. 鮮卑由公元1世紀西遼河流域的半游牧部落, 變成公元2世紀東起遼東, 西至天山草原的軍事政治集團, 主要藉著其部落聯盟組織. 鮮卑軍事集團由多個部落聯盟所構成, 每個部落聯盟在發展過程中都吸收各方人群而改變其內涵. 鮮卑領袖檀石槐時(西元137-181), 鮮卑部落聯盟的發展達到極盛. 他將其統領下的鮮卑分為東, 中, 西三部, 各由其大人統領. 從右北平

---

23) 據史籍記載, 當時鄰近東北邊郡的青, 徐二州, 每年經常付給鮮卑錢二億七千萬: 見《後漢書》卷90, 烏桓鮮卑列傳第80.

24) 羅豐等, 〈寧夏固原近年發現的北方青銅器〉《考古》1990年5期412. 土克林, 〈騎馬民族文化的概念與緣起〉, 《華夏考古》1998年3期80-82.

以東至遼東, 濊貊為東部大人之域, 右北平以西至上谷為中部大人之域, 上谷以西至敦煌, 烏孫為西部大人所轄. 這三個大型部落聯盟, 均包括許多相當獨立的次級部落聯盟, 並藉此吸納當地部族. 譬如, 東部鮮卑的慕容部中便有遼東的濊人, 燕人與高句麗人;拓拔鮮卑進入內蒙中南部草原之匈奴故地後, 也吸受大量留居本地的匈奴如賀賴, 破六韓等部族, 以及晉人與烏孫人.

　　檀石槐之後的各地鮮卑人, 為了統治其征服的領域及周遭世界, 部落領袖的威權大增, 這些部落領袖家族從匈奴, 氐羌部落領袖與北方漢人門閥家族中習得一些統治之術, 在亂世中吸收各族群的流離百姓, 建立割據一方的政權. 西晉中原王朝末年, 北方各族君長紛紛割據建國, 此即為中國史家所稱的 "五胡十六國". 其中建國最多的便是鮮卑;慕容氏建國前燕, 後燕, 南燕, 西燕, 段氏建遼西國, 乞伏鮮卑建立西秦, 禿髮鮮卑建南涼, 最後在公元439年統一華北的北魏拓拔氏也出於鮮卑.

VI. 鮮卑, 高句麗的騎戰文化與早期東北亞國家

　　由以上所述我們可以知道, 公元4世紀建立前燕(337年-370年)政權的慕容鮮卑, 與過去游牧在西遼河地區的鮮卑有相當的差別. 由於其部落聯盟性質, 所謂的 "鮮卑人" 原來便如變色龍, 隨著其發展, 遷徙, 吸收新成員而改變其族群內涵, 並改變其政治社會組織, 由部落聯盟發展成國家. 前面提及的公元3至5世紀出現的鮮卑慕容氏馬具, 代表的是具國家規模之政治體下的鮮卑貴族遺存.

中國學者王巍曾由出土馬具探討公元3-6世紀東亞各國間的文化交流.[25] 該文整理, 比較此一時間內, 鮮卑, 高句麗, 新羅, 加耶, 百濟及日本古墳時代的馬具. 根據其研究, 高句麗4至5世紀的馬具與慕容鮮卑所建之前燕, 後燕和北燕的馬具不僅種類相同, 形制也十分相似. 因慕容鮮卑的成套馬具出現年代可溯至公元3世紀末至4世紀初, 而高句麗之馬具為公元4世紀後半葉以後的製品, 因此他認為高句麗之馬具深受慕容鮮卑馬具的影響.[26] 關於朝鮮半島南部各國的馬具, 王巍指出, 百濟, 新羅, 伽耶的馬具與高句麗的馬具相似性高於它們與三燕馬具的相似性. 而南方三國中, 新羅的馬具與高句麗馬具最為相似.[27] 至於日本古墳時期的馬具, 同一作者稱, 其絕大多數都可以在朝鮮半島南部的馬具中找得相似者, 其與伽耶馬具的相似點尤多, 因此作者認為日本古墳時代公元5世紀的馬具可能部份出於伽耶工匠之手.[28] 對這些東北亞早期國家的馬具作了如上比較之後, 該文作者主要從戰爭角度來看這些馬具的傳播:如其稱, 高句麗在與慕容鮮卑的戰爭中, 因一度居於軍事劣勢, 而吸收敵人馬具的特點, 以加強自身騎兵的力量;又稱, 公元5世紀中葉之日本古墳中大量出現馬具, 此可能因倭國敗於高句麗之騎兵, 而致力於發展騎兵.

另外, 中國學者楊泓研究中國古代馬具及其對外影響, 其結論為, 公元4-5世紀高句麗之馬具深受較早出現的中原馬具影響, 公元5世紀末到6世紀初的新羅天馬冢出土馬具有集安高句麗墓馬具的特點, 因此也是受中原地區馬具影響之產物. 他又指出, 約當西元5世紀中葉之日本古墳時代中期, 隨葬品中開始出現馬具, 以後又在古墳上放置的埴輪中出現馬形埴輪,6世紀時的馬形埴輪上已經塑出轡頭, 鞍具, 鐙, 胸帶等全套馬具. 同樣的, 他認為這是

---

25) 王巍,〈從出土馬具看三至六世紀東亞諸國的交流〉,《考古》1997年12期,66-84.
26) 同前, 75-76,
27) 同前, 77-79.
28) 同前, 79-82.

古倭國與高句麗之間的接觸與戰爭, 使得倭國大量引進馬具與其它騎兵用具.[29] 以上這些研究, 相當程度地都是考察各地出土之騎戰馬具之形態與年代, 來排列其在地理空間中的傳播序列, 強調它們在戰爭中的功能並與歷史記載相結合, 以證成其說. 我無法也不願辯駁這樣的研究.

我認為, 我們可以從另一角度, 來思考這些滿洲, 朝鮮半島及九州, 本州等地的出土古代馬具. 首先, 關於這些考古遺存, 我們可以注意以下三點. 一, 高句麗, 新羅, 百濟, 伽耶, 日本等地出土的馬具, 多出土於王族墓葬之中. 二, 除了少數較早的遺存如桓仁M15與M19以及集安萬寶汀等地積石墓中出土的馬具較簡單(只有銜與鑣)[30]外, 各地(如新羅天馬冢, 伽耶)出土的馬具都遠比中原地區出土較早期之馬具為精緻. 三, 由高句麗王族墓之壁畫看來, 當時的騎兵與其座騎都裝備整齊, 看來是一支十分貴族化的部隊. 此顯示, 雖然騎兵可能在這些東北亞早期國家中普遍被用於戰爭, 但相關遺物與壁畫表現的卻是相當貴族化的騎兵. 我認為此或顯示, 騎兵不僅被東北亞早期國家用於對外作戰, 貴族化的騎兵更與這些國家之形成有密切關係. 以下我對此作進一步的說明.

首先, 公元1至4世紀是東北亞各個王權國家先後崛起的時代. 雖然根據中韓歷史文獻, 有些國家有很古老的祖先神話起源, 但夫餘, 高句麗及百濟等較早形成其國家規模的政治體, 應不早於公元前1世紀至公元1世紀, 且與漢帝國向遼東擴張其領域相關. 漢帝國向其東北方設郡, 擴土, 擾動遼河流域, 松花江平原南部及朝鮮半島北部各游牧部族與定居城村的人類生態. 這些地區各人群對此的回應是, 烏桓, 鮮卑等游牧部族組成部落聯盟, 夫餘, 高句麗, 百濟等由各個分散的山城, 村落聯盟集結為國家, 以與漢帝國在此所設郡縣相抗衡. 高句麗王國驅逐漢帝國郡縣, 並向朝鮮半島北部與中部擴張,

29) 楊泓, 《中國古代馬具的發展和對外影響》, 《文物》1984年第9期:45–54.

30) 魏存武, 〈高句麗馬具的發現與研究〉, 《北方文物》1991年4期:18–27.

造成整個朝鮮半島上各政治體間的競爭與兼併變為劇烈. 公元3世紀末至4世紀中期, 大伽耶國逐漸統一各地伽耶政權, 新羅也成為具國家規模的政治體(雖然新羅之國名出現較晚).

同時在此期間, 許多文化因素由滿洲南部, 朝鮮半島傳入日本北九州及本州等地, 使得公元3至4世紀時王權國家在本州及九州有相當程度的發展, 表現於古墳時代的巨大墳墓修築及其精美文物, 以及邪馬台國及"親魏倭王"出現於在中國歷史文獻之中. 到了公元5世紀, 當時倭國王多次遣使要求南朝劉宋政權授其"使持節都督倭, 百濟, 新羅, 任那, 加羅, 秦韓, 慕韓七國諸軍事, 安東大將軍, 倭王"之封號.[31] 此倭王自稱之封號, 明顯表示當時九州, 本州之大和政權往朝鮮半島拓展其資源領域的野心.

其次, 這些在公元1至4世紀間先後崛起的東北亞王權國家, 多建立在各地多元分立的村落或山城聯盟基礎上, 此與這些地區多山與山間河谷的地理環境有關. 在這樣的地理環境與政治背景下, 馬與騎兵除了用於對外防禦, 擴張外, 更利於對內強化各地人群間的溝通與政治控制, 因此對早期王權國家的建立及鞏固應有相當貢獻. 這情況, 或鮮明或隱約地反映在古籍對這些國家的記載中. 如本地較早出現的國家夫餘, 據文獻記載「其國善養牲, 出名馬」;[32] 此顯示夫餘國人對於養馬, 馴馬已有相當技術. 高句麗,《三國史記》中關於該國王族的起源傳說稱, 其始祖朱蒙善養馬, 能辨別馬的本質好壞. 對於百濟,《隋書》直接稱其「俗善騎射」. 這些文獻記載, 只表示相關國家的人善養馬或長於騎射, 並未顯示此與其國家及王權發展之關係. 然而在新羅及東扶餘王室的起源傳說中, 兩者都是藉由馬(神馬或王的座騎)的引導, 人們才得以發現其始祖(赫居世與金蛙)的神異出生,[33] 此或表現當時各國王族對馬

---

31)《宋書》卷97, 倭國.

32)《三國志》卷30, 魏書30, 夫餘,

33)《三國史記》及《三國遺事》記載, 神馬指引人們尋得一卵, 新羅始祖赫居世便出於此卵.《三國遺事》稱北扶餘王的座騎指引人們尋得一石, 石下有一金蛙, 便是東

的重視與喜好.

關於騎兵及騎戰文化與東北亞早期國家形成的關係, 更直接表現在文獻記載的一些史事中. 如由《三國史記》對高句麗, 新羅, 百濟等國王室之編年記事中, 其王經常有田獵活動, 以及在戰爭中騎兵為精銳部隊, 且常為王所親率. 此顯示, 國王應有一支親屬之騎兵, 平日用於王的田獵活動, 以及藉此活動在各地巡視及誇耀武力, 戰時作為精銳的打擊部隊. 因此, 王室騎兵對於地理環境多山的高句麗, 新羅, 大伽耶等國, 在增強及鞏固王權上更具意義. 滿洲, 朝鮮半島, 日本群島各地考古遺存所見的王陵, 巨墳中的精緻馬具, 應即各國王族率其騎兵出行時的裝備. 良馬, 精緻的馬具, 數量不可能太多, 是可以被王族掌控的資源——不僅為軍事資源, 亦為強化政治及社會身份之象徵資源.

這些考古遺存(包括馬具, 武器等遺物及壁畫, 雕塑), 以及相關的歷史文獻記載, 均顯示高句麗, 百濟, 新羅, 大伽耶, 倭國(大和政權)等東北亞早期國家王室, 與源於北亞草原的騎戰文化有密切關聯. 事實上, 這樣的關聯性早為提出日本王族為"騎馬游牧民族"後裔之說的日本學者如江上波夫等所注意, 只是他們據此得到可能有偏差的結論. 我認為, 重要的不是這些王族之"人"是否為北亞游牧部族, 而是相關的騎戰文化在國家形成及鞏固王權方面的意義. 如我在前面提及的, 騎兵讓戰爭變得有效率, 在多山的地理環境中成為地方聚落間有效的交通與控制工具, 好馬與其裝備可以被少數人掌控. 而所有這些因素, 都在漢帝國深入遼河流域及朝鮮半島北部設置郡縣的時代背景下, 影響東北亞早期國家的形成及相關人類生態變遷.

到了公元6至7世紀時, 東北亞的人類生態體系初步完成. 在朝鮮半島方面, 由於高句麗國力南移, 強化她與新羅, 百濟之間的資源競爭, 如此產生之政

扶餘之始祖.

治上的合縱連橫與文化交流, 讓朝鮮半島各國形成一穩定的人類生態體系, 公元7世紀的統一新羅為其政治表徵. 因著朝鮮半島上的人類生態體系完成, 倭國(大和王朝)被迫退出朝鮮半島的資源競爭之中, 而在日本列島上發展其人類生態體系, 中原帝國的郡縣從此也難以存在於朝鮮半島北部. 在滿洲方面, 公元1至5世紀發生在遼河流域的這些變化, 並沒有讓滿洲成為中原帝國的一部份, 而是出於滿洲的鮮卑部落聯盟南下建國, 最後建立統治華北的政權, 其血緣與文化並滲入隋唐中原帝國之中.

鮮卑的發展模式, 在6至13世紀的遼, 金, 以及17至19世紀的滿清政權身上一再重複發生. 也就是說, 滿洲與中原帝國人類生態體系之間的聯結, 以及今日滿洲成為中國一部份之現實, 並非肇因於歷史上中原帝國對本地的征服, 而是相反的, 歷來滿洲部落聯盟蛻變而成的國家對中原帝國的征服與滲透.

기마騎馬 문화와 동북아시아 지역 초기 국가의 형성

王明珂*

번역 : 이 유 정**

提要

유라시아 초원의 유목과 농업의 혼합 생활 형태는 기원전 1000년 경 遼河 流域에서 시작되어 夏家店上層文化를 형성하였고, 그 영향은 한반도까지 이어졌다. 기원전 400년 경 중국 북방지역은 본격적으로 유목화 과정에 들어서면서 遼河 流域과 燕山 지역에 東胡, 山戎 등 부족이 출현하였다. 유목과 농업의 혼합 생활에 기반을 둔 인간은 일찍이 車馬를 이용하여 전쟁을 하면서 무력을 장악한 군사 귀족이 통제하기 시작하였다. 또한,

---

* 臺灣 中央研究院歷史語言研究所 特聘研究員

** 한국고고환경연구소

유목화된 북아시아 부족들이 일반적으로 기마전을 하게 되었고, 사회는 이후 평등화 추세를 보였다.

1세기에서 5세기 경 동북아시아 역사에서 활약한 鮮卑族은 기마전에 능한 부족이었다. 이 기간, 선비족 部落聯盟, 고구려와 중원 지역 국가는 만주와 한반도 북쪽 지역에서 각축전을 벌였다. 선비족과 고구려는 중원에 할거한 郡縣 국가들이 뿌리를 내리기 어렵게 압박하였는데, 선비 부락연맹은 서쪽으로는 몽고 초원으로 세력을 넓히고, 남쪽으로 장성을 건립하여 중원을 통치하는 北魏 정권을 위협하면서 고구려가 한반도로 발전해가도록 압박하였다. 이러한 형세는 한반도 상에서 분산된 정치 주체들 간의 자원 경쟁과 충돌을 야기 시켰으며, 신라, 가야 등 국가의 출현을 조성하였다. 이러한 일련의 과정에서 기마병은 선비, 고구려, 부여, 백제와 중원 왕조 등 정치주체간의 전쟁의 주력이 되었을 뿐만 아니라, 왕권을 공고히 하는데 유용한 세력이 되었다. 고효율의 이동력과 무력을 가진 정예화된 기마병을 이용하여 통치자는 각 지방 세력을 장악하고 통제할 수 있었다. 한반도의 인류 생태 체계는 각 국의 상호 경쟁 중 형성되었다. 이 격렬한 경쟁에서 야마토 정권은 한반도 남부에서 그 생태 영역을 확장하기 위한 노력이 저지당하면서 결국 일본 열도 내부에서 자체적 인류 생태 체계를 발전시킬 수 있었다.

I. 머리말

역사학자들은 동북아 지역 한, 중, 일 삼국의 밀접한 역사 관계는 일찍이 1~6세기 시기 고구려, 백제, 신라, 대가야, 왜국과 중원 정권 간의 상호 정치 영향 및 문화 교류부터 시작되었다고 강조한다. 이러한 동북아 지역 역사 논술에서 만주 지역의 역사적 중요성은 왜곡되기나 소홀히 여겨졌다. 그동안 한,중 학자의 "고구려"에 관한 논쟁 혹은 중,일 학자의 "만주국"에 관한 논쟁에서 그 중요성이 일부 거론되었을 뿐이다. 사실 지리적 위치의 특수성과 多元적인 인류 생태 특징으로 인해 만주 지역은 생생한 역사적 생명력을 가진 곳이라고 할 수 있다. 만주 지역에서 각 국가와 部族群 간에 발생한 역사 변화는 전체 동북아 지역 및 중국 전역의 역사 발전에 영향을 주었다고 할 수 있다. 1~6세기의 烏桓, 鮮卑, 6~13세기의 契丹 및 女眞, 17~19세기의 建州女眞(後金)은 만주 지역에 출현한 부족들로써 長城을 넘어 들고 초원을 정복하여 중원과 몽고 초원에 국가를 세우고 통치하였다. 그 정치 세력의 굴기와 확장은 한반도와 일본 열도의 정치적 판도에도 깊은 영향을 주었다.

본 논문에서는 1~5세기 경 만주 지역의 高句麗, 烏桓, 鮮卑족의 기마 문화와 鮮卑部落聯盟의 굴기가 동북아 지역 고대 국가 및 인류 생태에 미친 영향을 살펴보고자 한다. 먼저, 기원전 9세기부터 기원전 3세기 경 유라시아 초원 지대의 동쪽 끝, 몽고 초원 및 만주의 西遼河 유역 일대에서 발생한 유목 인류 생태의 변천에 대해 소개하고자 한다. 이어 鮮卑部落聯盟의 굴기 및 확장, 그리고 그들의 기마 문화가 만주 전역과 한반도 및 일본 열도의 인류 생태에 가져온 영향을 설명할 것이다. 왜냐하면 기마 문화가 촉발시킨 격렬한 자원 경쟁은 각 지역 왕권 국가의 흥성을 유래하였고, 기마병은 왕권을 공고히 하는데 중요한 도구로 활용되었기 때문이다.

II. 西遼河 유역 유목문화와 인류생태의 변천

신석기 시대 말기 이래, 만주 지역의 遼河 유역은 사회적으로 부의 서열화, 정치 권력의 집중화 등 인류 생태 체계의 중심이 되었으며, 그 흔적은 紅山文化, 夏家店下層文化 유적에서 찾아볼 수 있다.

紅山文化(6500~5000년 전) 인류는 주로 농업에 종사하면서 돼지, 소, 양 등 가축을 키우며 채집 및 수렵에 종사하였다. 玉 공예가 발달하여 옥괘, 옥 귀걸이, 옥 팔찌 등 장식 패물이 출토되었으며, 猪龍, 玉龜, 玉, 玉人 등 종교적 제례에 사용된 玉器가 발견되었다. 학자들은 당시 인류가 이미 복잡하고 계급화 사회 단계인 "古國" 단계에 접어 들었다고 여겼다.[1]

기원전 4000년에서 기원전 3500년 전, 만주지역에 夏家店下層文化가 출현하였다. 이 문화는 西遼河유역과 燕山 북쪽인 河北 지역에 분포한다. 문화 유적은 주로 구릉 산지의 비교적 큰 城寨 혹은 小城堡가 대표적이며, 대다수 城牆이 있다.[2] 夏家店下層文化 인류는 기본적으로 농업과 가내 목축, 수렵을 주요 생업으로 하며, 고정된 주거 생활을 하였다. 당시 인류는 이미 칼, 귀걸이, 鼎, 甗 등 靑銅器를 제조 및 사용하였다. 또한 文化 말기에 보이는 밀집된 취락과 취락 밖의 석축 성장은 인구 증가와 그에 따른 취락 내부 사이의 자원경쟁이 가열되었음을 보여준다. 무력화의 색채가 강한 "北方靑銅器文化"인은 이때 이미 燕山 남북 지역에 나타났는데, 전쟁의 위협이 이 文化 인류로 하여금 석축 성장을 구축하고 본격적인 농업의 생산방식을 포기하게하였을 가능성이 있다. 필자는 기원전 3500년 전후에 발생한 乾冷化 기후와 환경 변천을 통해 夏家店下層文化의 종말을 해석한 바 있으며[3] 환경 고고학에서는 이 시기의 기온 하강과 가뭄을 증명한 바

---

1) 蘇秉琦는 紅山文化 말기 유물이 보여주는 문명 사회를 "古國" 이라고 보았다. :《遼西古文化古城古國-試論當前考古工作重點和大課題》,《文物》1986년 제8기:41-44

2) 蘇赫,〈從昭盟發現的大型青銅器試論北方的早期青銅文明〉,《內蒙古文物考古》2(1982):4;徐光冀,〈赤峰英金河陰河流域的石城遺址〉,《中國考古學研究─夏鼐先生考古五十年紀念論文集》(北京:文物出版社, 1986), 82-93。

3) 王明珂,《華夏邊緣:歷史記憶與族群認同》(台北:允晨文化, 1997), 第6章。

있다.[4]

夏家店下層文化의 종말 이후, 인류 활동이 거의 없었던 일정 시기를 지나 기원전 9세기 경에 이르러서는 遼西地域 인류는 새로운 적응 방식을 찾았다. 즉 더욱 다양한 품종의 가축을 키우면서 비교적 농업과 목축에 적합한 곳을 물색하며 남으로 이동하였을 것이다. 당시 인류가 남긴 흔적이 바로 夏家店上層文化 유적(기원전 3000-기원전 2400년)이다. 이 시기 인류는 老哈河 유역 및 大小凌河 유역의 遼西 평원에서 주로 활동하였으며, 비교적 늦은 시기에 燕山 지역까지 확산되었다.

夏家店上層文化의 석제 도구는 주로 타격용 석기와 반월형 돌칼을 사용하였고, 下層文化에서 자주 보였던 호미, 삽 등의 토질을 고르는 도구는 보이지 않는 것으로 보아 농경의 발달은 비교적 낙후되어 있었던 것으로 보이며 심지어 일부 지역에서는 소실된 것으로 보인다. 또한 공예기술은 하층문화보다 정교하지 못하고, 취락 형태 역시 하층 시기만큼 밀집되지 않으며, 장기간 반복된 거주 형태는 보이지 않았다.

上層文化에 나타난 동물유해는 下層文化시기에는 더욱 증가하였으며, 말의 유해도 출현하였다.[5] 고분에서는 남녀를 막론하고 몸에 지니던 패착형 장식품을 부장하였고, 남성은 검, 칼, 투구, 화살촉 등 전쟁에서 사용했던 무기를 부장하였다. 이러한 패착형 장식품, 무기 및 사용하던 도구는 대부분 유라시아 초원의 스키타이 문화적 요소를 강하게 표출하고 있다. 이러한 유물을 통해 당시 인류는 유라시아 초원의 유목문화의 영향을 받아 주거가 일정치 않으며, 농업보다는 목축을 중요시 여긴 것으로 보인다. 또한 남성은 내부 구성원의 보호, 군사적 방어 및 전쟁 약탈 활동에 주력했던

---

4) 韓茂莉,《史前時期西遼河流域聚落與環境研究》,《考古學報》2010年1期;10.

5) 劉觀民·徐光冀,〈內蒙古東部地區靑銅時代的兩種文化〉,《內蒙古文物考古》1981年創刊號:10。

것을 알 수 있다.

일부 하가점상층문화 석곽묘의 부장품은 매우 다양한데, 이는 그 고분의 주인이 높은 사회신분에 속한다는 것을 알 수 있다. 후기(춘추전국의 교체 시기부터 전국 시대)에는 주거유적의 수량이 대폭으로 감소하고 대량의 고분이 출현하였다. 또한 돼지뼈 이외에 소뼈, 양뼈, 말 이빨이 출토되었는데, 특히 大小凌河 및 燕山지역에서 이런 특징을 보여준다. 이 지역 인류가 본격적으로 유목을 생업으로 한 것을 반영하고 있다.

유라시아 초원 지역에서 말, 소, 양 위주의 목축을 주로 하는 유목 형태는 기원전 1000년 경에 처음 출현하였다고 보는 견해가 일반적이다.[6] 고고학자 Khazanov는 기원전 2000년-기원전 1000년 경 출현한 "초원청동문화" 인류의 생계는 牧畜農業(pastoral-agricultural) 혹은 農作牧畜(agricultural-pastoral) 의 형태로 진정한 유목 형태는 아니라고 하였다. 유라시아 초원의 유목에서 말은 빠질 수 없는 필수 요소로써 말을 타고 대량의 양떼를 통솔하며, 먼 지역의 초원까지 이동할 수 있다. 기원전 2000년 이전 시기에 말을 이용한 기마 문화는 아직 형성되지 않았거나 성숙된 단계가 아니기에 당연히 기마와 밀접한 유목위주의 경제방식이 생성되기 어려울 것으로 판단하였다.[7] 그러나 이동 수단으로써의 말의 이용과 기타 요인들이 북아시아 초원에 유목을 유행시킨 결정적 원인은 아니라고 보았다.

---

6) Katie Boyle, Colin Renfrew and Marsha Levine eds, *Ancient Interactions: East and West in Eurasia.* (Cambridge, UK: McDonald Institute for Archaeological Research, 2002);楊建華,〈歐亞草原經濟類型的發展階段及其與中國長城地帶的比較〉,《考古》2004年第11期:84-90。

7) 이 주제에 관한 최신 저작:,Marsha Levine, Colin Renfrew and Katie Boyle eds. *Prehistoric Steppe Adaptation and the Horse* (Cambridge, UK: McDonald Institute for Archaeological Research, 2003)。아래 책이 저자가 내린 결론도 상기 주제와 유사하다. 제14장에 상세히 논술함.,Elena E. Kuzmina, "Origins of Pastoralism in the Eurasian Steppes," 203-232。

이에 대해 필자는 Khazanov의 견해에 동의한다. 즉 기원전 2000~1000년 사이 유라시아 대륙 북부 지역의 기후가 점차 건냉화된 것이 유목 생활이 성행하게 된 주요 원인으로 생각한다.[8]

기존의 연구 성과에서 필자는 4000년 전쯤에 북아시아 기후가 건냉화 되면서 황토 고원 북쪽 변경 지역의 감숙, 青海河皇지역 및 내몽고 오르도스(鄂爾多斯)와 河套地區에서 많은 사람들이 취락생활을 포기할 수밖에 없었고, 그래서 이 지역의 목축화, 무장화, 인구의 이동이 비교적 늦어질 수밖에 없다고 설명하였다.[9] 본 논문에서 서술하고자 하는 西遼河유역의 인류 생태 변화 역시 북아시아 지역에서 생계를 위해 이루어진 유목 인류의 생태 변천 과정의 일부라고 할 수 있다. 그러나 앞에서 언급하였듯이 夏家店上層文化 인류가 모두 유목 생활을 한 것은 아니었다. 夏家店上層文化 후기(춘추전국의 교체기부터 전국 시기)에 일부지역(大小凌河 및 燕山지역)에서 인류의 유목경제 생업이 시작되었다.

Ⅲ. 遼西 초기 農牧 혼합경제 사회와 무사 귀족

夏家店上層文化의 사회 특징과 그 변천에 관하여 우리가 주의할 만한 것은 이 시기의 兵器, 장식품, 마구 및 비교적 늦은 시기에 燕山 지역에서 이 문화를 접한 인류의 牧業化, 武裝化 및 移動化 경향이다. 학자 烏恩의 연구에 따르면, 夏家店上層文化의 전성 시기에 공병곡인검竇柄曲刃劍, 직

---

8) A. M. Khazanov, *Nomads and the Outside World*, trans. by Julia Crookenden (second edition; Madison, Wisconsin: The University of Wisconsin Press, 1994), 90–95.

9) 王明珂, 《華夏邊緣·歷史記憶與族群認同》(台北:允昌文化, 1997), 第4-6章; 王明珂, 《游牧者的抉擇:面對漢帝國的北亞游牧部族》(台北:中央研究院聯經出版公司, 2009), 頁 90-111。

인검直刃劍, 短莖 혹은 丁字形 曲刃劍, 直刃匕首式劍 등 다수의 短劍이 출현하였다. 일부 短劍에 人形 혹은 호랑이, 사슴, 새 등 동물 모양 장식이 있다. 차마구는 銜, 鑣, 방울, 鑾鈴, 멍에 등이 있다.

　말의 재갈 제작은 정교하고 양식이 다양하며, 일부 재갈의 양쪽 끝에 맹수를 장식으로 조형하였다. 이 밖에 夏家店上層文化 유물에는 다채로운 동물 문양을 장식하였는데, 부조, 투조 및 원조 등 기법으로 말을 타고 토끼를 쫓는 모양, 활로 사슴을 쏘는 모습, 사슴이 누워있는 모습, 새의 무리, 호랑이 등 각종 모습을 생동감있게 표현하였다. 鳥恩이 정의한 "스키타이 3대 요소"(兵器, 마구, 야생동물 무늬)가 夏家店上層文化 중 풍부하고 생동감 있게 표현되어 있다.[10]

　田廣金·郭素新의 연구에 따르면, 서주 시기부터 춘추 시기의 "오르도스식 청동기"는 오르도스 지역 이외에도 두 곳이 더 비슷한 양상을 보이는 곳이 있다. 첫 번째는 北京 昌平의 延慶, 河北 지역의 平泉, 內蒙古 동부 지역의 赤峰·寧城 등지의 夏家店上層文化 구역이고, 다른 한 곳은 미누신스크 분지Minusinsk Basin의 카라수크 문화Karasuk Culture구역이 있다.[11] 이상 세 개 지역에 보이는 오르도스식 청동기의 공통된 특징은 그 銅器에 "스키타이식 세 가지 요소" 장식되어 있다는 점이다. 학자들은 이러한 특징을 지닌 靑銅器의 기원, 전파 방향 및 관련된 고대 인류의 이동 경로 등에 관하여 다양하고 심도 깊은 연구와 토론을 진행하였다. 본 원고 및 기존의 본인 저술에서 저자가 관심 있게 살펴본 것은 이러한 器物의 출현이 반영하는 인류 생태의 변천이다.

　스키타이 문화의 유라시아 대륙에서의 전파 및 확산은 인류 생태에서 두 가지 중요한 의의를 지닌다. 첫째, 騎馬를 이용하여 동물을 길들이고 이동

---

10) 鳥恩, 〈歐亞大陸草原早期遊牧文化的幾點思考〉, 《考古學報》2002年4期:437-70.

11) 田廣金·郭素新, 〈鄂爾多斯式靑銅器的淵源〉《考古學報》1988年3期:259。

수단으로 이용하고 야생 동물 수렵과 대외 약탈을 보조로 하는 생계 방식 (무기, 마구, 동물 문양, 동물 뼈 등에 나타남)은 이 시기 유라시아 초원 일대에 전파되었다. 둘째, 이러한 형태의 생계 방식을 지지하고 영위한 인류 사회에는 여전히 자원 분배의 계급화, 권력 집중화 사회라는 점이다.(왕족, 귀족 소유의 금속 공예품에 나타남) 따라서, 중국 북방의 북아시아 지역에서 이러한 특징을 가진 문화를 학자들은 "北方靑銅器文化" 혹은 "오르도스 청동기 문화"라고 부르는데, 모두 전문화된 유목 인류 사회의 유산은 아니라는 점이다. 이 사회 중 일부 인류는 어느 정도 정착 생활을 영위하였다 할 수 있다. 夏家店上層文化에서 출토된 돼지 뼈와 농업용 도구는 당시 인류가 농업, 목축, 수렵 등 다양한 생업 형태가 혼재된 혼합 경제에서 살았음을 보여준다. 기원전 7세기-기원전 5세기의 춘추 시대 중후기 이후, 중국 북방에서는 수많은 혼합 경제를 살아온 인류가 본격적으로 유목화 즉, 환경에 순응한 전문화된 유목업이 시작되었다. 또한, 이전 시기에 계급 사회를 대표하던 정교한 물질문화 유산은 점차 쇠락되었다고 할 수 있다.

유라시아 초원 동부에 해당하는 중국 북방 초원 지역에서 전문화된 유목업은 어느 시기부터 시작되었을까? 중국 역사의 서주 말기부터 춘추 전국 시기의 "戎狄"은 유목 사회의 인류였을까? 이 문제에 관하여 1940년대 Owen lattimore는 서주 시기부터 춘추 시기의 戎과 狄족은 농업에 종사하였으며, 기마부족이 아니라고 지적하였다. 그는 진정한 유목 부족은 기원전 4세기에서 기원전 3세기 경(전국 시대)에 중국 북방 초원에 비로소 출현했다고 하였다.[12] Khazanov는 유목의 기원이 유라시아 초원 동부가 초원 서부보다 늦다고 하였으나, 차이가 아주 크지는 않다고 보았다. 또한 스키타이 銅器가 일찍이 오르도스 지역 및 중국 북방 지역에 유행하였고, 유목

---

12) Owen Lattimore, *Inner Asian Frontiers of China* (1940; Oxford: Oxford University Press, 1988), 347–49.

형태 역시 이 때 남 러시아 카자크 초원 혹은 알타이 지역에서 몽고 초원으로 유입되었다고 보았다.[13] 또 다른 러시아 학자 Sevyan vainshtein은 약 기원전7~3세기 경 유목 인류가 유라시아 초원에 출현 및 확산된 시기이며, 이 시기 즈음 몽고 초원의 북쪽 끝 샤안-알타이 지역에 나타났다고 보았다.[14]

미국 역사학자 Nicola di cosmo는 한층 더 나아가 중국 북방 유목 사회를 3단계의 변화 형태로 정리하였다.

첫 번째 단계는 기원전 9~7세기 시기로, 夏家店上層文化가 가장 발전한 때로 보았다. 그는 기원전 8세기 경에 중국 최초로 말을 타는 용도로 여기는 기마 형태가 출현한 곳이 동북(西遼河유역) 지역이라고 보았다. 고분에서 출토된 스키타이 스타일의 器物과 대량의 말, 소, 양뼈 등은 이시기 이 지역에서 유목이 점차 중요하게 자리 잡았음을 보여준다고 하였다. 그는 더 나아가 이러한 유목을 기반으로 하는 무사 귀족 계급은 먼저 해당 지역의 유목 부족을 장악하고 그 정치세력을 점차 확장해 나갔다고 추론하였다.[15]

두 번째 단계는 기원전 6~4세기 시기로, 기마 및 철기 문화가 遼寧·內蒙古·寧夏·新疆 등 중국 북방 지역에서 발전하면서 기마 유목 인류가 내몽고 중남부 등지에 출현하였으며, 군사적으로 뛰어난 지위를 가진 유목 귀족 계급(nomadic aristocracy)이 정착한 취락 집단을 통치하거나 약탈하였다.

세 번째 단계는 기원전 4세기 중반부터 기원전 3세기 시기이다. 이 시기

---

13) A. M. Khazanov, *Nomads and the Outside World*, 96.

14) Sevyan Vainshtein, *Nomads of South Siberia: The Pastoral Economies of Tuva*, *trans.* by Michael Colenso (Cambridge University Press, 1980), 51.

15) nicola Di Cosmo, ancient china and its enemies(Cambridge: Cambridge University Press, 2002), 64-68

의 특징은 오르도스 초기의 흉노고분에서 대표적인 사례를 찾을 수 있다. 부장품이 전쟁과 깊은 관련이 있는 器物에서 점차 사치품으로 변화되었다.[16]

Nicola di cosmo는 청동과 철기의 제련은 말을 기마용으로 이용하여 인근 정착 집단을 통치하고 약탈하는데 사용하는 유목 무사 귀족 계급의 발전을 가져왔고, 이들은 좀 더 늦은 시기에 중국 기타 지역과 무역 교류를 하면서 점차 중국 북방 지역의 유목 문화와 유목 정치 집단으로 발전하였음을 강조하였다.

필자는 Nicola di cosmo의 유목 문화 삼단계 구분법에 전적으로 동의하지는 않지만, 그가 지적한 유목 무사 귀족 계급의 흥성은 깊이 있게 연구해 봐야 할 사안이라고 생각한다. 사실, 유럽의 중국 학자인 Jaroslav Prusek 역시 일찍이 유사한 견해를 내놓았다. 그는 유라시아 초원 동부의 "蠻族"의 이동과 중국 침략은 초원 서부 cimmerians와 scythians의 이동과 관련이 있으며 기원전 1000년 경 유라시아 초원에 기마 유목형의 경제 형태를 양산시켰다고 보고 있다. 이러한 새로운 경제 조류는 새로운 자원 영역의 분배를 가져왔고, 인근 지역으로 세력과 영토 확장을 꾀하는 유목 무사를 탄생 시키면서 유라시아 초원 전체에 급격히 일어났다고 보았다.[17]

초기 북아시아 지역의 유목사회에서 무사 귀족 계급에 관하여, 필자는 고고학적 유적과 유물이 뒷받침되면서 이 계급의 존재에 관해서는 의심의 여지는 없다고 생각한다. 또한, 유목 사회의 분기화(segmentation), 평등화(egalitarian)라는 특징과 이와 관련 있는 물질문화 현상에 주목해야 한다고 생각한다. 유목에 필요한 물질적 도구가 극히 적은 반면 그들의 주

---

16) 15)과 같은 책. 70 79

17) Jaroslav Průšek, *Chinese Staatelets and the Northern Barbarians in the Period 1400–300 B. C.* (Dordrecht, Holland: D. Reidel Publishing Company, 1971).

요 자산(목축)은 늘어나면서 그들은 어느 정도 무사 豪長 계급의 통제와 약탈에서 벗어나고자 노력하였다. 즉, 유물의 귀중 금속에 보여진 것은 북아시아 유목 사회의 일부 사회계층武士豪長의 단면일 뿐, 전체 모습은 아니라는 말이기도 하다. 기원전 3세기에서 3세기 경, 匈奴, 鮮卑, 西羌 등 유목 부족이 북아시아 역사에 출현하였을 무렵 武士豪長 계급의 문물을 특징으로 하는 夏家店上層文化와 오르도식 청동기 문화는 점차 사라지거나 쇠락하였다. 이는 고고 유물에서 보기 쉽지 않았던 유목 사회의 특징이 앞에서 논고하였던 고고 문화가 대표하는 사회로 점차 변화되었다는 것을 보여주는 것이다. 遼西지역에서는 夏家店上層文化 이후, 인류의 경제 生態가 점차 지역성, 다원성의 혼합 경제의 발전 경향을 보이기 시작했다. 즉, 초식 동물의 목축 기술과 보급 이후 각 지역의 인류는 각자 적합한 農, 牧, 漁獵 등의 혼합 경제의 발전에 적응하였다. 따라서, 문화 유적과 전반적인 사회 면모 사이에 다원화된 현상이 나타난 것이다.

夏家店上層文化와 관련 武士豪長 정치 세력의 쇠락은 이와 관련된 인류 생태 발전의 결과라고 말할 수 있다. 첫째, 기원전 10세기 이래 목축과 이동을 특징으로 하는 인류의 생계 방식이 "自主化, 平等化"와 "集中化, 서열화"라는 모순된 사회 구성법이 가축전이라고 할 수 있다. 고고학적 발견에서 살펴볼 때, 전자가 우세할 뿐만 아니라, 이에 따라 조성된 사회 변천은– 북에서 남으로 이동 – 많은 인구 집단이 그 귀족 豪長의 통제를 벗어나 평등 자주적인 유목 혹은 혼합 경제 부락으로 유입되었다. 둘째, "戎狄"의 남하와 자원 약탈은 남방 東周貴族의 "華夏동맹"을 탄생시켰는데, 이러한 부족군의 동맹은 "戎狄"과의 전쟁에서 점차 강화되었다.

기원전 3세기 초, 燕나라가 "東胡"를 북벌하면서 세력이 老哈河 유역에 이르고 敖漢旗, 赤峰 일대에 장성을 건설하면서 老哈河 유역과 大小凌 유역은 燕나라의 세력 범위 안에 포함되었다. 뒤를 이어 秦, 漢 때 역시 장성을 건설하여 남방 자원을 보호하였다. 이 자원 보호 경계선에 포함되지 않은 遼河 유역 서부 지역의 인구 집단의 생계는 이후 더욱 牧畜化, 이동화 되면서 그 사회는 더욱 자주화, 평등화 되었으며, 農牧혼합경제 사회의 무사 귀족 통치 집단은 와해되었다. 춘추 중기 이후부터 전국 시기까지 西遼河 유역의 인류 활동의 흔적은 극히 적지만, 활동을 하지 않은 것은 아니다. 오히려 그들은 자주적인 부락 사회로 분산되어 유입, 활동하였다.

IV. 烏桓, 鮮卑 유목사회와 기마 문화

기원전 10세기–기원전 5세기 무렵 북아시아 초원에서 활약한 무사 귀족 통치자들의 탁월한 전력은 기마전 관련이 있다는 점은 의심의 여지가 없다. 말의 신속한 이동 능력은 기마 능력을 갖춘 통치자가 우위를 점할 수 있게 하고, 효율적으로 분산된 취락 집단을 통치하고 약탈할 수 있게 하였다. 전쟁 방식은 車戰과 騎戰으로 나눌 수 있다. 초기에는 車戰이 유행하였다고 볼 수 있는데, 夏家店上層文化와 오르도스식 청동기문화(북방 청동기문화라고도 함)의 유적에서 차마의 부속품, 장식물 등이 다량 출토된 것을 통해서도 알 수 있다. 기원전 5세기에서 기원전 3세기 무렵은 북방 지역 인류가 본격적으로 유목화 시기로 접어들었는데, 수레를 버리고 기마전을 위주로 전쟁을 하였다.

중국 및 동아시아 지역에서 언제부터 말을 이용하여 수렵 및 전쟁을 시작하였는지는 논쟁의 여지가 많은 문제이다. 일부 학자들은 商代에 이미 차마가 있었으며, 이 시기부터 사람들은 말을 타고 활용하였을 것으로 본다. 그러나 냉해 사회에서 인류가 보편적으로 말을 이동, 수렵 및 전쟁의 도구로 활용하였다면, 고고 유물과 문헌 기록에 따라 기원전 8세기부터 기원전 6세기 경 북아시아 지역에서 農牧혼합경제 사회를 형성한 인류 집단을 이 문화의 선구자로 봐야 할 것이다.

고고학적 유물 측면에서 살펴보자면, 위에서 언급한 夏家店上層文化와 북방청동기문화 모두 상당량의 馬銜과 馬鑣가 출토되었는데, 이는 기마하여 말을 통제하는데 반드시 필요한 도구라 할 수 있다. 하지만, 수레를 끄는 말에는 이 도구들은 사용되었다. 더욱 직접적인 증거로는 내몽고 南山根 지역의 家店上層文化에서 "騎馬獵兎銅"라고 銅雕된 銅扣環이 출토되었는데, 이는 만주 및 몽고 초원 일대에서 말을 타고 수렵을 하였다는 최초의 고고학적 증거라고 할 수 있다.[18]

춘추 시기의 "戎狄"은 포괄적으로 異族을 지칭하는 개념이었다. 중원 북쪽 변경 지역의 "戎狄"은 중국 역사 문헌 기록에 따르면 步卒 위주의 전쟁을 하였다고 한다.[19] 기원전 541년 戎狄의 보병전으로 인해 車馬戰을 주로 하는 晉國이 불리해지자 진국은 "毁車以爲行"[20] 즉 車馬를 버리고 보병으로 바꿔서 전투하였다. 그러나 오르도스식 청동기문화의 유물을 살펴보면, 이 문화 후기 약 기원전 5~4세기 경 이미 기마병이 전투의 주력부대가 되었음을 알 수 있다. 춘추 시기 중원 북쪽 지역의 "戎狄"은 포괄적인 고고학적 문화 지역의 지리 공간 범위 혹은 남쪽 변경 지역에 있음을 의미한다.

중원지역에서 기병을 주 전투력으로 하는 전쟁 문화는 기원전 4세기 말에 비로소 출현하였다. 중국 문헌 기록에 따르면 기원전 307년 전국 시기, 趙나라 武靈王이 "胡服騎射"의 군사 혁명을 행한 것은 매우 중요한 지표라고 할 수 있다. 중국 문헌에서는 가벼운 복장으로 기마 형태로 전투를 한 것은 당시 사회에서는 전례가 없는 최초의 시도였다고 강조하였다. 또한,

---

18) 王克林, 〈騎馬民族文化的槪念與緣起〉, 《華夏考古》1998年3期:77~83。

19) 如《左傳. 隱公九年》:「北戎侵鄭, 鄭伯禦之, 患戎師, 曰:"彼徒我車, 懼其侵軼我也。"」

20) 《左傳. 昭公元年》:「晉中行穆子敗無終及群狄於大原, 崇卒也,將戰, 魏舒曰, 彼徒我車, 所遇又阨……乃毁車以爲行」

화북 지역의 趙나라가 북방 변경의 中山, 東胡, 林胡 등 戎狄의 도발 국면을 대응하기 위해서도 기병 작전을 행한 것은 그들의 북방 적군은 일찍이 기병 작전을 이용하였음을 보여준다.

기원전 1세기부터 기원후 1세기 경, 西遼河 유역의 鮮卑족, 烏桓족이 중국 역사 문헌에 등장하기 시작했다. 중국 사료에 따르면, 烏桓과 鮮卑는 모두 東胡에서 나왔다. 기원전 2세기, 烏桓 부족은 이미 西遼河 유역과 지류인 老哈河 일대에서 활동하였다. 西漢 시기에 많은 烏桓族 부락은 上谷, 漁陽, 右北平, 遼東, 遼西 등의 농경과 목축이 가능한 지역으로 이동하였다. 선비족 각 부락은 오환족이 이주한 이후의 西遼河 유역으로 이동하였다. 1세기 말 西漢은 일부 烏桓 부락을 장성 밖에서 장성 이내로 이동시키면서 鮮卑족 부락 역시 함께 남하하면서 한나라 변경 郡 밖까지 세력을 확장하였다.[21]

西遼河 유역에 정착한 烏桓족과 鮮卑족은 유목과 수렵을 하면서 간단한 농작 생활을 하면서 각자 개별적인 목축 집단 혹은 부락을 형성하였다. 《魏書》기록에 의하면 烏桓人은 "俗善騎射, 隨水草放牧, 居無常處, 以穹廬爲宅, 皆東向日. 弋獵禽獸, 食肉飮酪, 以毛毳爲衣……. 大人已下各自畜牧治産, 不相徭役"[22]

동일 문헌 기록에 따르면 鮮卑족의 경제생활 및 풍속은 烏桓족과 대략 비슷하다고 전한다. 1세기 경, 鮮卑 부락은 자주 匈奴 군대에 합류하여 長城 변경을 침범하였다. 90년 전후, 北匈奴 부락은 중앙 아시아로 이주하였는데, 鮮卑족은 이 시기를 틈타서 서쪽으로 이주하여 흉노족이 점령하였던 牧地를 차지하였고, 미처 이주하지 못한 10만여 흉노인은 모두 자칭 鮮卑족이 되었다. 이후부터 鮮卑족은 중국 변방의 우환이 되었다. 선비족과

---

21) 《後漢書》卷90, 烏桓鮮卑列傳第80;《三國志》魏書30, 烏丸鮮卑東夷傳第30。
22) 《三國志》30, 魏書30, 烏丸鮮卑東夷傳, 註引王沈《魏書》

南匈奴, 烏桓은 결탁하여 한나라를 침범하거나 서로 공격하며 싸웠다.

2세기 경, 선비족 부락에서 檀石槐라는 인물이 초원에 흩어진 선비족 각 부락을 통일하고 세력을 규합하여 한나라를 위협하고 약탈하기 시작하였다. 烏桓, 鮮卑족을 막론하고 당시 경제 영역을 한나라 북방 변경까지 확대할 무렵, 한나라 변경 지역에 대한 약탈과 무역 혹은 군사 역할을 통한 보상은 그들의 중요한 경제 생업이 되었다. 한나라는 귀중한 재화 보물과 생활 물자 보급[23]을 통해 이들 유목부족을 달래기도 하고 때로는 그들과 연합하여 한나라 변경 지역을 침범하는 기타 유목 부락을 공격하기도 하였다. 烏桓과 鮮卑족이 한나라를 위해 군사적 역할을 할 수 있는 근거는 바로 기마로 무장된 군대였다.

3세기 경, 遼東, 遼西, 右北平 세 개 지역의 烏桓이 조조 군대에 의해 패하면서 일부 烏桓의 騎兵 세력은 조조의 위나라 군사 체계에 편입되면서 東漢 시기 烏桓의 騎兵은 "천하 제일의 기병"으로 불리웠는데, 이를 통해 烏桓이 기마전에 능통하였다는 것을 알 수 있다.

문헌 기록에 따르면 선비족이 匈奴, 烏桓족과의 싸움 혹은 한나라 변경 지역 약탈에 기병을 주로 활용한 것을 알 수 있으나, 정작 3세기 이전의 고고학 유물에서는 그들의 馬具 출토가 극히 적었다. 심지어 그들이 馬鞍과 馬鐙을 사용하였는지 확실히 알 수 없다. 많은 학자들이 馬鞍과 馬鐙의 기마전에 반드시 필요한 장비라고 생각하고 있다. 그러나 川西(사천 서부지역)와 내몽고 등지에서 羌족과 藏족, 몽고족 사람들이 안장 없이 말을 자유롭게 타고 달리는 것을 자주 볼 수 있는데, 따라서 1~2세기 경 烏桓과 鮮卑족은 간단히 가죽 안장(동물 가죽 혹은 자작나무피 안장)만을 사용하였을 것이다. 가죽 안장은 말기(기원전 4~3세기) 오르도스식 청동기의 銅馬에

---

23) 據史籍記載, 當時鄰近東北邊郡的靑、徐二州, 每年經常付給鮮卑錢二億七千萬;見
《後漢書》卷90, 烏桓鮮卑列傳第80。

서 그 흔적을 찾아볼 수 있다.[24] 고고학적 유물에 근거에 따르면, 3~5세기에 이르러서야 비로소 慕容氏 鮮卑족에 해당하는 馬具가 다량 출토되었다.

사실 3세기 이후의 鮮卑족은 그 이전 시기 西遼河 유역에서 유목하던 선비족과는 완연히 다르다고 할 수 있다. 1세기 경 西遼河 유역에서 유목을 하던 선비족은 2세기 경 동쪽으로는 遼東, 서쪽으로는 천산 초원까지 확장한 군사 정치 집단으로 변화하였는데, 부락 연맹 조직을 통해서 이루어진 것이다.

선비족의 군사 집단은 다수의 부락연맹으로 구성되는데, 각 부락 연맹은 발전과정에서 해당 지역 인구를 흡수하면서 그 내재 의미를 바꾸어 나갔다. 檀石회가 연맹 대표이었을 때(137~181년)가 선비족 부락 연맹의 세력이 가장 번성하였을 때이다. 그의 통솔 하에 선비는 동, 중, 서 세 개의 部로 나뉘어 각각 대표를 두었다. 右北平의 동쪽부터 遼東, 濊貊을 동부대인 구역, 右北平 서쪽부터 上谷을 중부대인 구역, 上谷 서쪽부터 燉煌, 烏孫을 서부대인 구역으로 나누었다 세 개의 대형 부락 연맹은 상당히 독립적인 아래 단위의 부락 연맹을 포함하고 있는데, 이를 통해 해당지역의 부족을 흡수 편입시켰다. 예를 들면, 동부 선비족의 慕容부락에는 요동의 濊人, 燕人과 高句麗人이 편입되어 있다. 또한, 拓拔 선비족은 이전 흉노족의 근거지였던 내몽고 중남부 초원에 진입한 이후에 賀賴, 破六韓 등 남아있던 다수의 흉노 부족과 晉人, 烏孫人을 흡수 편입하였다.

檀石槐 이후 각 지역의 선비족은 정복하여 얻은 영역과 주변 세계를 통치하기 위하여 부락 지도자의 위엄과 권력을 증강시켰는데, 부락 지도자 가족은 匈奴, 氐羌 부락 지도자와 북방 한족 문벌로부터 일련의 통치 기술을 습득하여 난세의 각 부족의 유랑 백성을 흡수하고 정권을 수립하였다.

---

24) 羅豐等, 〈寧夏固原近年發現的北方青銅器〉《考古》1990年5期:412。王克林, 〈騎馬民族文化的概念與緣起〉,《華夏考古》1998年3期:80-82。

西晉 시기 중원 지역 왕조 말년, 북방의 각 부족 수장들은 분분히 할거하여 건국하였는데, 이 시기를 중국 역사에서는 "오호십육국" 시대라고 부른다. 이 중 건국을 가장 많이 한 부족이 선비족이다. 慕容氏가 前燕, 後燕, 南燕, 西燕을 건국하였고, 段氏가 遼西國을 건국하였다. 또한 乞伏鮮卑가 西秦을 건국하였고, 禿髮鮮卑가 南涼을 건국하였다. 마지막으로 439년 화북 지역을 통일한 北魏 拓拔氏 역시 선비족 출신이다.

V. 鮮卑, 高句麗의 기마 문화와 초기 동북아 국가

위 설명에서 알 수 있듯이 4세기 前燕(337년~370년) 정권을 수립한 慕容鮮卑족은 과거 西遼河 지역에서 유목하던 鮮卑族과는 상당한 차이가 있다. "鮮卑人"의 부락 연맹은 필요성에 따라 발전 및 이동을 감행하고, 새로운 구성원을 흡수하고 부족의 존재 의의를 바꾸는 등의 적극적인 적응과 변화를 꾀하여 정치사회조직 성격을 바꾸면서 부락 연맹에서 국가로 발전하였다. 위에서 언급한 3~5세기 경 출현한 鮮卑慕容氏의 마구는 국가 규모의 정치 체제를 갖춘 선비 귀족의 유물이라고 할 수 있다.

중국 학자 王巍는 3~5세기 경 출토된 마구를 통해 동아시아 각국의 문화 교류에 관하여 연구한 바 있다.[25] 이 시기의 선비, 고구려, 신라, 가야, 백제 및 일본의 고분 시대의 馬具를 비교 정리하였다. 그에 따르면, 고구려의 4세기~5세기 경 마구와 慕容氏 鮮卑가 세운 前燕, 後燕, 北燕의 마구와 종류가 비슷할 뿐 아니라 형식 역시 매우 유사하다.

慕容氏 鮮卑족이 사용한 마구 세트가 출현한 연대는 3세기 말엽부터 4

---

25) 王巍, 〈從出土馬具看三至六世紀東亞諸國的交流〉, 《考古》1997年12期:66~84。

세기 초이다. 반면, 고구려의 마구는 4세기 후반 이후 제품이므로, 고구려의 마구는 慕容氏 鮮卑의 마구의 영향을 많이 받은 것으로 보인다고 하였다.[26] 왕위에 따르면, 한반도 남부 지역의 백제, 신라, 가야의 마구는 三燕의 것보다는 고구려의 마구와 상당히 유사하다고 지적한다. 특히, 신라의 마구는 고구려의 것과 가장 흡사하다고 하였다.[27]

일본 고분 시기의 마구는 절대 다수가 한반도 남부의 마구에서 그 유사성을 찾을 수 있으며, 특히 가야의 마구와 가장 유사성을 보인다고 하였다. 이는 5세기 경 일본 고분 시대의 마구는 가야 장인의 손에서 나온 것이기 때문이라고 지적하였다.[28] 왕위는 동북아 초기 국가의 마구에 관하여 비교 설명 후, 전쟁의 각도에서 마구의 전파에 관하여 논하였다. 그에 따르면, 고구려가 慕容氏 鮮卑족과의 전쟁에서 어느 한쪽이 군사적 열세에 놓이게 되면, 적군의 마구의 장점을 흡수 응용하여 아군의 기병 능력을 강화시킨다는 것이다. 또한, 5세기 중엽 일본의 고분에서 마구가 대량 출토된 것은 왜국이 고구려의 기병에 패하면서 기병 강화 및 발전에 전력하였기 때문이라고 하였다.

楊泓은 중국 고대 마구와 그 대외적 영향에 관하여 연구하였다. 4~5세기 고구려의 마구는 이보다 일찍 출현한 중원 지역 마구의 영향을 깊이 받았고, 5세기 말~6세기 초 신라 천마총에서 출토된 마구는 집안 고구려 고분에서 출토된 마구의 특징을 가지고 있는데, 이는 즉 중원 지역 마구의 영향을 받은 산물이라고 할 수 있다. 또한, 5세기 중엽의 일본 고분 시대 중기에 수장품 중에 마구가 출토되기 시작하였는데, 이후 고분을 장식하는 말모양 하니와가 출토되었다. 6세기 경, 이 말모양 하니와에서는 채찍, 안

---

26) 25) 논문, 75-76

27) 25) 논문, 77-79

28) 25) 논문, 79-82

장, 재갈, 흉대 등 마구 세트를 새긴 것을 볼 수 있다. 그는 이는 고대 왜국이 고구려와의 접촉과 전쟁 중 마구와 기타 기병 用具를 대량 받아들인 것으로 보았다.[29] 이러한 연구는 각 지역에서 출토된 마구의 형태와 연대에 관하여 상당 정도 고찰하였고, 지리적 공간 중의 전파 순서를 배열하였으며, 전쟁 중 마구의 기능과 역사 기록을 대비 서술하여 학설을 증명 서술하였다. 본인 역시 이러한 연구에 관하여 반박하지는 않는다.

필자는 만주, 한반도 및 구주, 본주에서 출토된 마구를 다른 각도에서 생각해 볼 필요가 있다고 생각한다. 첫째, 이러한 고고 유물에 관하여 다음의 세 가지 사항을 주의해볼 필요가 있다.

1) 고구려 신라, 백제, 가야, 일본 등지에서 출토된 마구는 대부분 왕족 고분에서 출토되었다.

2) 桓仁M15와 M19와 같은 시기가 비교적 이른 소수의 유적과 집안 지역 萬寶汀 등지 적석분에서 출토된 마구는 비교적 단순한 형태인 것 이외에 (銜과 鑣만 있다.),[30] 각지(신라 천마총, 가야)에서 출토된 마구는 모두 중원지역에서 초기 출토된 마구보다 정교한 점이다.

3) 고구려 왕족의 고분 벽화를 통해 살펴 볼 때, 당시 기병은 그 기마 장비를 모두 제대로 갖춘 것으로 보아 매우 귀족화된 부대로 보인다는 점이다. 이는 기병이 당시 동북아 초기 국가에서 보편적으로 전쟁에 이용되었지만, 관련 유물과 벽화에 표현된 기병은 오히려 상당히 귀족화되었다는 것을 보여준다. 기병은 동북아시아 지역 초기 국가에서 대외 전쟁에 이용되었을 뿐만 아니라, 귀족화된 기병은 이들 국가의 형성과 더욱 밀접한 관계가 있다고 생각한다.

---

29) 楊泓, 《中國古代馬具的發展和對外影響》, 《文物》1984年第9期:45-54。
30) 魏存武, 〈高句麗馬具的發現與研究〉, 《北方文物》1991年4期:18-27。

아래에 좀 더 나아가 설명하겠다. 첫째, 1~4세기는 동북아 지역의 각 왕권 국가가 앞 다투어 興起하던 시기이다. 중국과 한국의 역사 문헌에 따르면, 어떤 국가는 아주 오래된 선조의 신화 기원을 가지고 있다. 그러나 부여, 고구려 및 백제 등 비교적 일찍 국가 규모를 갖춘 정치 공동체는 기원전 1세기~기원 1세기보다 이르지 않다. 이는 漢이 遼東 지역으로 그 영역을 확장한 것과 관련이 있다. 한은 동북 지역에 郡을 설치, 영토를 확장하면서 遼河流域, 松花江 平原 남부 및 한반도 북부의 유목 부족과 정착 촌락의 인류 생태를 혼란시켰다. 이 지역의 人類群들의 반응은 烏桓, 鮮卑 등 유목 부족은 부락 연맹을 구성하였고, 부여, 고구려, 백제 등은 각각 흩어져 산성, 촌락 연맹을 맺어 국가를 수립하고 한나라가 설치한 郡縣과 맞섰다. 고구려는 한나라의 郡縣을 압박하고, 한반도 북부와 중부로 그 세력을 확장하면서 한반도 전체는 각 정치체 간의 경쟁과 합병이 더욱 격렬하게 되었다. 3세기 말엽에서 4세기 중엽, 대가야국은 각지의 가야 정권을 통일하고, 신라 역시 국가 규모의 정치체를 갖추게 되었다.('신라'이름의 출현은 비교적 늦다.)

이와 동일한 시기에 많은 문화 요소가 만주 남부, 한반도로부터 일본 북구주와 본주 등지에 유입되어, 3~4세기경에는 해당 지역에 왕권 국가가 상당히 발전하였는데, 고분 시기의 거대 고분 건축과 정교한 문물, 邪馬台國 및 "친위왜왕"의 중국 역사 문헌기록 등에 나타나 있다. 5세기경, 왜국왕은 수차례 사신을 남조 유송정권에 보내서 "使持節都督倭·百濟·新羅·任那·加羅·秦韓·慕韓七國諸君事, 安東大將軍、倭王"의 봉호를 수여할 것을 요청하였다.[31] 자칭 倭王이라는 封號는 당시 구주, 본주 지역의 야마토 정권의 한반도를 향한 자원 영역 확장의 야심을 보여주는 것이다.

---

31) 《宋書》卷97, 倭國.

둘째, 1세기~4세기경 앞다투어 興起한 동북아 지역의 왕권 국가는 대부분 지역에서 다원 분립된 촌락과 산성 연맹의 토대에서 수립되었는데, 이는 이들 지역이 주로 산과 계곡으로 이루어진 지리적 환경과도 관련이 있다. 이러한 지리환경과 정치배경에서는 말과 기병은 대외적으로 방어, 확장에 이용되었을 뿐만 아니라, 내부적으로는 각 지역의 주거 집단 사이의 소통과 정치적 통제에 더욱 유리하게 작용하였을 것이다. 이처럼 초기 왕권 국가의 수립과 공고에 상당한 공헌을 하였다. 이러한 현상은 역사 문헌 속에 이들 국가에 관한 기록에 드러나 있다. 비교적 일찍 출현한 부여는 문헌 기록에 따르면 "其國善養牲, 出名馬"라고 하였다.[32] 이에 따르면, 부여 사람들은 말을 기르고 훈련시키는데 상당한 기술을 가지고 있었다는 것을 알 수 있다. 고구려는 『三國史記』에 기록된 기원 전설에 따르면, 고구려의 시조 주몽은 말을 잘 기르고 말의 좋고 나쁨을 변별할 수 있었다고 한다. 백제에 관해서는 『隋書』에 직접적으로 「俗善騎射」라고 하였다. 이러한 역사 문헌 기록에는 각 국가의 사람들이 말을 잘 기르고 기마와 활쏘기에 능하였다고 하였을 뿐, 국가와 왕권의 발전 관계에 대해서는 나타나 있지 않다. 신라와 동부여 왕실의 기원 전설에는 말(神馬 혹은 왕의 기마)의 引導에 따라, 비로소 그 시조(혁거세와 금와)를 발견하였다는 특이한 탄생 신화는 당시 각 국의 왕족들이 말을 중요하게 여기고 아꼈다는 것을 알 수 있다.

기병과 기마 문화와 동북아 지역 초기 국가 형성의 관계에 관해서는 역사 문헌 중에 史實이 직접적으로 기록되어 있다. 『三國史記』는 고구려, 신라, 백제 왕실의 사실을 편년체로 기록한 역사서이다. 삼국사기에 따르면 왕은 자주 사냥을 나갔고 전쟁 중에는 기병을 정예부대로 편성하여 직

---

32) 《三國志》卷30, 魏書30, 夫餘

집 통솔하였다고 되어 있다. 이는 국왕은 직속의 기병 부대를 가지고 있어 평상시에는 사냥 활동 등에 활용하고, 각 지역을 순시하거나 위력을 과시하기 위해 이용하였다가 전시에는 정예의 유격 부대로 사용한 것을 알 수 있다. 따라서 산이 많은 지리적 환경에 있는 고구려, 신라, 대가야 등 국가의 기병은 왕권을 공고히 하고 강화하는데 주로 이용되었다고 할 수 있다. 만주, 한반도, 일본 열도 등의 왕릉, 고분 유적 중에 보이는 정교한 마구는 각 국 왕적이 그 기병을 이끌고 출행할 때 갖추었던 장비라고 할 수 있다. 良馬와 정교한 마구는 수량이 많지는 않지만, 왕족에 의해 통제되었던 자원—군사적 자원일 뿐만 아니라, 신분적 상징과 정치 및 사회 안정과 강화를 위한 자원—이었다고 할 수 있다.

VI. 맺음말

이상 서술한 고고 유물(마구, 무기 등 유물 및 벽화, 조소) 및 관련 역사 문헌 기록은 고구려, 백제, 신라, 대가야, 왜국(야마토정권) 등 동북아 초기 국가 왕실과 북아시아 초원에서 시작된 기마 문화가 밀접한 관련이 있음을 나타낸다. 이러한 연관성은 일본 학자 江上波夫 등이 일본 왕족을 "騎馬游牧民族"의 후예라고 제기하기 위해 주목한 데서 비롯되었다. 다만, 일본 학자들이 역사 사실을 근거로 얻은 결론은 편차가 아주 크다고 할 수 있다. 필자가 주목하는 것은 이들 왕족의 계통이 북아시아 유목 민족인 것에 대한 여부가 중요한 것이 아니라, 관련된 기마문화가 국가형성과 왕권 강화에 의의가 있다는 것이다. 앞에서 언급한 바와 같이, 기병은 전쟁에서 효율적으로 이용되었고, 산이 많은 지리 환경에서 취락 간의 중요한 교통수단이자 통제 역할을 하였으므로, 양질의 말과 그 장비는 소수에 의해 소유되고 관리되었다. 이러한 모든 요소들은 한이 遼河유역과 한반도 북부에 郡縣을 설치한 시대 배경 하에서 동북아 초기국가의 형성과 관련 인류의 생태 변천에 전반적으로 영향을 주었다.

6~7세기 경, 동북아 지역의 인류 생태 체계는 점차 완성되었다. 한반도에서는 고구려 국력이 점차 남하하면서 신라, 백제와의 자원 경쟁을 가속하여 정치적인 합종연횡과 문화교류를 낳았으며, 한반도 각국에 안정적인 인류 생태 체계를 형성하였으며, 7세기 통일 신라가 그 정치적 상징이라고 할 수 있다. 한반도에서의 인류 생태 체계가 완성됨에 따라 왜국(야마토왕조)은 한반도의 자원 경쟁에서 퇴출되어 일본 열도에서 인류 생태체계를 갖추고 발전하였으며, 중국의 郡縣 역시 이때부터 한반도 북부에서 존립하기 힘들었다.

만주 지역의 경우 1~5세기 遼河流域에서 발생한 이러한 생태 변화로 인해 만주 지역은 중원제국의 일부분이 되지는 못하였고, 만주의 선비 부락 동맹에서 나와 남하하여 나라를 세우고 화북을 통치하는 선비정권을 수립하였는데, 이후 그 혈연과 문화는 隋唐 중원제국으로 유입되었다. 선비족의 발전 모형은 6~13세기의 遼, 金과 17~19세기 滿淸정권에서 다시 재현되었는데. 즉, 만주와 중원제국의 인류 생태체계 간의 연결과 현재 만주가 중국의 일부분이 된 현실은 역사상 중원제국의 이 지역에 관한 정복에서 기인한 것은 아니다. 오히려, 역대 만주 부락연맹이 이탈하여 독자적 이룬 국가가 중원제국에 대하여 정복과 점거를 진행한 결과라고 볼 수 있다.

「기마문화와 동북아시아 지역초기국가의 형성」에 대한 토론문

조윤재 (고려대학교 고고미술사학과)

王明珂교수는 다년간 인류학 및 민족학적 접근방법으로 북방 초원지역의 유목문화에 대한 연구에 천착하고 있다. 특히 유목민족의 기마문화 생성과 農農·목세력牧勢力 간의 충돌 및 각축에 대하여 기후 및 생계방식의 사회구조적 고찰을 통한 탁견을 제시하기도 하였다[33]. 孫璐교수는 중국 동북지역 선진시기 차마구에 대한 연구를 지속하고 있다. 토론자는 몇 가지 질문을 통해 발표자들의 의견을 구하는 것으로 토론을 대신하려 한다.

1) 신라 및 가야[34]의 출현을 선비의 확장으로 인해 빚어진 고대 한반도의 초기 정치세력간의 자원이용 경쟁과 충돌에 기인한 것으로 파악한 견해에 대해 좀 더 구체적인 부연설명을 부탁드린다. 한제국의 팽창으로 이루어진 동북지역 세력간의 자원쟁탈과 확장의 방향성으로 초기국가형성이 이루어졌다는 시각은 자칫 한반도 정치체들의 국가형성 동기가 피동적이고 제한적으로 발생했다는 오해를 유발할 수도 있는 사안이다. 이는 한국 연구자들의 일반적인 해석과 궤를 달리하고 있기에 좀 더 구체적인 발표자의 논리를 듣고 싶다.

---

[33] 王明珂, 2002, 『遊牧者的決擇』, 中央研究院叢書, 聯經出版公司(臺灣).
[34] 본문에서 발표자는 아마도 『三國遺事』駕洛國記에 기재된 "大伽倻"라는 용어를 사용하였으나 토론자는 "금관가야"를 지칭하는 의미로 이해하였다.

2) 발표자는 고구려, 신라, 백제, 가야 및 일본 마구의 출토가 고분에서 이루어졌다는 점, 신라 및 가야지역에서 출토된 마구의 제작수준 및 기술적 완성도가 중국 중원지역 초기 마구들을 능가하는 점, 고구려벽화에서 보이는 기병 및 기마장비의 정제整齊함을 들어 실제 전투용 기마장비라기 보다는 화려한 귀족화 기병에 사용된 현상으로 파악한 점, 산과 곡부로 이루어진 지형적 특징 등을 지적하면서 대외전쟁의 용도뿐만 아니라 국가형성과 밀접한 관련이 있을 것으로 이해하였다. 즉 국가형성에 필요한 지역 간의 소통과 정치적 통합과정에 말과 기마장비가 활용되었을 것으로 보고 있다. 그러나 가야지역에서 확인된 마구의 수량과 그 제작수준이 다른 초기 정치체들(백제, 신라)에 비해 상회하고 있는 현상은 발표자의 이해와 분석틀로만은 명쾌하게 설명되기 어려울 것 같은데 이에 대해서는 어떠한 생각을 가지고 있는지 질문 드린다.

종합토론

■ 일시 : 2016. 4. 23. 14:30~17:00

■ 장소 : 국립김해박물관 대강당

신경철 : 안녕하십니까, 토론 좌장을 맡은 부산대학교 고
고학과 신경철입니다. 토론은 다나카 선생님, 왕밍커 선
생님, 서영교 선생님 먼저 시작하겠습니다. 우선 이영식
교수님 다나카 교수님께 질의 부탁합니다.

이영식 : 인제대학교 역사고고학과 이영식입니다. 우선
학술회의 기획·운영자로서 다나카 선생님과 서영교 선
생님께 죄송하다는 말부터 드려야 할 것 같습니다. 금년
도 주제가 학술위원회를 통해 마구로 정해졌기 때문에
역사학적으로 별로 할 것이 없습니다. 그럼에도 불구하
고 두 분 선생님께 강제로 부탁을 드렸고, 부탁을 드릴 때도 취지 전달이
그렇게 원활한 것 같지는 아닌 것 같습니다. 아마 전쟁 속에 있는 기마전이
라든지 마구와 관련되는 언급을 해주시면 어떨까 하는 말씀을 드렸는데,
전쟁을 넓게 다루어 주셔서 마구와 관련한 질문을 드릴 것은 별로 없습
니다. 그래서 제가 생각하는 문헌 쪽에서의 마구관련 내용을 말씀드리고,
발표 내용 가운데 한두 가지 정도 의문을 제시하는 것으로 하겠습니다.

질문은 아니고 다나카 토시아키 선생님께서 전쟁을 훑으셨는데, 기병과
관련된 사료가 인용된 것은 광개토왕릉비 영락 10년조 서기 400년입니다.
그리고 『삼국사기』진흥왕15년조 554년, 『일본서기』흠명15년 12월조 554년
과 『삼국사기』진흥왕23년조 562년 3개입니다. 전쟁의 전개에 대한 내용이
있을 뿐, 기마騎馬나 마구馬具에 관련된 논급은 없습니다. 다만 「광개토왕릉
비」의 전쟁에서 광개토왕이 보병과 기병 5만을 파병한다고 되어 있으니까,
분명히 전력 중에 기병이 포함되었던 것으로 생각됩니다.

이러한 기병의 존재는 이미 4세기 중엽에 안악3호분의 벽화에서 행렬도
에 보이는 중장기병의 모습으로 충분히 확인됩니다. 갑주에 속해서 사실

마구는 아니지만, 함안의 마갑총일고 하는 것이 5세기 중엽 정도로 고고학자들이 편년을 하고 있으니까 함안의 마갑총 주인공은 적어도 400년의 전쟁을 경험한 사람이 거의 틀림없다고 생각할 수 있습니다. 다만 마갑총에서 나오는 마갑이 분명히 함안 말이산고분군의 일부인데 고분군 전체에서 동일한 마갑이 출토한 예가 아직 없습니다. 따라서 함안의 아라가야가 마갑을 직접 생산했다라고 생각하기 보다는 오히려 400년의 전쟁에서 고구려군으로부터 획득된 전리품과 같은 성격으로 보는 것이 좀 더 설득력이 있을 것 같습니다. 400년의 전쟁의 고구려 중장기병을 가야, 광개토왕릉비의 기록에 따르면 임나가라와 아라의 두 나라는 물론 다나카 선생님은 임나가라를 세 개의 나라 정도로 말씀하셨지만, 분명히 중장기병을 경험하고 있습니다. 이런 기록들은 다시 거슬러 올라가면 아마도 3세기 후반이고 생각이 되겠죠. 진수가 편찬한 삼국지의 기록에 보면, '부지승마不知乘馬' 소와 말을 탈 줄 모르고 '편보전便步戰' 오로지 보전을 일삼는다고 합니다. 아직 기마전을 모른다는 것입니다. 대개 3세기 말의 상황이 편보전의 상황이라면 5세기 초에 가야 여러 나라가 경험하는 고구려의 중장기병 사이에 분명히 가야 마구의 혁신적인 발전이 시작된 것으로 생각할 수 있습니다. 이상의 내용은 질문이 아닌 보충설명이었습니다.

다나카 선생님 발표 내용에 한두 가지 질문을 드리면, 먼저 「광개토왕릉비」에 따르면, 고구려가 신라를 구원하고, 달아나는 왜군을 쫓아 처음 충돌하는 나라가 임나가라입니다. 임나가라에 대해서 김해 남가라, 그 다음에 탁기탄 저는 진영으로 봅니다만 그 다음에 창원의 탁순 세 곳을 임나가라로 보고 계십니다. 바로 임나가라 뒤에 광개토왕릉비에는 종발성이라는 표현이 있어서, 이것은 임나가라의 종발성이라고 하기 때문에 일반적으로 임나가라가 하나인 것 같다 생각해 왔는데, 다나카 선생님은 이 세 개의 나라로 생각하고 계십니다. 이것에 대해 설명을 해주셨으면 합니다.

다음으로 『일본서기』 신공기를 많이 인용하시면서 4세기 대에 왜가 북쪽에 있는 고령의 대가야에 진출을 시도했다는 내용을 새롭게 언급하셨는데, 조금 의아스러웠습니다. 사실 신공기의 기록이라고 하는 것은 츠다쏘우키지치 이래 이미 만들어진 이야기이고 역사적인 사실에 반영하기 어렵다는 지적이 있었고, 또 나오키코지로는 뒤에 백제가 일본서기의 기록으로는 백촌강전투 우리 기록으로는 백마강전투를 할 때 2만의 구원병을 파견하는 여왕인 제명을 모델로 해서 만들어진 설화에 불과하다는 사료비판이 충분히 있었기 때문에, 우리가 신공기 49년조부터 62년조에 이르는 기록에 대해 이른바 신라평정이라든지 가라칠국평정이야기라고 부르는 기록에 대해서는 아마도 백제가 오히려 탁순과 같은, 즉 창원지역의 가야세력의 중재로 일본과 최초의 교섭을 시도했다는 정도의 역사성만 인정할 수 있을 것으로 생각해 왔는데, 선생님께서 적극적으로 62년조를 언급하셔서 대가야 쪽 진출을 말씀하셨습니다. 이러한 내용은 너무 거창해서 우리가 이것만 가지고도 하루 종일 토론해야 할 문제고, 제 경우에는 선생님께서 충분히 지적하셨지만, 일본서기적 윤색은 공통적으로 지적하는 것이지만, 여기에 등장하는 아라카히코라든지 아라타와케라든지 아니면 사치히코라든지 같은 왜장들 이름에서 씨족전승이 과장된 것이 아닌가 생각됩니다.

이러한 씨족전승의 과장과 백제측의 주장, 그리고 일본서기적 윤색에 기초한 사료비판에서 선생님께서는 대가야 공략이 실패로 끝나고, 뒤의 행동으로써 왜와 제가 중국에 칭호를 요청하는데 가라를 포함시켰다고 하셨습니다. 가라는 대가야고 대가야진출이 실패로 끝났기 때문에 작호에서만이라도 제가 가라를 획득하고 싶었다고 설명하고 계십니다. 그런데 왜왕 제가 신청하고 받는 칭호가 가라만 있는 것이 아니라 그 앞에 임나가 붙어 있습니다. 선생님이 선면으로는 임나는 앞이 세 개의 나라를 이야기하면서 이미 대가야를 공략하기 위한 남부가야의 왜와의 동맹관계에 있다고 말씀하셨습니다. 즉 가라 공략에 실패한 보완조치로 칭호를 달라 하였는데, 임나가 동맹을 맺은 남부의 김해, 창원 동읍, 창원의 나라였다면 설명이 안통할 것 같습니다. 선생님의 의견을 듣고 싶습니다.

다음으로 『일본서기』계체 23년 529년입니다. 529년에 왜로 건너갔다고 하는 임나왕 기능말다한기 또는 코노마타칸키라는 사람을 대가야 왕으로 보시고 있습니다. 이 사람이 왜에 갔다가 되돌아 간 곳이 아라였습니다. 이 때 아라에는 근강모야신 오우미노케나노오미가 있었습니다. 그래서 오히려 코노마타칸키가 돌아간 곳이 아라니까, 원래 임나왕은 아라왕으로 보는 것이 어떤가 생각됩니다. 어떻게 생각하시는지 의견을 듣고 싶습니다.

신경철 : 다나카 선생님, 답변 부탁드립니다.

다나카 토시아키 : 첫 번째 문제는 질문은 아닙니다만, 이번에 제가 발표한 것은 특별히 새롭게 생각한 것은 극히 일부분이고, 지금까지 제가 생각해 온 것들과 발표한 것들을 정리한 것입니다. 전술이나 전투의 방법에 대해서는 전혀 생각하지 못했습니다. 그래서 전쟁이 언제 어떻게 행해졌는가에 대해서만 생각한 것입니다. 그러한 점은 다시 한 번 제가 생각해보고 싶은데 만약 이러한 것들을 생각했다면, 고고학 정보와는 별개로 문헌사학에서도 이번의 주제인 마구에도 접근할 수 있었을 것으로 생각됩니다.

고구려가 남진했을 때 보기 5만이라는 문제에 대해, 안악3호분이나 덕흥리고분에 행렬도가 그려져 있습니다. 이 두 개의 유명한 벽화고분의 주인공이 모두 고구려 사람은 아니었다고 보는 것이 타당할 것으로 보입니다. 그렇게 본다면 왜 그려져 있는 벽화에 고구려의 마갑 같은 것을 사실적으로 그렸는가에 대한 의문이 있습니다. 물론 이 벽화를 그린 사람을 고구려인이라고 보는 것이 전혀 이상하지 않고, 고구려 벽화로 인정해도 아무런 문제가 없습니다. 그리고 이 두 무덤 외 팔청리, 약수리, 대안리1호분과 같은 무덤에도 행렬도 같은 것이 보이는데 그 주인공 모두를 중국계 인물이라고 생각할 수 없습니다. 하지만 이러한 벽화고분의 벽화에는 중국 북부라든지 동북부 벽화에서 보이는 모티브가 있고, 그것을 그대로 그린 것이 많기 때문에. 그려진 내용을 단순히 그대로 실체화 하는 것은 위험하다고 생각합니다. 더 정밀한 검토가 필요합니다. 그리고 보기 5만 같은 실제 숫자에 대해서도 문제가 있다고 생각됩니다.

두 번째 질문은 약간의 오해가 있었던 것 같습니다. 광개토왕비에 보이는 임나가라는 본문에도 적어놨듯이 금관국을 가리키는 것입니다. 그래서 종발성은 임나가라의 종발성이기 때문에 금관국에 있었다고밖에 생각할 수 없습니다.

세 번째 질문은 신공기 62년조 기사에 해당되는데, 목라근자가 나오는 대목입니다. 보통 간지를 4~5년 내려서 보는 것이 현재 일본의 일반적인 생각입니다. 그리고 목라근자를 파견한 이가 백제왕이라고 보는 것이 일반적인 견해입니다. 결국 442년에 왜가 가야 남부와의 연계를 기반으로 해서 대가야로 진출하려 했는데 실패했다라고 이해할 수 있습니다.

그리고 443년 혹은 451년에 왜왕 제가 가라를 포함한 칭호를 요구한 점에 대해, 그것과 관계가 있는 없는지에 대해서 저는 이전에 관계가 있다고 말한 적이 있었는데 거기에 대해 비판을 받았습니다. 본문에서는 그것에 대한 반론을 하였습니다. 442년에 왜가 대가야에 진출한 것에 대해서는 충분히 가능성이 있다고 생각됩니다. 도독제군사라고 하는 그런 칭호가 주어지면 거기에 기록된 지역에 대한 군사지배권을 가지게 된다고 합니다. 원래부터 중국왕조는 이 경우에는 송나라(남조)가 되겠습니다만, 그 영역 내에 있으면 황제가 실질적으로 군사지배권을 신하에게 줄 수 있었습니다. 그렇지만 송과 관계가 있었던 나라는 왜와 백제뿐이고 다른 곳은 교섭하지 않았습니다. 따라서 요구를 해서 정식으로 인정이 되더라도 실질적인 지배권이 인정된 것은 아닙니다. 그래서 왜왕은 이러한 점을 알고 칭호상으로 요구한 것입니다. 대상이 되었던 나라는 왜와의 관계가 여러 형태로 있었습니다. 우호적인 관계였던 백제 그리고 임나가 있는 반면에 그렇지 못한 신라도 있었습니다. 그렇기 때문에 왜가 그들을 같은 대상으로서 생각했던 것은 아닙니다. 가라의 경우 종속시키고 있었던 것은 아니지만 종속시키려하다가 실패한 것입니다. 그래서 칭호를 요구하게 된 것입니다. 그 이전에는 요구한 적이 없기 때문에 백제, 임나에 대한 생각과는 다르다는 것입니다.

네 번째로 임나에 기능말다간기, 질문에서는 코노마타칸키라 하였는데, 이 사람이 아리사등이라고 기록에 주기가 달려 있습니다. 계체 23년 3월조에도 아리사등이 등장하기 때문에, 저는 기능말다간기와 아리사등이 동일인물이며, 그가 대가야의 왕이라고 생각합니다. 구체적으로는 이뇌왕이라고 생각합니다. 그리고 기능말다간기己能末多干岐에서 기능이라고 읽는 한자를 기능의 기가 몸 기(己)가 아니고 이미 이(已)로 볼 수도 있습니다. 그렇게 되면 이능이 되는데 그것을 일본어로 읽으면 이노가 됩니다. 이노가 더 타당하다는 설도 있습니다. 저도 그렇게 생각합니다. 이노와 아까 말한 이뇌왕을 보면 훨씬 자연스럽게 연결되기 때문에 이노라 읽는 것이 더 타당한 것으로 생각됩니다. 이상입니다.

신경철 : 다음으로 조윤재 선생님께서 왕밍커 선생님께 질문 부탁드리겠습니다.

조윤재 : 왕밍커 교수님께서는 다년간 인류학 및 민족학적 접근방법으로 북방 초원지역의 유목문화에 대한 연구성과를 많이 남기셨습니다. 특히 유목민족의 기마문화 생성과 농·목세력 간의 충돌 및 각축에 대하여 기후 및 생계방식의 사회구조적 고찰을 통한 탁견을 제시하기도 하였습니다. 질문 드리겠습니다.

먼저, 신라 및 가야의 출현을 선비의 확장으로 인해 빚어진 고대 한반도의 초기 정치세력간의 자원이용 경쟁과 충돌에 기인한 것으로 파악한 견해에 대해 좀 더 구체적인 부연설명을 부탁드립니다. 한제국의 팽창으로 이루어진 동북지역 세력간의 자원쟁탈과 확장의 방향성으로 초기국가형성이 이루어졌다는 시각은 자칫 한반도 정치체들의 국가형성 동기가 피동적이고 제한적으로 발생했다는 오해를 유발할 수도 있는 사안입니다. 이는 한국 연구자들의 일반적인 해석과 궤를 달리하고 있기에 좀 더 구체적인 발표자의 논리를 듣고 싶습니다.

두 번째로, 발표자는 고구려, 신라, 백제, 가야 및 일본 마구의 출토가 고분에서 이루어졌다는 점, 신라 및 가야지역에서 출토된 마구의 제작수준 및 기술적 완성도가 중국 중원지역 초기 마구들을 능가하는 점, 고구려벽화에서 보이는 기병 및 기마장비의 정제함을 들어 실제 전투용 기마장비라기 보다는 화려한 귀족화 기병에 사용된 현상으로 파악한 점, 산과 곡부로 이루어진 지형적 특징 등을 지적하면서 대외전쟁의 용도뿐만 아니라 국가형성과 밀접한 관련이 있을 것으로 이해하였습니다. 즉 국가형성에 필요한 지역 간의 소통과 정치적 통합과정에 말과 기마장비가 활용되었을 것으로 보고 있습니다. 그러나 가야지역에서 확인된 마구의 수량과 그 제작수준이 다른 초기 정치체들에 비해 상회하고 있는 현상은 발표자의 이해와 분석틀로만은 명쾌하게 설명되기 어려울 것 같은데 이에 대해서는 어떠한 생각을 가지고 있는지 질문 드립니다.

신경철 : 왕밍커 선생님 답변 부탁드립니다.

왕밍커 : 첫 번째 질문에 답변 드리겠습니다. 한 제국이 없었더라도 만주 중남부 및 한반도 북부에서 고구려, 부여 등 출현하였을 것으로 생각합니다. 하지만 이러한 나라들이 형성하는 과정에서 한 제국의 이민자들이나 군대들이 그 지역에 많이 들어갔으며, 거기서 군현을 설치하여 거점을 두었습니다. 국가형성의 문제는 고고인류학 중에 큰 과제라고 얘기할 수 있는데, 저도 그 중에서 자원경제 및 충돌이론을 찬성하는 편입니다. 분산된 작은 정치체들이 각자의 영역을 지키고 있지만 강한 외부적인 요인이 없었더라면 그들이 손잡고 협력해서 국가를 세우는 것이 거의 힘들다고 봅니다. 국가형성과정을 살펴보면 항상 외적이 나타남에 따라 대립집단들이 정치적으로 통합하여 내부에서 중앙화한 국가가 성립되었습니다. 이러한 형상 또한 종족집단이론과 관련이 있다고 봅니다. 즉 한 종족집단이나 민족이 어떻게 형성되었는지에 관한 이론입니다. 저는 주변 종족집단의 출현이 아주 중요하다고 생각합니다. 다른 종족이라는 존재가 없었으면, 우리라는 일체감이 생기지 않을 것입니다. 저도 이러한 충돌이론 및 주변 종족집단 이론을 이용하여 중원국가 및 황하 종족집단의 형성을 설명하였습니다.

두 번째 질문에 답변 드리겠습니다. 가야의 마구문화는 신라나 왜와 비교할 때 더 정교한 편입니다. 이러한 현상이 아주 재미있고 의미가 있습니다. 이 질문을 제대로 대답하려면 신라, 왜, 고구려 등의 국가 내부 및 각 국가 간의 정치·사회적인 관계에 대해 깊은 이해와 연구가 필요할 것으로 생각됩니다. 때문에 전공자가 아닌 저에게는 어려운 질문입니다. 저는 단지 문화 및 신분의 동질감 등의 차원에서 해석해 보도록 하겠습니다. 첫 번째는 평행되면서도 대립된 가야 내부의 각 정권집단의 경쟁에 따라 귀족계 마구가 갈수록 정교화된 것 같습니다. 두 번째는 신라, 왜 등 정치체들 사이에 가야가 위치해 있습니다. 그래서 가야 귀족들이 정교한 마구를 통해서 기마통치자의 신분을 스스로 강조하려고 하는 것 같습니다. 또한 이것은 가야귀족들의 문화적 과시라고 생각합니다. 이상입니다.

신경철 : 답변 감사합니다. 다음으로 서영교 교수님에 대해서 이영식 교수님 질의 부탁드립니다.

이영식 : 554년 관산성전투에서 백제원군으로 참가했던 한자로는 가량으로 읽습니다만, 우리는 가라라고 발음해야 할 것 같은데, 이것에 대해 다나카 선생님은 대가야로, 서영교 선생님은 아라가야도 포함된다는 이재석 씨의 의견을 인용하고 있습니다. 이것에 대해 좀 더 의견을 듣고 싶습니다. 질문은 이것 하나입니다.

더불어 주제인 마구에 대해 문헌사 측면에서 토론문에 두 개의 보족을 달았습니다. 우선 하나는 삼국사기 열전에 있는 거도에 관한 내용입니다. 우시산국을 통해서 거칠산국에 진출한 이야기가 마희라는 말놀이, 그래서 그 사람 별명이 마숙이 되죠. 말아재가 됩니다. 그런 기마전술을 이용한 교란작전으로 우시산국으로 진출하고, 우시산국에서 다시 거칠산국을 병합하는 기록이 삼국사기 거도열전에 있습니다. 우시산국은 울산을 가리키고 거칠산국은 지금 아마 서면에서 동래에 이르는 황령산 앞쪽에 있는, 고분군으로 말하면 복천동고분군이 중심이 된 가야소국이었던 것 같습니다. 이런 기록이 탈해이사금때 기록으로 되어 있지만, 이 기년을 믿는 사람은 아무도 없을 거라 생각됩니다. 하지만 신라가 경주를 나와 울산을 통해 동래로 진출하는 과정은 역사적인 사실의 반영으로 생각할 수 있습니다. 복천동고분군에 이와 관련된 흔적이 있습니다. 5세기 전엽을 전환기로 해서 가야계 토기 문물에서 신라계 토기 문물로 바뀌는데, 마구의 등장도 그 사이에 이루어진 것으로 보입니다. 따라서 복천동고분군에 신라세력의 진출과 그 이전부터 있었던 마구의 존재 등을 아울러서 생각할 수 있는 문헌자료가 될 수 있을 것 같습니다.

마지막으로는 우리가 이미 잘 알고 있는 기록인데, 마구에 관한 자료가 많이 나왔기 때문에 이 기록을 다시 보면 여러 가지 의미가 새로 살아나는 느낌이 있어서 삼국사기 권33 잡지 제2 거기조에 있는 안교로부터 시작하는 기록을 토론문에 번역해 놓았습니다. 두 군데만 보면, 진골부터 시작하는데 진골은 안교에 자단과 침향의 사용을 금한다고 되었습니다. 안교에 자단과 침향 같은 고급목재를 진골조차도 못 쓰게 되어 있으므로, 왕만 사용했던 것으로 보입니다. 내려와서 재갈銜과 등자鐙에 금과 황동으로 도금하거나 구슬을 다는 것을 금한다고 되어 있습니다. 아마도 재갈과 등자가 금으로 도금되어 있는 것은 왕릉급에만 가능했던 것으로 생각됩니다. 어제 오늘 고고학 분야 발표자들이 운주나 행엽 등 도금과 관련한 자료들을 보여주셨는데, 그런 삼국사기의 내용들을 연구에 참고하시면 좋을 것 같습니다.

맨 마지막에는 인과 추가 있는데, 지금까지 번역에는 대개 말가슴걸이라고 되어 있는데, 추 같은 경우 사전을 찾아보면 꼬리막대로 되어 있습니다. 어제 오늘 말씀하신 후걸이와 관련할 수도 있을 것 같습니다.

다음으로 4두품에 관한 규정, 4두품지 백성 4두품에서 백성에 이르는 기록이 있는데, 재갈은 철을 사용하며, 등자는 나무와 철을 사용한다고 되어 있습니다. 이러한 기록의 검토 없이 철로 만든 재갈을 어떤 때는 고급품인 것처럼 혹시 일방적으로 간주하는 경우는 없는가 생각해 볼 필요가 있습니다. 기록에 따르면 통일신라의 기록이라고는 하지만 일부 서민까지도 철로 만든 재갈을 사용했었다고 하는 기록이 분명히 존재합니다. 등자에서 나무와 철을 사용한다고 얘기했으니까 목심등자의 존재를 알 수 있습니다. 이상입니다.

신경철 : 서영교 교수님 답변 부탁드립니다.

 **서영교 :** 이영식 교수님 질문에 답변 드리겠습니다. 관산성 전투에 참전한 가라가 가량이 안라라고 하고 있는데 왜 그렇게 생각하는 질문하셨습니다. 일본서기 흠명조 23년 562년에 멸망당한 임나, 임나 가운데 안라라는 이름이 들어가 있습니다. 대가야도 들어 있습니다.

그리고 보족으로 말씀하신 신라가 거칠산국을 차지할 때 기병을 이용하였다고 하였는데, 기병이 복천동고분군 출토 마구와 관련이 있는지에 대해서는 없다고 할 수는 없습니다. 신라가 군사기술을 고구려에 많이 배웁니다. 고구려에 배운 군사기술을 이용하여 주변 나라들을 정복하고 팽창하였기 때문에, 고구려의 영향이 반영된 마구가 복천동고분군에 되었을 가능서도 있습니다.

마지막으로 삼국사기 잡지에 기록된 흥덕왕대 금지교서에 보인 마구에 대해서 말씀드리겠습니다. 마구 재료의 화려함과 다양성에 대해 알려준 중요한 자료입니다. 하지만 제가 여기 와서 느낀 것은 왜 말에 사용되는 액세서리에만 주목을 하고 그 말이 어떤 말이었는지는 생각을 하지 않는지, 그 말이 어느 정도 훈련을 받았고 어떤 종자인지에 대해서는 주목 하지 않는지에 대한 의문이 있습니다. 앞으로는 이런 부분의 연구도 이루어져야 될 것으로 생각됩니다. 이상입니다.

신경철 : 답변 감사합니다. 다음으로 강승희 선생님께는 김두철 교수님과 이상율 선생님이 질문하겠습니다. 먼저 김두철 교수님 질문 부탁드립니다.

김두철 : 심엽형행엽을 공반한 마장만을 대상으로 검토하는 것은 가야 마장의 전체상을 이해하는 데는 부족한 것이 아닌가 생각됩니다. 예를 들어 가야 각지에서 고총고분 성립기에 이루어진 편원어미형행엽과 무각소반구형운주의 조합으로 된 신라마장의 채용과정과 양상, 그 뒤 검능형행엽의 제작과정 등을 같이 다루었다면, 가야의 마장을 이해하는 데 훨씬 좋았을 것으로 보입니다.

또 발표자가 심엽형행엽 중 신라의 영향을 받았다고 파악한 6세기대의 행엽들도, 실상은 가야 독자의 개변이 작용하고 있기 때문에 간과할 수 없는 의의를 가집니다. 가야와 신라 간의 결혼 동맹의 영향으로 6세기 2/4분기를 중심으로 이루어진 심엽형행엽의 대형화가 그것입니다. 가야만의 독자성이 여기에 있다고 저는 생각합니다. 이러한 여러 점들에 대해서 발표자는 어떠한 견해를 가지고 있는지 듣고 싶습니다.

신경철 : 강승희 선생님 김두철 교수님 질의에 답변 부탁드립니다.

강승희 : 김두철 선생님께서 말씀하신 것처럼 제가 이번 발표에서 했던 가야의 후걸이 구조의 복원 부분은 가야의 전체적인 마장양상을 보기에는 좁은 시각이었습니다. 사실 후기가야에서 보이는 특징적인 마장과 관련한 부분이라든지 선생님께서 말씀하시는 검능형행엽이라든지 이외에 가야의 독자적인 마장과 관련한 연구는 많이 이루어졌지만,

김해를 중심으로 한 전기가야시기의 마상에 대한 연구는 아직 많이 이루어지지 않은 것 같아서 그 부분에 대해 집중하였습니다. 전기 가야에는 특히 행엽과 운주의 경우 처음 나타나는 시기이므로 많은 유물이 없어 연구를 하는 데 어려움이 있었습니다. 심엽형행엽 가운데 6세기 대 행엽들은, 가야의 독자적인 개변이 이루어지고 있는 부분도 있지만 그러한 행엽들의 장식성이 부가되는 부분에 대해서는 신라 마장에서의 장식성이 유행하기 시작하고, 이러한 것들을 보면서 가야의 재지수장층들이 자신들의 세력을 과시하기 위해서 개변이 있었다고 보고 있습니다. 물론 가야의 독창성 있는 마구들이 후기에 좀 더 많이 나타나고 있지만, 전기에 가야가 성립되고 발달하는 시기에도 마장들이 어떻게 존재했는지를 확인하는 데 의의를 두었습니다.

신경철 : 답변 감사합니다. 이상율 선생님 질문 부탁합니다.

이상율 : 강승희 선생님께서는 심엽형행엽이 가야지역에서 가장 많이 출토되고, 재지화되었다고 하셨습니다. 재지화란 말은 토착화되었다고 이해하시면 될 것 같습니다. 가야에서 이것이 등장하게 된 배경으로 강승희 선생님께서는 중국 동북지방의 선비계, 부여계 또는 고구려나 그 외 어떤 것으로 생각하고 계시는지 알고 싶습니다.

더불어 초기에 재지화 되었다는 의미가 철제로 전환되는 것 외에 형태나 제작기법상으로 토착화 시킨 부분이 어떤 것인지 간단히 설명해 주시면 감사하겠습니다.

신경철 : 답변 부탁드립니다.

강승희 : 제가 생각할 때 심엽형행엽이 등장하게 된 배경은 고구려에서 전해진 것이 아닌가 생각합니다. 그 부분은 이상율 선생님께서 같이 생각하시는 것 같습니다. 고구려계 행엽이 종장타원형이 아니고 심엽형이다 보니까 고구려에서 생산이 되어서 그것이 내려왔다고까지는 아니더라도 기술이라든지 제작방법 등은 고구려계가 내려올 때, 마구의 도입 초기에 북방의 영향을 받았다고 생각합니다.

그리고 제가 표현을 가야의 심엽형행엽을 가야지역에서 가장 먼저 출토되고 또한 재지화되었다고 표현해서 토착화된 다른 어떤 것이 있는지 질문해 주셨습니다. 저는 가야에서 출토되기 시작하면서 원류라고 생각하는 곳과 똑같은 형태나 제작방법이 아니고, 가야에서도 독자적인 제작기법과 다양한 형태를 가지는 것이 출토됨에 따라 그것이 재지화가 이루어진 것으로 생각했습니다. 그래서 철제의 전환 이외에 특별한 형태나 제작방법이 있다는 것이 아니고, 그러한 형태나 제작법의 다양성이 지역 간의 독특한 형태가 정해지면서 큰 범위 내의 지역 단위 산지를 상정해 볼 수 있는 부분에서 토착화 되었다고 생각해 볼 수 있지 않냐는 의견이었습니다.

신경철 : 답변 감사합니다. 다음으로 하츠무라 선생님의 발표에 내해 김두철 교수님, 이상율 선생님, 김낙중 교수님의 질문이 있겠습니다. 먼저 김낙중 교수님 질의 부탁드립니다.

김낙중 : 간단하게 말씀드리겠습니다. 하츠무라 선생님께서는 말의 사육과 마구의 생산은 불가분의 관계에 있다고 하셨습니다. 저도 공감하는 부분입니다. 그런데 고대 일본의 경우 오사카 시토미야키타유적 등 말 사육 관련 유적에서는 취사용 토기나 U자형 부뚜막 장식품

등으로 볼 때 한반도 시남부지역과의 관련성을 상정하는 분도 많이 계십니다. 그렇지만 이후 일본열도에서 유행한 마구들, 특히 f자형경판부비나 검릉형행엽의 조합 등은 백제(보다는 가야나 신라 특히 가야와의 관련성이 높다고 볼 수 있습니다. 그렇다면 고대 일본에서 마구 생산과 말의 사육이 잘 결합되지 않는 부분입니다. 마구 생산은 말의 사육에 관계된 도래인의 계보와는 별개로 발전해 나간 것은 아닌지 궁금했습니다.

두 번째로 6세기 전엽에 유행한 f자형경판부비와 검릉형행엽의 규격성이 높아집니다. 제가 개인적으로 만약에 위신재로 사용되었다면, 위신재라는 것은 서열화를 표현할 필요가 있을 것이라고 생각되는데 규격이 똑같다면 무엇으로 차등을 두었는지, 재질이나 형태 등의 차등적인 요소가 있어야 할 텐데 규격화와 어떤 관계가 있는지 답변 부탁드립니다.

신경철 : 하츠무라 선생님 답변해 주시기 바랍니다.

하츠무라 유리 : 첫 번째 질문에 대한 답변입니다. 말 사육에 필요한 마구는 아마도 말 사육을 하던 사람이 만들었다고 생각됩니다. 그렇다고 해서 그들이 장식성이 있는 마구를 생산했다고는 볼 수 없습니다. 장식성이 있는 마구를 만들 수 있었던 공인들은 일본의 금공품이라든지 갑주를 만드는 생산공방에 들어가서 마구를 만들기 시작한 것으로 생각합니다. 도래인들이 일본열도에 정착해 살기 시작하면서 중앙정권이 여러 계보에 있는 사람들을 모으거나 그 사람들이 살 곳을 지정해주는 정책이 있었다고 생각합니다.

두 번째 질문에 대해서는 실서형성형규식싱이라고 밀씀드렸는데, 이렇게 만든 것은 어떤 한 종류의 브랜드화 같은 것으로 중앙정권의 공방에서 만든 특수한 디자인이라든지 품질을 갖춘 제품들을 배포했다고 생각합니다.

신경철 : 다음으로 하츠무라 선생님께 김두철 교수님 질문하여 주시기 바랍니다.

김두철 : 하츠무라 선생님은 다호리, 말산리, 송학동에서 출토된 대형화한 검능형행엽이 일본열도의 검능형행엽IIB식에 혹사하고 그것이 일본의 정치변동의 과정에서 생긴 형식이라 보아, 6세기 전엽의 일본과 반도남해안지역의 교류 중에서 일본열도에서 가져왔을 가능성, 즉 일본열도에서의 역수입을 주장하고 계십니다. 왜의 중앙정권과 아라가야 간의 교류의 사적 배경으로 541년, 544년의 임라부흥회의를 들고 있습니다.

저는 고령, 합천 등 가야 북부지역에서 이루어진 심엽형행엽의 대형화, 이 부분은 하츠무라 선생님께서 많이 연구를 하신 부분입니다. 대형화가 일어나는 가야 북부지역과 연동해서 함안이나 고성 등 가야 남부지역에서는 검능형행엽의 대형화가 이루어집니다. 대개 5세기가 아니고 6세기 2/4분기를 중심으로 거의 동시기에 일어난 현상으로 파악하고 있습니다. 그 배경으로 가야와 신라 간의 결혼동맹을 상정하고 있습니다. 고성 송학동과 함안 말산리의 출토사례는 이를 여실히 보여줍니다. 저는 이 상황을 글로 발표한 적이 있습니다. 그런데 근래에 이에 준하는 자료가 함안 말산리 26호분 발굴조사에서 저의 편년과 똑같은 소형에서 대형화 현상이 연동되어 가고 있습니다. 그리고 검능형행엽의 분포 중심지도 가야 남부로 생각하고 있습니다. 이에 대한 발표자의 의견이 있다면 개진해주길 바랍니다.

아울러 고령과 합천을 대가야권으로 일괄하던 것은 제가 종래 마구 논문이나 가야전 도록에서 주장하던 것이나 최근 이를 철회하였음을 참조해주길 바랍니다.

신경철 : 하츠무라 선생님 답변 부탁합니다.

하츠무라 유리 : 첫 번째 질문에 답변해 드리겠습니다. 한반도에서 고안되고 제작한 대형의 검릉형행엽을 일본에 보냈다는 설에 대한 문제가 되겠습니다. 대형화한다는 발상을 일본열도에서 받아들였다든지 혹은 그 발상을 공유했을 가능성이 있습니다. 일본열도 제품은 기본적으로 매우 정형화되는 경향이 있습니다. 반면에 가야지역은 기술도 다양하고 한 점 한 점 개성 있게 만드는 경우가 많기 때문에 일본에서 출토된 규격화된 검릉형행엽을 모두 가야 남부에서 제작하였는지에 대해서는 의문스럽습니다. 다만 결혼동맹을 맺었던 시기에 신라와 대가야와의 관계가 깊어지게 되면서 왜와 아라가야도 관계가 깊어지기 때문에 대형화한 검릉형행엽 형식이 양 지역에서 출토되는 것은 타당하다고 생각합니다. 이상입니다.

신경철 : 하츠무라 선생님께 마지막으로 이상율 선생님 질의 부탁합니다.

이상율 : 어떻게 보면 김두철 선생님의 질문과 중복될 수도 있을 것 같은데, 이렇게 표현해도 될 것 같습니다. 일본에서 마구가 입수된 시기가 고분시대 중기 이후부터라고 보고 있습니다. 발표자께서는 말과 마구의 입수가 매우 다원적인 루트로 받아들인 것으로 보고 있습니다. 최근 일본각지에 입수된 초기마구의 계보의 분위기가 기왕의 낙동강이동 가야 중심에서 점차 중서부지역 백제까지 넓혀보려는 시각이 있는 것 같습니다. 이와 관련하여 발표자는 한반도내 나원석 루트의 범위를 어디까지 생각하고 있는지 듣고 싶습니다.

또 하나는 결론부터 말하자면, 과연 5세기대에 일본의 독자적인 마구생산이 가능하였을까라는 문제입니다. 발표자께서는 일본의 마구생산은 5세기후엽부터이며 화려한 장식마구로서의 역할이 강했다고 하셨습니다. 그러나 발표자께서도 말씀하셨듯이 일본의 독자적인 마구생산은 중앙집권의 수공업이 재편성되면서 f자형판비와 검릉형행엽을 중심으로 마구의 법량과 형태가 규격성을 이루고 대형화 되는 6세기전엽부터 보는 것이 타당하지 않을까 생각되는데, 발표자의 의견을 듣고 싶습니다.

신경철: 하츠무라 선생님 답변 부탁합니다.

하츠무라 유리 : 첫 번째 질문에 대한 답변입니다. 김낙중 선생님께서 질문하신 내용과 겹치는 것이 있습니다. 오사카 시토미야키타유적에서는 말의 전신 골격이 출토되었습니다. 그리고 취사형 토기라든지 U자형 부뚜막 장식품 등으로 봐서 서남부지역과의 관련성도 이미 말해지고 있습니다. 그리고 재갈과 등자도 출토되고 있기 때문에 백제 루트도 있었다고 생각합니다.

두 번째 답변입니다. 5세기 후엽에도 갑주생산의 노하우를 기반으로 해서 마구를 생산하기 시작할 수 있었다고 생각합니다. 6세기 전엽에 대한 이야기입니다만 이때는 독자적인 제작기술을 말씀드리는 것이 아니고 일본열도에 오리지널 브랜드를 고안해서 제작되기 시작합니다. 이상입니다.

신경철 : 질문하신 선생님들 감사합니다. 김두철 교수님도 말씀하셨듯이 똑같은 유물을 가지고도 연대를 상정하는 것이 좀 다르다. 특히 5세기 대에는 김두철 교수님 생각이나 이상율 선생님이 생각하는 것보다 50년 빠르다는 것을 감안해 주시기 바랍니다. 하츠무라 선생님이 5세기 후엽, 6세

기 전엽 이야기를 많이 해주셨는데 6세기에 들어가서는 그런 차이가 없어집니다. 5세기 대에는 50년 정도 일본이 빠르게 본다는 것을 감안하고 들어주시면 좋겠습니다.

다음으로 권도희 선생님께 김두철 교수님, 류창환 선생님, 김낙중 교수님 세분이 질문 하셨습니다. 먼저 김낙중 교수님 질문 부탁합니다.

김낙중 : 네, 하나만 질문드리겠습니다. 발표자는 금·은과 같은 특수한 소재를 사용한 마구의 경우 특정 공방에 주문 제작하여 입수하였을 가능성이 높으나, 오산 수청동 유적과 여주 용은리 유적 등에 부장된 마구의 형태적 특성, 즉 수리의 흔적과 주변의 취락 유적을 통해 볼 때 철소재로만 이루어진 마구의 경우는 특정 공방 및 지역에 한정하기 보다는 일정한 소지역 범위 내에서 생산이 가능했던 것으로 판단하였습니다.

그런데 오산 수청동 유적에서는 마구가 수리된 흔적만이 확인되었습니다. 아직 생산과 관련된 직접적인 증거는 없습니다. 그런데 제가 보기에 수리하여 쓴다는 것은 그만큼 마구를 귀하게 여겼음을 시사할 수 있습니다. 수리를 위한 단조 기술은 당시로서는 취락 수준에서 가능한 정도였을 것입니다. 따라서 이러한 흔적만을 가지고 소지역마다 마구의 생산이 가능하였을 것으로 추론하는 것은 어렵지 않나 생각됩니다. 이 문제는 한성기 백제 당시에 마구 생산에서 중앙의 왕권이 어떤 역할을 하였는지와도 결부된 문제라고 여겨집니다. 토론자는 백제지역 출토 마구가 형태에서 일정한 정형성을 가지고 있으며 입수가 어려운 철소재로 제작되어 위세품으로 여겨졌다면, 중앙에서 생산하여 배포하였을 가능성이 더 높다고 생각합니다. 이에 대한 의견을 듣고 싶습니다.

신경철 : 권도희 선생님 답변 부탁합니다.

**권도희** : 우선 지역 내에서 생산이 가능했다고 판단하는 이유는 중앙의 마구가 확인되어서 그 마구를 모델로 한 지방의 마구가 연결되는 양상이라면 당연히 그렇다고 주장할 수 있겠지만, 백제지역 마구에 있어서는 중앙의 마구라 할 수 있는 것이 전무합니다. 풍납토성에 나온 늦은 시기의 등자 외에 가장 이르다고 생각되는 형식도 지방에서만 나오고, 마구가 출토한 유구에서는 백제양식의 토기가 같이 부장되고 있지 않습니다. 때문에 중앙과의 관련성을 언급하기 보다는 어제 발표한 수창동 출토품에서 일정한 제작패턴의 기술이 보인다면 충분히 그 지역 내에서 생산이 가능했을 것으로 보는 게 설득력 있지 않을까라는 생각합니다. 수청동유적에서 특수한 제작기술과 용은리유적의 단조시설이 있는 취락과의 관련성, 그리고 상은리유적에서는 집개나 망치와 같은 단야구 도구들이 마구가 매납된 유구에서 확인되기 때문에 모든 것은 아니지만 일정 부분의 마구, 이조선의 단접함과 일조선의 인수가 부착되는 정도의 접어서 만들 수 있는 마구라면 지방에서도 생산이 가능했을 것으로 보여집니다.

신경철 : 김낙중 교수님 더 보충하실 내용 있으십니까?

김낙중 : 지역에서 마구가 출토하는 유적에서 백제와 관련한 유물이 확인되지 않는다고 하셨는데, 원천리 같은 경우는 백제와 관련된 흑색마연토기라든지 이런 것이 나오지 않았나요?

권도희 : 원천리유적 마구는 저는 그렇게 이른 시기의 마구로는 판단하지 않고 있습니다. Ⅰ기로 나눈다면 Ⅰ-1기와 Ⅰ-2기가 있는데, 원천리 마구는 2단계 초반에 나오기 때문에 그 때 이후부터는 중앙의 위세품들이 같이

들어가는 양상이지만, 1단계까지는 중앙에서 보이는 토기나 위세품과 관련한 것들이 확인되지 않고 있습니다. 이상입니다.

신경철 : 다음으로 류창환 선생님 질문해 주시기 바랍니다.

 **류창환 :** 권도희 선생님께 질문하는 것입니다만, 나머지 발표자분들께도 연관된 내용입니다. 질문은 두 가지입니다.

먼저, 마구의 계보라든지 편년문제도 어렵지만 사실 생산과 유통문제도 더욱 어렵습니다. 생산과 유통문제를 어떻게 증명할 것인가 하는 문제는 고고학적으로 증명하기가 굉장히 어렵습니다. 발표자께서는 백제마구의 생산과 유통에 대하여 오산 수청동유적, 여주 용은리유적, 완주 상운리유적, 화천 원천리 주거유적에서 출토된 마구에 보수흔이 관찰된다는 점, 철소재인 철정이 부장된 점, 마구가 부장된 유구에 망치·모루·집게와 같은 단야구가 공반된 점 등을 들어 해당 지역 내에서 직접 마구를 제작했을 가능성이 높은 것으로 보고 있습니다. 이같은 발표자의 견해에 대해 저도 기본적으로 공감합니다.

저도 과거 백제마구와 관련한 4세기 수청동고분군과 봉명동고분군, 5세기 신봉동고분군에 마구가 집중적으로 부장되어 있는 것에 주목하고, 이고분들에 부장된 마구가 무장적 성격을 가진 것으로 이해하고 백제지역에 기병집단이 존재했음을 추정한 바 있습니다. 특히 신봉동 고분군에 주목하였는데, 그 이유는 신봉동고분군이 백제고분군으로는 드물게 무려 30여 기에 이르는 고분에서 마구가 출토되어 삼국시대의 단일고분군 중 가야의 합천 옥전고분군과 더불어 마구의 집중도가 가장 높은 고분군으로 파악되었습니다. 더구나 신봉동고분군이라는 특정 고분군에 마구가 집중 부장되어 있기도 하지만 철제의 유환부표비와 목심등자, 환형운주로 구성된 이른바 신봉동형 마구라는 특징적인 마구가 존재한 것에서도 신봉동고분군 축조집단이 기병집단으로서의 성격이 강했다고 평가할 수 있습니다.

그런데 신봉동고분군으로 상징되는 백제 기병집단의 성립과 운영, 그리고 이를 뒷받침하는 말과 마구의 생산, 그리고 보급이 백제의 중앙 또는 왕권의 지배·통제하에 이루어졌는가 하는 것은 아직까지 문제입니다. 이는 사실 고고학적으로 풀기 어려운 문제입니다. 이 문제와 관련하여 공주 수촌리 1호분의 마구를 1조선의 인수와 유환이 확인되는 것에서 백제 중앙을 주체로 보는 견해도 있습니다. 그러나 사실 백제 중앙의 마구는 권도희 선생님께서도 파악하고 설명하셨듯이 그 실상이 불분명한데다 혹 공주 수촌리의 마구를 백제 중앙의 마구로 인정하더라도 신봉동의 마구들과 형식학적으로 직접 연결되는지는 검토가 필요합니다. 이러한 점과 신봉동고분군 축조집단이 백제의 지방세력이라는 연구성과를 참고하면 신봉동고분군의 마구는 백제 중앙에서 제작·공급한 것으로 보기보다는 역내의 공방에서 자체적으로 제작한 것으로 보는 것이 좋다고 생각합니다.

반면에 백제의 중앙 또는 왕권의 통제 하에 생산·유통된 마구도 있다고 생각합니다. 예를 들면, 전북 익산 입점리고분과 전남 함평 신덕고분 출토 장식마구 등이 그러한 사례라고 생각하고 있습니다. 이에 대해서는 향후 자세한 검토가 필요하나 현재 웅진기로 편년되는 장식마구의 분포는 백제의 중앙 또는 왕권과 직간접적인 관계가 있다고 생각합니다.

이상과 같이 본다면 백제마구의 특징이라 할 철판의 보강을 최소화한 실용마구는 해당지역에서, 장식마구는 백제 중앙에서 제작·유통한 것이라 할 수 있습니다. 이러한 문제에 대한 발표자의 생각은 어떤지 궁금합니다.

다음으로 가야와 신라지역에서 발견되는 인수가 권도희 선생님의 말씀대로 백제지역에서도 발표사례가 많아지고 있습니다. 이러한 인수의 계보

문제와 유입경로에 대해서 발표자의 생각을 듣고 싶습니다.

신경철 : 권도희 선생님 답변하여 주시기 바랍니다.

권도희 : 우선 인수의 계보와 유입경로에 대해서는 직접적인 루트는 저도 아니라고 생각합니다. 시기차이나 지역차이 때문에 직접적인 유통은 아니었을 것으로 보고 있습니다. 발표문에서 보면 북방지역에서 압록강 상류, 대동강, 한강 순으로 전 시기부터 하나의 흐름 같은 것이 보이기 때문에 아무래도 그런 식으로 경유해서 들어오지 않았을까 생각됩니다. 현재 고구려 자료들이 너무나 한정적으로 공개되어 있기 때문에 현시점에서 밝히기에는 무리가 있다고 생각합니다. 추후에 자료가 증가하면 더 보강할 수 있지 않을까 생각합니다.

다음으로 마구의 생산과 유통에 대해서는 영산강유역의 마구를 어떻게 볼 것인지가 핵심인 것 같습니다. 저는 영산강유역의 장식성이 많이 부각된 마구는 중앙에서 생산됐다고 보기에는 한계가 있다고 생각합니다. 그 이유는 중앙에서 생산돼서 주변으로 분배했다면 수량이 어느 정도 저희들이 인식할 만큼 존재해야 하는데, 각각 나오고 있습니다. 그렇다고 제각각은 아니고 일정하게 세트를 이루고 있기 때문에 제가 보기에는 교역품의 한 품목으로서 주변에서 유입된 마구로 보는 것이 적당하지 않을까 생각됩니다. 이상입니다.

신경철 : 네 고맙습니다. 류창환 선생님 추가 질문 있으십니까?

류창환 : 좀 전에 밀씀하신 권도희 선생님의 말씀이 맞습니다. 저도 그렇게 생각하고 있습니다. 그러나 영산강유역의 마구 중에 장식마구들의 기원

이 매우 다원적입니다. 똑같은 것이 하나도 없습니다. 같은 세트인 경우에도 계보가 제각각입니다. 그러한 속에서 제가 이것을 기술한 이유는 백제의 중앙마구에 대한 문제가 너무 무시되고 있는 것이 아닌가, 백제의 중앙마구 중에도 일부는 존재하고 우리가 실상을 모를 뿐이지 영산강유역 마구중에도 백제 중앙마구로 인정할만한 자료가 몇 점은 있다는 것을 강조하기 위해서 이야기 한 것입니다.

신경철 : 말씀 감사합니다. 다음으로 김두철 교수님 질문 부탁합니다.

김두철 : 마구의 연대를 설정하는데 중국의 자기와 자연과학적 방법을 참조하는데, 과연 마구를 통해서는 어느 정도까지 편년을 할 수 있는지, 그 효용과 방법에 대해서 묻고 싶습니다. 사실 5세기 대에 마구는 세트가 상당히 많습니다. 각 유물의 속성을 종합하고 공반유물의 검토가 이루어져 영남지역의 마구편년표가 이루어졌습니다.

이와 관련하여, 한 예를 들면 영남지역에서 한 가닥 인수로 그 끝이 굽은 예는 수백점이 출토되고 있음에도 토론자의 편년으로 5세기 전반으로 소급하는 자료는 한 점도 본 적이 없습니다. 그럼에도 백제지역 자료는 많은 자료가 소급해서 편년되고 있습니다. 마구가 광역에 걸친 교차편년에 유용한 자료라고 생각하는데, 이에 대해선 어떻게 생각하는지 듣고 싶습니다. 편년관 자체야 각자의 기준에 따라 차이가 있다 하더라도 상대적 관계는 일치해야 한다고 생각합니다. 영남지역의 연구성과를 어떻게 받아들이는지, 그 괴리에 대해서 발표자의 의견이 있다면 해주길 바랍니다.

신경철 : 권도희 선생님 답변 부탁드리겠습니다.

권도희 : 감사합니다. 선생님께서 말씀하신 것처럼 수백 점이나 되는 꺾인 인수가 영남 쪽에는 많은데, 400년이라는 시간을 가지고 영남 쪽에 자료가 많기 때문에 치밀하다고 생각됩니다. 그런데 동일한 시기에 백제 쪽 자료는 지금 200점이 조금 넘는 상태입니다. 아무래도 자료상 한계가 있기 때문에 영남 쪽 자료보다는 치밀하지 못할 거라 예상됩니다. 연대에 있어 근거를 제시하는 이유가 주변지역의 마구보다는 동일유구에서 나온 다른 유물들의 편년관에 기댈 수밖에 없는 상황입니다. 자료가 영남지역처럼 치밀하게 나온다고 하면 전체적인 편년이 세워질 텐데 현 상황에서는 조금 무리라고 생각합니다. 이상입니다.

신경철 : 다음으로 이현우 선생님께 이상율 선생님 질문 부탁합니다.

이상율 : 발표자는 상당히 새로운 시각으로 삼연마구를 분석하였습니다. 개인적으로 동의하는 부분도 많습니다. 두 가지만 질문하겠습니다. 먼저 발표문 가운데 도면 12 삼연마구 편년을 보시면, 337년에서 360년까지가 1단계입니다. 그 다음에 360년부터 375년이 2단계, 375년부터 400년까지가 3단계, 그 이후가 4단계입니다. 1단계 중에서 3번입니다. 북구M8호가 1단계에 속해 있습니다. 이것이 1단계라면 이 디자인이 다른 판비에서는 보기 힘든 디자인입니다. 이것이 1단계에 올라가게 되면 환판비의 출현문제 그리고 옆에 있는 사진 철판보완 목심등자, 그리고 1번, 4번과는 다른 형태인 2번, 2단계에 나오는 7번, 8번, 9번 유물의 출현 문제가 4세기 전반까지 소급된다는 것입니다. 이런 유물들은 실제로 1단계보다는 2단계에 가장 집중되고 있습니다. 그래서 4세기 중엽이후에 활발해지는 자료라고 저는 보고 있습니다. 북구M8호를 과연 이렇게 빠르게 본 이유가 무엇인지 알고 싶습니다. 저는 개인적으로 북구M8호는 두 세트가 섞여있다고 생각합니다.

다음으로 도면 12의 삼연마구의 편년을 보면 시작이 337년으로 나와 있습니다. 지금까지는 356년으로 되어 있었습니다. 이것을 이현우 선생님은 337년으로 올렸습니다. 1/4분기 정도 올렸는데, 4세기 전반 대에 전연의 마구상황이 지금까지 불확실 했는데 편년을 끌어 올림으로써 전반기의 문제점을 해소한 특징이 있습니다. 그런데 문제는 이에 걸맞게 4세기 전반 대 마구의 실물자료가 실제로 출토된 것은 아니고 연대조정을 통해서 해결한 것 같습니다. 그 배경으로 모용황의 전연 건국문제, 국가제도 정비 등이 있고, 제 개인적인 생각입니다만 이현우 선생님께서는 최근 금관가야인 대성동 91호분에서 4세기 전반 대의 전연마구 굉장히 많이 출토되었으므로, 이런 연대관을 의식한 것 같습니다. 발표자의 연대관에서 대성동 91호분은 1단계에 속합니다. 대성동91호분의 재갈을 보면 여전히 표비가 중심입니다. 아마 굉장히 민감하게 당시의 삼연의 사정을 반영하고 있는 것으로 보입니다. 삼연의 사정도 과연 대성동91호분과 뭐가 그렇게 달랐을까, 저는 거의 비슷하다고 보고 있습니다. 여기에 판비가 등장하게 되는 것이고, 이런 판비의 등장은 새로운 마장체제가 성립되었다고 생각됩니다. 이것을 모용황의 전연 건국과 결부시키고 있습니다. 이런 식으로 하게 되면 그 계기가 모용황의 전연 건국과 무관하지는 않겠지만, 한편으로는 무덤의 조성 연대가 굉장히 뚜렷하게 나온 것이 있습니다. 원대자묘 354년, 효민둔154호 357년입니다. 이런 마구의 실제 제작 연대는 어쨌든 불확실하므로 이를 전연건국 시점까지 끌어올려 굳이 결부시킬 필요는 없다고 생각합니다. 모용황은 건국 후에도 연이은 전쟁으로 일관한 점에서 국가제도 정비보다는 세력 확장에 주력하였습니다. 이 점에서 묘의 실연대를 중시하면 모용준이 황제로 즉위하여 동진의 책봉체제에서 이탈하고 백관을 정비한 시점, 352년이 식마용 판비의 출현과 궤를 함께 할 가능성도 있습니다.

신경철 : 이현우 신생님 답변 바랍니다.

이현우 : 먼저 북구M8호에 대해 말씀드리고 연대관에 대해서 답변하겠습니다. 북구M8호 같은 경우에는 현재까지 완벽하게 보고된 자료는 아니고 1987년에 처음 소개되고 1995년에 동고 선생님의 마구논문에 도면이 실려 있습니다. 찰제라는 판비에 한정한다면 3단계의 왕M9001호, 라Ⅱ M196호는 지역과 계층을 불문하고 모두 한매 원양판에 별도의 주연대를 부착하였으며, 이러한 전통이 고구려까지 연속되는 것에 주목해서 별도의 주연대가 등장하지 않는 북구M8호 판비를 고식으로 설정한 것입니다. 이상율 선생님께서 말씀하신 바와 같이 북구M8호 판비를 2단계에 두어도 큰 문제는 없다고 생각합니다. 다만 저는 영부운주를 사용하는 마장이 먼저 출현하고 입주부운주를 채용한 마장이 다음에 등장하는 것이 아니라 1단계에 양자가 이미 공반되었다고 생각합니다. 대표적인 유물이 1단계 2번 효민둔채집 운주라고 생각합니다.

다음으로 연대에 대해서 답변하겠습니다. 4세기 초에 요서지역 마구는 공백상태인데 효민둔 154호와 원대자묘로 대표되는 1단계부터 판비와 경시가 등장, 격자식 고계와 부속구가 임 완비된 상태로 부장되고 있습니다. 이들 묘의 실 연대를 350년대로 본다면, 저는 마구자체의 연대는 이보다 다소 이를 것으로 판단하였습니다. 그리고 십88M1호를 다음 단계로 두고서 연대 폭을 조정한 것입니다. 즉 1, 2단계를 대부분 전연시기에 국한한 것입니다. 그 배경을 모용외부터 모용집단에 한인 유민들과 화북사족들이 가세한 것에 두었습니다. 이 당시에 진의 문화를 흡수하여 새롭게 창출된 마구가 모용황의 연 건국 및 국가체노의 성비와 맞물려서 이들 분묘에 부장된 것으로 생각했습니다. 이상입니다.

신경철 : 답변 감사합니다. 다음으로 순루 선생님께 조윤재 교수님 질문 부탁합니다.

조윤재 : 순루 선생님 발표 재미있게 들었습니다. 두 가지 질문을 드리겠습니다. 발표자는 본문에서 동북아시아지역 주로 중국 동북지역과 서북한 지역으로 한정하고 있습니다. 이 지역에서 확인되는 차마기의 고고자료가 정량적으로 중원지역 및 그 주변보다 덜 나타나는 것은 이 지역에서 마차구의 실용적 기능이 강조된 것으로 보고 있습니다. 그렇다면 이 지역에서 차마기 의례의 중요성이 배제되었다고 볼 수 있는데, 그럼에도 불구하고 마차의 부속품이 고분에 부장되는 사례는 여전히 확인되고 있습니다. 이러한 현상에 대해 발표자는 어떤 견해를 가지고 있는지 궁금합니다.

두 번째로 본문 서두에서 소량이기는 하지만 주거유적에서도 관련유물이 출토되고 있다고 서술하고 있습니다. 주거유적 출토 마구의 성격은 과연 어떻게 봐야 할지 발표자의 생각을 듣고 싶습니다.

신경철 : 순루 선생님 말씀 부탁합니다.

순루 : 선생님 질문에 대해, 제가 표현이 잘못된 부분이 있는 것 같습니다. 동북지방에서 차마구가 상징하는 의례를 배제한 것이 아니라 중원지방의 엄격한 의례와 등급과는 다른, 귀족과 부자 등이 구분 및 차이가 있었다고 생각합니다.

두 번째 질문은, 권도희 선생님의 발표에서 백제지역에서도 주거지에서 마구가 확인된다는 것을 들었습니다. 제가 중국에서 본 유물은 고구려 산성 가운데 석대자산성이 있는데 그 곳에서 출토한 등자 1점입니다. 화려함

보다 실용성이 강조되었습니다. 때문에 마구가 토기처럼 쉽게 깨지고 버리는 도구가 아니고, 수리하여 재사용했을 가능성이 높기 때문에 주거지에서 잘 확인되지 않는 것으로 생각됩니다.

신경철 : 답변 감사합니다. 좌장으로서 한 가지 질문 드리겠습니다. 여러 선생님들께서 유수·노하심 중층무덤의 마구를 중국 측 자료 그대로 기원후 1세기로 보고 계십니다. 원래 처음 중국에서 보고할 때는 유수·노하심이 선비라고 했다가 부여로 바뀌었습니다. 중층무덤을 이현우 선생님은 기원후 1세기로 받아들이는지 아니면 언제 것으로 보는지 알고 싶습니다.

이현우 : 저는 유수·노하심 마구를 3세기 중·후반 대 가까운 시기로 보고 있습니다.

신경철 : 네 알겠습니다. 마지막으로 청중에 마이크를 넘기겠습니다. 선석열 선생님 한 말씀 해주시겠습니까?

선석열 : 부산대학교 선석열입니다. 문헌 쪽에 질문하기 전에 먼저 권도희 선생님께 질문 드리겠습니다. 삼국사기 백제본기에 보면 5세기 전반의 전투기록이 하나도 나오지 않습니다. 5세기 말엽부터 6세기 전반까지에는 치열한 전쟁기록이 나옵니다. 그 부분에 대해 어느 정도 연구에 참고를 해주셨으면 합니다.

다음으로 서영교 선생님께 질문 드립니다. 발표문에 동방령이라는 것이 나오는데, 서영교 선생님께서는 동방사령관이라 하셨습니다. 동방령은 백제 5방 중 지방의 상관을 방령이라 하는데, 그 부분을 연합군을 거느린 사령관처럼 보는 것은 좀 더 신중하게 생각해야 하지 않나 생각합니다.

다나카 선생님께서는 울진봉평비에 나오는 남미지를 광개토왕비 비문에 나오는 남거성과 연결하여 흥해쪽으로 보고 계십니다. 그런데 삼국사기 지리지에 보면 내미지, 지내미지라는 지명들이 대부분 안동 부근에 나옵니다. 그 부분을 참고해 주시기 바랍니다.

신경철 : 말씀 감사합니다. 이상으로 종합토론을 모두 마치겠습니다. 장시간 경청해 주셔서 대단히 감사합니다.